Paula-Irene Villa

Sexy Bodies

Geschlecht & Gesellschaft
Band 23

Herausgegeben von

Ilse Lenz
Michiko Mae
Sigrid Metz-Göckel
Ursula Müller
Mechtild Oechsle

Mitbegründet von
Marlene Stein-Hilbers (†)

Paula-Irene Villa

Sexy Bodies

Eine soziologische Reise
durch den Geschlechtskörper

3., aktualisierte Auflage

VS VERLAG FÜR SOZIALWISSENSCHAFTEN

Bibliografische Information Der Deutschen Bibliothek
Die Deutsche Bibliothek verzeichnet diese Publikation in der Deutschen Nationalbibliografie;
detaillierte bibliografische Daten sind im Internet über <http://dnb.ddb.de> abrufbar.

1. Auflage 1999
2. Auflage 2001
3. Auflage Januar 2006

Alle Rechte vorbehalten
© VS Verlag für Sozialwissenschaften/GWV Fachverlage GmbH, Wiesbaden 2006

Lektorat: Frank Engelhardt
Foto: Stefan Thiemer

Der VS Verlag für Sozialwissenschaften ist ein Unternehmen von Springer Science+Business Media.
www.vs-verlag.de

Umschlaggestaltung: KünkelLopka Medienentwicklung, Heidelberg
Druck und buchbinderische Verarbeitung: MercedesDruck, Berlin
Gedruckt auf säurefreiem und chlorfrei gebleichtem Papier
Printed in Germany

ISBN 3-531-14481-2

Für Cecilia Braslavsky

Inhalt

Danke

Dieses Buch ist die leicht überarbeitete Version meiner an der Fakultät für Sozialwissenschaft der Ruhr-Universität Bochum 1998 eingereichten Dissertation. 'Die Diss' ist mehr als eine Qualifikationsarbeit – sie ist eine Lebensphase und ein Zustand. Dass es eine gute und produktive Zeit war, daran habe viele Menschen ihren Anteil. Mein Dank gilt zunächst und ganz besonders Prof. Ilse Lenz, die mich – oft lange nach 'Feierabend' – kontinuierlich ermutigt, beraten, begleitet und mit mir diskutiert hat. Das von ihr gemeinsam mit Dr. Angelika Wetterer geleitete Forschungskolloquium war ein Ort anregender sozialwissenschaftlicher Debatten. Prof. Annette Treibel verdanke ich viele Anregungen, Hinweise und sonstige Unterstützung, ohne die diese Arbeit so nicht geschrieben worden wäre. Prof. Strohmeier sei für seine Unterstützung besonders gedankt. Ein professionelles Forum in jeglicher Hinsicht war das DFG-Graduiertenkolleg 'Geschlechterverhältnis und Sozialer Wandel' an der Universität Dortmund, in dem ich drei Jahre ideelle Stipendiatin war. Dieser interdisziplinäre Kontext war eine institutionelle und menschliche Heimat während der Promotion. Es setzt sich aus allen beteiligten Professorinnen, Stipendiatinnen und Organisatorinnen zusammen; ihnen allen gilt mein besonderer Dank. Weiterhin danke ich von ganzem Herzen Ute L. Fischer, die als Freundin und Kollegin das Leben 'während und/oder trotz der Diss' mit mir geteilt hat, sowie Sylvia M. Wilz, die die Arbeit kritisch, intensiv und freundschaftlich begleitet hat. Auch meiner Freundin und Kollegin Rutvica Andrijasevic sei gedankt. PD Dr. Gabriele Klein danke ich für inspirierende Gespräche. Dank auch an Charlotte Ullrich und Andrés Friedrichsmeier für Hilfe bei der Erstellung des Manuskripts. Mehr als ich in Worte zu fassen vermag, danke ich Michael Cysouw für Nähe in jeglicher Hinsicht. Dass sich Intellekt und Emotionen gegenseitig brauchen und beflügeln, ist ein Ergebnis dieser Arbeit und zugleich der Alltag unserer Beziehung. Meiner Mutter verdanke ich schließlich, neben Anderem, den Spaß an sowie den Mut zur Wissenschaft.

Finanziell wurde die Promotion durch ein Stipendium der Graduiertenförderung NRW ermöglicht.

Zur zweiten Auflage

In der zweiten Auflage sind Tipp- und Rechtschreibfehler korrigiert, einige Literaturangaben ergänzt und der Text an wenigen Stellen 'ausgebessert' worden. Weiterhin wurde der Text, mit Ausnahme der Zitate, in die neue Rechtschreibung überführt. Zu danken habe ich wieder Michael Cysouw und Andrés Friedrichsmeier für die Erstellung des Manuskripts.

Zur dritten Auflage

In dieser Auflage wurde die Literatur aktualisiert und an einigen Stellen der Text erweitert, so dass aktuelle Debatten im Fach und in der Öffentlichkeit Eingang finden konnten. Über die Gelegenheit zu einer dritten Auflage freue ich mich sehr. Dass dies möglich ist, habe ich zunächst und vor allem den vielen Leserinnen und Lesern zu verdanken. Offensichtlich wird das Buch insbesondere in der universitären Lehre verwendet und trifft damit auf das von mir anvisierte Publikum. Und so danke ich aufrichtig und mit Freude den Lehrenden und Studierenden, die das Buch nicht nur lesen, sondern mir in persönlichen Mitteilungen und in manch öffentlichen Foren zahlreiche Anregungen gegeben haben. Zu danken habe ich insbesondere den Studierenden an den Universitären Bochum, Hannover, Innsbruck und anderswo, von denen ich wirklich viel gelernt habe. Auch die verschiedenen Rezensionen des Buches haben mich gefreut und im besten Sinne zu denken gegeben.

Weiterhin danke ich den Kollegen und Kolleginnen, ohne die das Buch wesentlich ärmer wäre: Thomas Alkemeyer, Regina Becker-Schmidt, Helga Bilden, Barbara Duden, Anne Fleig, Karin Flaake, Robert Gugutzer, Sabine Hark, Jutta Hartmann, Gabrielle Hiltmann, Gabriele Klein, Gudrun-Axeli Knapp, Sybille Küster, Ilse Lenz, Ruth Mayer und Michael Meuser haben meine Sicht auf den Geschlechtskörper durch sachkundige und offene Diskussionen und durch ihr jeweiliges Engagement in der Körpersoziologie bzw. anderen, benachbarten Feldern erweitert.

Am Institut für Soziologie und Sozialpsychologie der Universität Hannover zu arbeiten ist ein – bisweilen anstrengendes – Privileg. Vielen Kolleginnen und Kollegen ist es dabei zu verdanken, dass ich als (auch Körper-)Soziologin in einer intellektuell anregenden Umgebung arbeiten kann. Allen voran danke ich sämtlichen Beteiligten am Lehr- und Forschungsschwerpunkt Gender Studies der Universität Hannover sowie den damit verbundenen Projekten. Und ich danke meinen Mitarbeiterinnen und Mitarbeitern Stefanie Lüpke, Helmut Hummel, Katherina Zimmermann und Annette Vieth für ihre selbständige, kreative, fordernde und immer lebhafte Zusammenarbeit. Besonders Katherina Zimmermann hat an der Entstehung nicht nur dieses Buches einen gehörigen Anteil.

Den Freunden und Freundinnen, die auch wunderbare intellektuelle Gefährten und Gefährtinnen sind, verdanke ich die anhaltende Lust an der (körper-)soziologischen Arbeit und dem vielschichtigen Leben drum herum. Zu diesen gehören, neben den oben z.t. bereits genannten, Valeria Cantor, Michael Cysouw, Ute L. Fischer, Lena Leithe, Thomas Mergel, Kirsten Twelbeck, Natalia Schcolnik und Bettina Zbar. Unbedingt danken möchte ich auch meinem Sohn Leo, der jeden Tag aufs Neue eine unermessliche Bereicherung und Herausforderung verkörpert. Der Tango-Szene gilt mein Dank für viele Tänze, daraus entstehender Inspiration und der Neugier an einer Soziologin, die Tango tanzt (oder umgekehrt?). Dies gilt vor allem für die Organisatorinnen und Organisatoren des jährlichen Internationalen Queer-Tango-Festivals in Hamburg.

Dem Verlag sowie den Herausgeberinnen der Reihe ‚Geschlecht und Gesellschaft' sei schließlich für die Realisierung einer dritten Auflage gedankt.

Das Buch ist meiner viel zu jung verstorbenen Tante Cecilia Braslavsky gewidmet, die eine brillante (Bildungs-)Soziologin und ein wunderbarer Mensch war. Sie fehlt mir.

Einleitung

Der Körper, seine Natur und unser Verständnis davon sind derzeit intensiv debattierte Themen der öffentlichen und wissenschaftlichen Auseinandersetzung: Debatten um Gen- und Reproduktionstechnologien stellen die Gegebenheit und die Vielfalt der menschlichen Körper womöglich in Frage, z.B. wenn bei pränatalen Gen- und Ultraschalltests diagnostizierte ‚Anomalien' zu Abtreibungen führen. Werden wir uns also in Zukunft die Beschaffenheit der Körper unserer Kinder vor ihrer Zeugung bzw. Geburt aussuchen können – oder gar müssen? ‚Neue' Krankheiten wie ‚Fettleibigkeit' oder ‚Burn Out-Syndrome' machen medienwirksam deutlich, wie sehr die Zustände und Wahrnehmungen des Körpers von sozialen Kontexten abhängen. Dies wird auch verhandelt, wenn unter dem Stichwort ‚Wellness' allerlei Konsumierbares angeboten wird: Reisen, Wohnungseinrichtungen, Duschgel, Kerzen, Yoghurts – um nur einiges zu nennen. Neue medizinische Verfahren, die es ermöglichen, beispielsweise dem „Gehirn beim Denken zuzuschauen" (so wird ein bildgebendes Verfahren von einem Hersteller medizinischer Geräte beworben), erwecken den Eindruck, den Körper gänzlich sicht- und damit womöglich beherrschbar zu machen. Die Virtualität der digitalen Kommunikations- und Informationsmedien lösen gleichermaßen Ängste und Euphorien ob des vermeintlichen Verschwinden des Körpers aus und manche Fragen sich gerade in Bezug auf neue Medien, „was vom Körper übrig bleibt" (Becker/Schneider 2000). Neue Medienformate – wie z.B. „The Swan – endlich schön" (Pro7, 2004) – inszenieren den Körper als Rohstoff im Dienste der Selbstoptimierung und man weiß derzeit nicht so recht, ob diese Inszenierungen bizarre Medienphänomene sind oder vielmehr eine Wirklichkeit spiegeln, in der die plastische Chirurgie als ‚Schönheitsoperation' längst eine normale Option geworden ist. Immer mehr Menschen fragen sich immer expliziter: Was ist der menschliche Körper, wenn sich nicht nur Tiere, sondern auch Menschen zumindest potenziell gentechnisch 'herstellen' (klonen) lassen? Ist der menschliche Körper bloße 'Materie' im Sinne eines biologischen Rohmaterials? Welche Formen muss ein Körper haben, um als ‚gesund' zu gelten? Wie wichtig ist der Körper für die Kommunikation? Stellen etwa die Plastinate der massenhaft besuchten Ausstellung 'Körperwelten' (u.a. in Mannheim 1997; Japan 1998; Köln 1999; Oberhausen 2000; Berlin 2001; Brüssel 2001/02; London 2003;

Seoul/Korea 2003/04; Singapur 2003/04, Taipeh/Taiwan 2004; Los Angeles 2004/05; Chicago 2005 mit weltweit über 17 Millionen Besucher) wirklich unsere Körper dar?[1] Oder ist es vielmehr so, wie Duden (1997: 490f.) in Bezug auf eine andere, ähnliche Ausstellung zum Körper[2] schreibt: „Beim Ausgang hatte ich das Gefühl, ich sei meiner Leibhaftigkeit entkleidet worden, hätte sie abgelegt. (...) Hier waren alle Dimensionen verrückt, jede Orientierung an einem Soma, am Körper, Fleisch, Sensibilität waren ausgelöscht, (...)". So wie Duden ergeht es womöglich wohl vielen Menschen, die die aktuelle Medikalisierung, Biologisierung, Entnaturalisierung, Normierung und Kommerzialisierung des Körpers in der öffentlichen Diskussion mit Unbehagen betrachten. Unbehaglich zumute ist auch vielen beim Anblick gepiercter und tätowierter Jugendlicher – aus verschiedenen Gründen. Die einen sehen den Verlust der Distinktion drohen, die solche Körperpraxen auszeichnete, als Tätowierungen oder Piercings noch ein sicherer Hinweise auf die Zugehörigkeit zu einer sexuellen, politischen oder ästhetischen Subkultur jenseits des kommerziellen Mainstream waren. Andere beklagen den Verlust des ‚guten Geschmacks' und der klaren Unterscheidung zwischen ‚Zivilisierten' und ‚Wilden'.

In diesem Unbehagen schimmert ein grundlegendes Problem durch: „[wird] verfügbar, was einst als unverfügbar galt" (Barkhaus/Fleig 2002: 9). Der Körper wird immer mehr zu einer modellierbaren Masse, dessen Formung nicht nur zu einer Frage des Geldes wird, sondern womöglich auch im Dienste einer von ökonomischem Kalkül getriebenen Rationalität der ‚Selbst-Optimierung' steht. Das vielfache Unbehagen am Körper lässt sich also auch als Reaktion auf einen z.T. ent-traditionalisierten Umgang mit dem Körper im Alltag vieler Menschen deuten. Der Körper ist nicht mehr nur eine Oberfläche, auf der sich politische oder soziale Haltungen abbilden lassen – wie lange Haare bei Männern in der Hard Rock-Szene oder feministischen Dress-Codes in der Frauenbewegung. Vielmehr gehen soziale Handlungen zunehmend unter die Haut und verändern diesen in seiner Beschaffenheit selbst. Ob diese Einschreibungen und die damit verbundenen Formungen des Körper tatsächlich neu- und einzigartig sind, das wird in Teilen der Sozial- und Kulturwissenschaften intensiv debattiert. Schließlich sind Kontaktlinsen, Beinprothesen, Herzschrittmacher, Diäten, Schnürkorsetts, abgebundene Füße, Drogenkonsum oder rituell erzeugte Narben – um nur einige Beispiele zu nennen – wahrlich keine neuen Erscheinungen des frühen 21 Jahrhunderts in Westeuropa. Sowohl historisch wie regional vergleichende Bli-

---

1   Angaben aus www.koerperwelten.de; letzter Zugriff am 23.10.2005.
2   Science for Life – A Window into Life'. Ausstellung im Wellcome-Institut, London.

cke zeigen, dass die Bearbeitung des Körpers durch menschliches Handeln außerordentlich ‚natürlich' ist insofern sie massiv vorkommt und geradezu universal zu sein scheint.[3] Die gegenwärtigen sozialen Wahrnehmungen, Formungen und Inszenierungen des Körpers – sowie ihre historische und kulturelle (Un)Vergleichbarkeit – werden in den Sozial- und Kulturwissenschaften zunehmend thematisiert. Und so lässt sich in den letzten fünf bis zehn Jahren ein regelrechter ‚Boom' der fachwissenschaftlichen Literatur zum Körper konstatieren, der ja immer auch darauf deutet, dass Forschungsgelder für das Thema im Umlauf sind. „Bodycheck – Wie viel Körper braucht der Mensch?" fragte die renommierte Körber-Stiftung 2001/02 in ihrer Ausschreibung des Studienpreises.[4] Gab es vor dem Jahr 2000 nur vereinzelte sozialwissenschaftliche Tagungen zum Thema Körper, so kommt inzwischen – im Jahre 2005 – kaum ein anspruchsvoller Kongress zum sozialen Wandel, zur sozialen Ungleichheit oder zum Geschlecht ohne diesen aus. Im Oktober 2004 richtete die Deutsche Gesellschaft für Soziologie (DGS) ihren Soziologiekongress zum Thema „Kulturelle Differenzen – Soziale Ungleichheit" in München aus und neben einem Plenum, d.h. einer prominent platzierten Veranstaltung, gab es dabei unzählige Foren, ad hoc-Gruppen und Sektionsveranstaltungen, die den Körper unter die soziologische Lupe nahmen. Einen Höhepunkt der Institutionalisierung der Körpersoziologie bildet die im November von der DGS formal genehmigte Umbenennung der Sektion Soziologie des Sports in „Soziologie des Körpers und des Sports". Mit dem Einführungsband von Gugutzer (2004) sowie dem Sammelband von Schroer (2005) liegen inzwischen auch einschlägige Bücher für ein breites Publikum vor, dessen „grundlegendes Ziel [darin] besteht, herauszuarbeiten, wie der menschliche Körper als *gesellschaftliches* Phänomen zu verstehen ist" (Gugutzer 2004: 6; Hervorh. i.O.). Oder, wie Schroer in seiner Einführung zum Sammelband bündig formuliert: „Es ist nicht länger zu übersehen: Die Soziologie hat den Körper [für sich] entdeckt" (Schroer 2005: 7). Dass dies so ist, hat weniger mit fachimmanenten Entwicklungen zu tun – sofern es solche bei einer Disziplin, die sich mit dem Sozialen auseinander setzt, überhaupt gibt –, sondern mit Ver-

---

3 Aus der Fülle an Literatur zum Thema der sozialen Formung des Körpers aus historischer und anthropologischer Perspektive vgl. z.B. Barkhaus/ Mayer/Roughley/Thürnau 1996; Douglas 1981; Elias 1976; Featherstone 2000; Gebauer/Wulf 1998; Kamper/Wulf 1982; Lorenz 2000; Mauss 1975; Sarasin 1996 mit der dort angegebenen Bibliographie.

4 Ausschreibung und Hintergründe sind nachzulesen unter www.koerber-stiftung.de; letzter Zugriff am 25.10.2005.

änderungen der sozialen Wirklichkeit.[5] Diejenigen, die den Körper betreffen, sind sicherlich die grundlegendsten, die wir derzeit erleben. Denn es geraten Grenzen und Unterscheidungen ins Wanken, die das menschliche und soziale Selbstverständnis betreffen. Die „Grenzen des Verfügbaren" (in Anlehnung an Barkhaus/Fleig 2002), dessen also, was vom Menschen mach- und beherrschbar ist, scheinen sich wenn nicht aufzulösen, so doch massiv zu verschieben. Alltagsweltliche Grenzerosionen erzeugen wissenschaftlich hoch produktive Fragen: So zeugen die aktuellen (öffentlichen wie sozialwissenschaftlichen) Diskussionen um den Körper von einer Verunsicherung darüber, was der Körper überhaupt ist. Es ist Angerer nur zuzustimmen, wenn sie schreibt: „Der Körper (...) nimmt (...) die Position eines Unbekannten ein, dessen selbstverständliche Vertrautheit sich vielfach infrage zu stellen begonnen hat." (Angerer 1995: 17). Auch für mich war diese Verunsicherung im Laufe der Beschäftigung mit dem (Geschlechts-)Körper immer wieder verwirrend. Letztendlich war es aber eine produktive Herausforderung, die mich darin bestärkt hat, an einem theoretischen Projekt festzuhalten, das den Körper nicht als das, was er 'eigentlich ist' entdecken will, sondern zeigen möchte, dass das, was der Körper ist, sich nur in seinen vielfältigen Bedeutungen und Konstruktionsmodi erschließt. Insofern ist es ein Ziel dieses Buches, Verwirrung und Unsicherheiten zu schaffen, gleichzeitig aber die Leser/innen durch diese Untiefen in – hoffentlich erkennbar – strukturierter Weise hindurchzuführen. Denn das ‚fremdeln' angesichts des Selbstverständlichen ist der Ausgangspunkt aller wissenschaftlicher und damit auch soziologischer Tätigkeit und daher ebenso produktiv wie spannend. Zugleich liefert die soziologische Analyse, wenn sie fundiert und gewissenhaft betrieben wird, Werkzeuge zur Strukturierung und Erklärung dessen, was Verwirrung stiftet. In diesem Sinne stellt das vorliegende Buch eine Reise dar. Das Ziel – der Geschlechtskörper – scheint vertraut, entpuppt sich aber, wie bei Reisezielen nicht selten der Fall, als Produkt der Phantasie der Reisenden. Wer je Reiseliteratur zur Vorbereitung einer Reise gewälzt hat, wird wissen, dass sich das angefahrene oder angeflogene Ziel eben doch ganz anders darstellt als in den Beschreibungen und Abbildungen in einem Buch. Anders ausgedrückt: Wir werden unser ursprüngliches Reiseziel nie erreichen, denn es wird sich auf dem Weg ständig

---

5   Weitere Sammelbände und Monographien, die den aktuellen Stand der deutschsprachigen sozialwissenschaftlichen Auseinandersetzung mit dem Körper wieder geben sind Abraham 2002; Alkemeyer/Boschert/Schmidt/Gebauer 2003; Barkhaus/Fleig 2002; Bette 2005; Hahn/Meuser 2002; Jäger 2004, Kuhlmann 2004.

verwandeln. Doch gerade dieses Changieren kommt der Realität näher als etwa eine auswendig erlernbare Definition.

Die Brisanz der erwähnten Verunsicherung in Bezug auf den (Geschlechts-)Körper ergibt sich zunächst daraus, dass der Körper gemeinhin der Sphäre des Natürlichen zugeschlagen wird. Einen Körper haben wir, das ist doch klar. Mit diesem werden wir geboren, er entwickelt sich von selbst, wird mal krank und alt, er führt ein Eigenleben. Es gleicht folglich einem Sägen an den Grundpfeilern unserer Wahrnehmung, wenn, wie im Falle der in diesem Buch behandelten Ansätze, postuliert wird, dass der natürliche Körper nur ‚angeblich' oder ‚scheinbar' natürlich ist. Was der Körper *ist*, erweist sich nämlich bei genauerer soziologischen Betrachtung als ungewiss. Wenn etwa der Geschlechtskörper als Resultat hegemonialer Diskurse oder als konstruierte Interaktionsrealität analysiert wird, dann scheint er sich in den Konstruktionen, die ihn 'machen', zu verlieren. Dass der Körper, auch und gerade der Geschlechtskörper beides, Natur und Kultur zugleich ist, das ist eine der zentralen Einsichten dieser Arbeit und wird ausführlich in allen Kapiteln ausgeleuchtet. Es wird sich aber auch zeigen, dass es genau darauf zu achten gilt, was in einem jeweiligen sozialwissenschaftlichen Paradigma als Natur bzw. Kultur verstanden und wie die Verschränkung zwischen beiden konzeptualisiert wird. Als gesichertes Ergebnis dieses Buches kann daher gelten, dass der Geschlechtskörper natur*haft* ist – seine Natürlichkeit ist sozial gemacht.

Damit ist ein zentraler epistemologischer (d.h. erkenntnistheoretischer) Ausgangspunkt und somit die wissenschaftliche Selbstverortung der nachfolgenden Ausführungen benannt. Die Reise führt durch das Feld gegenwärtiger *sozialkonstruktivistischer* Ansätze, die die moderne Unterscheidung zwischen Natur und Kultur hinterfragen und statt dessen die gegenseitige Konstitution beider hervorheben (vgl. Kapitel 1 und Exkurs I). Diesen Perspektiven zufolge gibt es keine anthropologisch konstante 'Natur' des Menschen, die qualitativ isolierbar und damit eindeutig bestimmbar wäre. Vielmehr ist es die 'Natur' des Menschen, ein immer schon vergesellschaftetes Wesen zu sein.[6] Und da sich Gesellschaften im permanenten Wandel befinden, tut es auch die 'Natur' des Menschen. Hierauf hinzuweisen und damit die Selbstverständlichkeiten einer jeweiligen kulturellen Natur zu hinterfragen ist eines der Hauptanliegen sozialkonstruktivistischer Perspektiven. Konstruktivistisch heißt also zunächst, die ontologische oder metaphysische Bestimmung von Gegenständen zu hinterfragen:[7]

---

6   Vgl. Kapitel 1.
7   Vgl. von Glasersfeld 1997.

'Der Baum', 'der Mensch', 'das Geschlecht' etc. sind aus dieser Sicht keine Universalia, die jenseits von Zeit und Raum und der Wahrnehmung durch Menschen existieren. Der Konstruktivismus analysiert statt dessen, wie die menschliche Wahrnehmung strukturiert ist, die dann dazu führt, dass wir etwas als Natur bzw. als ontologisch gegebene Tatsache wahrnehmen. Wenn dieses Paradigma, das im ersten Exkurs forschungspragmatisch skizziert wird, in den Kontext der Sozialwissenschaften gestellt wird (ob bezogen auf die Methoden oder auf die Forschungsgegenstände), dann spreche ich von Sozialkonstruktivismus.

Andererseits aber, und das wird m.E. oft übersehen, gehen sozialkonstruktivistische Perspektiven durchaus davon aus, dass es so etwas wie 'Natur' gibt. Davon auszugehen, dass alles konstruiert ist, ist nicht gleichzusetzen mit 'Künstlichkeit', 'Beliebigkeit' oder soziologischem Idealismus. Wenn wir heute etwa Menstruation als ein natürliches Merkmal von Frau-Sein nicht nur kognitiv wahrnehmen, sondern leiblich empfinden (Schmerzen, Stimmungen usw.), so fragt eine sozialkonstruktivistische Perspektive danach, wie es dazu kommt, dass dies so ist. Dafür muss sie die 'Natürlichkeit' der Menstruation als objektive, universelle, ontologische 'Wahrheit' deplausibilisieren – und erklären, wie die aktuelle 'Natur' als Natur hergestellt wird. Die Geschlechterdifferenz, vor allem hinsichtlich ihrer biologischen Legitimierung, ist solch eine Natur. Die Pointe aller konstruktivistischen Zugänge liegt also darin, das ‚Gemachte' am ‚Gegebenen' aufzuzeigen und zu untersuchen.

Der Körper ist für die Soziologie besonders anregend, weil sich an ihm eine der 'großen' Fragen der Disziplin exemplarisch bearbeiten lässt: Wie hängen soziale Strukturen und individuelle Existenz zusammen? Die Geschlechterdifferenz, die eng an den Körper gekoppelt ist, ist geeignet, etwa die Gleichzeitigkeit und Gleichursprünglichkeit verobjektivierter Strukturen einerseits und interaktiven, auf der Mikro-Ebene liegenden Konstruktionsleistungen von Individuen andererseits zu betrachten. Die Geschlechterdifferenz ist eine in diesem Sinne *verobjektivierte* Struktur. Sie ist zugleich eine der grundlegendsten Dimensionen von Subjekthaftigkeit — ein Subjekt ohne Geschlecht ist zwar theoretisch denkbar (wengleich dies schon so kontrafaktisch ist, dass es an 'Spinnerei' grenzt), aber realiter kann man hier und heute kein Mensch ohne Geschlecht sein. Und schließlich ist die Geschlechterdifferenz eine von Individuen produzierte Wirklichkeit. Wie diese Produktionen soziologisch begriffen werden können, das ist das zentrale Thema dieses Buches. Die Fragen sind also: Wie kann es sein, dass die Geschlechterdifferenz eine 'natürliche' Tatsache ist, die sich aber, je mehr man sich soziologisch mit ihr beschäftigt, als sozial konstruierte, natur*hafte* Wirklichkeit entpuppt? Inwieweit werden Individuen durch die Struktur der

Zweigeschlechtlichkeit zu Männern und Frauen? Und: Inwieweit produzieren Männer und Frauen auch andererseits die soziale Struktur der Zweigeschlechtlichkeit? Wie konstituieren sich soziale Verhältnisse wie die Geschlechterdifferenz als 'Natur'? Wie kommt es, dass Menschen sich mit Haut und Haaren als Frau bzw. Mann fühlen? Die – an dieser Stelle – thesenhafte Antwort ist, dass der Körper der Ort ist, in dem sich soziale Strukturen materialisieren, das heißt, ihre Faktizität entfalten und für Subjekte im wahrsten Sinne des Wortes spürbar werden.

Das vorliegende Buch verortet sich zunächst im wachsenden Feld der sozialwissenschaftlichen Forschung um den Körper. Wie einige andere Arbeiten zum Zusammenhang von Gesellschaft und Körper verfahre auch ich rekonstruktiv und exegetisch, weil es der ausdrückliche Anspruch dieses Buches ist, eine Orientierungshilfe und eine Einführung in das Feld zu geben.[8] So wird zunächst rekonstruiert, was verschiedene Forschungsansätze zum Thema Geschlechtskörper zu sagen haben. Zugleich wird die Rekonstruktion, die kritische Diskussion und die synthetisierende Zusammenstellung verschiedener Ansätze aus einer spezifischen Perspektive erfolgen. Als Soziologin mit gesellschaftstheoretischem Anspruch hatte ich ein wachsendes Unbehagen bei der Lektüre und der Auseinandersetzung mit körpersoziologischer Literatur. Als Geschlechtersoziologin meine ich, dass die Gender Studies bisweilen die Komplexität sozialer Strukturen verkennen und zwar vor allem dann, wenn es um den Körper geht. Die Zweigeschlechtlichkeit existiert nämlich – immer – im sozialen Kontext von Institutionen, familialer und freundschaftlichen Beziehungen, Arbeitsmärkten, Organisationen usw. Dieser Sachverhalt lässt sich nur mit einem gesellschaftstheoretischen Begriff des Geschlechterverhältnisses analysieren und bildet als gesellschaftstheoretische Dimension den zweiten Strang meiner Überlegungen und damit auch die zweite soziologische Debatte, in der sich diese Arbeit verortet. Gesellschaftstheoretische Analysen des Geschlechts gehen im Schlagwort des 'Geschlechterverhältnisses' auf, wie es in den Arbeiten von Becker-Schmidt und Knapp entwickelt worden ist.[9] Demnach ist das Geschlechterverhältnis ein 'relationaler Begriff', der als soziales (Herrschafts-)Verhältnis „auf die Gesamtheit (...) institutionalisierter Regelungen in einem sozialen Gefüge [definiert ist], durch welche die beiden Genus-Gruppen gesellschaftlich zueinander ins Verhältnis gesetzt werden" (Knapp 1995: 130). Mein Standpunkt lautet vor diesem Hintergrund und in Anlehnung an eine ganze Reihe von Autoren/innen, dass die

---

8   Vgl. Gugutzer 2004; Maihofer 1995; Shilling 1993; Turner 1996.
9   Vgl. Kap. 1.1 und 1.2.

Geschlechterdifferenz als Unterscheidung zwischen Männern und Frauen, die biologisch legitimiert ist, immanent in beide Strukturprinzipien bürgerlich-kapitalistischer Gesellschaften (Geschlechterverhältnis und soziale Ungleichheit) eingebettet und von weiteren Differenzachsen (Ethnizität, Sexualität) ko-konstituiert ist. Anders gesagt: wir sind Frauen und Männer immer in spezifischen sozialen Kontexten, die von Macht, sozialer Ungleichheit und Ungleichwertigkeit durchzogen sind. Die Konstruktion des Geschlechts auch und gerade anhand des Körpers impliziert immer auch Konstruktionen anderer Differenz- und Ungleichheitsphänomene wie Klasse, race/Ethnizität, Sexualität. Die geschlechtliche Existenz eines Individuums ist aus den gesellschaftlichen Bezügen, in denen sie geformt, wahrgenommen und gelebt wird, nicht zu trennen. Folglich kommt das Geschlecht nie in Reinform daher. Diese genuin soziologische Perspektive ist bislang in der Literatur zum Thema 'Konstruktion der Geschlechterdifferenz' nicht systematisch berücksichtigt worden. Damit ist nicht gesagt, dass es nicht eine Reihe wichtiger Arbeiten gibt, die sich mit der Verschränkung verschiedener sozialer Kategorien und deren Verkörperung befassen. Ein Beispiel hierfür sind einige Arbeiten von Pierre Bourdieu und von Soziologen/innen, die sich im Anschluss daran mit dem Zusammenhang von Geschlecht und Klasse auch empirisch auseinander setzen.[10]

Weiterhin wird diese Reise durch z.T. recht heterogenes wissenschaftliches Terrain führen. Die Route wird in manchen Abschnitten ungewöhnlich anmuten, denn der Körper ist, wenn man so will, inter- oder gar transdisziplinär. Er ist eine Schnittstelle vielfältiger Diskurse: Biologie, Philosophie, Soziologie, Geschichte und Anthropologie haben jeweils 'ihren' Körper und jeder hat seine Plausibilität. In diesem Buch werden nicht alle Disziplinen und ihre Körper thematisiert, sondern die – im weiteren Sinne – soziologischen Zugänge. Die Schwierigkeit, aber auch zentrale Herausforderung der Körpersoziologie bleibt aber bestehen und liegt in der permanenten Übersetzungsarbeit zwischen disparaten Debatten, Theorien, Konzepten und Methoden. So ist die Vermittlung gesellschaftstheoretischer Überlegungen zum Geschlechterverhältnis mit mikrosoziologischer Leib-Phänomenologie eine ebenso wenig gängige Übung wie die Zusammenführung feministischer Diskurstheorie á la Butler mit Modellen des Klassenverhältnisses á la Bourdieu und deren Verknüpfung zu wissenschaftshistorischen Arbeiten etwa zur Geschichte der Hormone. Was mir als Leitfaden durch das Dickicht der Ebenen und der Komplexität der Theorie-Stränge gedient hat, ist das metatheoretische Modell von Knapp (1992), das als heuristischer

---

10   Vgl. Bourdieu 2005 und die Beiträge in Krais/Dölling 1997.

Horizont die Möglichkeit bietet, soziologische Ansätze hinsichtlich ihres Gegenstandes und ihrer Reichweite zu systematisieren. Dieses Modell stellt den Anfang der Reise durch den Geschlechtskörper dar, die in dieser Arbeit unternommen wird (1.1). Das Knappsche Modell umfasst auch die Diskussion um Mikro- und Makrosoziologie, bei der es um die Frage geht, wie Individuum und Struktur verknüpft sind. Um dieses Verhältnis zu präzisieren, werden zunächst die Strukturen bzw. Strukturbegriffe entfaltet, die in der Arbeit eine Rolle spielen: Geschlechterdifferenz und Geschlechterverhältnis (1.1.2) sowie 'strukturierte soziale Ungleichheit' (1.2). Bei letzterem wird es vor allem um die Begriffe 'strategische Ressourcen' (Kreckel) und 'Kapital' (Bourdieu) gehen. Denn wenn die Geschlechterdifferenz gemacht wird, wie es sozialkonstruktivistische Analysen nahe legen, dann geschieht dies mittels Ressourcen, die ihrerseits ungleich verteilt sind. Weiterhin vollziehen sich die Konstruktionen in sozialen Kontexten, die von sozialer Ungleichheit strukturiert sind.

Wie aber vermitteln sich diese Strukturen mit Subjekten? Unter 1.3 wird diese 'große' Frage der Soziologie aufgegriffen und als 'Vergesellschaftung' diskutiert. Dabei wird skizziert, dass und wie Vergesellschaftungsprozesse zweiseitig wirken. Zum einen bewirken sie – programmatisch formuliert –, dass Menschen so 'werden', wie es die sozialen Strukturen gewissermaßen erfordern. Vergesellschaftung meint aber immer auch die aktive „Selbst-Bildung in sozialen Praktiken" (Bilden 1991: 280), die notwendigerweise mehr und anderes ist als die bloße Reproduktion sozialer Strukturen. Zum anderen umfasst der Vergesellschaftungsbegriff die Einsicht, dass soziale Strukturen nur insofern real sind, als Subjekte sie (er-)leben. An dieser Stelle kommt denn auch der Körper ins Spiel, weil die Verankerung von Individuen maßgeblich abhängt von präreflexiven Handlungs- und Wahrnehmungsroutinen, die eben nicht rein kognitiv oder den Subjekten äußerlich sind, sondern 'unter die Haut gehen'. Unter 1.4 werden die Prämissen geklärt, die verstehen helfen, was es heißt, den 'Körper als subjekttheoretischen Ausdruck von Klassen- und Geschlechterverhältnissen' zu verstehen und welche, vor allem epistemologischen, Prämissen für eine solche Auffassung gesetzt werden. In diesem Abschnitt wird auch die, den Reisenden wahrscheinlich unter den Nägeln brennende, Frage nach der Biologie und der 'Natur' des Körpers gestellt und herausgearbeitet, dass a) hier nur der soziologisch relevante Körper interessiert, weil es nicht darum geht (und auch nicht gehen kann), was der Körper nun eigentlich und letztendlich ist und b) auch die Biologie durchaus Raum für soziologische Einsichten bietet. Anders gesagt: Eine sozialwissenschaftliche Analyse des Körper braucht die Biologie zum Verständnis dessen, was er anatomisch, hormonell, physiologisch – auch – ist, aber diese Dimension schließt das Verständnis vom Körper als sozial konstruiert nicht zwangsläufig aus.

Das zweite Kapitel wird sich mit der Konstruktion der Naturhaftigkeit des Geschlechtskörpers aus handlungstheoretischer Perspektive beschäftigen. Dabei werden ethnomethodologische Perspektiven im Vordergrund stehen, denen zufolge sich die Naturhaftigkeit der körperlichen Geschlechterdifferenz als ‚Vollzugswirklichkeit' entpuppt (2.2 und 2.3). Es sei an dieser Stelle bemerkt, dass es nicht um die Handlungstheorie(n) in ihrer Breite und Verzweigtheit geht. Vielmehr folgen die Ausführungen einem paradigmatischen Autor (Stefan Hirschauer), der gleichwohl auch bezüglich der Klassiker wie z.b. Garfinkel rekonstruiert wird. Beim interaktiven Vollzug der Geschlechterdifferenz ('doing gender') werden einerseits soziale Ressourcen wie kulturelle Objekte, Räume, Sprache usw. zum Einsatz gebracht, andererseits findet die alltagsweltliche Vergeschlechtlichungspraxis in gesellschaftlichen Räumen und Kontexten statt (Institutionen, Organisationen, juristische und medizinische Diskurse usw.). Wie die kritische Diskussion der handlungstheoretischen Geschlechtersoziologie zeigen wird (2.4), werden diese Aspekte allerdings in der ethnomethodologischen Analyse selbst nicht aus der Perspektive sozialer Ungleichheit betrachtet. Die Normen, an denen sich die Darstellungen der Geschlechterdifferenz orientieren, sind ebenfalls nicht das Thema der Ethnomethodologie (2.5).

Im dritten Kapitel werden diese analytischen Grenzen zum Ausgangspunkt gemacht und danach gefragt, welche Normen die Konstruktionen bedingen. Die in diesem Kapitel entfaltete diskurstheoretische Betrachtung des Geschlechtskörpers (Judith Butler) fokussiert Geschlechterdifferenz und Heterosexualität als konstitutive Normen der Konstruktion sozial sinnhafter ('intelligibler') Körper (3.4 und 3.5). Im Rahmen der genealogisch verfahrenden Diskurstheorie erweist sich die Naturhaftigkeit des Geschlechtskörpers als diskursive Naturalisierung, genauer als sprachliche Ontologisierung. Anders: Sprache *konstituiert* Materie. Der Schwerpunkt diskurstheoretischer Perspektiven liegt, wie sich zeigen wird, auf der Macht des Wortes, d.h. auf der *epistemologischen* Macht performativer Sprechakte, spezifische Realitäten zu erzeugen (3.2). Damit tritt die *soziale* Macht der Sprache in den Hintergrund, die aber durch die Verknüpfung mit der sprachsoziologischen Perspektive Bourdieus eingeholt werden kann. Aus dieser ist Sprache ein Medium sozialer Kommunikation und damit auch eine zentrale – ungleichheitskonstituierende – soziale Ressource (3.6).

Was aber weder ethnomethodologische noch diskurstheoretische Analysen befriedigend zu erfassen vermögen, ist die stabile Verankerung sozialer Normen in die Subjektivität der Individuen als präreflexives 'sinnliches' Wissen. Ob als Diskurs oder als interaktive Vollzugswirklichkeit – die emotionale, 'sinnliche' Realität der Geschlechterdifferenz bleibt in beiden unterbeleuchtet. Diese Kritik stellt vor allem im Kontext der Butler-Rezeption einen Hauptpunkt der Diskussion um die Konstruktion des Geschlechtskörpers dar, wie die spitze Formulierung von der „Frau ohne Unterleib" (Duden 1993) trefflich zusammenfasst. Wenn weiter oben vom 'Verlust' des Körpers im Zuge seiner sozialwissenschaftlichen Thematisierung die Rede war, so ist genau dieser Punkt gemeint: Die sinnenhaften, 'fleischlichen', emotionalen Aspekte des Körper-Seins und Körper-Habens, die im Alltagsleben aller Individuen eine prominente Rolle spielen, kommen weder in der diskurstheoretischen noch in der ethnomethodologischen Analyse vor. Durch die phänomenologische Differenzierung zwischen Leib und Körper, die Lindemann unter Rückgriff auf Plessner und Schmitz entwickelt, wird der wortwörtlich fühlbare Gehalt der geschlechtsrelevanten Konstruktionen betont und differenziert analysiert (Kapitel 4.1 und 4.2). Damit kann die Unterscheidung zwischen Natur und Kultur als wechselseitiges Konstitutionsverhältnis gedacht werden, bei dem sich das soziale Körper-Wissen und die unmittelbaren, leiblichen Empfindungen zirkulär verstärken bzw. bedingen. Die tradierte und nach wie vor lebensweltlich fest verankerte Gegenüberstellung eines natürlichen 'sex' und eines kulturellen 'gender' kann m.E. damit produktiv überwunden werden. Demnach wirkt das sozial produzierte Wissen um den Körper wie ein 'Verhaltens- und Empfindungsprogramm', so dass bestimmte Regionen des Körpers ganz unmittelbar (d.h. leiblich) als das Geschlecht empfunden werden wie z.B. Busen, Penis oder Vagina.

Die analytischen Grenzen der mikrosoziologischen Phänomenologie liegen allerdings in der mangelnden gesellschaftstheoretischen Fundierung der normativen Gehalte des sozialen Körper-Wissens, wie an der Diskussion um die sog. 'signifikanten Körperformen' und 'Leibesinseln' deutlich werden wird (Kapitel 4.2). Mit Judith Butlers Spekulationen um die Möglichkeit eines „lesbischen Phallus" (Butler 1995: 85-128) kann die eigentümliche Fixierung der verschieden vergeschlechtlichten Leibesinseln kritisch reflektiert werden, die in der phänomenologischen Perspektive ‚nur' deskriptiv konstatiert werden kann. Dies wird in der Erkenntnis münden, dass die phänomenologische Mikrosoziologie der Verknüpfung mit einer Diskurstheorie bedarf, die ihrerseits die spezifischen Normen des sozialen Körper-Wissens analysiert. Doch auch diese ist nicht des Geschlechtskörpers letztes Wort. Nur ein pluralistisches Forschungsdesign, das verschiedene Blicke zulässt und dabei die jeweiligen Schärfen und blinden Stellen reflektiert, ist dem Geschlechtskörper angemessen – forschungspragmatische Fokussierung ist selbstverständlich geboten.

Am Ende der Reise liegt kein sicherer Hafen — wir wissen dann nicht, was der Geschlechtskörper *ist* (Kapitel 5). Wie alle soziologisch relevanten Grundkategorien wird sich auch der Geschlechtskörper nicht auf eine Essenz fixieren lassen. Das die Menschen ihre Geschichte, ihre Gesellschaft und letztendlich ihre Welt selbst machen, ist eine Grundeinsicht der Soziologie. Dass sich nun auch der Geschlechtskörper als selbst gemacht erweist, bedeutet einen möglicherweise bedrohlichen Verlust an 'ontologischer Gewissheit' und damit auch Verlust an klarer Orientierung. Aber es eröffnen sich auch neue Möglichkeiten und (zumindest potenziell) ein Mehr an demokratischen Pluralismus, denn die 'Verflüssigung' von lebensweltlichen Selbstverständlichkeiten ist Ausdruck einer gesteigerten (Selbst-)Reflexivität sowohl von Gesellschaften wie von vergesellschafteten Individuen.[11] Wenn, wie die Geschichte zeigt, tradierte Gewissheiten infrage gestellt werden, dann werden auch immer neue Handlungsspielräume und Lebensentwürfe möglich. Ob also in Zukunft etwa die Männer (auch?) Babys bekommen, ob es irgendwann 20 Geschlechter geben wird, ob das Geschlecht eine ebenso 'manipulierbare' Größe wie die Haarfarbe wird — das kann und soll hier nicht beantwortet und auch nicht beurteilt werden. Ich hoffe aber, dass das Buch zur phantasievollen Reflexion über diese Fragen anregt; es soll eine Reiselektüre sein, die neugierig macht und durchaus auch irritieren will. Gewohntes wird fragwürdig und Einfaches erscheint verwirrend komplex. Wer sich aber auf die Reise durch den Geschlechtskörper einlässt, wird am Ziel mit geeignetem analytischem Werkzeug, d.h. mit einem Kompass, ausgerüstet sein, um selbst weiter zu reisen. Was das bringt, soll ein Aufsatz zum Thema Tango illustrieren. Wir schreiten dann von der Theorie auf die Tanzfläche und sehen, wie im (argentinischen) Tango die Konstruktionen zum Tanzen gebracht werden.

---

11   Habermas 1981, Bd. 1: 108ff.

1   Struktur-Subjekt-Handlung-Körper

Die Reise beginnt beflügelt von einer großen Frage: Wie vermitteln sich historisch sedimentierte Strukturen einerseits und konkrete Personen mit ihrer Individualität und Handlungsfähigkeit andererseits? In eine Geschlechterperspektive übersetzt, reformuliert sich die Frage folgendermaßen: Was ist das strukturelle Geschlechter*verhältnis* und wie ist es mit der Geschlechter*differenz* verknüpft (1.1)? Da die Stationen der Reise theoretischer Natur sind, wird zunächst ein metatheoretisches Modell skizziert, das als Raster für den Theorievergleich fungiert (1.1.1). Daran anschließend wird der Begriff des Geschlechterverhältnisses erörtert (1.1.2) und in einem zweiten Schritt mit Überlegungen zur sozialen Ungleichheit zusammengebracht (1.2). Letztere dienen der Entfaltung einer Begrifflichkeit sozialer Ressourcen bzw. sozialen Kapitals (1.2.1), der durch die Zusammenführung der ungleichheitssoziologischen Arbeiten Kreckels mit dem Kapital- und Klassenbegriff Bourdieus entwickelt wird.

Nach dieser strukturtheoretischen Verortung des Geschlechtskörpers folgt ein subjekttheoretischer Abschnitt, der seinerseits eng an die strukturtheoretischen Überlegungen gekoppelt ist (1.3). Darin wird es um Subjekt- und Vergesellschaftungstheorien gehen, die davon ausgehen, dass komplexe Sozialisationsprozessuale de-essentialistische (Geschlechts)Identitäten konstituieren. Pointiert formuliert heißt dies: Das Subjekt, hier insbesondere das vergeschlechtlichte Subjekt, 'ist' nicht, sondern ist immer im Werden begriffen. Der Begriff der Vergesellschaftung als zweiseitiger Prozess von Individuation und Verinnerlichung sozialer Strukturen wird in diesem Kontext im Vordergrund stehen. Abschließend wird argumentiert, dass und warum der *(Geschlechts-)Körper als Ausdruck des Subjekts im Kontext der sozialen Strukturen Geschlechterverhältnis und sozialer Ungleichheit* betrachtet werden kann (1.4). Insgesamt stellt also dieses Kapitel die Prämissenklärung der Analysen des zweiten Teils der Arbeit dar und formuliert eine These: Der Körper ist Bindeglied von Struktur und Subjekt; er ist Konstituens für Sozialität (Lindemann 1993b: 21) und zugleich Produkt dieser Sozialität.

In der Zusammenschau also geht es im Folgenden um die Einbettung und Herleitung der Fragestellung (wobei die Betonung auf dem Fragen liegt) innerhalb folgender Felder:

- gesellschaftstheoretische Analyse des Geschlechterverhältnisses,
- soziale Ungleichheitsforschung,
- Subjekttheorie und
- sozialkonstruktivistische Perspektiven auf die Geschlechterdifferenz.

1.1   Struktur I: Das Geschlechterverhältnis

Knapp bestimmt das Geschlechterverhältnis als „Funktions-, Positions- und Verhältnisbegriff, der andere Kategorien sozialer Strukturierung wie Klasse/Schicht und Ethnizität durchquert und diese dabei auf spezifische Weise profiliert, wie er selbst durch sie markiert ist" (1995: 130). Frauen und Männer als zwei soziale Geschlechter werden mit dem Begriff des Geschlechterverhältnisses dergestalt in den Blick genommen, dass sie „in *gesellschaftlich institutionalisierter Form* zueinander in Beziehung stehen" (Becker-Schmidt/Knapp 1995: 7, (Hervorh. d.V.). D.h., wie Frauen und Männer aufeinander bezogen sind, ist nicht von Natur aus festgelegt. Das hat den Effekt, dass das Verhältnis der Geschlechter zu einem soziologisch relevanten und erklärungsbedürftigen Phänomen wird. Die Art und Weise, mit welchen Legitimationen, in welchen spezifischen Hierarchisierungen, auch als 'was' die Geschlechter gesellschaftlich zueinander in Beziehung gesetzt werden, das ist die gesellschaftstheoretische Dimension, die den Begriff des Geschlechterverhältnisses ausmacht.

Das Geschlechterverhältnis unterscheidet sich damit von den 'Geschlechterbeziehungen' und der Geschlechterdifferenz. Während letztere die biologisch legitimierte Zweigeschlechtlichkeit meint und erstere die „vielfältigen [persönlichen und sachlichen] sozialen Beziehungen" (Becker-Schmidt/Knapp 1995: 17), die Männer und Frauen eingehen, zielt der Begriff des Geschlechterverhältnisses auf gesamtgesellschaftliche Organisationsprinzipien. Erfahrungsgemäß ist eine genaue Differenzierung dieser Begriffe überaus wichtig, denn als Soziologen/Soziologinnen analysieren wir immer auch unsere eigene Lebenswelt, unser eigenes Alltagsleben. Soziologisch mit dem Begriff des Geschlechterverhältnisses zu operieren heißt nicht, meine persönliche Beziehung zu meinem Vater, Freund, Sohn, Nachbarn oder Kollegen zu betrachten, sondern auf eine gesellschaftliche Struktur zu schauen – die selbstverständlich Auswirkungen auf die individuellen und konkreten Beziehungen zwischen Männern und Frauen hat, aber mit dieser eben nicht deckungsgleich ist. Die soziologische Begrifflichkeit um das Geschlechterverhältnis lässt sich folgendermaßen charakterisieren:

„*Geschlechterverhältnisse*: Dieser Begriff umfasst zum einen das gesamte Feld solcher Regelungen [der Beziehungen zwischen den Geschlechtern wie Austausch oder Ausschluss] in einem sozialen Gefüge. Darüber hinaus zielt er auf die Organisationsprinzipien, durch welche die beiden Genus-Gruppen gesellschaftlich zueinander in Beziehung gesetzt werden. Solche Organisationsprinzipien können sein: Trennung und Hierarchisierung oder solche der Egalität und Komplementarität. Zur Bestimmung des Geschlechterverhältnisses gehört die Klärung der Frage, welche Positionen die Genus-Gruppen in den gesellschaftlichen Hierarchien einnehmen und welche Legitimationsmuster es für geschlechtliche Rangordnungen gibt. Sind Geschlechterverhältnisse hierarchisch, ist 'Geschlecht' ein Schichtungskriterium, das soziale Ungleichheit markiert. (...) Geschlechterverhältnisse in diesem systematischen Sinn sind Herrschafts- und Machtzusammenhänge, in denen die gesellschaftliche Stellung der Genus-Gruppen institutionell verankert und verstetigt wird." (Becker-Schmidt/Knapp 1995: 18, Hervorh. i.O.)

Diese Definition basiert auf einem Verständnis von Geschlechterverhältnissen als prozesshaften und historisch gewordenes Verhältnis. Dies ist insofern wichtig, als die gesellschaftlich strukturierten sozialen Positionen von Frauen und Männer demnach nicht mehr als 'von Natur aus' gegeben verstanden werden. Wie historische Arbeiten andeuten,[12] ist die gesellschaftliche Organisation des Geschlechterverhältnisses eine, wenn auch nicht unbedingt kontingente, so doch äußerst variable Dimension sozialer Strukturen. Vorstellungen von der 'natürlichen' Komplementarität der Geschlechter, der 'naturgegebenen' unterschiedlichen Funktionen der Geschlechter oder gar 'naturgegebener' unterschiedlicher Charakterzüge von Frauen und Männern als universelle Tatsachen halten einer gesellschaftstheoretischen Perspektive nicht stand bzw. erscheinen aus dieser Sichtweise als (normative) symbolisch-kulturelle Deutungen, die soziologisch erklärungsbedürftig sind.

Die Komplexität des Geschlechterverhältnisses besteht darin, dass es als gesamtgesellschaftliche Struktur allen Ebenen des Sozialen prägt und gleichzeitig in allen Sphären (re-)produziert wird. Das Geschlechterverhältnis umfasst eine Vielzahl heterogener Phänomene: Prozesse der Arbeitsmarktsegregation ebenso wie Sexualität, es reicht aufgrund von Vergesellschaftungsprozessen weit in das individuelle Unbewusste hinein, ebenso wie es sich im 'Lohn-gap' des Arbeitsmarktes offenbart, es durchzieht die juristischen Regelungen zur Anerkennung asylberechtigter Flüchtlinge ebenso wie die kulturellen Repräsentationen von Frauen und Männern in Medien oder alltagsweltlichen Stereotypen; es ist präsent als durchschnittliche 8% Frauenanteil an den bestdotierten Professuren an deutschen Hochschulen und ebenso in der je nach Geschlecht unterschiedlichen Nutzung öffentlicher Räume. Diese Liste ließe sich noch lange fortsetzen und verweist darauf, dass alle Ebenen und Dimensionen des Gesellschaftlichen vom

---

12 Vgl. Elias 1976; Honegger 1992; Laqueur 1992.

Verhältnis der Geschlechter betroffen sind und alle Ebenen und Dimensionen zur konkreten Ausgestaltung des Geschlechterverhältnisses beitragen.

1.1.1   Mühsal der Ebenen: Mikro/Makro

Um der skizzierten Komplexität gerecht zu werden, die sich in der soziologischen Auseinandersetzung bisweilen als „Mühsal der Ebenen" (Knapp 1992: 292) manifestiert, hat Knapp ein metatheoretisches Modell entwickelt, das sich als „heuristischer Horizont" (ebd.: 296) für sozialwissenschaftliche Auseinandersetzungen zum Thema Geschlecht anbietet. Es ist also ein Modell, das Orientierungspunkte für geschlechtersoziologisches Denken geben will, welches sich nicht darauf beschränkt, vom 'Patriarchat' oder vom 'Kapitalismus' als Erklärung für bestehende Geschlechterungleichheiten zu sprechen. Ausgehend vom zentralen Problem der Macht bzw. Herrschaft entwickelt Knapp folgendes analytisches Modell:

„1. *Herrschaftssystem* [als] objektive Verflechtung der differenten 'Sphären' bzw. gesellschaftlichen Subsysteme. Darin insbesondere: Vergesellschaftungsformen von Arbeit, Generativität/Sexualität;

2. *Symbolische Ordnung* (Sprache), Legitimationssysteme, Ideologien, kulturelle Repräsentation des Geschlechterverhältnisses und der Geschlechterdifferenz;

3. *Institutionen*, klassen- und geschlechtsdifferenzierte Trägergruppen ökonomischer und politischer Macht, Regelungsmechanismen der Machtdistribution (z.B. rechtliche und andere Normierungen sowie Zugangsregelungen);

4. *Interaktionen* zwischen Frauen und Männern in ihrer mehrfachen Bestimmtheit durch subjektive Motive, Interessen sowie verobjektivierte Handlungs- und Deutungskontexte;

5. *Sozialpsychologie* des Geschlechterverhältnisses, Geschlechtersozialisation (verstanden als widersprüchlicher Prozess von Individuation und Vergesellschaftung), innerpsychische Repräsentanzen des Geschlechterverhältnisses und der Geschlechterdifferenz, Psychodynamik von Motiven/Begehren." (Knapp 1992: 295f., Hervorh. d.V.)[13]

---

13 In dieser Systematisierung lassen sich wohl die meisten Auseinandersetzung platzieren, die in der sozialwissenschaftlichen Frauen- und Geschlechterforschung eine Rolle spielen. Zugleich ist aber über das Selbstverständnis der (gegenwärtigen) Frauen- und Geschlechterforschung von der Berücksichtigung der Komplexität der Kategorie ‚Geschlecht' bestimmt. Vgl. Becker/Kortendiek 2004 und Becker-Schmidt/Knapp 2000.

Für die grundsätzliche Frage nach der Vermittlung von Struktur und Subjekt bzw. Individuum ist am Knappschen Modell besonders fruchtbar, dass es sich aus dem Blickwinkel soziologischer Theoriedebatten als Modell für die Integration von 'Mikro'- und 'Makro'-Perspektiven anbietet. In diesem Sinne stellt es eine Spezifizierung der oben erwähnten Grundfrage der Soziologie nach dem Verhältnis von gesellschaftlichen, verobjektivierten Strukturen ('Makro') und individuellem Handeln und Subjekthaftigkeit ('Mikro') dar.

Die Unterscheidung in Mikro- und Makroperspektiven hat in der Geschichte der Soziologie Tradition:[14] Mikrosoziologische Ansätze fokussieren das Handeln bzw. die Interaktionen in der Alltagswelt und sind damit akteur/innenzentrierte Perspektiven. Mikrosoziologie ist gewissermaßen Soziologie aus der 'Froschperspektive', die von den Handelnden ausgeht und dabei dessen Sinnhaftigkeit (hermeneutisch) rekonstruiert. Kapitel 2 und 4 werden zwei verschiedene mikrosoziologische Betrachtungen des Geschlechtskörpers (Ethnomethodologie und Phänomenologie) aufgreifen. Als makrosoziologische Perspektive lässt sich hingegen ein bestimmter Blick auf Institutionen, gesellschaftlichen Strukturen und ihren historischen Wandel, ökonomischen Prozessen und sozistrukturellen Dimensionen des Sozialen bezeichnen. Das ist dann gewissermaßen die 'Vogelperspektive', die nach denjenigen Strukturen schaut, die von den Handelnden zwar mit-erzeugt werden, aber eine Eigenlogik aufweisen. So haben etwa Produktionsverhältnisse im Kapitalismus eine andere Zeitlichkeit und einen anderen Grad an Verobjektivierung als situativ gebundene Handlungspraxen etwa in einem Büro. Auch die (feministische) Diskurstheorie kann als Makroperspektive betrachtet werden, weil sie sich mit der symbolisch-diskursiven Dimension des Sozialen, weniger aber mit ihrer Relevanz für das individuelle Handeln auseinandersetzt (vgl. Kapitel 4). Pierre Bourdieu hat für diese beiden Perspektiven die Begriffe „Subjektivismus" und „Objektivismus" gefunden (Bourdieu 1987a). Mit ‚Subjektivismus' ist die an Max Weber orientierte Aufgabe der Soziologie gemeint, das sinnhafte soziale Handeln von Menschen zu rekonstruieren, mit ‚Objektivismus' ist die Aufgabe gemeint, verobjektivierte Strukturen zu beschreiben, die den Handelnden oftmals nicht bewusst sind. Dabei argumentiert Bourdieu, dass beide Sichtweisen ihre je eigene Notwendigkeit besitzen – und dass eine angemessene Rekonstruktion sozialer Wirk-

---

14 Zur Übersicht und Diskussion zum 'Mikro versus Makro'-Problem in der Soziologie vgl. Alexander/Giesen/Münch/Smelser 1987, Habermas 1981; Heintz 2004; Knorr-Cetina/Cicourel 1981; Treibel 1996.

lichkeit beide Zugänge sowie eine systematische Analyse ihres Zusammenhangs braucht (Bourdieu 198a: 49-56).

Was jenseits der Zuordnung einzelner Schulen und Theorietraditionen an der Unterscheidung zwischen Mikro- und Makrosoziologie für eine soziologische Auseinandersetzung mit dem Geschlechtskörper relevant ist, sind die ihnen jeweils zugrunde liegenden erkenntnistheoretischen Standpunkte und die wissenschaftssystematische (Selbst-)Verortung. Während mikrosoziologische Perspektiven davon ausgehen, dass das Soziale letztendlich davon lebt, dass Akteur/innen es produzieren und sie somit die 'letzten Bausteine' sind, um soziale Realität angemessen zu analysieren, folglich die Aufgabe der Soziologie darin bestehe, das Handeln von Individuen (meist hermeneutisch) zu rekonstruieren ('Froschperspektive'), gehen makrosoziologische Ansätze davon aus, dass supraindividuelle Strukturen das die soziale Wirklichkeit konstituieren. Die Makrosoziologie nimmt folgerichtig eine 'Vogelperspektive' ein, die eine distanzierte Externalität in Bezug auf ihr Forschungsobjekt aufweist. Es geht dabei weniger um die Rekonstruktion alltagsweltlicher Sinnzusammenhänge, als vielmehr um die (oftmals historisch orientierte) Analyse der strukturellen Bedingungen und Kontexte, die das Handeln prägen bzw. hervorbringen. In den einzelnen Kapiteln des Buches werde ich auf diese Unterscheidung zurückgreifen, um Erträge und Grenzen einzelner Perspektiven zum Geschlechtskörper herauszuarbeiten.

Knapp greift den 'Makro/Mikro'-Dualismus und seine Relevanz für die Frauen- und Geschlechterforschung auf, wenn sie im Zusammenhang mit dem skizzierten Modell dafür plädiert, feministisches Denken „nach zwei Seiten hin offen" zu halten: „Zum einen zur Seite der gesellschaftlich-historischen Strukturanalyse (...), zum anderen zur Seite der handelnden Frauen und Männer, ihrer Interessen und bewussten wie unbewussten Motive sowie deren Genese." (Knapp 1992: 296). Makro meint hier die Strukturanalyse, während Mikro auf die handelnden Individuen abzielt.

1.1.2   Geschlechterverhältnis und Geschlechterdifferenz

Der Begriff des Geschlechterverhältnisses fokussiert, wie bereits angedeutet, das Geschlecht als soziales Verhältnis, dessen Bestandteile verschiedene Dimensionen umfassen, von denen die bürgerlich-kapitalistische Organisation der Arbeit eine besonders prominente darstellt. Knapp formuliert die Auseinandersetzung mit dem Verhältnis zwischen diesem gesamtgesellschaftlichen Herrschaftszusammenhang und dem Geschlechterverhältnis als zentrale Frage und zugleich

Hauptproblem feministischen Denkens. „Wie ist das Geschlechterverhältnis eingebunden in soziale Prozesse materieller, generativer und symbolischer Reproduktion?" fragt Knapp (1992: 293) und umreißt damit die Komplexität, die der gesellschaftstheoretischen Thematisierung der Geschlechterdifferenz innewohnt.

Zunächst ist die unter Kapitel 1.1 angedeutete begriffliche Differenzierung wieder aufzugreifen: Geschlechter*verhältnisse* bezeichnen gesellschaftliche Organisationsformen, die die beiden Geschlechter strukturell zueinander in Beziehung setzen. Die Geschlechter*differenz* hingegen bezeichnet die Einteilung von Menschen in zwei Geschlechter bzw. 'Genus-Gruppen'.[15] Der Begriff der Geschlechterdifferenz knüpft an das Alltagswissen um die Zweigeschlechtlichkeit an, wonach Frauen und Männer natürlicherweise, d.h. biologisch, unterschieden sind. Ob und inwieweit die Geschlechterdifferenz eine außersoziale Tatsache ist, wie die Formulierung von der „physiologischen Begründung" (ebd.: 16) nahe legt, das ist eine derzeit zentrale Achse geschlechtersoziologischer Auseinandersetzungen und eine der Hauptfragen in diesem Buch. Es gibt eine breite Kontroverse über den Status der Geschlechterdifferenz im Spannungsfeld von Natur und Kultur.[16] Die Geschlechterdifferenz wird zunehmend als eine Differenz verstanden, die, wie sich noch im Laufe der Reise zeigen wird, sozialer 'Natur' ist. Die Geschlechterdifferenz wird gegenwärtig also als sozial gemachte Differenz verstanden. Ein Beispiel für die in diesem Sinne veränderte soziologische Betrachtung der Geschlechterdifferenz ist die gegenwärtige Kritik an der lange Zeit vorherrschenden sex/gender-Unterscheidung.[17]

Das charakteristische Merkmal des Geschlechterverhältnisses als gesellschaftliches Organisationsprinzip ist die *strukturell* hierarchisierte Beziehung zwischen Männern und Frauen, die ihrerseits neben dem Verhältnis von Lohnarbeit und Kapital existiert.

> „Für bürgerlich-kapitalistische Gesellschaften gilt (...) nicht nur das spezifische Verhältnis von Lohnarbeit und Kapital, sondern auch das hierarchische Geschlechterverhältnis als Vergesellschaftungsprinzip. Von diesen zunächst nur analytisch zu trennenden Vergesellschaftungsprinzipien sind selbstverständlich alle Gesellschaftsmitglieder betroffen." (Gottschall 1995: 152)

---

15 Becker-Schmidt/Knapp 1995: 16f.
16 Vgl. aus der Fülle an Literatur Fuss 1989; Gildemeister/Wetterer 1992; Hagemann-White 1988; Haraway 1995; Landweer 1994; Maihofer 1995; Rippl 1993; Scheich 1996.
17 Zur Darstellung der 'sex/gender'-Unterscheidung und ihrer Problematisierung vgl. Kapitel 1.4.2 sowie Kapitel 2.1 bis 2.4.

Ob moderne oder postmoderne, ob industrielle oder postindustrielle Gesellschaften – alle Gesellschaften, die sich über das kapitalistische System der Produktion organisieren (als Verhältnis von Lohnarbeit und Kapital) weisen gewisse Spezifika auf, die sich zusammenfassen lassen als – nur vermeintlich allgemeingültige und durchgängig praktizierte – Trennung von Reproduktion und Produktion, eine damit einhergehende Trennung von Privatem und Öffentlichem und ein sich daraus ergebendes System von Werthaftigkeit, sozialer Anerkennung und Entlohnung von Tätigkeiten.[18] Demnach gilt die Produktion, die sich im Warenverkehr als öffentliche, entlohnte Tätigkeit vollzieht als 'Arbeit'. Demgegenüber werden Tätigkeiten, die sich auf die Reproduktionssphäre beziehen (etwa das Gebären und Aufziehen von Nachwuchs, Befriedigung von Grundbedürfnissen wie Nahrungsaufnahme, Schlaf, Sexualität, Emotionen und Affekte usw.) der privaten Sphäre zugeordnet. Diese werden nicht entlohnt, weil sie nicht als produktive Tätigkeiten gelten.

„Kennzeichnend für bürgerliche Gesellschaften ist die systematische Trennung von Familien- und Erwerbsleben in Form der vorrangig Frauen zugewiesenen unentgeltlichen Hausarbeit und der vorrangig Männern zugewiesenen bezahlten Erwerbsarbeit" beschreibt zusammenfassend Gottschall (1995: 126) dieses Strukturprinzip kapitalistischer Gesellschaften. Durch die Zuweisung je eines Geschlechts zu einer Sphäre wird das Organisationsprinzip kapitalistischer Gesellschaften mit dem Geschlechterverhältnis verquickt. Es besteht demnach ein systematischer Zusammenhang zwischen (bezahlter) Erwerbsarbeit und (unbezahlter) Familien- oder privater Arbeit,[19] der zudem mit der Geschlechterdifferenz korrespondiert (Männer produzieren, Frauen reproduzieren).

Ohne auf diesen komplexen Zusammenhang im einzelnen weiter eingehen zu können, ist entscheidend, dass sich gleichzeitig mit dem historischen Prozess der Privatisierung der Hausarbeit und dem damit verbundenen Ausschluss von Frauen aus der – gesellschaftlich höher bewerteten – Öffentlichkeit, sowie mit der Abwertung der Reproduktionsarbeit als nicht wertschaffende und marktvermittelte Tätigkeit eine symbolische Ordnung etabliert hat, von der die uns geläufige Geschlechterdifferenz nicht ausgeschlossen ist.[20] Die Vergesellschaftung von Sexualität und Generativität ebenso wie die „Psychodynamik von Motiven

---

18 Vgl. Beer 2004 und die dort angegebene Literatur.
19 Vgl. u.a. Beer 2004: 59 und Kreckel 1997: 245.
20 Für eine zusammenfassende Übersicht der historischen Entwicklung des Gegensatzes von Produktions- und Reproduktionsarbeit aus der Perspektive sozialer Ungleichheitsforschung vgl. Kreckel 1997: 251-259; ausführlicher und in der sozialwissenschaftlichen Frauen- und Geschlechterforschung verankert vgl. Beer 2004; Gerhard 1978; Hausen 1978; Wolde 1995.

und Begehren" (Knapp 1992: 296) sind eingelassen im beschriebenen Struktur-prinzip bürgerlich-kapitalistischer Gesellschaften. Das Geschlechterverhältnis hat damit eine symbolische Dimension, die im engen Zusammenhang mit den je verschiedenen sozialen Positionen und ihrer Verankerung in den Sphären Pro-duktion und Reproduktion von Männern und Frauen steht. Dadurch, dass Frauen und Männer durch einen „empirisch gegebenen sozialen Lebenszusammenhang" (Kreckel 1997: 250) miteinander verbunden sind, ergeben sich aufgrund der skizzierten unterschiedenen Sphären, denen sie jeweils zugeordnet sind (Männer in der Öffentlichkeit von Produktion, Frauen in der Privatheit der Reprodukti-on), innerfamiliäre Arbeitsteilungen, die somit „soziale Tatsachen [und] keine Naturnotwendigkeit" darstellen (Kreckel 1997: 251). Diese sozialen Konstrukti-onen gehen in der Ebene der 'symbolischen Ordnung', wie sie Knapp formuliert, auf. Symbolische Ordnung und materielle Re-/Produktion sind aus gesellschafts-theoretischer Sicht des Geschlechterverhältnisses miteinander verquickt und dieser Zusammenhang stellt eines der zentralen Aufgaben für feministische und/oder geschlechtersoziologische Forschung dar:

> „Die feministische Arbeit besteht (...) zu einem großen Teil darin, zu analysieren, wie kulturel-le Bedeutungen des Geschlechts erzeugt werden und im Umlauf sind. Eine solche Analyse muss in einen gesellschaftlichen und historischen Zusammenhang gestellt werden (...). Eine der wichtigsten und schwierigsten Aufgaben für die feministische Theoriebildung ist die, dis-kursive Analysen der Geschlechtersignifikationen mit strukturellen Analysen der Institutionen und der politischen Ökonomie zusammenzubringen." (Fraser 1993: 149)

Durch die Trennung von Produktion und Reproduktion und die sich daraus er-gebende Positionierung der Geschlechter wird auch die Geschlechterdifferenz geprägt, obwohl die Geschlechterdifferenz ja einen quasi biologischen Sachver-halt darstellt, wie oben ausgeführt wurde. Andererseits bewirkt aber die soziale Zuordnung auf die unterschiedlichen Sphären je unterschiedliche Individuati-onsmuster für Frauen und Männer:

> „Erst im Verlauf des 18. Jahrhunderts änderte sich [die] kulturellen Muster zunächst in bürger-lichen Schichten, die als ‚Pioniere' der modernen Kleinfamilie gelten können. In dieser Zeit [...] entstand die ‚Mutterrolle'. Es entstand die Kindheit und mit ihr die Mehr-Arbeit der Frau-en in der Kinderstube. [...] Um diese neue Aufgabe der psychischen Zurichtung der nächsten Generation leisten zu können, mussten allerdings die Frauen daheim selbst ‚sozialisiert' wer-den, und es bedurfte einer riesigen Propagandabewegung des 19. Jahrhunderts, um die Mutter-rolle als ‚natürliche Bestimmung' der Frauen durchzusetzen." (Bock/Duden 1977: 134f.)

Diese Formulierung verweist bereits auf die subjekttheoretische Dimension des Geschlechterverhältnisses und verwischt damit die zunächst so klare Trennung zwischen biologischer Geschlechterdifferenz und sozialem Geschlechterverhält-nis. Aus Individuen werden nämlich, zugespitzt formuliert, (natürlicherweise) 'liebende Hausfrauen und Mütter' oder (naturbestimmte) 'Familienernährer'. Auch Sexualität, Umgang mit und Wahrnehmung des Körpers, Gesundheit, Nahrung etc. sind vergesellschaftete Sphären; auch diese sind eingebunden in die Klassen- und Geschlechterverhältnisse zu einem spezifischen historischen Zeitpunkt.[21] Gerade Generativität und Sexualität sind von Ideologien und politischen Interessen durchzogene, z.T. sogar durch diese Interessen selbst konstituierte Dimensionen der individuellen Existenzweise und der Sozialisation. Individuen werden in solchen Kontexten zu Männern und Frauen. Wie dieses 'Werden' zu denken ist, darauf wird der übernächste Abschnitt ausführlicher eingehen. Allerdings sei hier bereits angemerkt, dass der Zusammenhang von patriarchal-kapitalistischen Strukturen des Geschlechterverhältnisses einerseits und den konkreten Lebenspraxen und Identitäten von Menschen andererseits nicht deterministisch zu denken ist. Nicht alle Frauen werden ‚nur Hausfrauen-und-Mütter', nicht alle Männer sind ‚Lohnarbeiter'. Dies anzunehmen wäre historisch verkehrt und der eigensinnigen Vielfalt an Lebensweisen und Identitäten nicht angemessen. Es geht vielmehr um die Entfaltung neuer normativer Horizonte und, wenn man so will, hegemonialer Diskurse, die sich in der frühen Neuzeit (ab dem späten 18. Jahrhundert also) entfalten und die sich bis in die Gegenwart hinein weiterhin als universale, aus der Natur der Dinge logisch abgeleitete Wahrheit ausgeben. ‚Die Hausfrau' als Leitbild und Praxis kann, das zeigen historische Arbeiten, eben nicht umstandslos bis in ihre Höhlenküche im Neandertal extrapoliert werden.

Wie zuvor ausgeführt, ist das Geschlechterverhältnis von Ungleichheitsverhältnissen nicht zu trennen.[22] Anders ausgedrückt: Soziale Ungleichheit als differenzierter Ausdruck des Gegensatzes von Lohnarbeit und Kapital sowie das Geschlechterverhältnis sind „zwei aufeinander bezogene strukturelle Gegensätze" (Kreckel 1997: 270). Thesenhaft zugespitzt und in Anlehnung an Becker-Schmidt/Knapp (1995: 18) formuliert: Soziale Ungleichheit macht aus der Geschlechterdifferenz ein (asymmetrisches und hierarchisches) Geschlechterverhältnis. Das muss nicht zwangsläufig, immer und überall so sein, ist aber hier und heute so. Wenn die Geschlechterdifferenz die (möglicherweise wertneutrale, gleichberechtigte, nicht per se hierarchische) soziale Unterscheidung zwischen Männern und Frauen ist, d.h. die Einteilung von Menschen in zwei Genus-Gruppen, dann setzen Mechanismen sozialer Ungleichheit diese beiden Gruppen in ein ungleiches Verhältnis zueinander, das struktureller Art ist. Knapp setzt

---

21   Gildemeister/Wetterer 1992:215f.; Krais 1993:223ff.
22   Siehe hierzu auch Gottschall 1995.

sich beispielsweise in ihrer Aufarbeitung sozialkonstruktivistischer Perspektiven der Geschlechterdifferenz und Arbeitsmarkt- und Berufsforschung mit dem Verhältnis von Konstruktionsprozessen der Differenz und ihrer sozialen Wertung auseinander.[23] Während erstere, speziell diskurstheoretische und ethnomethodologische Perspektiven, auf die symbolisch-diskursive Konstruktion der Differenz selbst abzielen, greifen letztere Arbeiten die empirischen Geschlechterungleichheiten und –hierarchien auf.[24] Im Umgang mit der Geschlechterdifferenz, so das Ergebnis, drückt sich das „relationale Moment im Geschlechterverhältnis" aus (ebd.):

> „Für beide Geschlechter sind – wie vielfältig belegt – Geschlechterdifferenz, Geschlechtertrennung und Geschlechterhierarchie *untrennbar* miteinander verwoben. Allerdings ergeben sich aus den unterschiedlichen Positionierungen innerhalb dieses Gefüges [des Geschlechterverhältnisses] spezifische Konsequenzen. Männer halten mit dem Beharren auf Grenzziehungen zum Weiblichen zugleich ihre Eminenz und – strukturell gesehen – Statusdifferenz aufrecht." (Knapp 1995: 183, Hervorh. d.V.)

Die Geschlechterdifferenz ist demnach immer im Kontext (ungleicher) Geschlechterverhältnisse verortet und wird in der Alltagserfahrung von Männern und Frauen als Gleichzeitigkeit erlebt. Die Differenz ist, zumindest empirisch, immer gleichzeitig Hierarchie, Komplementarität oder Trennung. Damit wird die Frage nach den Mechanismen virulent, mit denen gesellschaftliche Hierarchien überhaupt hergestellt werden. Womit werden soziale Positionierungen zugewiesen bzw. erworben? Im nachfolgenden werden die Begriffe 'soziale Ungleichheit' und 'soziale Ressource' expliziert, wobei es nicht darum geht, die ganze Bandbreite der Literatur zum Thema zu bearbeiten, sondern – forschungspragmatisch – Arbeitsbegriffe zu entwickeln, die im 'Materialteil' der Arbeit verwendet werden.[25] Um die Reisemetapher wieder aufzugreifen, versorgen wir uns nun mit Proviant und Gepäck für die anstehende Körperreise bzw. überprüfen, was wir an Landkarten und Kompasse mitnehmen.

---

23   Knapp 1995:170ff.
24   ebd.: 183.
25   Mit Materialteil sind die Kapitel 2 bis 4 gemeint, die sich der Rekonstruktion und kritischen Diskussion verschiedener sozialkonstruktivistischer Analysen der körperlichen Geschlechterdifferenz widmen. Ähnlich den empirischen Arbeiten der Sozialwissenschaften bedürfen auch theoretische Auseinandersetzungen einer Formulierung der erkenntnisleitenden Fragestellung sowie einer an dieser orientierte Vorgehensweise ('Methode'). Nur geht es hier nicht um empirische Methoden (z.B. Interviewauswertung oder quantitative Verfahren), sondern um die Art und Weise, in der Texte und Theorien behandelt werden. Zum Problem des Theorievergleichs in den Sozialwissenschaften vgl. Hondrich/Matthes 1978.

1.2   Struktur II: Soziale Ungleichheit

Soziale Ungleichheit – im weiteren Sinne – liegt immer dann vor, „wenn be-stimmte soziale Differenzierungen es mit sich bringen, dass einzelne Individuen oder Gruppen in dauerhafter Weise begünstigt, andere benachteiligt sind" (Kre-ckel 1997: 17). Die Begünstigung bzw. Benachteiligung einzelner Personen oder ganzer Gruppen wird durch den Zugang zu und der Verfügungsgewalt über sozial relevante Ressourcen bestimmt. Dabei sind qualitativ verschiedene Arten von strategischen Gütern bzw. Ressourcen zu unterscheiden. Diese sind ihrer-seits auf verschiedene Weisen gesellschaftlich (ungleich) verteilt. Grundsätzlich sind dabei quantitative und qualitative Dimensionen sozialer Ressourcen zu unterscheiden: Quantitativ als *Menge* an Kapital, die Individuen besitzen und qualitativ als verschiedene, nun genauer zu bestimmende, *Kapitalformen* bzw. sozial relevante Ressourcen.

1.2.1   Soziale Ressourcen

In der soziologischen Ungleichheitsforschung wird hervorgehoben, dass in fort-geschrittenen kapitalistischen Gesellschaften nicht nur der (Nicht-)Besitz von produktivem Kapital im marxistischen Sinne (Geld, Produktionsmittel) für die soziale Position eines Individuums in der Gesellschaft ausschlaggebend ist, sondern dass noch weitere Güter von gleichrangiger Bedeutung sind.[26] Kritisch vom marxistischen Klassen- und Kapitalbegriff ausgehend, entwickelt Bourdieu einen Begriff von Kapital, der nicht (mehr) nur als Verfügungsgewalt über Pro-duktionsmittel und/oder Geld verstanden wird, sondern als Gesamtheit der sozial relevanten Ressourcen bzw. Güter.[27] Die 'klassische' Bestimmung von Kapital als 'ökonomisches' Kapital spielt zwar durchaus eine Rolle, ist aber eine Kapi-talform neben anderen. Auch bei Kreckel ist materieller Reichtum eine Ressour-ce neben anderen. Wie sich zeigen wird, sind nicht nur Güter relevante Ressour-cen, auch Beziehungen und die persönliche Zugehörigkeit zu bestimmten Grup-pen sind soziale Ressourcen. Als Definition ungleichheitsrelevanter Ressourcen lässt sich zunächst formulieren: *„Sowohl ungleich verteilte Güter als auch a-*

---

26 Zur Diskussion und Weiterentwicklung des Ressourcen-Begriffs in der soziologischen Un-gleichheitsforschung vgl. Bourdieu 1974; 1985; 1992c; Eder 1989; Kreckel 1997: 23ff.

27 Zur Auseinandersetzung Bourdieus mit dem marxistischen Klassen-Begriff vgl. Bourdieu 1985:9f.; Eder 1989: 15-43; Schwingel 1993: 25.

symmetrische Beziehungen werden als strategische Ressourcen aufgefasst."
(Kreckel 1997: 20). Neben dem ökonomischen Kapital (Bourdieu) bzw. materiellen Reichtum (Kreckel) lassen sich noch weitere Ressourcen unterscheiden. Sie werden nachfolgend entfaltet, indem Bourdieus und Kreckels Theorien sozialer Ungleichheit ineinander gearbeitet werden.

Das *kulturelle Kapital* umfasst vor allem Bildungskapital. Bildungstitel spielen in gegenwärtigen Gesellschaften eine zentrale Rolle, weil sie als sozial anerkannte Indizien allgemeiner kultureller Kompetenz fungieren.[28] Auch Kreckel weist unter dem Begriff „soziales Wissen" (Kreckel 1997: 79ff.) auf die zentrale Rolle von Bildung als strategische Ressource hin: Die Position eines Individuums entscheidet sich maßgeblich über den Grad an Bildung, das in (beruflich verwertbaren) Zeugnissen ausgedrückt wird, und jede berufliche Position ist mit einer „Qualifikationsvermutung" (Kreckel 1997: 73) verbunden, die auf die Fähigkeiten eines Individuums abzielt. Das kulturelle Kapital als Teilhabe an symbolischen Gütern wie wissenschaftlichem Wissen oder technischem Knowhow, aber auch als Denk-, Sprach- und Verhaltensnormen (ebd.: 79) ist, wie sich zeigen wird, für die Auseinandersetzung mit dem Geschlechtskörper von zentraler Bedeutung. Bourdieu hat den Begriff des kulturellen Kapitals noch weiter differenziert, der demnach in drei Formen vorkommt: als inkorporiertes, institutionalisiertes und als objektiviertes kulturelle Kapital.[29] In seiner institutionalisierten Form umfasst das kulturelles Kapital vorrangig sämtliche Bildungsinstitutionen. Bildungstitel spielen als Tauschmedium des kulturellen Kapitals eine zentrale Rolle, weil sie als Hinweise auf kulturelle Kompetenzen fungieren. Zeugnisse aller Art (Gutachten, Titel, Qualifikationsnachweise usw.) gelten als verbindlicher Hinweis auf kulturelles Kapital: Ein hoher Bildungsstand impliziert – zumindest der Erwartung nach – den selbstverständlichen Umgang mit gesellschaftlich legitimen kulturellen Gütern, die über die erworbenen Sachkenntnisse hinausgehen. Personen, die über sozial besonders wertgeschätzte schulische oder akademische Titel verfügen (so etwa in Deutschland das Abitur, besonders wenn es an einem humanistischen Gymnasium und nicht etwa an einer Gesamtschule erworben wird), stehen in den entsprechenden Milieus weniger unter Rechtfertigungszwang, weil institutionell anerkannte Titel Rückschlüsse auf kulturelle Kompetenzen zulassen. Laut den empirischen Befunden Bourdieus

---

28   Bourdieu 1992c: 61.
29   Bourdieu 1992c: 53ff.

weisen Bildungskapital und kulturelle Praktiken einen engen Zusammenhang auf.[30]

> „Der Bildungstitel bildet eine Art Folie, auf der sich bestimmte Existenzbedingungen abzeichnen. (...) Weil sie entweder direkt an eine bürgerliche Herkunft oder doch an eine durch den verlängerten Bildungsweg fast naturwüchsig sich einstellende Lebensweise gebunden sind, (...) erscheinen die Bildungsprädikate als eine Gewähr dafür, sich eine ästhetische Einstellung zu eigen machen zu können." (Bourdieu 1982: 57)

Das kulturelle Kapital geht demnach über Bildung bzw. entsprechende Titel hinaus. Es umfasst sämtliche kulturellen Ausdrucksformen wie Sport, Musik, Lesegewohnheiten, ästhetisches Empfinden usw. Es ist als soziales Wissen (Kreckel) die Kenntnis von kulturellen Codes und drückt sich im Lebensstil aus. Damit ist Kultur, da maßgeblich abhängig von der sozialen Position, immer auch ein Ausdruck von Herrschaft. In Lebensstilen spiegeln sich soziale (Ungleichheits-)Strukturen wider.

Das besondere am kulturellen Kapital ist weiterhin, dass sein Erwerb ein aufwendiger und vor allem langwieriger Prozess ist. Es wird sozialisatorisch erworben und ist nur bedingt käuflich. Kulturelles Kapital ist umso wirksamer, je 'natürlicher' es vorkommt, was auch bedeutet, dass es umso wirkungsvoller ist, je inkorporierter es ist. Denn durch die enge Verknüpfung von Körper und Natur wird gemeinhin alles, was am Körper ablesbar ist (Gestik, Mimik, die Art und Weise, Kleidung zu tragen usw.), als besonders authentisch und echt wahrgenommen. Je 'körperlicher', umso 'natürlicher', so kann diese Logik zusammengefasst werden. Dazu Bourdieu:

> „Als Natur gewordene, d.h. inkorporierte Kultur, Körper gewordene Klasse, trägt er [der Geschmack] bei zur Erstellung des 'Klassenkörpers'; als inkorporiertes, jedwede Form der Inkorporation bestimmendes Klassifikationsprinzip wählt er aus und modifiziert er, was der Körper physiologisch wie psychologisch aufnimmt, verdaut und assimiliert. (...) Die gesellschaftliche Definition der jeweils angemessenen Speisen und Getränke setzt sich nicht allein durch die quasi bewusste Vorstellung von der verbindlichen äußeren Gestaltung des wahrgenommenen Körpers und zumal seiner Dickleibigkeit oder Schlankheit als Norm durch; vielmehr liegt der Wahl einer bestimmten Nahrung das gesamte *Körperschema*, nicht zuletzt die spezifische Haltung beim Essen selbst zugrunde." (Bourdieu 1987a: 307f., Hervorh. i.O.)

Bourdieu beschreibt hier ein konkretes Resultat der Inkorporationsprozesse, die bewirken, dass Individuen auch körperlich ihre soziale Position zum Ausdruck bringen. Hierzu später mehr.

Eine weitere, sowohl von Kreckel wie Bourdieu entwickelte Dimension sozialer Ungleichheit, ist das '*soziale Kapital*' (Bourdieu 1992c: 63). Es bezeich-

---

30   Bourdieu 1982: 34ff.

net die „Zugehörigkeit zu einer Gruppe" (ebd.) oder auch die „'askriptiven' Familien- und Verwandtschaftsbeziehungen oder landsmannschaftliche Loyalitäten, (...), Freundschaften, studentische Verbindungen, berufsständische Gemeinschaften, politische Loyalitäten, gemeinsame Verkehrskreise" (Kreckel 1997: 84).[31] Solche Zugehörigkeiten sind nicht zwangsläufig per se als strategische Ressource zu verstehen, sie sind es aber dann, wenn sie gewinnbringend – etwa bei Personalentscheidungen, Berufungsverfahren, Auftragsvergaben usw. – eingesetzt werden können und damit „Assoziations-vorteile" einbringen (ebd.: 85). Kreckel weicht an diesem Punkt insofern von Bourdieu ab, als er der 'selektiven Zugehörigkeit' keinen legitimen Platz in modernen Gesellschaften einräumt. Das soziale Kapital ist eine Ressource sozialer Ungleichheit, deren Einsatz sich, so Kreckel, „in unserer heutigen Gesellschaft nicht mehr ohne weiteres offen legitimieren" lässt (ebd.).[32]

Im Überblick lassen sich die Ressourcen zusammenfassen als (nach Kreckel 1997: 20, 86):

• materieller Reichtum	distributives Gut	Geld
• symbolisches Wissen	distributives Gut	Zeugnis
• hierarchische Organisation	relationale Beziehung	Rang
• selektive Assoziation	relationale Beziehung	Zugehörigkeit

In dieser Übersicht ist eine Ressource verzeichnet, die Kreckel ausweist, Bourdieu hingegen nicht als eigenständige Dimension sozialer Ungleichheit betrachtet, nämlich die der 'hierarchischen Organisation' oder 'Rang'.[33] Der soziale Rang bezeichnet die Positionierung eines Individuums im sozialen Feld qua Stellung innerhalb institutioneller hierarchischer Gefüge wie Betriebe, Schulen, Bürokratien usw. Im Anschluss an Webers Definition von Macht und bürokratischer Herrschaft definiert Kreckel die Dimension der Hierarchie als eine Erscheinungsform relationaler Ungleichheit (ebd.: 71). Das „Prinzip der hierarchischen Stellung (ist) ein neuer, sehr viel abstrakterer Aspekt von institutionalisier-

---

31 An dieser Stelle bezieht sich Kreckel explizit auf das Konzept des sozialen Kapitals von Bourdieu.

32 Dass Kreckel so argumentiert, hat m.E. mit einer an Weber orientierten Perspektive zu tun, die von der wachsenden Rationalität bürokratisch verfasster Rechtsstaaten ausgeht, die sich politisch am Gleichheitsgrundsatz orientieren. Bourdieu hingegen ist in stärkerem Maße in marxistischen und ideologiekritischen Traditionen verwurzelt, die Herrschaft und Reproduktion von Ungleichheit fokussieren. Vgl. Kreckel 1997: 52-94 und Bourdieu 1985: 9f.

33 Kreckel 1997: 81ff.

ter sozialer Ungleichheit" und drückt sich in den „abstrakten Positionen" aus, die den Zugang zu sozial relevanten Gütern und Beziehungen maßgeblich mitbestimmen (ebd.: 73). So ermöglichen höhere Positionen etwa in einem Betrieb oder einer Universität auch größere Handlungsspielräume (ebd.: 82); der Professor kann flexibler mit seiner Arbeitszeit und dem Ort, an dem er arbeitet umgehen als die Verwaltungsangestellte, die Bundestagsabgeordnete kann 'mehr' entscheiden als ihre Referentin usw.

Der Vollständigkeit halber soll erwähnt werden, dass Ressourcen in je unterschiedlichem Maße untereinander konvertierbar und mit entsprechenden „Transformationskosten" verbunden sind (Bourdieu 1992c: 52). Bourdieu hat diesen Aspekt systematisch (und empirisch) erforscht.[34] Hier soll der Hinweis genügen, dass materieller Reichtum bzw. ökonomisches Kapital relativ leicht in kulturelles Kapital bzw. soziales Wissen konvertierbar ist: Wer über viel Geld verfügt, kann sich längere und meist bessere Ausbildungen leisten. Soziales Kapital oder selektive Assoziation können, allerdings nicht so unmittelbar, in ökonomisches Kapital transformiert werden: Wer die richtigen Personen oder 'Kreise' kennt, erhält eher Aufträge für die Firma, wer in der richtigen Partei ist, bekommt die gut dotierte Stelle im Rathaus usw. Die Möglichkeit, ökonomisches in kulturelles Kapital zu konvertieren, wird in der kritischen Diskussion mit der ethnomethodologischen Geschlechtersoziologie und der diskurstheoretischen Perspektive eine Rolle spielen, denn es wird dort um die Frage gehen, inwieweit die Ressourcen, mit denen die Geschlechterdifferenz inszeniert oder diskursiv konstruiert wird, ungleich verteilt und damit Ausdruck sozialer Machtverhältnisse sind.[35]

1.2.2   Soziale Ungleichheit und Handeln

Soziale Ressourcen sind eng mit dem Handeln von Individuen verwoben (hier verknüpft sich die Makro- mit der Mikroperspektive, womit wir weiterhin an der großen Frage arbeiten). Die handlungstheoretische Dimension sozialer Ungleichheit ist zentral, um die *Stabilität* der sozialen Ungleichheit zu erklären. Kreckel geht in dieser Hinsicht noch weiter, und verortet die 'Existenz' sozialer Ungleichheit überhaupt auf der Handlungsebene:

---

34   Vgl. Bourdieu 1982.
35   Vgl. Kapitel 2.4 und 3.6.

„Ich meine (...), dass das, was für die soziologische Erfassung von sozialer Ungleichheit hauptsächlich interessant ist, sich gerade im Spannungsfeld *zwischen* den beiden Strukturierungsprinzipien Zwang und Konsensus abspielt – also: auf der Ebene der unbefragten Selbstverständlichkeiten und der ständig wiederkehrenden Notwendigkeiten und Auseinandersetzungen des täglichen Lebens. Genau dort siedle ich die vier primären Dimensionen sozialer Ungleichheit an. (...) Nicht die spektakulären politischen Haupt- und Staatsaktionen oder die ideologischen Propagandafeldzüge oder großen Theorien sind es also, die der strukturierten sozialen Ungleichheit ihre hohe Stabilität verleihen, sondern zunächst einmal die fraglos geltenden Routinen des alltäglichen Umgangs mit gegebenen Formen von Reichtum, Wissen, Hierarchie und Diskriminierung." (Kreckel 1997: 93, Hervorh. i.O.)

Diese Feststellung deckt sich mit der mikrosoziologischen Fortführung des Paradigmas der Konstruktion sozialer Wirklichkeit im weitesten Sinne.[36] Demnach wird nicht nur soziale Ungleichheit in den selbstverständlichen Routinen des Alltags reproduziert, sondern sämtliche soziale Strukturen werden durch routinisiertes Handeln konstruiert. Neben den phänomenologisch und damit hermeneutisch orientierten Zugängen – die sich vor allem auf das Konzept der Lebenswelt von Alfred Schütz beziehen –, analysiert die im Anschluss an Garfinkel und Goffman entwickelte Ethnomethodologie die Mechanismen und Praxen des Alltags, mit denen Individuen ihre soziale Wirklichkeit herstellen.[37] Auf die Verknüpfung von handlungstheoretischen Überlegungen der sozialen Ungleichheitsforschung mit der ethnomethodologischen Geschlechtersoziologie werde ich in Kapitel 2 zurückkommen.

Auf die einzelnen Ressourcen bzw. Kapitalsorten bezogen heißt dies, dass etwa das soziale Kapital (oder selektive Zugehörigkeit) durch den Lebensstil *dargestellt* wird: „im Alltagsleben (werden) äußerlich erkennbare persönliche Merkmale wie Umgangsformen und Lebensstil (...) als Indikatoren für die ‚Zugehörigkeit' zu sozialkapitalstarken bzw. -schwachen Gruppen herangezogen" (Kreckel 1997: 85).[38] Bourdieu hat den Zusammenhang zwischen Lebensstil und soziostruktureller Position bzw. Klassenlage zum Mittelpunkt seiner (empirischen) Arbeiten gemacht.[39] Im Begriff des Habitus geht die handlungstheoretische Dimension systematisch mit ein. Demnach ist die soziale Position eines Individuums im sozialen Feld, die sich aufgrund der Menge und der qualitativen Zusammensetzung von Kapital ergibt, die prägende Instanz individueller Wahr-

---

36 Vgl. Exkurs I.
37 Vgl. Kapitel 2.
38 Für einen Überblick über die sozialwissenschaftliche Ungleichheitsforschung zum Zusammenhang zwischen verobjektivierter Sozialstruktur und subjektiver Lebensführung bzw. Lebensstilen vgl. Hradil 1992.
39 Dies wird vor allem deutlich in Bourdieu 1982 und 1992b.

nehmungs- und Handlungsmuster, d.h. subjektiver Handlungsorientierungen. Somit vermittelt der Habitus zwischen der verobjektivierten sozialen Struktur (als soziale Ungleichheit) und Subjekthaftigkeit.

So wie also die relationale Ressource 'Rang' die Möglichkeiten des Handelns prägt, so strukturieren alle Ressourcen, und darauf kommt es hier an, Handlungsspielräume und Handlungsbedingungen. Die handlungstheoretische Dimension sozialer Ungleichheit ist zentral, um ihre soziale Stabilität erklären zu können. Ohne auf den somatischen Aspekt sozialer Ungleichheit einzugehen, so bezieht doch auch Kreckel die mikrosoziologische, d.h. handlungstheoretische Dimension derselben mit ein.[40] Ressourcen sind „ungleichheitskonstituierende Handlungsbedingungen" (ebd.: 78) und, so möchte ich hinzufügen, ungleichheitskonstituierende Handlungs*bestandteile*. Wie sich zeigen wird, ist die Geschlechterdifferenz eine (auch) durch Handeln produzierte Wirklichkeit, für deren Produktion Individuen spezifische Darstellungsressourcen benötigen. D.h., die kulturellen Ressourcen zur Darstellung der Geschlechterdifferenz, so ist anzunehmen, sind ungleich verteilt. Ich werde hierauf zurückkommen.

> „Im Hinblick auf die vier primären Ressourcen Reichtum, Wissen, Organisation und Assoziation bedeutet das: Wer über bestimmte Ressourcen nicht verfügt, kann bestimmte Lebenschancen, die anderen offen stehen, 'objektiv' nicht verwirklichen, auch wenn ihm das subjektiv gar kein Problem sein mag." (ebd.: 90)

Nachdem nun die strukturtheoretische Seite entfaltet ist, in der sich die Auseinandersetzung mit der Geschlechterdifferenz als soziale Struktur und subjektive Wirklichkeit bewegt, wird nachfolgend die subjekttheoretische Seite beleuchtet. Wie werden verobjektivierte soziale Strukturen wie das Geschlechterverhältnis bzw. soziale Ungleichheit subjektiv relevant? Wie prägen sie Individuen und individuelles Sein?

1.3   Das Subjekt: Ein Ich, das nicht Eins ist

Ein Motiv für die Reise ist, wie ausgeführt, die 'große' Frage der Soziologie nach der Vermittlung von Struktur und Individuum, die hier als Vermittlung der Geschlechterdifferenz im Sinne einer subjektiven Realität mit dem Geschlechterverhältnis als Organisationsstruktur von Gesellschaft präzisiert wird. Nachdem in den vorausgegangenen Abschnitten die strukturellen Dimensionen (Geschlechterverhältnis und strukturierte soziale Ungleichheit) skizziert wurden, in

---

40   Kreckel 1997: 75ff., 93.

denen sich die Frage nach dem Geschlechtskörper verortet, geht es nun um die subjekt- und individualtheoretische Ebene. Die Frage ist: Wie lässt sich die Vermittlung von strukturellen Herrschaftsverhältnissen (hier als Geschlechter- und Ungleichheitsverhältnissen) in den Verfassungen von Subjektivität sowie auf der Ebene alltäglicher Interaktionen und Lebensrealität von Personen denken? Hiermit wird auch wieder der Anspruch von Knapp aufgegriffen, demzufolge feministische sozialwissenschaftliche Analysen nach „zwei Seiten hin" offen sein sollte, nämlich zur soziostrukturellen Ebene wie zur subjekttheoretischen Dimension.[41]

Die nun folgenden Ausführungen sind eine gezielte Auswahl aus der Fülle an gegenwärtigen feministischen und soziologischen Konzepten und Begriffen zum Thema Subjekt und Individuum. Als Leitfaden dient die Suche nach solchen Perspektiven, die Subjekthaftigkeit im gesellschaftstheoretischen Kontext verorten und Subjektkonstitution als Prozess im Spannungsfeld von Vergesellschaftung und Individuation begreifen. Es sind m.E. Perspektiven, die den tradierten Dualismus von Person einerseits und Gesellschaft andererseits überwinden, indem sie statt dessen auf die wechselseitige Bedingtheit beider abheben (1.3.1). Dabei ist davon auszugehen, dass:

- Subjektkonstitution ein ambivalenter und komplexer Vergesellschaftungsprozess ist, durch den Makro-Strukturen individuell angeeignet und dabei auch variiert werden; Subjektkonstitution ist also potenziell eigensinnige „Selbst-Bildung in sozialen Praktiken" (Bilden 1991: 280).
- Subjektkonstitution/Vergesellschaftung die Herausbildung von Handlungs- und Kritikfähigkeit ebenso umfasst wie die notwendige Unterwerfung unter historisch gewordenen Verhältnissen;[42]
- Sozialisierte Personen die Strukturen selber konstruieren, in denen sie vergesellschaftet werden, und zwar in 'kontrollierter Freiheit' (Bourdieu) und innerhalb gegebener Grenzen.

Vergesellschaftung ist demnach ein zweiseitiger Prozess: Zum einen ist jede Person ein Knotenpunkt, ein 'Produkt' sozialer Verhältnisse. Zum anderen und zugleich sind Menschen aktive, selbst Strukturen konstruierende, reflexive Akteure/innen. Das Konzept der Subjektivität als „positionierter *Erfahrung*" (Alcoff 1988) ist für die Differenzierung dieser programmatischen Annahmen von

---

41 Knapp 1992: 296.
42 Vgl. Butler 1995: 166ff.; 198 sowie Butler 2001.

zentraler Bedeutung, denn in den individuellen Erfahrungen kommt die aktive Rolle des Individuums im Prozess der Vergesellschaftung zum Ausdruck. Diese Erfahrungen haben eine körperliche Dimension; sie sind gelebte Erfahrungen von Personen in Raum und Zeit, sie beinhalten Gefühle (1.3.2), die sich auch im Handeln als ‚tief unter der Haut' eingelassenes Wissen wieder finden. Individuelles Handeln benötigt, um reibungslos zu funktionieren, eine präreflexive Verankerung der (auch normativen) Handlungsdispositionen und dies kann nur auf der somatischen Ebene geschehen. Als soziologische Analyse des Zusammenhangs von gesellschaftlichen Strukturen und individuellem Handeln bietet sich der von Bourdieu entwickelte Habitus-Begriff an (1.3.3), der auch auf die 'Somatisierung' sozialer Verhältnisse ('Hexis') eingeht (1.3.4).

1.3.1   Das Subjekt 'ist' nicht (mehr)

Ausgehend von der Einsicht de Beauvoirs in die *Gewordenheit* der Frau (vgl. de Beauvoir 1992), haben eine Vielzahl von Autor/innen im Kontext der Frauen- und Geschlechterforschung nach den Konstitutionsmodi (weiblicher) Subjektivität gefragt. Inzwischen haben sich, vor allem im Kontext der Debatten um Postmoderne und Poststrukturalismus, diese Fragen radikalisiert.[43] Demnach steht nicht die Suche nach dem Wesen der Frau im Vordergrund oder nach ihrer qualitativen Andersartigkeit, wie etwa noch bei de Beauvoir (Immanenz statt Transzendenz), sondern Fragen nach dem Konstruktionsmodus weiblicher Subjektivität. Nicht mehr, *was* ist eine Frau ist die Frage, sondern: Wie wird sie konstruiert? Durch wen? Unter welchen Bedingungen? Zu welchen Zwecken?[44]

Doppelte Vergesellschaftung

Aus der Einsicht in die Gleichzeitigkeit von zwei Strukturprinzipien bürgerlich-kapitalistischer Gesellschaften, nämlich dem von Lohnarbeit und Kapital sowie dem Geschlechterverhältnis, ist der Begriff der für Frauen charakteristischen

---

43   Paradigmatisch sei hier Butler genannt, die, ausgehend von den Arbeiten Foucaults, das Subjekt 'Frau' wohl am radikalsten in Frage gestellt hat. Zur Übersicht über die Diskussion um Butlers Subjekttheorie im Kontext von Postmoderne und Poststrukturalismus vgl. Benhabib/Butler/Cornell/Fraser 1993; Villa 2003b: 37-58 und 2005 sowie Kapitel 3 dieser Arbeit.
44   In Anlehnung an Braidotti 1996: 69.

'doppelten Vergesellschaftung' in bürgerlich-kapitalistischen Gesellschaften entwickelt worden, der auch die subjekttheoretische Dimension des Geschlechterverhältnisses umfasst.[45] Wenn bürgerlich-kapitalistische Strukturen und Geschlechterverhältnisse die objektivierten Strukturen bilden, in denen Subjekte leben, dann zielt der Begriff der 'doppelten Vergesellschaftung' darauf, wie diese Strukturen Subjekte, insbesondere Frauen, prägen. Die identitätsstiftende „Doppelorientierung" besteht in einer für Frauen spezifischen Form der ambivalenten Sozialisation in zwei Strukturzusammenhängen: einerseits der öffentlichen Sphäre der Produktion und andererseits der privaten Sphäre der Reproduktion bzw. Familie. Diese subjektive Doppelorientierung ist als widersprüchlichen Vergesellschaftung von Frauen in bürgerlich-kapitalistischen Gesellschaften zu verstehen. Aufgrund der spezifischen Widersprüchlichkeit von weiblicher Vergesellschaftung hat Becker-Schmidt (1987) weibliche Identität als 'Konfliktkategorie' bezeichnet.[46] In einer an der Norm des männlichen Erwerbsarbeiters und Familienvorstehers orientierten Gesellschaft können Frauen gar nicht anders, als von dieser Bestimmung 'abweichend' wahrgenommen zu werden, weil sie gleichzeitig in beiden Sphären – Produktion und Reproduktion – eingebunden sind und dort mit konträren Vergesellschaftungsmodi konfrontiert werden. Das bedeutet nun nicht, dass Frauen in einer Weise sozialisiert wären, die sich eindeutig bestimmen ließe (‚das Weibliche'). Vielmehr ist die innere Vergesellschaftung, d.h. die identitätswirksame Sozialisation von Frauen in bürgerlich-kapitalistischen Verhältnissen widersprüchlich und in einer Weise konflikthaft, die von derjenigen abweicht, die für Männer wirksam ist: „Die Doppelorientierung von Frauen entwickelt sich lebensgeschichtlich in der Auseinandersetzung mit Vorbildern beiderlei Geschlechts. Die Identifikationsprozesse von Jungen verlaufen gradliniger" (Becker-Schmidt 2004: 66). In dieser Doppelorientierung findet sich Anpassung und Widerstand, Grenzüberschreitungen und Gehorsam (vgl. ebd.: 65).

---

45 Der Begriff der 'doppelten Vergesellschaftung' ist wohl einer der fruchtbarsten der deutschsprachigen Frauenforschung überhaupt. Es ist weitreichend diskutiert und inzwischen z.T. modifiziert bzw. weiterentwickelt worden. Zur ursprünglichen Formulierung des Begriffs vgl. Becker-Schmidt 1987 und 1988, zur knappen aktuellen Darstellung Becker-Schmidt 2004.

46 Dies gilt umso mehr, wenn der Begriff der Identität als 'mit-sich-identisch' verstanden wird, wie es in modernen Epistemologien der Fall ist. Vgl. Benhabib 1992: 206f.; Nicholson 1994.

Dreifache Vergesellschaftung

Folgt man der Erweiterung des Konzepts der doppelten auf die 'dreifache' Vergesellschaftung von Frauen bei Lenz (1995), die neben Produktion und Reproduktion die Ebene des modernen Nationalstaates als dritten Bezugspunkt der Vergesellschaftung einführt (ebd.: 35), so lassen sich drei miteinander verschränkte und womöglich untereinander konfligierende Modi weiblicher Vergesellschaftung feststellen: Frauen werden als Staatsbürger/innen auf der Ebene des Nationalstaats eingebunden, als abhängig Beschäftigte sollen sie der Konstruktion 'männlicher Normalarbeiter' entsprechen und im Privaten wird ihnen die 'natürlich weibliche Fürsorge um die Familie' als Sozialisationsmuster nahe gelegt. Diese drei Positionierungen konstituieren jeweils unterschiedliche und widersprüchliche Identitätsdimensionen.[47]

Vielfache Vergesellschaftung

Darüber hinaus haben insbesondere US-amerikanische Autorinnen seit den 1980'er Jahren auf weitere identitätsstiftende Kategorien hingewiesen, dort insbesondere der Aspekt 'race'.[48] Neben Produktion, Reproduktion und nationalstaatlichem Kontext kommen damit zunehmend weitere verobjektivierte Strukturen in den Blick, die ebenso wie Klasse oder Geschlecht identitätsstiftend sind: Sexualität, Alter, Ethnizität. Diese verschiedenen „Achsen der Differenz" (Knapp/Wetterer 2003) sind nicht immer gleich gewichtig und sicher auch nicht alle im gleichen Maßen naturalisiert. Doch trotz der anhaltenden Debatte um die Verschränkung dieser Differenzachsen – und der 'Entdeckung' weiterer Differenzen – bleibt unbestritten, dass das Geschlecht als individuelle „Existenzweise" (Maihofer 1995) gewissermaßen nie in Reinform daher kommt. D.h., einzelne Frauen wie z.B. eine weiße Europäerin mit Professorinnenstatus in Schweden ist anders im Sozialen positioniert und somit anders vergesellschaftet als eine asiatische Migrantin in der BRD, die illegal beschäftigt ist. Wenn erstere nun offen lesbisch lebt, wird ihre Subjektposition sowie ihre Identität wiederum eine

---

47 Zur Ambivalenz der Mutterschaft vgl. Kortendiek 2004, zur In- und Exklusion von Frauen qua Staatsbürgerschaft bzw. Nation und Wohlfahrtsstaat Dackweiler 2004 und Holland-Cunz 2004 mit der jeweils dort angegebenen Literatur.
48 Vgl. Anzaldúa/Moraga 1993; Grewal/Kaplan 1994. Für die deutschsprachige Rezeption und Diskussion vgl. zusammenfassend Gutiérrez Rodríguez 2004.

andere sein als die einer vergleichbaren heterosexuellen Frau, weil die sexuelle Orientierung eine wesentliche Dimension von Vergesellschaftung ist. Die queer theory, von der im dritten Kapitel noch ausführlicher die Rede sein wird, betont die Zentralität von Sexualität und macht nachdrücklich auf die soziale Verfasstheit sexueller Identitäten und ‚Orientierungen' aufmerksam.[49] Dabei gilt zu beachten, dass all diese sozialisatorisch relevanten Dimensionen durch gesellschaftliche Verhältnisse hierarchisch geordnet sind. So stehen beispielsweise die Subjektpositionen Produzentin, Mutter, Lesbe, Afrodeutsche nicht gleichwertig und wertfrei nebeneinander, sondern als kulturell kodierte soziale ‚Platzanweiser', die in (materielle wie symbolische) Ungleichheit umschlagen. Für konkrete Personen bedeutet dies, dass die Verschiedenartigkeit und –wertigkeit dieser Positionen im Zuge sozialisatorische Erfahrungen im Selbstbild integriert werden müssen – ohne notwendigerweise harmonisch, kohärent, ‚glatt' zu sein. Berufstätige Mütter in Deutschland wissen ein vielstimmiges Lied davon zu singen, wie wenig ihre Identität in die vorgefertigten Schablonen der ‚Platzanweiser' passt ... und welche Lust sowie welcher Frust damit verbunden ist.

Aus der Einsicht in die Verschränktheit multipler Differenz- und Ungleichheitsachsen hat sich eine folgenreiche Verkomplizierung im Nachdenken über ‚die Frau(en)' ergeben. Sie hat zu einer zunehmenden Infragestellung des Subjektbegriffs als mit sich identische, stabile, autonome und universale Entität geführt. Judith Butler ist eine der derzeit offensivsten Vertreter/innen dieser Kritik, so wenn sie im Anschluss an Foucault auf die (politischen) Machtverhältnisse hinweist, die das Subjekt als solches konfigurieren.[50] Subjekte sind demnach nicht 'per se' definierbar, sondern immer nur in bestimmten Verfassungen 'intelligibel'. Intelligibilität meint dabei sozial sinnvoll, verstehbar, angemessen – und in diesem Zusammenhang ‚existenzberechtigt'. Für Butler gibt es keinerlei (auch nicht kontrafaktische, utopische oder imaginäre) Möglichkeit, eine „universelle Subjektposition" zu postulieren (Butler 1993a: 36f.). Universelle Kategorien wie Vernunft, Wahrheit oder Subjekt sind, so die Kritik, eben nicht universell; sie stellen vielmehr immer *eine*, also partikulare Konfiguration von Vernunft, Wahrheit oder Subjekt dar, die es aufgrund ihrer Hegemonie 'geschafft' hat, sich als universell auszugeben. Dadurch, dass Personen immer in spezifischen gesellschaftlichen Verhältnissen zu Subjekten werden, diese ihrerseits immer politisch und von Machtverhältnissen geprägt sind, ist die Vorstellung eines universellen

---

49   Vgl. zusammenfassend Hark 2004.
50   Butler 1993a: 41ff und 2001.

Subjekts unsinnig, denn Universalität würde die Abstraktion von konkreten sozialen Verhältnissen erfordern.

Zunächst ist für die Rekonstruktion der Butlerschen Position in Bezug auf den Zusammenhang von Subjekt, Person, Vergesellschaftung und Geschlecht wichtig zu sehen, dass sie Subjekt und Person deutlich voneinander unterscheidet.[51] Dies ist verwirrend, denn die Mikrosoziologie oder die Sozialisationsforschung verwendet beide Begriffe synonym. Butler jedoch nicht. Für sie ist „das Subjekt nicht mit dem Individuum gleichzusetzen" (Butler 2001: 15). Vielmehr ist der Subjektbegriff auf der diskursiven Ebene angesiedelt, Subjektpositionen sind „sprachliche Gelegenheiten" (ebd.), die von konkreten Individuen besetzt werden müssen, um als Personen intellegibel zu sein. Subjekte sind diejenigen ‚Platzanweiser', die uns als Personen sprachlich markieren, d.h. die Namen oder Titel, mit denen wir Menschen bezeichnen: Vater, Geliebte, Tunte, Mädchen, Zicke, Professor, Arzt, Sohn, Lesbe, Ausländer, Kind usw. Hiervon ausgehend fragt Butler danach, wie intelligible Subjekte konstruiert werden.[52]

So wie 'das' Subjekt als universelle Kategorie fragwürdig wird, so wird es auch 'die' Frau. Wenn sich die Identität einer Frau nicht von ihrer Hautfarbe, ihrer Klassenposition, ihrer sexuellen Orientierung usw. trennen lässt, ist die vermeintlich universelle Bedeutung dessen, was das Subjekt 'Frau' ist, nicht bestimmbar. Die Rede von 'der Frau' im Sinne einer auf einer inneren Essenz beruhenden Charakterisierung ist damit in gewisser Weise hinfällig, denn was eine Frau ist, hängt ab von den Kontexten und den Verhältnissen, in denen sie es ist. Dass dennoch von ‚der Frau' oder auch ‚den Männern' gesprochen wird – derzeit wieder verstärkt im Zuge von Gender Mainstreaming und populären Bestsellern, die die Geschlechterdifferenz zementieren – zeigt, dass Verdinglichungen und Abstraktionen weiterhin wirksam sind.

---

51 Ausführlicher hierzu Villa 2003b: Kap. 2.
52 Die subjekttheoretische Debatte, die Butler im Kontext feministischer Philosophie ausgelöst hat, ist kaum noch zu überschauen und kann hier nicht ausführlich dargestellt werden. Kapitel 4 wird Butlers subjekttheoretische Position unter dem Aspekt der Geschlechterdifferenz wieder aufgreifen. Als Übersicht der Diskussionen um Subjekt und feministische Theorie vgl. Benhabib/Butler/Cornell/Fraser 1993; Braidotti 1994; Das Argument 196/1992; Feministische Studien 11/1993, Lorey 1996 und Villa 2005.

Erfahrung und Subjektivität

Insofern Butler auf die begriffliche Unterscheidung zwischen Subjekt und Person besteht, spricht sie auch von Subjektivation als Prozess der ambivalenten Aneignung und Auseinandersetzung mit diesen Titeln. In dieser (lebenslangen und oftmals unbewussten) Auseinandersetzung entwickelt sich Identität, nicht in der endgültigen Identifikation von Personen mit einem Namen. Die ‚alte' Debatte um Geschlecht und Sozialisation scheint hier wieder auf, denn Subjektivation meint in Teilen das, was ‚früher' (in den 1980'ern) innerhalb der Frauen- und Geschlechterforschung unter dem Etikett der Sozialisation und Aneignung intensiv diskutiert wurde.[53] So wird vergeschlechtlichte Subjektivität (bzw. Identität) konzeptualisiert als durch vielfältige Bezüge hervorgebrachter, fragmentarischer und in sich widersprüchlicher Prozess. Alcoff (1988) hat hierfür den Begriff der 'Positionalität von Subjekthaftigkeit' unter Verwendung der Metapher der Schachfigur folgendermaßen formuliert:

> „When the concept 'woman' is defined not by a particular set of attributes but by a particular position, the internal characteristics of the person thus identified are not denoted so much as the external context within which that person is situated. The external situation determines the person's relative position. Just as the position of a pawn on the chessboard is considered safe or dangerous, powerful or weak, according its relation to the other chess pieces. (...) The positional definition [of a woman] makes her identity relative to a constantly shifting network of elements involving others, the objective economic and political institutions and ideologies and so on. (...) The position of women is relative. (...) I assert that the very subjectivity (or *subjective experience* of being a woman) and the very identity of women is constituted by women's positions." (Alcoff 1988: 433f., Hervorh. d.V.)[54]

Frau-Sein ist – wie jede Identität – die *Erfahrung*, in spezifischen Verhältnissen zu leben und in diesen vergesellschaftet zu sein und nicht, mit bestimmten Eigenschaften auf die Welt zu kommen. Subjektivität ist die jeweils momentane Verdichtung 'positionierter Erfahrungen', wie Alcoff formuliert, denn Erfahrungen sind per se prozesshaft und dauernd im Fluss. Vergeschlechtlichte Identität

---

53 Vgl. zum Stand der Sozialisationsdebatte im Feld der Geschlechterforschung inkl. ihrer historischen Rekonstruktion Bilden/Dausien 2005.

54 Die Schachfigur ist eine Metapher und wie jede Metapher ist sie begrenzt. Es geht nicht darum, die Gesellschaft als Schachspiel zu verstehen, auch nicht darum, dass Frauen wie Schachfiguren von jemand anderem (einem Spieler) auf dem Brett bewegt werden o.Ä. Das Bild der Schachfigur soll lediglich die Logik verdeutlichen, dass ein Element nur im Verhältnis zu anderen Elementen definiert werden kann. Zu Metaphern als fruchtbare und zugleich begrenzte Denkfiguren vgl. Lakoff/Johnson 1998.

ist also nur in konkreten raum-zeitlichen und soziostrukturellen Kontexten zu denken. Diese Kontexte können widersprüchlich und ungleichzeitig sein. Die Dimension der Erfahrung ist ein zentraler Aspekt von Vergesellschaftung, weil in ihr die aktive Rolle von Individuen aufgehoben ist, die diese in Vergesellschaftungsprozessen spielen. Vergesellschaftung ist keine 1:1-Verinnerlichung gegebener sozialer Strukturen oder Normen, sondern der wechselseitige Prozess ihrer aktiven Aneignung und ihrer Konstruktion. „The truth of the subject is always in between self and society" formuliert Braidotti (1994:14). Aus einer anderen, dem Marxismus verpflichteten Perspektive, argumentieren Haug/Hauser gegen die Konzeptualisierung von Vergesellschaftung als einseitiger ‚Verinnerlichung' sozialer Strukturen:

> „(...) das Hineinwachsen in Gesellschaft ist selbst ein *aktiver Prozess*, Tätigkeit der einzelnen. (...) Diese Auffassung erlaubt es, die Geschichte der Individuen zu untersuchen, geschlechtsspezifisch und nach Klasse und Schicht verschieden. Die einzelnen können so aufgefasst werden als *Resultate von Erfahrungen aus vergangenem praktischem Umgang mit Dingen und Verhältnissen*. Daher ziehen wir es vor, von Vergesellschaftung, statt von Sozialisation zu sprechen. Die einzelnen arbeiten sich in die vorhandenen Strukturen und Orte hinein; sie versuchen sich an die Bedingungen ihres Handelns anzupassen und/oder diese selbst mitzubestimmen und zu verändern. Der Maßstab, nach dem sie dieses tun, ist vermutlich der Versuch, handlungsfähig zu werden oder zu bleiben." (Haug/Hauser 1992: 122, Hervorh. d.V.)

Hier wird auch wieder die prominente Rolle von Handlung als Vermittlung zwischen gesellschaftlichen Strukturen und Individuation deutlich, die in 1.1.2 entfaltet wurde. Vergesellschaftung bzw. Subjektivation ist demnach als Wechselspiel zwischen Verinnerlichung bestehender Strukturen und einer durch Handlungen vollzogenen Konstruktion (auch Veränderung) dieser Strukturen zu verstehen. Folgerichtig formulieren Haug/Hauser weiter: „Selbst- und Gesellschaftsveränderung (sind) zwei Dimensionen desselben Prozesses" (ebd.: 128). Dieser Zusammenhang ist vor dem Hintergrund des Sozialkonstruktivismus, der in dieser Arbeit die zentrale Perspektive ist, von besonderer Bedeutung. Bezogen auf die Ausgangsthematik, dass die Geschlechterdifferenz eine Konstruktionsleistung von Individuen ist und zugleich eine den Individuen äußerlich entgegentretende Struktur, stellt das Konzept der Erfahrung eine erste Vermittlung dar. Individuen machen im sozialen System der Zweigeschlechtlichkeit vergesellschaftungsrelevante Erfahrungen. Diese Erfahrungen bringen sie dazu, die Geschlechterdifferenz zu reproduzieren (und möglicherweise zu verändern). Nur dadurch wird die Geschlechterdifferenz als verobjektivierte Struktur aufrechterhalten. Wie dies funktioniert, das ist eine zentrale Frage sämtlicher sozialkonstruktivistischer Ansätze und wird in den Kapiteln 2 bis 5 ausführlich rekonstruiert.

Subjekte 'in process'

Eine weitere Dimension ist in jenen vorgestellten Subjektvorstellungen entscheidend, die – ob zweifach, dreifach oder vielfach – von einem de-essentialistischen Subjektbegriff ausgehen:[55] Subjektivität ist aus einer solchen Perspektive nie 'fertig', Individuen verfügen nicht über eine irgendwann abgeschlossene, fertig entwickelte oder determinierte Identität. Vielmehr macht die zeitliche Dimension jeder Biographie die Subjektivität zu einem 'never ending process'. Lebenszeit ermöglicht und erzwingt Lernprozesse, die als andauernde Vergesellschaftung betrachtet werden kann. Durch die Berücksichtigung der zeitlichen Dimension hat also Subjektkonstitution einen zusätzlichen immanent dynamischen Charakter. Braidotti nimmt diesen Aspekt in ihren subjekttheoretischen Überlegungen auf, wenn sie das Bild des/r Nomaden/in als Metapher für Subjektivität skizziert, nach der die Identität eine sozial vermittelte individuelle Rekonstruktion des eigenen Lebensweges darstellt: „The nomad's identity is a map of where s/he's already been; (...) a set of steps in an itinerary" (Braidotti 1994: 14).

Es ergibt sich zusammenfassend ein Subjektbegriff, der von inneren Differenzen als konstitutives Moment ausgeht, wobei diese Differenzen die Komplexität sozialer Verhältnisse spiegeln:

„Each Real-Life Woman (n.b. Not 'Woman') or Female Feminist Subject is
– a multiplicity in herself: slit, fractured
– a network of levels of experience
– a living memory and embodied genealogy
– not a conscious subject, but also the subject of her unconscious: identity as identification
– in an imaginary relationship to variables like class, race, age, sexual choices."
(Braidotti 1994: 165)[56]

Als Resümee ist festzuhalten: Frauen und Männer als vergeschlechtlichte Subjekte sind immer 'in process', sie sind aufgrund von vielfältigen Vergesellschaftungskontexten und -logiken in sich widersprüchlich. Was eine Frau oder ein Mann ist, hängt in konstitutivem Maße davon ab, in welchem sozialen Kontext, aus welcher sozialen Position heraus und in welchem zeitlichen Moment diese

---

55 De-essentialistisch heißt: 'ohne Essenz jenseits der Ausprägung'.
56 Dieses Schema greift, ebenso wie das der dreifachen Vergesellschaftung, m.E. durchaus auch für Männer bzw. männliche Subjektkonstitution. Allerdings müsste die spezifische Widersprüchlichkeit und Konflikthaftigkeit im Vergleich zur weiblichen Subjektkonstitution genauer, insbes. in Bezug auf die relevanten 'sozialen Kontexte' herausgearbeitet werden. Zur sozialwissenschaftlichen 'Männlichkeitsforschung' vgl. Connell 1999, Meuser 1998 und Wedgwood/Connell 2004.

Identität erfahren wird. Damit ist auch impliziert, dass das Mann- oder Frau-Sein eine *relative* Wirklichkeit ist.[57]

1.3.2   Subjekte erfahren sinnlich

Die skizzierten Subjektvorstellungen weisen darauf hin, dass Subjektivität ein Prozess ist, der die aktive Aneignung verobjektivierter Strukturen umfasst. Identität ist damit das Resultat von Vergesellschaftung, die die individuelle Interpretation der eigenen Geschichte konfiguriert, was wiederum auch die aktive und kreative Aneignung verobjektivierter Strukturen beinhaltet. Hier drängt sich möglicherweise der Einwand auf, dass es eine Sache ist, die spezifischen Ausformungen von Subjekthaftigkeit als gesellschaftliche Konstruktion zu verstehen, eine andere aber, zu behaupten, die 'Frau' gäbe es jenseits ihrer Vergesellschaftung nicht. Was ist dann mit den körperlichen Merkmalen und Vorgängen wie Menstruation, Gebären, Busen usw.? „Versucht man (...), Frauen zu sagen, sie seien (...) konstruiert, werden sie einfach auf ihre Körper und Kinder zeigen, im Vertrauen darauf, mit dieser Geste das letzte Wort zu haben" (Fox-Keller/Longino 1996: 42). So lässt sich bezogen auf die Geschlechterdifferenz im Kontext sozial ungleicher Geschlechterverhältnisse fragen: Inwiefern ist die beschriebene Prozesshaftigkeit und Konstruiertheit vergeschlechtlichter Identität *real*? Real meint hier die sinnliche, fühlbare, emotionale, als *unvermittelte* empfundene Wirklichkeit, eine Frau oder ein Mann zu sein. „Die Konstruktionen wirken" formuliert Lorey (1993: 19) kritisch gegen rein strukturtheoretische und/oder philosophische Ansätze, die – so der Verdacht – blind für die emotionalen, unvermittelten, auch körperlichen Realitäten des vergeschlechtlichten Subjekts sind.[58] Die Frage ist: Stellt nicht der Körper eine universelle Essenz vergeschlechtlichter Subjekthaftigkeit dar? Sind nicht Frauen per se Frauen, weil sie über einen spezifisch weiblichen Körper verfügen, der jenseits von Vergesellschaftungsprozessen angesiedelt ist? Bevor auf diesen Punkt (mit dem sich auch alle nachfolgenden Kapitel beschäftigen) im Detail eingegangen wird, soll eine erste Annäherung an die sinnliche Dimension subjektiver Realität anhand

---

57   Das Geschlecht als 'relative' Wirklichkeit spielt in der ethnomethodologischen Perspektive eine herausragende Rolle. Vgl. Kapitel 2.

58   Diese Kritik ist vor allem auch von Duden formuliert worden. Diese wirft Butler eine 'Entkörperung' des weiblichen Subjekts vor. Vgl. Duden 1993. Auf diese Diskussion geht Kapitel 3.5 ausführlich ein.

des Habitus-Begriffs von Bourdieu erfolgen. Damit sollen auch die eher philosophisch orientierten Subjekttheorien an die soziologische 'Kandare' genommen werden. Festzuhalten ist zunächst: Es gibt eine 'Realitätsdimension' von Subjekthaftigkeit, die mit den beschriebenen subjekttheoretischen Überlegungen nicht hinreichend erfasst ist. Der tatsächlich oft vergessene empfundene, gelebte Körper kann soziologisch in einem ersten Schritt durch die Verknüpfung mit Bourdieus Überlegungen wieder eingeholt werden.

Aus einer soziologischen Perspektive geraten die skizzierten subjekttheoretischen Vorstellungen an einem weiteren Punkt an Grenzen, auf den hier nur hingewiesen werden kann. Die Frage von 'agency', also der Handlungsfähigkeit ist zumindest problematisch. Dies ist vor allem vor dem Hintergrund relevant, dass soziale Strukturen ja *gemacht* werden. Wenn in dieser Arbeit mehrfach von '*ver*objektivierten' und nicht von 'objektiven' Strukturen die Rede ist, dann deshalb, weil aus soziologischer Perspektive, das Handeln dazu führt, dass Strukturen verobjektiviert werden. Soziale Strukturen wie die strukturierte Ungleichverteilung sozial relevanter Ressourcen oder das komplexe Geschlechterverhältnis sind nicht objektiverweise da, sondern werden durch Handeln konstruiert und (re)produziert. Dafür aber, dass verobjektivierte Strukturen stabil sind, wenn sie gleichzeitig im Handeln konstruiert werden, muss es ein 'Scharnier' geben, das die verobjektivierten Strukturen in die Subjektivität auf präreflexive und spürbare Art einlässt. Warum, um es pointiert auszudrücken, wird die soziale Welt nicht jeden Tag neu erfunden? Wie kommt es zur Stabilität sozialer Strukturen? Die thesenhafte Antwort ist: Der Körper ist der stabilitätssichernde Scharnier, indem er als präreflexiver Speicher von Normen und sozialem Wissen für die Stabilität des Kreislaufs zwischen Konstruktionen (Mikro) und Strukturen (Makro) sorgt.

1.3.3 Subjekte handeln: Habitus

Im strukturtheoretischen Abschnitt war bereits auf die Bedeutung der Handlungsebene hingewiesen worden. Dabei war eine wichtige Einsicht gewesen, dass die Vermittlung von verobjektivierten Strukturen und individueller Existenz durch die handlungsorientierende Funktion relevanter Ressourcen geschieht. Wenn hier nun vom 'Handeln' die Rede ist, ist damit nicht eine empirische Dimension gemeint, sondern eine begrifflich-systematische Berücksichtigung der *sinnlichen Realität* eines jeden Individuums.[59] Anders gefragt: Was bedeutet es für das Handeln, dass Subjektivität eine (momentan verdichtete) 'Vielfalt an Erfahrungen' ist? Wie können Personen handeln, die (metaphorisch) als Schachfiguren die Regeln des Spiels nicht explizit auswendig lernen?

Für eine erste Annäherung sowohl an den handlungstheoretischen wie, daran anknüpfenden, 'sinnlichen' Aspekt subjekttheoretischer Vorstellungen, bietet sich Bourdieus Habitus-Begriff an. Dies vor allem deshalb, weil der Habitus-Begriff sich an die oben vorgestellten Konzepte zur Vergesellschaftung anschließen lässt, die Vergesellschaftung als doppelten Prozess begreifen und Subjekthaftigkeit als prozessuale, fragmentarische, konstruierte Identität beschreiben. Auch der Habitus ist durch Prozesshaftigkeit charakterisiert: Menschen werden zu Individuen mit einem (oder mehreren) Habitus. Dieser wird zeitlich, nämlich biographisch erworben und ist zunächst definiert als die Handlungs- und Wahrnehmungsschemata eines Individuums vor dem Hintergrund seiner sozialen Position. Der Habitus setzt genau an der Schnittstelle zwischen beiden – individuelle Existenz und soziale Struktur – an und verknüpft sie systematisch. Habitusformen als subjektive Dispositionen gehen aus den „Konditionierungen einer bestimmten Klasse von Existenzbedingungen hervor" (Bourdieu 1987b: 98), so dass das 'Haben' von materiellen und kulturellen Ressourcen durch Verinnerlichung und Inkorporation zum 'Sein' wird. An diesem Prozess, der sich über die individuelle Biographie erstreckt, wirken die Individuen aktiv mit, indem sie sich Ressourcen aktiv aneignen. In der Praxis funktioniert der Habitus als (meistens) unbewusstes Raster der Wahrnehmung und Klassifikation des Sozialen:[60]

> „Der Begriff [des Habitus] bezeichnet das Ensemble inkorporierter Schemata der Wahrnehmung, des Denkens, Fühlens, Bewertens, Sprechens und Handelns, das alle – expressive, verbale und praktische – Äußerungen der Mitglieder einer Gruppe oder Klasse strukturiert." (Steinrücke 1988: 93)

Der Habitus ist charakterisiert durch:[61]

---

59   Mit dem Begriff 'sinnlich' ist die Tatsache gemeint, dass Menschen vermittels ihrer Sinne die Welt erfahren. Für diesen Sachverhalt gibt es verschiedene Begriffe, so spricht beispielsweise Maihofer (1995) von Existenzweise. In der Phänomenologie Merleau-Pontys, Plessners oder Schmitz steht hier für den Begriff des Leibes. Zur ausführlichen Darstellung sowohl der mikrosoziologischen Phänomenologie wie der 'sinnlichen' Verankerung von Individuen in der Welt vgl. Kapitel 4.
60   Vgl. auch Bourdieu 1992a:31.
61   In Anlehnung an Krais 1993: 215ff.

- Inkorporation
- Unbewusstheit
- Strategie
- Stabilität.

Die Grundlagen des individuellen Habitus werden im Sozialisationsprozess gelegt; der Habitus ist allerdings ein Leben lang formbar und dadurch – innerhalb bestimmter Grenzen – modifizierbar. Um diesen Aspekt zu verdeutlichen, verweist Bourdieu auf das Modell der 'generativen Grammatik'.[62] Genauso wie das auf eine relativ geringe Anzahl von Buchstaben beschränkte Alphabet zusammen mit wenigen, dafür komplexen und bedingt explizit definierten grammatikalischen Regeln eine letztendlich unendliche Vielfalt an Ausdrucksmöglichkeiten bietet, lässt sich auch das Funktionieren des Habitus konzeptualisieren. Der Habitus hat, ganz so wie die beschränkende Grammatik, ein immanent produktives, 'generatives' Potential. Dieses Potential besteht allerdings in „erworbene(n), gesellschaftlich konstituierte(n) Dispositionen" (Bourdieu 1992a: 30), d.h. sie sind weder beliebig noch individuell autonom bestimmbar:

> „Da er [der Habitus] ein erworbenes System von Erzeugungsschemata ist, können mit dem Habitus alle Gedanken, Wahrnehmungen und Handlungen, und nur diese, frei hervorgebracht werden, die innerhalb der Grenzen der besonderen Bedingungen seiner eigenen Hervorbringung liegen. Über den Habitus regiert die Struktur, die ihn erzeugt hat, die Praxis, und zwar nicht in den Gleisen eines mechanischen Determinismus, sondern über die Einschränkungen und Grenzen, die seinen Erfindungen von vornherein gesetzt sind. (...) Da *der Habitus eine unbegrenzte Fähigkeit ist, in völliger (kontrollierter) Freiheit Hervorbringungen* – Gedanken, Wahrnehmungen, Äußerungen, Handlungen – *zu erzeugen, die stets in den historischen und sozialen Grenzen seiner eigenen Erzeugung liegen,* steht die konditionierte und bedingte Freiheit, die er bietet, der unvorhergesehenen Neuschöpfung ebenso fern wie der simplen mechanischen Reproduktion ursprünglicher Konditionierungen." (Bourdieu 1987a: 102f., Hervorh. d.V.)

Der Habitus ist demnach ein Effekt und zugleich Effekte produzierende Qualität sozialen Handelns. Der Habitus-Begriff ermöglicht es, die wechselseitige Bedingtheit von Sein und Bewusstsein zu erfassen, indem einerseits die Position im sozialen Feld als die den individuellen Habitus prägende Instanz konzeptualisiert wird, andererseits aber aktive individuelle Erfahrung und kreative Potentiale in den Habitus eingelassen sind. Individuen konstruieren demnach ihre soziale Realität, sie tun es aber innerhalb struktureller Grenzen und Möglichkeiten. Anders als manche Sekundärliteratur zum Bourdieuschen Habitus-Begriff kriti-

---

62 Bourdieu 1992a: 30f.

siert,[63] sind in diesem die aktiv konstruierenden Akteure/innen explizit gedacht, denn die Individuen sind es, die die „Konstruktion von Gegenständen praktisch vollziehen" (Bourdieu 1992a: 31).

Der Habitus sorgt als durch die Position eines Menschen im sozialen Feld konstituierte präreflexive, stabile Handlungsstrategie dafür, dass wir gleichsam intuitiv wissen, wie wir uns zu verhalten haben. Er ist die Basis des „sense of one's place" wie Bourdieu in Anlehnung an Goffman formuliert (Bourdieu 1989b: 403). Der Habitus fungiert als Erzeuger des so genannten praktischen Sinns ('sense practique'), weil er Individuen wissen lässt, welche Spielregeln in einem jeweiligen sozialen Feld gültig sind. Dieser praktische Sinn als Alltagswissen ist der Fundus an selbstverständlichen Wahrnehmungsrastern und Handlungsmustern, die den vergesellschafteten Subjekten für bestimmte Interaktionen zur Verfügung stehen. So wissen wir, was sich je nach Milieu und/oder Schicht (und je nach Geschlecht) 'gehört' – oder auch was eben nicht, was wiederum durchaus drastische, auch körperlich-leibliche Erfahrungen wie Scham, Angst, Nervosität usw. zur Konsequenz haben kann.[64]

> „Der Habitus schließt die Lösung der *Paradoxe des objektivistischen Sinns ohne subjektive Intention* ein: er liegt jener Verkettung von 'Zügen' zugrunde, die objektiv wie Strategien organisiert sind, ohne das Ergebnis einer echten strategischen Absicht zu sein." (Bourdieu 1987a: 115f., Hervorh. d.V.)

Individuen handeln demnach aufgrund des sozial erworbenen Habitus strategisch. Bourdieu verwendet hier einen Strategiebegriff, der die unbewussten und 'intuitiven' Aspekte von Handlungsorientierungen betont und gleichzeitig erklären will, dass dem sozialen Feld angemessenem Handeln keineswegs kontingent oder zufällig zustande kommt.[65] Durch eine derartige Konzeptualisierung von Strategie ist eine systematische Verschränkung von individuellem Handeln und verobjektivierten ('objektivistischen') Strukturen gelegt, ohne in einen theoretischen Überdeterminismus zu münden. Als präreflexive, strategische, 'geregelte' Handlungsdisposition stellt der Habitus die „Interessen sowie verobjektivierten

---

63   Die Auseinandersetzung mit Bourdieus Werk im deutschsprachigem Raum hat vielfältige Kritikpunkte hervorgebracht. Diese sind empirisch (vgl. Hradil 1989), normativ (vgl. Eder 1989, Miller 1989) und/oder 'logisch' (vgl. Schwengel 1993: 136f.). Zur Kritik am Determinismus mancher Bourdieuscher Formulierungen vgl. Schwengel 1993: 139ff.

64   Zu Phänomenen der Scham und anderer leiblicher Zustände als Folge 'falschen' sozialen Verhaltens vgl. Kapitel 4.

65   Bourdieus Verwendung des Strategiebegriffs ist nicht zu verstehen als bewusst getroffene Handlungsentscheidungen im Sinne einer 'homo oeconomicus' Perspektive. Von dieser distanziert sich Bourdieu vielmehr explizit (vgl. z.B. Bourdieu 1987a: 94f.).

Handlungs- und Deutungskontexte" (Knapp 1992: 296) dar, die Interaktionen gleichzeitig ermöglichen und einschränken.

Das Ziel der unbewussten Strategien ist es, möglichst effektive Distinktionsgewinne zu erzielen bzw. sich der sozialen Position angemessen zu verhalten. Die „Kämpfe um Anerkennung (bilden) eine fundamentale Dimension des sozialen Lebens" formuliert Bourdieu (1992a: 37) und meint z.B. das Streben nach Prestige, Status, Ehre usw. Wie oben ausgeführt, sind relevante soziale Güter sowohl materieller wie symbolisch-kultureller Natur. D.h., die Handlungsstrategien als Kämpfe um ein 'mehr' an Ressourcen bewegen sich auf der materiellen Ebene (mehr Geld, mehr Besitz) ebenso wie auf der kulturell-symbolischen Ebene: Menschen wollen universitäre Titel, höhere Profite, Beförderung im Betrieb, Tische in teuren Restaurants, Karten für die Festspiele in Bayreuth, Tamagotchis, modische Kleidung oder das neueste Parfüm; sie wollen aber auch 'mitreden' können, beim Spiel des 'name-droppings' mitmachen, zu einer Szene gehören, Teil einer Gemeinschaft sein usw. Individuen handeln demnach interessengeleitet: Sie wollen ihre Kapitalmenge vermehren oder das, was sie an Kapital bzw. Ressourcen besitzen, möglichst gewinnbringend zum Ausdruck bringen. Dadurch (re-)produzieren sie kontinuierlich die Realität der sozialen Ungleichheit. Hierin liegt aus mikrosoziologischer Perspektive die Konstruktion verobjektivierter Strukturen vermittels handelnder Individuen. Andererseits – und gleichzeitig – bringen soziale Positionen bzw. soziale Felder dieses Interesse hervor: „Das Interesse ist *Voraussetzung*, damit ein Feld (das der Wissenschaft, der Haute Couture usw.) funktioniert, insofern es 'die Leute antreibt', sie laufen, konkurrieren, kämpfen lässt, und es ist zugleich *Produkt* des funktionierenden Feldes" (Bourdieu 1992a: 112, Hervorh. d.V.).

Wie in einem Spiel, um es metaphorisch auszudrücken, lernen Individuen die Regeln und wissen sie anzuwenden. Aber hier ist auch schon die Grenze der Metapher erreicht, denn das Leben hält im allgemeinen weder eine Spielanleitung bereit noch gibt es immer Gelegenheit, Regeln bewusst gemeinsam zu erzeugen. Der Erwerb der Spielregeln muss also anders erfolgen. Die Regeln des sozialen Spiels müssen vor allem so erworben werden, dass sie tatsächlich intuitiv angewendet werden können. Der Habitus als „geregelte Disposition zur Erzeugung geregelter und regelmäßiger Verhaltensweisen außerhalb jeder Bezugnahme auf Regeln" (Bourdieu 1992a: 86) muss, da er ja ohne Bezugnahmen auf

explizite Regeln wirkt, so verinnerlicht werden, dass er die Individuen präreflexiv zum „richtigen" Handeln anleitet.[66]
Der Habitus ist präreflexiv und 'tief' in der Subjekthaftigkeit verankert, denn er ist eine „*im* Subjekt angesiedelte Instanz [die] *nicht*, wie die soziale Rolle, als 'gesellschaftliche Zumutung'" erfahren wird (Krais 1993: 216, Hervorh. i.O.). *Im* Subjekt angesiedelt ist der Habitus vor allem aufgrund seiner somatischen Dimension, der Hexis. Wie dargestellt, drückt sich die Menge und Qualität des Kapitals, über das ein Individuum verfügt, in subjektiven Lebensstilen aus. Diese sind umso wirksamer, je natürlicher sie gelebt werden. Konkret: Wenn jemand quasi intuitiv guten (sprich teuren) Wein von gewöhnlichem (sprich billigerem) Tafelwein unterscheiden kann, so ist dies ein in der Interaktion besonders glaubwürdiger Ausdruck des sozialen Status; ebenso drückt sich der Habitus in der Art aus, Kleidung zu tragen, in ästhetischen Vorlieben wie Musik oder Kunst usw.: „Nichts erscheint unaussprechlicher, unkommunizierbarer, unersetzlicher, unnachahmlicher und dadurch umso kostbarer als die einverleibten, zu Körpern gemachten Werte, (...)" (Bourdieu 1979: 200). Die wortwörtliche Verkörperung des sozialen Status und der mit diesem verbundenen Werten und Normen ist der Schlüssel zum Verständnis der Präreflexivität des Habitus und damit zu seiner sozialisatorischen Wirkung.
Bourdieu entwickelt mit dem Begriff der Hexis eine Vorstellung vom Körper als „*Speicher* für bereitgehaltene Gedanken." (Bourdieu 1987a: 127). Anders ausgedrückt: „Was der Leib gelernt hat, das besitzt man nicht wie ein wieder betrachtbares Wissen, sondern das *ist* man." (ebd.: 135, Hervorh. d.V.). Anhand des Begriffs der Hexis als somatische Dimension des sozial erworbenen Habitus parallelisiert Bourdieu soziale und körperlich-kognitive Strukturen und gibt damit eine erste Antwort auf das Problem des in den de-essentialistischen Subjekttheorien vergessenen 'sinnlichen' Körpers. Interessanterweise führt Bourdieu diese Thematik am Beispiel der Geschlechterdifferenz aus. Diese Überlegungen sollen hier zusammenfassend skizziert werden, weil sie als Illustration dieser Parallelisierung dienen, aber auch, weil sie wieder fruchtbare Fragen für die weitere Betrachtung des Geschlechtskörpers aufwerfen, die die weitere Reise bestimmen.

---

66   Lindemann betritt den gleichen Weg, um das von ihr als „konstitutionslogisches Problem" diagnostizierte Dilemma der Mikrosoziologie zu umgehen (Lindemann 1993b: 28), das darin besteht, situationsübergreifende und stabile soziale Strukturen letztendlich nur mit dem Hinweis auf situative Konstruktionsprozesse zu erklären. Vgl. Kapitel 4.1.

1.3.4 Habitus und Hexis

Zentraler Bezugstext für Bourdieus Auseinandersetzung mit den somatischen Aspekten des Habitus ist ein 1990 in Frankreich und 1997 in deutscher Übersetzung erschienener Aufsatz: „La domination masculine" bzw. „Die männliche Herrschaft" (Bourdieu 1997a).[67] Bourdieu nimmt in diesem Aufsatz seine ethnologischen Untersuchungen zur kabylischen Gesellschaft als Grundlage, um die Verflechtungen und Homologien zwischen symbolischer Sphäre, Kultur und verobjektivierten (ökonomischen) Strukturen einerseits und systematischen individuellen Handlungsmustern andererseits aufzuzeigen. Dieser Text geht aus von der Grundüberlegung, dass die männliche Herrschaft eine paradigmatische Form symbolischer Herrschaft darstellt. Allerdings bleibt diese symbolische Herrschaft nicht abstrakt-diskursiv, sondern ist auf die geschlechtliche Arbeitsteilung im ökonomischen Sinne bezogen. Diese Arbeitsteilung ist der Ursprung der Geschlechterhierarchie, die sich ihrerseits in der „relativ autonomen Logik der (symbolischen) Tauschakte" (ebd.: 207) verortet. In dieser Sphäre gelten Frauen als symbolische Werte, als Objekte und Instrumente,[68] die auf symbolischen Märkten und im Privaten zirkulieren, während die Männer die sog. „ernsten Spiele" spielen, in denen es um ökonomische und/oder politische Macht bzw. letztendlich um Ehre geht und die öffentlich sind.[69] Die Frauen sind demgegenüber darauf verwiesen, symbolisches und soziales Kapital zu (re)produzieren bzw. zu steigern. In Heiratsmärkten, so Bourdieu, findet dies seinen Niederschlag, ebenso in den Regelungen von Verwandtschaftsbeziehungen.[70] Da diese Logik relativ autonom ist, überlebt sie auch ökonomischen Wandel wie etwa dem Übergang von einer präindustriellen zur bürgerlich-kapitalistischen Gesellschaft. Obwohl Bourdieu sich hauptsächlich auf Analysen der kabylischen Gesellschaft stützt, so lässt sich diese Logik auch für gegenwärtige bürgerliche Gesellschaften herausarbeiten, wie die obigen Ausführungen zum Geschlechterverhältnis und seiner historischen Entwicklung deutlich gemacht haben. Denn die asymmetrische Verteilung von Männern und Frauen auf die distinkten Sphären von Produktion und Reproduktion (kapitalistisches Geschlechterverhältnis) korreliert mit der Verteilung auf öffentliche und private Ebenen der Gesellschaft.

---

67 Eine ausführlichere und um andere Texte erweiterte Fassung ist Bourdieu 2005.
68 Bourdieu 1997a: 205; 1997b: 229.
69 Ebd.: 196, 211.
70 Ebd.: 205f.

Ihre besonders starke Wirksamkeit (sozusagen als „Magie", Bourdieu 1997a: 165) erhält die vergeschlechtlichte Herrschaft dadurch, dass sie 'somatisch' funktioniert; sie wird nämlich über (kollektive und individuelle) sozialisatorische Arbeit in die Körper eingeschrieben.[71] In diesem Zusammenhang geht Bourdieu ausführlich auf Naturalisierungsprozesse ein, wie sie auch von allen sozialkonstruktivistischen Autoren/innen beschrieben werden. Die männliche Herrschaft ist deshalb so wirksam, weil sie sich im „Modus der Evidenz" selbst legitimiert (Bourdieu 1997a: 161): sie beruht auf der „unmittelbaren und vorreflexiven Unterwerfung der sozialisierten Körper" (Bourdieu 1997a: 165). Diese 'Unterwerfung' folgt dem allgemeinen Muster der Einteilung der Welt in binäre Paare, in 'Visions- und Divisionsprinzipien', die alle Sphären des Symbolischen durchziehen. Bourdieu führt als Beispiele an: tief/hoch; innen/außen; feucht/trocken; gerade/krumm; warm/kalt; hell/dunkel. Diese Dualismen sind, in der kabylischen Gesellschaft, vergeschlechtlicht, d.h. ein Term ist weiblich, der andere männlich konnotiert. Diese Wahrnehmungs- und Bewertungsschemata werden, entsprechend der Logik der Bildung des Habitus im allgemeinen, zu körperlichen Dispositionen und zu „körperlichen Emotionen" (ebd.: 171; 200f.). Dadurch werden die sozial konstruierten binären Kodierungen zu naturhaften 'Ordnung'; einer Ordnung, die auch die Geschlechterdifferenz zur naturhaften Differenz (qua Naturalisierung) *macht*. Naturalisierung ist also ein Mechanismus zur Errichtung und Aufrechterhaltung von Herrschaft, die hier als „männliche Soziodizee" ihre 'magische' Wirksamkeit aus der Tatsache bezieht, dass „sie zwei Operationen in eins vollzieht: sie legitimiert ein Herrschaftsverhältnis, indem sie es in etwas Biologisches [den Körper] einschreibt, das seinerseits eine biologisierte gesellschaftliche Konstruktion ist." (ebd.: 175). Zusammengefasst beschreibt Bourdieu die Naturalisierung des Geschlechts im Zeichen der männlichen Herrschaft folgendermaßen:

> „Der Gewaltstreich (...), den die soziale Welt gleichwohl gegen jedes ihrer Subjekte ausführt, besteht eben darin, dass sie in seinen Körper ein regelrechtes Wahrnehmungs-, Bewertungs- und Handlungsprogramm prägt (...). Ein Programm, das in einer vergeschlechtlichten und vergeschlechtlichenden Dimension, wie in allen anderen auch, wie eine (zweite, kultivierte) Natur funktioniert, d.h. mit der gebieterischen und (scheinbar) blinden Gewalt des (sozial konstruierten) Triebes oder Phantasmas. Indem es auf alle Dinge in der Welt angewendet wird, angefangen bei der Natur des Körpers (...), konstruiert – oder instituiert – dieses naturalisierte gesellschaftliche Programm den Unterschied zwischen den biologischen Geschlechtern den Eintei-

---

71 Bourdieu 1997a: 172f., 187. Vgl. für eine produktive Weiterführung der Bourdieuschen Überlegungen zu Hexis und Soma im Kontext der phänomenologischen Körpersoziologie Jäger 2004: Kap. 5.

lungsprinzipen einer mythischen Weltsicht entsprechend; Prinzipien, die wiederum das Produkt der willkürlichen Beziehung der Herrschaft der Männer über die Frauen sind, die als die fundamentale Struktur der sozialen Ordnung in die Realität der Welt eingeschrieben ist." (ebd.: 168f.)

Entscheidende Pointe ist hier, dass Körper, auch und gerade geschlechtliche Körper, nicht als natürlich geschlechtlich, sondern als gesellschaftlich konstruiert (also vergeschlechtlicht) betrachtet werden. Von diesen Konstruktionsprozessen sind weder Sexualität noch Emotionen oder die Reproduktion ausgeschlossen. Auch sexuelle Praktiken sind weit davon entfernt, ein 'ursprünglicher' Ausdruck natürlicher Leidenschaften zu sein, vielmehr sind auch sie auf die symbolische Ordnung der männlichen Herrschaft bezogen, die ihren Ursprung in der geschlechtlichen Arbeitsteilung hat: „Die sexuelle Erfahrung [ist] selbst politisch ausgerichtet." (ebd.: 201). Sie ist es deswegen, weil Sexualität Teil der „affektiven Dispositionen" ist (ebd.: 200), die ihrerseits im Zeichen der männlichen Herrschaft steht und durch (ver-)geschlechtlich(t)e Sozialisation konfiguriert wird. Männer sind dazu sozialisiert, Ehre, ökonomische Macht und öffentliche Anerkennung zu erlangen, Frauen dazu, Menschen, die über dies verfügen, erotisch und anziehend zu finden.[72]

Die Thematisierung der sozialen und politischen Dimension von Sexualität und Emotionen durch Bourdieu ist fruchtbar und anregend. Gleichwohl, so lässt sich kritisch anmerken, ist sie weder neu noch unproblematisch. Zunächst gibt es eine Fülle an feministischer sozialwissenschaftlicher Literatur zum Thema,[73] die sowohl theoretisch wie empirisch den Zusammenhang zwischen sozialer Ordnung und Sexualität bzw. Emotionalität ausleuchtet. Bourdieu argumentiert im Vergleich hierzu relativ schablonenhaft. Wenn er im obigen Zitat von einem gesellschaftlichen 'Programm' spricht, das sich in die Körper einschreibt, so bleibt außer Acht, dass die symbolische Ordnung einer Gesellschaft weder ein homogenes Programm mit eindeutigen Regeln bzw. Inhalten ist (vielmehr ist sie komplex, heterogen und brüchig) noch führt dies deterministisch zu einer einzigen Form von Sexualität oder körperlichen Befindlichkeiten. Bourdieu übersieht

---

72 Bourdieu 1997a: 201.
73 In der Tat lässt sich das Feld kaum überblicken, denn Sexualität als Bestandteil und Produkt gesellschaftlicher Ordnung ist mit Sicherheit eines der zentralsten Themen der Frauenforschung (und der Frauenbewegung). Dabei wird Sexualität in vielerlei Facetten untersucht: Sexuelle Gewalt, Heteronormativität, Psychoanalyse des Begehrens, Prostitution, Pornographie, lesbische Identität sind dabei einige, beileibe aber nicht alle Themen. Vgl. Bührmann/Diezinger/Metz-Göckel 2000 und die dort angegebene Literatur; de Beauvoir 1992; Dworkin 1981; Engel 2002; Jackson/Scott 1996; Jagose 2001; Millet 1974; Rich 1989.

damit, dass die Verschränkung von Arbeitsteilung, symbolischer Ordnung und Körpern ein komplexes Verhältnis ist, das z.T. widersprüchliche Effekte produziert. So finden beispielsweise keineswegs alle Frauen Macht und Ehre erotisch noch sind alle Männer an Herrschaftsausübung interessiert. Auch hier ließe sich z.b. mit der kritischen Männerforschung differenzierter analysieren,[74] wie soziale Herrschaft, symbolische Ordnung und Sexualität bzw. Körper in bestimmten Milieus oder kulturellen bzw. politischen Kontexten zusammenhängen. Auch die homoerotischen Komponenten innerhalb als heterosexuell kodierter Praxen (Fußball!) können so nicht in den Blick genommen werden.

Des weiteren bleiben seine Analysen der Somatisierungsprozesse aus einer körpersoziologischen Perspektive unbefriedigend. Lindemann folgend bleibt „unklar, von was er spricht, wenn er vom Leib redet" (Lindemann 1996: 151), denn was genau die 'Hexis' ist oder auch durch welche Prozesse das Soziale in den Körper kommt, das ist bei Bourdieu nicht weiter entfaltet. Die Hexis ist, so seine Definition, „die realisierte, *einverleibte*, zur dauerhaften Disposition, zur stabilen Art und Weise der Körperhaltung, des Redens, Gehens und damit *Fühlens und Denkens* gewordene politische Mythologie" (Bourdieu 1987a: 129, Hervorh. i.O.).[75]

Trotz dieser Kritik bleibt anerkennungswürdig, dass Bourdieu einer der wenigen gesellschaftstheoretisch interessierten Soziologen ist, der sich mit dem Zusammenhang von Körper und sozialer (Ungleichheits-)Ordnung auseinandersetzt und dabei auch die Frage des Geschlecht mitdenkt. Der mangelnde gesellschaftstheoretische und ungleichheitssoziologische Bezug ist hingegen der blinde Fleck der meisten sozialkonstruktivistischen körpersoziologischen Perspektiven, wie sich im Laufe der einzelnen Kapitel des Buches erweisen wird. Insofern geht es darum, mit Bourdieu kritisch weiterzudenken und ihn für andere Perspektiven anschlussfähig zu machen.

1.4 Der Körper als Scharnier von Struktur und Subjekt

Soziale Strukturen müssen, um stabil zu sein, eine faktische Wirksamkeit entfalten, die die Individuen 'glauben macht', dass sie sich so und nur so verhalten

---

74 Aus der wachsenden Zahl der Publikationen zu diesem Bereich vgl. Wedgwood/Connell 2004.
75 An Bourdieu anknüpfend haben verschiedene Autor/innen den Körper bzw. die Hexis zum Gegenstand sozialwissenschaftlicher Überlegungen gemacht. Vgl. u.a. Alkemeyer/Schmidt 2003; Gebauer 1982, Neckel 1993.

können. Gleichzeitig und gleichursprünglich bringen Individuen eine jeweilige soziale Ordnung beständig durch ihr Tun hervor. Daraus ergibt sich eine zentrale soziologische Frage: Warum steigen die Akteure/innen nicht aus der beständigen (Re)Konstruktion ihrer sozialen Realität aus? Die soziologische Antwort ist: Soziale Strukturen müssen tief und auf präreflexivem Niveau in die Subjektivität eingelassen sein. Unbewusstheit bzw. Präreflexivität ist damit ein zentraler Mechanismus der subjektiven Individuation durch Vergesellschaftung – und insofern ein geradezu logisch zwingender Grund, sich mit dem Körper bzw. Leib soziologisch zu beschäftigen. Wenn Identität „lebende Erinnerung und verkörperte Genealogie" ist, wie Braidotti formuliert, dann ist dies möglich, weil der Körper ein im Alltag recht zuverlässiger präreflexiver Wissens- und Erfahrungsspeicher ist.

Die Berücksichtigung von sozial konstruierter Präreflexivität, Unbewusstheit und unhinterfragbarer Routinen als notwendige Dimensionen sowohl von Subjektivität als auch der Interaktion haben soziologische 'Klassiker' wie Schütz (1974), Garfinkel (1973) und Berger/Luckmann (1989) betont. Bei letzteren etwa wird „Gesellschaft als (objektivierte) subjektive Wirklichkeit" (Berger/Luckmann 1989: 139) verstanden, die letztendlich nur dadurch als Gesellschaft existiert, weil Menschen sie durch zum großen Teil unbewusstes, weil früh internalisiertes 'Rezeptwissen' erzeugen.[76] Gesellschaft als gleichermaßen Bedingung und Produkt von Interaktion ist im starken Maße angewiesen auf quasi automatischen sozialen Kompetenzen der Individuen. Soziale Praxis funktioniert nicht (oder ausgesprochen selten) nach expliziten Regeln, die rein kognitiv erlernt werden. Vielmehr sitzen sie 'tief unter der Haut'. Dies wird an den kleinen, aber für Interaktionen zentralen Routinen erkennbar, die wir alle permanent beachten und ausführen: den in verschiedensten Situationen jeweils angemessenen Abstand halten (öffentliche Verkehrsmittel, Diskotheken, Vorlesungen, Fußballstadien usw.), die richtige Lautstärke der Stimme beachten, auf Tischsitten achten, sich passend kleiden und vieles, vieles mehr. Wie die Verkörperung sozialen Wissens funktioniert (und auch wie es manchmal nicht funktioniert) wird ein zentraler Aspekt der Ausführungen der nachfolgenden Kapitel sein.

Aber nicht nur aus soziologischer Perspektive spricht einiges für die Thematisierung des Körpers. Der Körper hat auch in der Öffentlichkeit gegenwärtig Konjunktur: Ausstellungen zum Thema lösen hitzige öffentliche Debatten aus, Tagungen zum Körper finden allerorten statt, in politische Debatten um Klonen,

---

76   Berger/Luckmann 1989: 44.

Gentechnik und 'künstliche' Befruchtungen wird zunehmend die Frage virulent, was denn das spezifisch Menschliche am Körper sei, neue Kommunikationsformen und Subkulturen (Internet, Techno usw.) bringen neue Körpererfahrungen hervor, an der sich u.a. die Geister scheiden (Piercing, Tatoos, Travestie usw.). Diese Beispiele verweisen darauf, dass der Körper ein geradezu paradigmatischer Kristallisationspunkt verschiedener Dualismen westlich-moderner Diskurse ist. Er verkörpert – durchaus wortwörtlich – immer beides: Natur/Kultur, normal/pervers, innen/außen, Subjekt/Objekt, gesund/krank, männlich/weiblich, materiell/symbolisch, Mensch/Tier, Geist/Körper usw. Je mehr diese Dualismen derzeit in unterschiedlichen gesellschaftlichen Feldern und Diskursen ihre wissenschaftliche wie alltagsweltliche Faktizität und Stabilität verlieren, umso mehr wird der Körper zu einem Unbekannten und/oder zu einem 'Joker' bei der Suche nach neuen Sicherheiten – nicht ganz zufällig werden vermeintlich objektive biologische Tatsachen von den Medien in Zeiten sozialer Unsicherheit aufgegriffen und als Argument gegen sozialen Wandel angeführt (z.B. angebliche genetische Veranlagung zu Kriminalität, Homosexualität, Alkoholismus, Intelligenz, unterschiedliche Gehirngrößen oder –hälften bei Männern und Frauen).

Ein wichtiger, wenn nicht gar der zentralste Dualismus, der im und am Körper haftet, ist der von Natur vs. Kultur. Anhand der Entwicklung des für die Geschlechtersoziologie einflussreichen 'sex/gender'-Systems lässt sich der Umgang mit diesem Begriffspaar nachzeichnen. Die Unterscheidung zwischen sex und gender ist darüber hinaus ein wichtiger Hintergrund für die nachfolgenden Kapitel, weil sich alle dort bearbeiteten soziologischen Überlegungen zur Konstruktion der körperlichen Geschlechterdifferenz am sex/gender-Modell (kritisch) abarbeiten.

1.4.1   Der Geschlechtskörper als Gegenstand der Frauenforschung

Im Zuge der zweiten Frauenbewegung haben sich Frauen sowohl in der politischen wie der akademischen Praxis aufgemacht, gegen schicksalhafte Zuschreibungen dessen, was eine Frau ist, anzukämpfen.[77] Die Auseinandersetzungen um den §218 ist hierfür paradigmatisch. Die Kritik an diesem richtete sich gegen den fremdbestimmten Umgang mit dem Körper durch (männlich dominierte) medizinische und juristische Praktiken. Dem wollten Frauen ein auf den eigenen Erfahrungen basierendes Wissen entgegensetzen; Selbstbestimmung bedeutete

---

77   Vgl. Bührmann 1995 und zusammenfassend Duden 2004.

Abb. 1. Der Körper als Politikum.

autonomer Umgang mit dem eigenen Körper und ging im Slogan 'mein Bauch gehört mir' auf. Denn, so die Argumentation, „ein Mensch muss, um überhaupt Mensch zu sein, Kontrolle über sich haben, über seinen Körper ebenso wie über sein Bewusstsein" (Pollack Petschesky 1989: 167). Der Körper wurde zum politischen 'Kampfplatz' um die Autonomie des (weiblichen) Selbst.[78]

Im Zuge dieser Auseinandersetzungen wurden Zuschreibungen problematisiert, die mit 'natürlichen' Charakterisierungen von Frauen argumentierten, vor allem diejenigen, die Schwangerschaft und Gebären als schicksalhafte, natürliche Bestimmung der Frau sahen und daraus Mutterschaft bzw. Fürsorge als natürliches Wesensmerkmal von Frauen ableiteten. Das Recht, über die Reproduktion selbst zu entscheiden, war – und ist noch – eingebettet in Auseinandersetzungen darüber, ob Frauen 'widernatürlich' handeln, wenn sie z.B. abtreiben, lesbisch lieben und leben oder Verhütungsmittel verwenden. Reproduktion, Sexualität und geschlechtliche Identität waren und sind (zumindest in unserer Gesellschaft) so sehr miteinander verzahnt, dass die durch die feministische Frauenbewegung angestrebte Loslösung der einzelnen Glieder dieser Kette einem ungeheuren Skandal gleichkam und an den Grundfesten der westlichen Gesellschaftsordnung zu rütteln schien (und es wahrscheinlich auch tat). Das Recht auf und den Genuss von Sexualität jenseits der Reproduktion, weibliche Sexualität ohne Männer, Abtreibungen als durchaus normalen Bestandteil weiblicher Biographien anzuerkennen – das waren Forderungen und Erfahrungen, die in den westlichen Gesellschaften Tabubrüche darstell(t)en.

Auch aus der Sicht vieler Feministinnen sind vor allem Gebären und die (potenzielle) Gebärfähigkeit genuin weibliche Charakteristika – soweit stimmen sicherlich viele Feministinnen mit Nicht- oder Anti-Feministinnen überein. Allerdings besteht die feministische Argumentation darin, dass eine biologische Tatsache keine persönliche Eigenschaft ist, die individuelle Frauen auf bestimmte Handlungen oder Lebensweisen festlegen *muss*. So ist etwa zwischen Gebärfähigkeit und Mutterschaft zu unterscheiden; erstere ist, so die gängige Argumentation vieler Forscher/innen, ein biologischer Fakt, letztere aber eine sozial zugewiesene Rolle.[79]

---

78 Auch die Anti-Pornographie-Kampagnen der 1970er und 1980er Jahre waren eng mit der Frage verbunden, wem der weibliche Körper 'gehörte'. Vgl. den einflussreichen Text von Dworkin 1981.

79 Es gibt den Versuch, das Stichwort der 'Gebärfähigkeit' durch den Begriff der 'Generativität' zu ersetzen. Dieser Begriff versucht zwischen der feministische Kritik am Biologismus und dem als „Kulturnominalismus" (Landweer 1994: 149) wahrgenommenen Sozialkonstruktivis-

[Fortsetzung nächste Seite]

1.4.2 Der Geschlechtskörper zwischen sex und gender

Ein analytischer Strang, der sich aus den frauenpolitischen Kämpfen gegen die 'Biologie als Schicksal'-Ideologie entwickelte, widmete sich der wissenschaftlichen Analyse der Verknüpfung von biologischem und sozialem Geschlecht beziehungsweise der historischen und kulturellen Variabilität dieses Zusammenhangs. Es ging darum, die Diskriminierung, Unterdrückung und Abwertung von Frauen als historisch gewordene soziale Strukturen anstatt als natürlich begründete Differenz zu erkennen, um sie auch verändern zu können. Der 'kleine Unterschied' mit seinen großen Folgen[80] wurde beibehalten und beiseite gelassen, denn eine am Sozialen orientierte Frauenforschung habe sich nur um die Folgen zu kümmern. Als kleiner Unterschied galt (und gilt weithin noch) der 'sex', wohingegen die großen Folgen dem 'gender' zugeschlagen werden. Rubin hat diese Trennung folgendermaßen formuliert.[81]

> „Every society has a sex/gender system – a set of arrangements by which the biological raw material of human sex is shaped by human, social intervention and satisfied in a conventional manner, no matter how bizarre some of the conventions may be." (Rubin 1975: 165)

Das biologische 'Rohmaterial' (sex) umfasst dabei Morphologie, Hormone, Anatomie oder andere Aspekte der Physiologie, wohingegen das soziale Geschlecht (gender) die kulturellen Wertungen, Deutungen, Verwendungen usw., schlicht (Über-)Formungen des sex meint. Diese soziohistorisch spezifischen Formungen kommen durch „gesellschaftliche Mechanismen – genauer Machtmechanismen – zustande" (Becker-Schmidt 1993: 38). Diese Argumentation basiert demnach auf der Trennung zwischen Natur als 'biologischem Rohmaterial' und der kulturellen Überformung. Das ist, wie der nächste Abschnitt zeigt, allerdings problematischer als es scheint.

1.4.3 Jenseits von sex und gender

Mit der Unterscheidung von biologischem (sex) und sozialen Geschlecht (gender) sind, trotz der bahn brechenden Einsichten und notwendigen Erweiterungen

---

mus zu vermitteln. Die zweigeschlechtliche Fortpflanzung wird dabei als „schlichte Tatsache" (ebd.: 151) gesetzt, auf die die sozialen „Kategorisierungen von 'Geschlecht'" aufbauen (ebd.).

80 So der berühmte Titel von Schwarzer 1976.

81 Die kategoriale Unterscheidung von sex und gender stammt ursprünglich nicht von Rubin, sondern von Stoller (1968).

im Nachdenken und Forschen über das Geschlecht im Rahmen der Frauenforschung, verschiedene „Aporien" verbunden (Gildemeister/Wetterer 1992: 205).
In den oben erwähnten Forderungen nach autonomer Selbstbestimmung über
den Körper verbirgt sich eine latent biologische Argumentation, denn vor allem
das Gebären wird als „biologisch vorgegebene weiblichen Bedingung" verstanden, die jenseits anderer Zugehörigkeiten das Frau-Sein definiert (Gordon 1977
nach Pollack Petschesky 1989: 171). Es sind nur Frauen, die schwanger werden
können. Ein Grundproblem der Unterscheidung zwischen sex und gender ist
vielfach kritisch rezipiert worden und besteht in einem „bloß verlagerten Biologismus" der Konstruktion (ebd.: 206), der sich darin zeigt, dass – weiterhin – angenommen wird, es gäbe ein eindeutiges biologisches, sprich natürliches Geschlecht. Wenngleich also die Vertreterinnen der sex/gender-Unterscheidung explizit mit dem Ziel angetreten waren, anti-biologistisch bzw. anti-essentialistisch
zu argumentieren, so reproduziert das sex/gender-Modell letztendlich biologische Begründungszusammenhänge. Nicht zuletzt auch deshalb, weil der Unterscheidung eine Erkenntnistheorie (implizit) zugrunde liegt, die davon ausgeht,
dass es möglich sei, Natur von Kultur zu unterscheiden. Wie sich an diversen
Stellen dieser Arbeit herausstellen wird, ist dies aber eine problematische Position.

Bereits vor dem so genannten 'linguistic turn' des Poststrukturalismus (auf
den sozialkonstruktivistische Positionen z.T. aufbauen), haben (neo-) marxistische bzw. materialistische Perspektiven die Vergesellschaftung der Reproduktion in den Mittelpunkt gerückt.[82] Es wird dort betont, wie sehr auch die 'biologischen' Tatsachen des Lebens vergesellschaftete Phänomene sind. Dabei wird
auch, zusammenfassend formuliert, die gängige Trennung zwischen Reproduktion und Produktion zugunsten der Produktion aufgehoben. Die Reproduktion ist
eine aus dieser Sicht genuin produktive Tätigkeit:

> „Nach unserer Auffassung gibt es keinen Grund dafür, Fortpflanzung und Betreuung theore-
> tisch von anderen Formen der kreativen menschlichen Betätigung zu isolieren, indem man sie
> mit dem Etikett 'Reproduktion' belegt. [So] sind Fortpflanzung und Betreuung Produktion im
> weitesten marxistischen Sinn einer notwendigen Voraussetzung des menschlichen Lebens. (...)
> Wir können keinen adäquaten Grund dafür ausfindig machen, eine theoretische Unterschei-
> dung zwischen der Erzeugung von Dingen und der Erzeugung von Leuten zu treffen." (Jag-
> gar/McBride 1989: 156f.)

---

82   Vgl. Beer 1990; Jaggar/McBride 1989; Mies 1983. Diese Autorinnen lassen sich allerdings
      nur sehr grob auf den gemeinsamen Nenner (Neo-)Marxismus bzw. Materialismus bringen.

Ohne an dieser Stelle auf die marxistisch-feministische Diskussion zur Reproduktion weiter einzugehen, ist festzuhalten, dass sich die Unterscheidung zwischen Natur und Kultur, was den Körper und körperliche Vorgänge betrifft (wie
Gebären, Sexualität usw.) als zumindest problematisch erweist. Die sex/gender-
Unterscheidung verschiebt lediglich den Rekurs auf die Natur, weil sie auf den
universellen Status eines biologischen Rohmaterials beharrt. Damit wird ein
sozial relevanter Ort jenseits des Sozialen postuliert, der logischerweise nur
ontologisch begründet werden kann. Die sex/gender-Unterscheidung sitzt damit
einer erkenntnistheoretischen Setzung auf, die einem genaueren Blick nicht
standhält.[83] Diese besteht darin, an einer natürlich gegebenen Zweigeschlechtlichkeit festzuhalten, obwohl es keine erkenntnistheoretisch befriedigende Möglichkeit gibt, auf die 'Natur selbst' zuzugreifen.

> „Erkenntnistheoretisch gesehen gibt es keinen unmittelbaren Zugang zur 'reinen', 'wirklichen'
> oder 'bloßen' Natur; und anthropologisch gesehen lässt sich über die 'Natur' des Menschen
> nicht mehr, aber auch nicht weniger sagen, als dass sie gleichursprünglich mit Kultur ist.“
> (Gildemeister/Wetterer 1992: 210)

Befördert durch die zunehmende Institutionalisierung sozialwissenschaftlicher
und feministischer Wissenschaftskritik,[84] haben sich im Laufe der 1980er und
insbesondere 1990er Jahre verschiedene (feministische und soziologische) Perspektiven entwickelt, die sich, ausgehend von der Gleichursprünglichkeit von
Natur und Kultur, mit dem Geschlechtskörper beschäftigen. Debatten um Postmoderne und Erkenntnistheorie haben erheblich dazu beigetragen, die Unterscheidung zwischen 'natürlichen' und 'kulturellen' Dimensionen des Körpers zu
problematisieren. Im folgenden werde ich als Oberbegriff für Ansätze, die davon
ausgehen, dass eine solche Trennung nicht oder nur bedingt durchführbar ist,
den Terminus 'Sozialkonstruktivismus' verwenden und im Exkurs im Anschluss
an dieses Kapitel begründen.[85] Die Grundannahme zur sozialen Konstruktion des

---

83   Vgl. Gildemeister/Wetterer 1992: 207ff.
84   Als Auswahl aus der Fülle an Literatur, die bekanntermaßen eine eigene Disziplin der Sozial-
     wissenschaften darstellt vgl. Feyerabend 1986; Fox-Keller/Longino 1996; Harding 1991; Kuhn
     1978, Scheich 1996.
85   Der Diskussionskontext um Wissenschaftskritik, Epistemologie, Postmoderne und Konstrukti-
     vismus ist viel komplexer als ich es hier darstellen kann und zudem in der Begrifflichkeit ver-
     wirrend uneindeutig, was auch damit zusammenhängt, dass zum selben Zeitpunkt der Einfluss
     der Derridaschen Dekonstruktion und die Lacanschen Psychoanalyse im feministischen Den-
     ken an Relevanz gewannen. Vor allem die Unterscheidung zwischen Konstruktion und De-
     konstruktion ist oft zugunsten eines unpräzisen Neben- und Durcheinander beider Begriffe ü-
     bersehen worden. Wartenpfuhl folgend werde ich ausschließlich den Begriff des Konstrukti-
     vismus verwenden, weil Dekonstruktivismus für das Denken im Anschluss an Derrida steht,

[Fortsetzung nächste Seite]

körperlichen Geschlechts fassen Gildemeister und Wetterer folgendermaßen zusammen:

„Die Argumentation ernst zu nehmen, dass Menschen 'von Natur aus' durch und durch gesellschaftliche Wesen sind, heißt auch, 'Geschlechtlichkeit' einzubeziehen. Leiblichkeit und Geschlechtlichkeit sind Ergebnisse sozialer, kultureller Prozesse auf der Grundlage symbolvermittelter sozialer Interaktion und kultureller und institutioneller Sedimentierung. Das heißt, auch Zweigeschlechtlichkeit, deren Folgen und Deutungen sind Ergebnisse sozialer Konstruktionen." (Gildemeister/Wetterer 1992: 225f.)

Diese Argumentation ist für den feministischen Strang in der Auseinandersetzung mit Geschlecht und Zweigeschlechtlichkeit von zentraler Bedeutung. Die Annahme der sozialen Bestimmtheit auch des körperlichen und/oder leiblichen Geschlechts ist eine aktuelle analytische Antwort sozialkonstruktivistischer Ansätze auf die in den 1970er und 1980er vorherrschende Denkfigur des 'sex/gender'-Systems.

Nachfolgend werde ich kurz skizzieren, inwieweit auch das so genannte Rohmaterial, der sex also, von sozialen Prozessen beeinflusst ist. Eine objektive, universal gültige, intrinsische Bestimmung des Geschlechts gibt uns, und das mag zunächst überraschend klingen, die Biologie auch nicht an die Hand.

1.4.4   Was ist das biologische Geschlecht (der 'sex')?

Menschen gehören zur Klasse der höheren Säugetiere, sie reproduzieren sich in Kontrast zur asexuellen Fortpflanzung anderer Lebewesen (wie Teilung oder Knospung) sexuell.[86] Die sexuelle Fortpflanzung definiert sich aufgrund der Verschmelzung zweier Keimzellen, wobei diese Keimzellen männlich oder weiblich sind. Das Geschlecht der Keimzellen definiert sich wiederum aus dem Chromosomensatz (xx oder xy). Die naturwissenschaftliche Differenzierung des Körpergeschlechts unterscheidet vier Ebenen:

---

auf den ich und auch die von mir diskutierten Ansätze keinen Bezug nehme(n). Vgl. Wartenpfuhl 2000 und Exkurs I dieses Buches.

86   Auch sogenannte Zwitter wie Schnecken reproduzieren sich in dieser sexuellen Form, somit ist die sexuelle Reproduktion nicht auf Gattungen beschränkt, die verschiedengeschlechtliche Individuen aufweisen, wie wir es beim Menschen kennen.

- genetisches/chromosomales Geschlecht; ererbte Chromosomenkonstitution
- gonadales/Keimdrüsengeschlecht
- hormonelles Geschlecht
- morphologisches Geschlecht.[87]

Das genetische Geschlecht besteht in den unterschiedlichen Chromosomensätzen xx und xy; die Gonaden oder Keimdrüsen sind beim Menschen die Eierstöcke (Ovarien) und die Hoden; das hormonelle Geschlecht wird durch die jeweiligen Konzentrationen an Hormonen ('Hormonspiegel') bestimmt, während schließlich das morphologische Geschlecht gemeinhin äußere und innere Geschlechtsorgane wie Penis, Vagina, Gebärmutter, Busen umfasst. Diese vier Ebenen hängen zwar kausal zusammenhängen, allerdings nicht in deterministischer Form. Über einen xy-Chromosomensatz zu verfügen, sagt zunächst nichts über die individuelle Körpergröße, den Hormonspiegel, die Gebärfähigkeit, die Menstruation, die Körperbehaarung oder gar das Verhalten aus. Gene bzw. Chromosome sind keine Schalter, die, einmal angedreht, eine Frau oder einen Mann im umfassenden Sinne hervorbringen. Vielmehr sind komplexe, interdependente und von vielen Faktoren abhängige Prozesse notwendig, um die übrigen drei Ebenen auszubilden. „Gene [sind] passive Materialquellen, aus denen eine Zelle schöpfen *kann*." (Nijhout 1990: 444 nach Fox-Keller 1996, Hervorh. d.V.).[88]

Das hormonelle Geschlecht wird aufgrund eines Mischungsverhältnisses bestimmt und nicht etwa, weil es ein männliches und ein weibliches Hormon gäbe. Das individuelle Mischungsverhältnis verändert sich kontinuierlich und hängt von vielen Faktoren ab, so etwa von Stress, der Einnahme von Medikamenten, Eßgewohnheiten oder auch Umwelteinflüssen, Stoffwechselumstellungen während des ganzen Lebens.[89]

---

87 Nach Fausto-Sterling 1992: 78ff; Leiwering 1994: 62; Reimers 1994: 43. Reimers unterscheidet allerdings eine weitere Ebene, nämlich „sexuell unterschiedene Eigenschaften", die sich vor allem auf die Pflege der Nachkommenschaft beziehen und reproduziert damit m.E. die Biologisierung sozialer Sachverhalte. Vgl. Reimers 1994: 18ff.

88 Die Komplexität des Zusammenhangs von DNA-haltigem Zellkern und phänotypischen Ausprägungen wird von Fox-Keller folgendermaßen formuliert: „Die Befunde [der neuen Versuche der Entwicklungsbiologie] deuten weder auf eine Determinierung durch das Cytoplasma noch durch den Zellkern, sondern eher auf ein komplexes, aber hochgradig koordiniertes System regulierender Dynamiken, die gleichzeitig auf allen Ebenen operieren: auf der Ebene der Transkriptionsaktivierung [das Ablesen eines genetischen Codes], der Translation [das Übersetzen in 'Befehle'], der Proteinaktivierung und der interzellulären Kommunikation – im Zellkern, im Cytoplasma und im Organismus als Ganzes" (Fox-Keller/Longino1996:317).

89 Vgl. Fausto-Sterling 1992: 77-89; Lewontin/Rose/Kamin 1988: 123; Reimers 1994: 40ff.

Im Gegensatz zur polaren Vorstellung des Körpergeschlechts in anatomischen oder organische Bestimmungen (ein Körperteil als Essenz des Geschlechts) beinhaltet das Paradigma der hormonellen Geschlechtsbestimmung die Idee der Geschlechterdifferenz als Kontinuum im Sinne von 'mehr oder weniger'. Demnach haben Frauen und Männer jeweils 'männliche' und 'weibliche' Hormone, nur in unterschiedlichen Mengen. Ein weiterer Unterschied zu anatomischen oder organischen Vorstellungen der Geschlechterdifferenz ist die Verflüssigung des Körpergeschlechts im endokrinologischen Modell: hatte man zwischen dem 18. und dem Ende des 19. Jahrhunderts noch angenommen, es gäbe *einen* körperlichen Ort, an dem sich die Essenz des Weiblichen bzw. Männlichen festmachen ließe (Eierstöcke, Penis, Gebärmutter), so wandern nun die Hormone im gesamten Körper umher, sie beeinflussen möglicherweise vielfältige Körperphänomene und -orte – von Organgrößen bis zum Verhalten – und sind selbst beständig im Wandel. Das Körpergeschlecht wird so von konkreten Körperteilen getrennt (Oudshoorn 1994: 145).

> „Instead of locating the essence of feminity or masculinity in specific organs, as the anatomists had done, sex endocrinologists introduced a *quantitative* theory of sex and the body. The idea that each sex could be characterized by its own sex hormone was transformed into the idea of relative sexual specificity. (...) The new model of sex in which sex differences are ascribed to hormones as chemical messengers of masculinity and feminity, agents that are present in female as well as male bodies, made possible a revolutionary change in the biological definition of sex. The model suggested that, chemically speaking, *all organisms are both male and female.*" (Oudshoorn 1994: 38f., Hervorh. d.V.)

Diese 'quantitative' Geschlechterdifferenz hat eine junge Geschichte: ebenso wie die historischen Arbeiten zur Herkunft der anatomischen[90] und der morphologischen[91] Geschlechterdifferenz darauf hinweisen, dass diese jeweiligen natürlichen Essenzen des Geschlechts auf je spezifische Weise historisch konstruiert sind, haben auch Hormone als natürliche Zeichen für das Frau- und Mann-Sein eine soziale Geschichte. Oudshoorn arbeitet in ihrer 'Archäologie' von Geschlechtshormonen heraus, wie komplex der Übergang von der anatomischen Differenz, wie sie im 18. Jahrhundert vorrangig war, zur Bestimmung der Geschlechterdifferenz als chemikalisches Phänomen verlaufen ist.[92]

Ohne diese Thematik vertiefen zu können, zeigt sich, dass die biologische Bestimmung des 'Rohmaterials' keineswegs außerhalb sozialer Kontexte statt-

---

90   Laqueur 1992.
91   Duden 1991; Honegger 1992.
92   Um die soziale Relevanz der hormonellen Geschlechtsbestimmung wird es in Kapitel 2.3.2 ausführlich gehen. Sie werden dort als (körperlich-soziale) Ressourcen betrachtet.

findet. Sie ist vielmehr grundsätzlich geprägt von den Vorstellungen einer Epoche über die Geschlechterdifferenz, prägt umgekehrt als wissenschaftlicher Prozess diese Vorstellungen aber ebenso mit. Auch aus einer 'strikt' biologischen Perspektive ist die trennscharfe Unterscheidung von sex und gender problematisch. Sämtliche sozialkonstruktivistische Ansätze zum Geschlechtskörper greifen dieses Problem auf und bauen es auf unterschiedliche Weise in ihre Argumentation ein.

Bevor in den nachfolgenden Kapitel die spezifische Problematisierung und Überwindung der Natur/Kultur-Dichotomie, die sich hinter der sex/gender-Unterscheidung verbirgt, eingegangen wird, wird nachfolgend der Terminus 'Sozialkonstruktivismus' forschungspragmatisch fundiert.

Exkurs I   **Zum Begriff 'Sozialkonstruktivismus'**

Die Bezeichnung 'Konstruktivismus' hat inzwischen eine solche Bandbreite an
Verwendungen und Bezüge gefunden, dass es schwer fällt, ihn trennscharf zu
bestimmen.[93] Die Rede vom Konstruktivismus ist, je nachdem, ein wertvoller
oder auch gefährlicher Einsatz im wissenschaftlichen und insbesondere geschlechtersoziologischen Spiel geworden (mit dem Begriff lassen sich z.b. Projekte leichter oder schwerer beantragen); in der fachlichen Diskussion wird der
Terminus oft verwischt und z.t. vermengt mit dem Begriff der Dekonstruktion,
der seinerseits in der Folge Derridas steht.[94] Wenn in dieser Arbeit also der Begriff des 'Sozialkonstruktivismus' verwendet wird, um durchaus heterogene Ansätze zu bezeichnen, ist eine Verortung in der Theoriegeschichte nötig. Dies
umso mehr, als sich die „Debatte um die Konstruktion der Kategorie Geschlecht
als höchst betriebsame und weitläufige Theoriebaustelle [erweist]" (Held-
user/Marx/Paulitz/Pühl 2004: 11). Meine Verortung hat zunächst zwei Bezugspunkte, die im Begriff selbst liegen: zum einen steht der Begriff des *Sozial*konstruktivismus für eine konstruktivistische Perspektive in den *Sozial*wissenschaften, zum anderen ist der Begriff der chronologisch ältere, damit eingebürgerte
und in diesem Sinne grundlegendere (im Vergleich etwa zum Dekonstruktivis-
mus).

Als wissenschaftliches und epistemologisches Paradigma entstammt der
Konstruktionsbegriff dem so genannten 'Radikalen Konstruktivismus'. Dieser
umfasst eine interdisziplinäre, epistemologisch-philosophische, experimentell-
klinische wie biologische Diskurs- bzw. Diskussionsgemeinschaft.[95] Wie von
Glasersfeld,[96] einer der Begründer dieses Paradigmas, ausführt, arbeitet sich der
Radikale Konstruktivismus kritisch an zwei Grundkategorien des okzidentalen
Denkens – Wahrheit und Wirklichkeit – ab. Wovon sich der radikale Konstruktivismus verabschiedet, ist der 'metaphysische' Begriff der Wirklichkeit, der
davon ausgeht, dass es eine objektive, ontologische, selbstevidente Realität gibt,

---

93 Als erste Orientierung dient Knorr-Cetina 1989. Sie unterscheidet folgende konstruktivistische
    „Spielarten": Sozialkonstruktivismus (Berger/Luckmann); kognitionstheoretischer bzw. er-
    kenntnistheoretischer Konstruktivismus (der in meiner Arbeit unter dem Stichwort 'Radikaler
    Konstruktivismus' verhandelt wird) und empirischer Konstruktivismus. Bei Knorr-Cetina fehlt
    allerdings gänzlich der Bezug zum Dekonstruktivismus, der – zumindest in der Frauenfor-
    schung – für erhebliche Verwirrung gesorgt hat.
94 Hilfreich bei der Begriffsklärung ist Wartenpfuhl 2000; vgl. auch Fußnote 85.
95 Schmidt 1987: 12.
96 Von Glasersfeld 1990; 1997.

die wissenschaftlich 'entdeckt' werden kann. An dieser Wirklichkeit, die als jenseits menschlichen Tuns und Denkens begriffen wird, misst sich traditionellerweise 'Wahrheit':

> „Ein metaphysischer Realist ist also jeder, der darauf besteht, dass wir etwas nur dann 'Wahrheit' nennen dürfen, wenn es mit einer als absolut unabhängig konzipierten, 'objektiven' Wirklichkeit übereinstimmt." (von Glasersfeld 1990: 18)

Einer solchen Auffassung setzt der radikale Konstruktivismus die von Kant begründete Idee entgegen, dass „der Verstand seine Gesetze nicht aus der Natur schöpft, sondern sie ihr vorschreibt" (Kant 1911: 294 nach von Glasersfeld 1990: 19). 'Die Welt *ist* das, was wir in ihr *sehen*' – so könnte die Kantsche These pointiert ausgedrückt lauten, nach der die Wirklichkeit durch die Erkenntnisakte der Menschen hervorgebracht wird. Auf diese These baut die Epistemologie, d.h. Erkenntnistheorie des radikalen Konstruktivismus auf.[97]

> „Der radikale Konstruktivismus beruht auf der Annahme, dass alles Wissen, wie immer man es auch definieren mag, nur in den Köpfen von Menschen existiert und dass das denkende Subjekt sein Wissen nur auf der Grundlage eigener Erfahrungen konstruieren kann. Was wir aus unseren Erfahrungen machen, das allein bildet die Welt, in der wir bewusst leben." (von Glasersfeld 1997: 22).

Diese erkenntnistheoretische Grundannahme ficht die ontologische Setzung der Realität als 'an sich-Seiende' und jenseits der Wahrnehmung existierende an und geht davon aus, dass wir unsere Realität durch kognitive Muster konstruieren. Knorr-Cetina bezeichnet diese „ontologische Färbung" (1989: 87) als eine der Charakteristika des Sozialkonstruktivismus, wie er bei Berger/Luckmann entwickelt wurde; eine Färbung, die letztendlich in allen Varianten des Konstruktivismus zu finden ist. Demnach machen sozialkonstruktivistische Ansätze ontologische Aussagen (d.h. Aussagen, die sich auf das Sein eines Phänomens beziehen) darüber, *wie* die Realität von Phänomenen zustande kommt. Anders ausgedrückt: eine Realität jenseits des Tuns und jenseits der Wahrnehmung gibt es für Menschen nicht.[98] Die Wahrnehmung eines jeden Gegenstandes (Tisch, Baum, Orange usw.) ist nur als Wahrnehmung wahrnehmbar. Wir wissen nicht, wie oder was eine Blume ist, bevor wir sie wahrgenommen haben. Von Glasersfeld illustriert dies mit einem Apfel und schreibt: „Was immer wir machen, wir können unsere Wahrnehmung von dem Apfel nur mit anderen Wahrnehmungen

---

97 Vgl. auch Schmidt 1987: 18.
98 Auf die Soziologie gemünzt, heißt das: „(Soziale) Realität hat keinen 'Kern', keine 'Essenz', die man unabhängig von den sie konstituierenden Mechanismen identifizieren könnte" (Knorr-Cetina 1989: 92).

vergleichen, niemals aber mit dem Apfel selbst, so wie er wäre, bevor wir ihn wahrnehmen" (1990: 25). Es ist also unmöglich, die Wahrnehmung eines Gegenstands mit dem Gegenstand selbst zu vergleichen, weil Wahrnehmung und Wahrgenommenes nicht zuverlässig voneinander zu trennen sind. Dies ist eine zentrale Denkfigur aller konstruktivistischen Perspektiven, wie sie auch in den sozialkonstruktivistischen Auseinandersetzungen zum Geschlechtskörper deutlich werden. In letzteren wird von derselben Hypothese ausgegangen, wenn auf die wechselseitige Verquickung der *sozialen Relevanz* (also Wahrnehmung) des geschlechtsdifferenten Körpers und des Körper *selbst* hingewiesen wird.

Ausgehend von dieser erkenntnistheoretischen Grundannahme fragt der Radikale Konstruktivismus, wie es aber (dennoch) zu einer stabilen, verlässlichen, 'wirklichen' Welt kommt, in der strategisches Handeln und zeitlich dauerhafte Strukturen möglich sind.[99] Die Antwort auf diese Frage liegt im Tun der Menschen, wobei das 'Tun' im radikalen Konstruktivismus vieles bedeuten kann und hier nicht zwangsläufig das Handeln oder Interagieren im soziologischen Sinne bedeutet. Im Bezugsrahmen des Radikalen Konstruktivismus verweist das Tun vor allem auf das kognitive Verarbeiten von Sinneswahrnehmungen, die als „sinnlicher Rohstoff" (von Glasersfeld 1990: 28) verstanden werden. Allerdings greift insbesondere der ethnomethodologische Sozialkonstruktivismus, wie in Kapitel 2 deutlich wird, auf die Analyse kognitiver Prozesse zurück, etwa wenn auf die Konstruktion der Visualität der Geschlechterdifferenz abgehoben wird (vgl. Kapitel 2.2.1 und Exkurs II).

Geschlechterdifferenz und Sozialkonstruktivismus

In dieser Arbeit wird der Begriff des Konstruktivismus als Paradigma im beschriebenen Sinne verstanden. Er ist vor allem ein erkenntnistheoretischer und 'methodologischer' Begriff, der zunächst einmal nicht mehr – und nicht weniger – sagen will, als dass die Wirklichkeit des Geschlechts und des Geschlechtskörpers durch Menschen und ihr sowohl kognitives wie unbewusstes Tun und Erleben *konstruierte* Wirklichkeiten sind. Gerade der Körper als Basis und letzte Wahrheit des Geschlechts ist – als eine der wohl hartnäckigsten Konstruktionen des Alltagswissens – aus sozialkonstruktivistischer Sicht eine konstruierte Wirklichkeit. Mehr noch, der Geschlechtskörper ist eine kulturell erzeugte Natur. Wie

---

99   Von Glasersfeld 1990: 26.

sich zeigen wird, fungiert der Körper als 'letzter Grund' des Geschlechts – er ist die Ontologie oder die (metaphysische) Wahrheit, wenn es darum geht, Frauen und Männer als reale Wesen zu sehen. Lindemann, eine der Hauptvertreter/innen der sozialkonstruktivistischen Geschlechterforschung, bringt dies folgendermaßen auf den Punkt:

> „Die konstruktivistische Geschlechterforschung distanziert sich (...) von der Basisannahme, dass Zweigeschlechtlichkeit ein natürliches, präkulturelles Faktum sei, und wendet sich stattdessen Fragen wie der folgenden zu: Wie vollzieht sich eine Wahrnehmung, die unentwegt damit beschäftigt ist, Menschen in Männer und Frauen zu sortieren?" (Lindemann 1996: 148).

Weil die Zweigeschlechtlichkeit üblicherweise mit dem Hinweis auf die 'natürlichen, präkulturellen' Körper legitimiert wird, bildet der Körper „eines der zentralen Probleme, die sich einer konstruktivistischen Geschlechterforschung stellen" (ebd.: 149). Folglich stellen sämtliche – konstruktivistischen – Perspektiven, die in dieser Arbeit thematisiert werden, die Frage nach dem 'wie' des Geschlechtskörpers: *Wie* kommt es, dass uns der Körper als unhinterfragbare, objektive, natürliche Wirklichkeit des Geschlechts vorkommt? An dieser Stelle ist die Differenzierung zwischen Sozialkonstruktivismus und Konstruktivismus notwendig. Im folgenden werden alle Ansätze als *sozial*konstruktivistisch insofern bezeichnet, als sie die Konstruktion auf der Ebene des Handelns, der Interaktion und der Sprache als symbolisches System von Gesellschaften ansiedeln. So geht es nicht etwa um biologisch-physiologische Prozesse als solche (wenn doch, dann in ihrer sozial relevanten Funktion), sondern um die genuin soziologische Perspektive, wie durch Vergesellschaftungsprozesse Individuen sinnhafte, stabile und 'intelligible' (Butler) Strukturen zur Wahrnehmung der Ordnung der Zweigeschlechtlichkeit einerseits entwickeln und andererseits diese Ordnung beständig (re-)produzieren.[100] Individuen produzieren sich die Wirklichkeit des Geschlechts und ihrer Geschlechtskörper kontinuierlich selbst – so das Ergebnis dieser Perspektiven.[101]

---

100 Die in den letzten Jahren entwickelten systemtheoretischen Zugänge in der Geschlechterforschung sind ebenfalls zu den konstruktivistischen Zugängen zu rechnen – wobei es der andauernden Diskussion darüber belassen bleibt, wie genau ‚das Soziale' im Sinne z.B. von Erfahrungen in der Systemtheorie verstanden werden kann. Zur Zusammenführung von Systemtheorie und Geschlechterforschung vgl. Weinbach/Stichweh 2001.

101 Es gibt, darauf kann hier lediglich hingewiesen werden, auch eine radikal-konstruktivistische Soziologie. Vgl. Hejl 1987. Auch die einflussreiche Systemtheorie Luhmanns steht in einem engen Zusammenhang mit dem radikalen Konstruktivismus, vor allem was die Entfaltung der Begriffe des sozialen Systems sowie Autopoiesis betrifft. Dieser ist direkt den biologischen Arbeiten von Maturana, Varela, Roth u.a. entlehnt, die zu den Begründern des Radikalen Konstruktivismus zählen. Vgl. Luhmann 1988: 17ff., 242-285, 296ff.

Auf ein – aus gesellschaftstheoretischer Sicht – gravierendes Problem bei der Verwendung eines konstruktivistischen Paradigmas soll hier hingewiesen werden: Will man Aspekte sozialer Ungleichheit und Herrschaft thematisieren, so stößt man bald an Grenzen. Der Konstruktivismus lässt, was die erkenntnistheoretische Grundannahme, wie sie oben skizziert worden ist, nur 'wie'-Fragen zu, aber keine Fragen nach dem 'warum'.[102] Anders gesagt, das Kriterium zur Beantwortung der Frage 'warum konstruieren wir so und nicht anders?' lässt sich aus radikal konstruktivistischer Sicht nur mit dem Hinweis auf 'Viabilität' bzw. Funktionalität beantworten.[103] Wir konstruieren so, weil es so eben passt und dem Funktionieren dient:

> „Ob ein Schlüssel funktioniert oder nicht, hängt nicht davon ab, ob sich ein Schloss finden lässt, in das er passt, sondern einzig und allein davon, ob er uns den Weg zu *dem* Ziel eröffnet, das wir erreichen wollen" (von Glasersfeld 1990: 31, Hervorh. i.O.).[104]

Nützlichkeit, Passfähigkeit und Orientierung sind demnach die Kriterien, nach denen sich Wissen misst – nicht abstrakte Wahrheit oder rein logische Richtigkeit.[105] Logischerweise kann aus konstruktivistischer Sicht keine 'letzte Antwort' auf die 'wahre' Ursache der Geschlechterdifferenz gegeben werden. Allerdings kann eine Verknüpfung sozialkonstruktivistischer Perspektiven mit gesellschafstheoretischen Analysen wichtige Einsichten liefern, in welchen gesellschaftlichen Macht- und Herrschaftsverhältnissen Konstruktionsprozesse stattfinden. Diese Kontexte schränken die prinzipielle Kontingenz faktisch ein, so dass es eben nicht willkürlich ist, wie und was konstruiert wird noch wer es unter welchen Umständen tut.

Das Gepäck für die Reise ist gepackt und die Reiselust hoffentlich angestachelt: Es wurde erläutert, warum der Körper für ein soziologisches Verständnis der Verschränkung von Subjekt und Struktur grundsätzlich relevant ist, die epistemologischen und begrifflichen Grundlagen sind geklärt. Nun kann die Reise beginnen.

---

102 Für klärende Hinweise zu diesem Punkt danke ich Carolin Länger und Thomas Mergel. Vgl. auch Knorr-Cetina 1989: 92. Sie schreibt in einer Fußnote: „Mit der Beantwortung der Wie-Frage ist übrigens häufig auch die Warum-Frage geklärt, (...)."
103 Viabilität bedeutet so viel wie 'Gangbarkeit'.
104 Dieses Kriterium gilt im Übrigen für das Paradigma des radikalen Konstruktivismus selbst: „Der Radikale Konstruktivismus ist ein *Modell*, (...) das auf seine Nützlichkeit und nicht auf seine Wahrheit untersucht werden soll." (Schmidt 1987: 43, Hervorh. i.O.).
105 Vgl. Knorr-Cetina 1989: 89.

2 Was tun wir, um das Geschlecht zu sein? Geschlechtskörper und Handeln

> „In a summer sleeveless shirt of a muted gold, Luciente's body was obviously female. Connie smiled to herself. Perhaps it was the lighter clothing, perhaps it was a matter of expectations – anyhow, Luciente now looked like a woman. Luciente's face and voice and body now seemed female if not at all feminine; too confident, too unselfconscious, too aggressive and sure and graceful in the wrong kind of totally coordinated way to be a woman: yet a woman."
>
> (Piercy 1976: 99)

Wenn Menschen sich begegnen, sehen sie sich im wortwörtlichen Sinne; sie betrachten sich selbst und andere, sie nehmen die Breite, Form, Farbe, Größe der Körper wahr. Menschen erkennen sich als erwachsen, hellhäutig, männlich oder weiblich usw., ohne dafür unbedingt miteinander sprechen zu müssen oder sich diese Informationen sonst wie explizit mitzuteilen. Wie funktioniert das gegenseitige Erkennen als Frauen und Männer im Alltag? Wenn Menschen sich weder ihre Genitalien vorzeigen noch sonst wie explizit ihr Geschlecht thematisieren ('Guten Tag, ich bin eine Frau und was bist Du?'), muss es Strategien und Zeichen geben, die das Geschlecht unmissverständlich und spontan, d.h. präreflexiv zum Ausdruck bringen. Mit dem alltäglichen Handeln und der damit einhergehenden Konstruktion des Körpergeschlechts wird sich dieses Kapitel auseinandersetzen. Die Reise durch den Körper führt uns also hiermit auf die Station 'Handeln'. Wie angekündigt, macht der Körper im Zuge unserer Reise Metamorphosen durch, so dass er mehrfach seine Gestalt und eigentlich sein Wesen verändert. An diesem Bahnhof begegnet und der Körper als Handelnder und nicht etwa als sprechender Körper oder als empfindender Leib.

Zunächst steht nachfolgend die Frage im Mittelpunkt, wie Geschlechterdifferenz und Alltagshandeln zusammenhängen. Was tun Menschen im Alltag, um sich als Frauen und Männer zu erkennen und wie tun sie dies (Kapitel 2.2)? Und inwieweit hat dieses Handeln mit dem Körper zu tun? (Kapitel 2.3) Die *mikrosoziologische* Perspektive, um die es nachfolgend geht, fokussiert die Praxen des Alltags, die die Zweigeschlechtlichkeit nicht nur darstellen, sondern – so ein zentrales Ergebnis dieser Perspektive – selbst hervorbringen. Unter dem Schlagwort des 'doing gender' hat diese These inzwischen Eingang in die sozialwissenschaftliche Diskussion gefunden. Das Geschlecht bzw. die Geschlechterdifferenz beruht aus dieser Perspektive, so kann vorweggenommen werden, auf den Alltagspraktiken von Menschen, die sich „in ihrem Alltagsleben kontinuierlich zu Frauen und Männern machen und machen lassen" (Hirschauer 1993b: 56).

Im Rahmen eines gesellschaftstheoretischen Modells des Geschlechterverhältnisses, das davon ausgeht, dass Frauen und Männer in einem komplexen Gefüge bestehend aus Organisationsformen von Arbeit, institutioneller Verfahren, dem Herrschaftssystem und der symbolischen Ordnung asymmetrisch zueinander in Beziehung gesetzt werden,[106] geht es hierbei um eine spezifische Ebene, auf der Frauen und Männer sich zueinander positionieren und sich dabei zu Frauen und Männer machen. Es geht um die Ebene der *Interaktion*. Der Fokus der Mikrosoziologie liegt also auf dem 'Gemacht-Werden' von gesellschaftlichen Strukturen. In diesem Sinne bezeichne ich die mikrosoziologischen Ansätze, die hier behandelt werden, als sozialkonstruktivistische Perspektiven.

Exemplarisch für die mikrosoziologischen Analysen zur interaktiven Konstruktion der Geschlechterdifferenz werden die Arbeiten von Hirschauer herangezogen. Durch die Rekonstruktion seiner zentralen Argumentationslinien wird gezeigt, was es genau heißt, dass das Geschlecht im Alltag konstruiert wird (Kapitel 2.2). Zuvor wird der soziologische Rahmen der ethnomethodologischen Geschlechtersoziologie skizziert (Kapitel 2.1), der zum einen die Mikrosoziologie als Handlungstheorie sowie die Anfänge der geschlechtersoziologischen Ethnomethodologie mit Garfinkel (1967) und Kessler/McKenna (1978) umfasst.

Im Anschluss an die Rekonstruktion des mikrosoziologischen Konzepts des 'doing gender' folgt eine kritische Diskussion zum Zusammenhang zwischen Geschlechtshandeln und sozialer Ungleichheit (Kapitel 2.4). Einige Beispiele mögen die dort aufgegriffenen Fragen andeuten: Der Chef einer Firma hat im Gespräch mit den Mitarbeiter/innen mehr Handlungs- und Definitionsmacht; die Zeugin hat vor Gericht weniger Handlungsautonomie als die Richterin; der Student weniger Möglichkeiten, sein Handeln zu gestalten als der prüfende Professor; die Patientin hat dem oder der Frauenarzt/ärztin gegenüber eine unterlegene Position (was sich wieder ändert, wenn die Patientin ihrerseits z.B. Ärztin ist). In all diesen Interaktionssituationen spielt nicht nur die Geschlechterdifferenz eine Rolle, sondern auch die soziale Position der einzelnen Interaktionsteilneh-

---

106 Vgl. Kapitel 1.1.

mer/innen. Dabei beeinflussen sich das Geschlecht und die soziale Position gegenseitig: Es macht einen Unterschied, ob es sich um eine Frauenärztin oder um einen Frauenarzt handelt, gleichzeitig aber wird der Arzt/die Ärztin eine andere soziale Position als die Patientin haben, egal welchen Geschlechts er/sie ist. Wenn sich Personen also begegnen und sich zu Frauen und Männern 'machen', so geschieht dies anhand verschiedener Strategien und unter Einsatz spezifischer Ressourcen, die, so meine in der Soziologie sozialer Ungleichheit fundierte These, ihrerseits ungleich verteilt sind. Interaktionen vollziehen sich im Rahmen strukturierter Macht- und Herrschaftsverhältnisse, die situationsübergreifend und historisch sedimentiert sind. Wie hängen also soziale Ungleichheit als strukturierte Ungleichverteilung von distributiven und relationalen Ressourcen (Kreckel) und geschlechtliches Handeln zusammen?

2.1   Konstruktivistische Mikrosoziologie der Geschlechter

Nachfolgend wird die ethnomethodologische Perspektive auf den Geschlechtskörper im Kontext der Mikrosoziologie verortet. Dafür wird zunächst (2.1.1) ein idealtypisches Raster zur Unterscheidung zwischen Makro- und Mikrosoziologie skizziert, anschließend (2.1.2) werden die 'Klassiker' der ethnomethodologischen Forschung zum Thema (Garfinkel und Kessler/McKenna) präsentiert, die das Schlagwort des 'doing gender' begründet haben.

2.1.1   Mikro- und Makrosoziologie

In Anschluss an Alexander/Giesen[107] lassen sich mikrosoziologische Ansätze – in Abgrenzung zu denen der Makrosoziologie – beschreiben durch die Fokussierung auf das Handeln von Individuen, auf kleinere soziale Einheiten (z.B. Gruppen, Paare, Familien), auf die Rekonstruktion von Sinn und von der Analyse z.B. sozialisatorischer Prozesse. Insgesamt unterscheiden Alexander/Giesen fünf idealtypische Möglichkeiten, das Mikro-Makro-Verhältnis auszudrücken. Als Achsen der Konstruktion dieser Idealtypen dienen einerseits die Auffassung von

---

107 Alexander/Giesen 1987: 14f.

Individuen, d.h. das zugrunde liegende Menschenbild (rational,[108] absichtsvoll versus reproduktiv und durchsozialisiert) und andererseits die angenommene Kausalität zwischen Handlungen (Mikro) und sozialer Ordnung (Makro). Das heißt, entweder folgt das Handeln der sozialen Ordnung im Sinne eines Zwanges oder die soziale Ordnung entsteht durch das Handeln von Individuen. In der folgenden Übersicht werden die fünf Perspektiven als idealtypische Beschreibungen dargestellt:

„1. Rationale, absichtsvolle Individuen produzieren Gesellschaft mittels kontingenter Freiheitsakte.
2. Interpretierende Individuen produzieren Gesellschaft mittels kontingenter Freiheitsakte.
3. Sozialisierte Individuen reproduzieren Gesellschaft (verstanden als kollektiver Zwang) mittels kontingenter Freiheitsakte.
4. Sozialisierte Individuen reproduzieren Gesellschaft durch die Übersetzung einer existierenden sozialen (Um-)Welt in die Mikroebene.
5. Rationale, absichtsvolle Individuen passen sich der Gesellschaft an, weil sie durch externe soziale Kontrolle dazu gezwungen werden."
(Alexander/Giesen 1987: 14, Übersetzung d.V.)

Die ersten beiden Optionen lassen sich als mikrosoziologische Positionen beschreiben, denn sie betonen, dass Individuen die Gesellschaft, in der sie leben, selbst hervorbringen (produzieren). Damit gibt es keine Strukturen, die sich anders als durch das Tun der Menschen bestimmen lassen. Demgegenüber ist beispielsweise die letzte Option eine 'kollektivistische' Makro-Perspektive, weil hier die Gesellschaft handelt, indem sie Individuen zwingt, sich auf bestimmte Art und Weise zu verhalten. Vor dieser Folie lassen sich, wenn man im Auge behält, dass diese Optionen Idealtypen im Weberschen Sinne sind, soziologische Theorien und Modelle hinsichtlich ihrer Position in der Spannung zwischen Handlung und Struktur/Ordnung systematisieren.

Garfinkel und Goffman sind die beiden wesentlichen Bezugsautoren für den interaktionistischen Ansatz, der in diesem Kapitel behandelt wird (exemplarisch vertreten durch Hirschauer). Im Kontext der obigen Systematisierung weisen die Autoren die Ethnomethodologie, die auf Garfinkel basiert, sowie den Symbolischen Interaktionismus in Anschluss an Goffman der dritten Position zu.[109] Bezogen auf die Frage des Geschlechts ist für diese Herangehensweise charakteristisch, dass sie „den Blick auf die alltäglichen Praktiken der 'Herstellung' von

---

108 Rational steht hier nicht als wertneutraler Begriff i.S. eines 'common sense', sondern zielt auf utilitaristische Vorstellungen i.S. einer Nutzen-Maximierung (Stichwort: 'homo oeconomicus') und subjektiver Handlungsautonomie (Alexander/Giesen 1987: 15).
109 Ebd.: 25f.

Zweigeschlechtlichkeit'" richtet (Knapp 1995: 171) und sich mit der Relevanz des Alltags*handelns* für das Geschlechterverhältnis befasst.[110] Dabei thematisieren handlungstheoretische, speziell ethnomethodologische Perspektiven, die auf das 'doing gender' abheben, selbst nicht das Geschlechterverhältnis als gesellschaftlichen Strukturzusammenhang. Fragen nach der historischen Sedimentiertheit und der Eigenlogik sozialer Strukturen, die den Handelnden als unhinterfragbarer Zwang entgegentreten und schließlich nach dem Zusammenhang mit dem in diesen Strukturen steckenden Herrschaftsverhältnissen sind nicht das Thema mikrosoziologischer Perspektiven.[111] Anders gesagt: Die Ethnomethodologie fragt nach dem 'wie' der Geschlechterdifferenz, nicht danach, 'warum' die Geschlechterdifferenz überhaupt und mit welchen makrosoziologischen Bezugsrahmen sie konstruiert wird.[112] Diese Frage – wie sich geschlechtersoziologische Ethnomethodologie und gesellschaftstheoretisch orientierte Überlegungen zum Geschlechterverhältnis zueinander verhalten – geht in der oben skizzierten Spannung zwischen Mikro- und Makrosoziologie auf und wird eine der zentralen Aspekte der nachfolgenden Ausführungen sein.

2.1.2 Geschlechtskonstruktivistische Ethnomethodologie

Ihren Ausgangspunkt nimmt die ethnomethodologische Geschlechtersoziologie bei Garfinkel und seiner Studie über Agnes, einer Mann-zu-Frau Transsexuellen.[113] Dem ethnomethodologischen Selbstverständnis folgend, die eigene Gesellschaft hinsichtlich ihrer alltagsweltlichen Normalität zum erklärungsbedürfti-

---

110 Zusammenfassende Darstellungen mit entsprechenden Literaturhinweisen zur mikrosoziologischen Geschlechterforschung finden sich bei Gildemeister 2004 und Wetterer 2004.

111 Vgl. Becker-Schmidt 1993: 42; Knapp 1995: 187. In der phänomenologischen Mikrosoziologie, die sich mit der Konstruktion der Geschlechterdifferenz befasst, wird diese Kritik als mangelnde Thematisierung sozialer Kontrolle kritisch aufgegriffen und durch die Thematisierung der affektiv-leiblichen Verankerung sozialer Normen 'in' den Individuen gelöst. Vgl. hierzu Kapitel 4.

112 Die Abkehr von Warum-Fragen zugunsten der Wie-Fragen in der hier behandelten handlungstheoretischen Geschlechtersoziologie hat m.E. vor allem damit zu tun, dass das Forschungsprogramm der Ethnomethodologie dem (sozial-)konstruktivistischen Paradigma verpflichtet ist. Hirschauer vertritt den sog. 'empirischen Konstruktivismus', wie er von Knorr-Cetina 1989: 91-95 (vgl. auch Exkurs I) skizziert wird.

113 Als 'Agnes'-Studie bekannt; 1967 unter dem Titel „Passing and the managed achievement of sex status in an 'intersexed person'" veröffentlicht. Zur Darstellung der Studie vgl. auch Hagemann-White 1993: 69ff.

gen Gegenstand der Soziologie zu machen,[114] hat Garfinkel mit dieser Studie das Geschlecht zum ersten Mal als sozial produzierte Kategorie analysiert. Diese Studie folgt dem Forschungsprogramm der Ethnomethodologie, die, um soziale Strukturen als andauerndes Tun der Menschen zu begreifen, die Alltagswelt methodologisch mit so genannten Krisenexperimenten erforscht – Transsexuelle sind in Bezug auf unsere lebensweltliche Geschlechterdifferenz so ein 'Krisenexperiment', wie ich später darstellen werde.

Zunächst aber kurz zu den Krisenexperimenten selbst: In diesen haben Garfinkel und seine Mitarbeiter/innen routinierte Interaktionen wie Begrüßungsrituale oder Gespräche bei Behörden bewusst gestört. Sie haben sich verhalten, als wüssten sie nicht, wie man sich normal verhält, indem man z.b. einen gewissen Körperabstand wahrt, wenn man mit unbekannten Personen spricht oder dass man auf eine bestimmte Art antwortet, wenn Arbeitskollegen/innen fragen 'Wie geht's?'[115] Das Ergebnis solcher Krisenexperimente ist, wie der Name andeutet, dass durch das Brechen mit den kleinsten und unbewusstesten Regeln der Kommunikation, diese Kommunikation tatsächlich zusammenbricht. Was Garfinkel mit seinem soziologischen Programm aufzeigt, ist die Fülle an Wissen, das wir im Alltag permanent anwenden, ohne dass wir es als solches formulieren könnten. Wir wissen als Akteure demnach eigentlich gar nicht, was wir alles wissen während wir wissend und somit richtig handeln. Und noch etwas wird bei Garfinkel deutlich: Jenseits der (Handlungs-)Routinen gibt es keine Grundlage, sich alltagsweltlich 'richtig' zu verhalten: Normalität ist vor allem präreflexive Routine. Wird diese in Frage gestellt, gerät die 'Welt aus den Fugen'.[116]

Ebenso verhält es sich mit dem Geschlecht. Anstatt von der 'Natürlichkeit' des Geschlechts und der alltagsweltlichen Kausalität zwischen Anatomie und sozialem Frau-/Mann-Sein auszugehen, hat Garfinkel in der 'Agnes-Studie' (Garfinkel 1967) mit dem 'common sense' gebrochen, um ihn soziologisch überhaupt wahrnehmen zu können. Er hat dabei sein Augenmerk darauf gerichtet, wie Menschen ihr Geschlecht jenseits biologischer Merkmale im Alltag herstel-

---

114 Vgl. Garfinkel 1973; Falk/Steinert 1973: 20f.; Treibel 1996: 131-152.
115 Vgl. Garfinkel 1973: 283ff.
116 Um Missverständnisse auszuschließen sei bemerkt, dass 'richtiges' Handeln hier nicht im z.B. moraltheoretischen Sinne (wie bei Habermas) gemeint ist. Richtig heißt vielmehr soviel wie: in einer Gesellschaft zu einem historischen Zeitpunkt auf sozial sinnhafte Art und Weise. Richtig heißt also kommunikativ funktional oder auch 'passend' bzw. 'nützlich'. Es handelt sich damit um ein pragmatisches Verständnis von Normativität und nicht um eine philosophische Unterscheidung von falsch/richtig im Sinne der Ethik. Zum Begriff der Viabilität als Maßstab des Wissens im (Sozial-)Konstruktivismus vgl. Knorr-Cetina 1989: 89 und Exkurs I dieses Buches.

len. Aus diesem Grund sind transsexuelle Personen ein beliebter Gegenstand geschlechtskonstruktivistischer Forschungen. Wie oben erwähnt, eignen sich Transsexuelle besonders gut als Krisenexperiment, um an die alltägliche Konstruktion der Geschlechterdifferenz soziologisch heranzukommen: „Das Phänomen Transsexualität ist ein ohne Zutun der SoziologInnen gleichsam 'natürlich' ablaufendes Krisenexperiment" (Lindemann 1993a: 48). Denn sie machen deutlich, dass es erstens durchaus möglich ist, die im Alltag übliche Verknüpfung zwischen bestimmten Körpermerkmalen wie Genitalien und einer bestimmten Geschlechtsidentität nicht (oder anders) zu leben und zweitens, dass es weniger als gemeinhin angenommen darum geht, den richtigen Körper zu haben, als sich vielmehr 'richtig' zu verhalten. Frau- oder Mann-Sein ist bei Transsexuellen nicht in der normalerweise vorherrschenden unproblematischen Form an biologische Merkmale wie Penis oder Vagina geknüpft. Ergebnis der Garfinkelschen Studie ist, dass das Geschlecht bzw. die Geschlechtlichkeit eine soziale Konstruktion ist, die einer andauernden Darstellungsarbeit bedarf. Denn wichtiger als Vagina und Busen oder Menstruation sind Gesten, Mimik, Kleidung, Berufswahl, Paarbeziehungen usw., an denen sich Personen im Alltag als Frauen oder Männer erkennen und zu erkennen geben. Was Garfinkel und die an seinen Arbeiten anknüpfenden Ansätze analysieren ist, dass dieses 'Erkennen' immer eine interaktive Konstruktionsleistung ist und wie diese jeweils vollzogen wird. In interaktiven Konstruktionsprozessen erkennen Individuen nicht etwas, das objektiverweise da ist (die Geschlechterdifferenz), sondern es wird andauernd etwas gemacht, was da sein muss. Geschlecht ist demnach 'doing gender'. Was dies im einzelnen bedeutet, wird in Kapitel 2.2 und Kapitel 2.3 ausführlich dargestellt.

Das Stichwort des 'doing gender' ist auch von den Autorinnen Kessler/McKenna in ihrer an Garfinkel methodologisch und theoretisch anknüpfenden Studie (1978) „Gender. An ethnomethodological approach" aufgegriffen worden. In dieser Studie, in der sowohl transsexuelle Erwachsene als auch nichttranssexuelle Kinder und Jugendliche untersucht wurden, kommen die Autorinnen zu dem Schluss, dass bestimmte Deutungsmuster unsere Wahrnehmung strukturieren und damit handlungsorientierend wirken. Das zugrundeliegende lebensweltliche Deutungsmuster der Zweigeschlechtlichkeit, auf das Akteur/innen beim 'doing gender' zurückgreifen, wird von Kessler/McKenna unter Rückbezug auf Garfinkel[117] folgendermaßen zusammengefasst:

---

117 Kessler/McKenna 1978: 113f.

„1.   Es gibt zwei und nur zwei Geschlechter (weiblich und männlich).
2.   Das Geschlecht ist invariabel (*ist* man männlich/weiblich, *war* man schon immer männlich/weiblich und *wird* man immer männlich/weiblich sein).
3.   Genitalien sind die essentiellen Indizien des Geschlechts (eine Frau ist eine Person mit Vagina, ein Mann ist eine Person mit Penis).
4.   Jedwede Ausnahme bezüglich der zwei Geschlechter kann nicht ernsthaft sein (es muss sich um Scherze, Pathologien etc. handeln).
5.   Es gibt keinen Wechsel von einem Geschlecht zum anderen, außer ritualisierte Inszenierungen (Masken).
6.   Jede Person muss einem Geschlecht zuzuordnen sein (es gibt keine 'geschlechtslosen' Fälle).
7.   Die Dichotomie männlich/weiblich ist 'natürlich' (Männer und Frauen existieren unabhängig von der Wahrnehmung durch 'Wissenschaftler' oder anderer Personen und ihrer Kriterien).
8.   Die Mitgliedschaft in einem der beiden Geschlechter ist 'natürlich' (Weiblich oder männlich zu sein, ist unabhängig von der individuellen Entscheidung)."
(Kessler/McKenna 1978: 113f., Übersetzung d.V.)[118]

Dieses Alltagswissen (bzw. die Normalität) der Geschlechterdifferenz beruht auf drei „axiomatische(n) Basisannahmen Konstanz, Naturhaftigkeit, Dichotomie" (Hirschauer 1994: 672).[119]

Um der Konstruktionsweise dieses Alltagswissens auf die Spur zu kommen, bricht der ethnomethodologische Ansatz zunächst mit den unhinterfragten An-nahmen der Alltagswissens, d.h. er operiert kontrafaktisch. Durch den bewussten Bruch mit dem 'Normalen' wird die soziologisch produktive „Fremdheit einer hartnäckig vertrauten Welt" (Garfinkel 1973: 280) produziert, um das Vertraute als erklärungsrelevanten Sachverhalt überhaupt in den Blick zu kriegen. Die Zweigeschlechtlichkeit und ihre Verankerung in einem (angeblich) außersozia-len Körper ist solch ein hartnäckig vertrauter Tatbestand unserer sozialen Welt. Entgegen der Alltagsvorstellung, dass der Geschlechtskörper natürlicherweise in zwei Geschlechtern vorkomme und erst in einem zweiten Schritt sozialisatori-sche Prozesse diesen überformen (gender), gehen ethnomethodologische Analy-

---

118   Diese Deutungsmuster werden uns noch einmal im Kontext des Zusammenhangs zwischen Sprache und Körper begegnen. Es gibt auffällige inhaltliche Übereinstimmung zwischen But-lers Analysen zur Intelligibilität von Geschlechtsidentitäten im Kontext der heterosexuellen Matrix und den von Kessler/McKenna beschriebenen Deutungsmustern des 'common sense'. Vgl. hierzu Kapitel 3 und Kapitel 5.
119   Hirschauer beschreibt damit m.E. soziale *Normen*, die das geschlechtlich relevante Handeln in Interaktionen zumindest mitgestalten. Hirschauer betont aber zugleich, dass Normen durch In-teraktionen selbst konstituiert werden (Hirschauer 1993a: 46). Zur Diskussion des Problems der Zirkularität von Normkonstitution und ihrer Befolgung in und durch Interaktionen vgl. Kapitel 2.4. Zur Diskussion um die Norm der Heterosexualität als hegemonialer Diskurs vgl. Kapitel 3.

sen von einer 'Null-Hypothese' des Geschlechts aus. Diese besagt, dass „es keine notwendige, naturhaft vorgeschriebene Zweigeschlechtlichkeit gibt, sondern nur verschiedene kulturelle Konstruktionen von Geschlecht." (Hagemann-White 1988: 230). Das Geschlecht wird somit nicht als objektive Natur jenseits der sozialen Welt betrachtet, sondern als je kulturell und historisch spezifische Konstruktion. Dabei ist sich die Ethnomethodologie der kontrafaktischen Dimension ihrer Analysen ausdrücklich bewusst. Diese ist bis zum gewissen Grade auch gewollt, denn die Ethnomethodologie will mit ihrem Programm gleichzeitig die Konstruiertheit *und* die faktische Evidenz der Zweigeschlechtlichkeit sowie den Zusammenhang zwischen beiden Dimensionen analysieren.[120]

2.2   'Doing gender' – Geschlecht als Prozess

Die Anwendung der Nullhypothese auf Fragen des Geschlechts führt dazu, das, was als Natur gilt, zu deplausibilisieren. Für die ethnomethodologische Mikrosoziologie, die sich mit Prozessen der interaktiven Konstruktion der Geschlechterdifferenz beschäftigt, ist das Frau- oder Mann-Sein ein komplexer und multidimensionaler Prozess – wie überhaupt soziale Phänomene in der handlungstheoretisch orientierten Mikrosoziologie auf einer Ebene behandelt werden, in der „Prozesse Prozesse bleiben und nicht zu Entitäten erstarren." (Falk/Steinert 1973: 20). So ist auch das Frau- oder Mann-Sein als Geschlechtszugehörigkeit zu verstehen, die hergestellt werden muss und nicht als gegebener Fakt jenseits des Tuns der Akteure. Damit brechen mikrosoziologische Konstruktivist/innen nicht nur mit der allgemein vorherrschenden Wahrnehmung des Geschlechts als

---

120 *Empirisch* gewendet heißt dies, gegen die unreflektierte Annahme von zwei Geschlechtern in der sozialwissenschaftlichen Forschung zu argumentieren, so etwa bei Studien zum Arbeitsmarkt oder zum Bildungsverhalten. Denn aus ethnomethodologischer bzw. sozialkonstruktivistischer Sicht ist mit einer solchen Annahme bereits eine konstruktive Setzung vollbracht. Untersucht eine Forscher/innengruppe z.B. den Verbleib von Ingenieurinnen auf dem Arbeitsmarkt und gehen diese in ihren Erhebungen und Interviews von Frauen und Männern aus, so *setzen* sie die beiden Geschlechter, anstatt ihre gesellschaftliche Konstruiertheit aufzuzeigen. Hagemann-White schlägt zur Handhabung dieser „methodologische Komplexität" eine „doppelte Blickrichtung" vor (Hagemann-White 1993: 74f.), die einerseits die faktische Zweigeschlechtlichkeit ernst nimmt und sich auf diese einlässt (konkret wäre es beispielsweise kontraproduktiv, in Interviews nach dem Geschlecht des/der Interviewten zu fragen und so zu tun, als befände sich der/die Forschende außerhalb der Normalität), andererseits die Zweigeschlechtlichkeit in der Auswertung systematisch außer Kraft setzt und danach schaut, wie die Interviewten ihr Geschlecht überhaupt konstruieren.

außersoziale Tatsache, sondern auch mit der alltagsweltlichen Dualität von Natur und Kultur und der Unterscheidung zwischen sex (biologisches Geschlecht) und gender (soziales Geschlecht). Durch die ethnomethodologischen Brille betrachtet, sind Individuen nicht natürlicherweise ein Geschlecht, sondern müssen sich als einem Geschlecht angehörig ausweisen, d.h. sie müssen entsprechend handeln. Diese Zugehörigkeit ist nicht als bewusste oder willentliche Entscheidung einer einzelnen Person zu verstehen, sondern als eine Zugehörigkeit, die immer durch mehrere Personen interaktiv hergestellt wird. Aus dieser Sicht ist das Geschlecht also keine Eigenschaft einzelner Personen bzw. kein 'askriptives Merkmal', sondern eine '*Vollzugswirklichkeit*'.

Durch das alltagsweltliche Wissen um die Geschlechterdifferenz, wie es Kessler/McKenna beschrieben haben, ist jedes Individuum genötigt, eine eindeutige Geschlechtsidentität zu haben. Der Zwang oder die 'Zumutung' (Lindemann), ein Geschlecht zu sein, wird von Hirschauer als Geschlechts*zuständigkeit* beschrieben. Jedes Individuum ist gleichermaßen verantwortlich und gezwungen, ein eindeutiges Geschlecht zu verkörpern. Dabei hat die Geschlechtszuständigkeit bestimmten Anforderungen zu genügen. Sie muss intersubjektiv glaubwürdig wahrgenommen werden als:

- *unhinterfragt* (anders als etwa die Berufstätigkeit, die zwar erwartet wird und einen wesentlichen Teil der sozialen Identität eines Menschen ausmacht, die aber durch Arbeitslosigkeit, Ausbildung, Hausfrau- oder Hausmann-Dasein usw. entweder wegfallen oder flexibel gestaltet werden kann),
- *lebenslang* (eine erwachsene Frau zu sein und von sich als kleinen Jungen in der Kindheit zu sprechen, geht normalerweise nicht),
- *dichotom* (ein bisschen Frau und ein bisschen Mann kann man im Ernstfall nicht sein) und
- *biologisch legitimiert* (ein Mann kann nicht von seiner Vagina oder seinen Brüsten sprechen)

Die Geschlechtszuständigkeit jeder Person gliedert sich in zwei Verantwortungen bzw. zwei soziale Kompetenzen, die jeweils unterschiedlich agierende Subjektpositionen betreffen, nämlich Geschlechtsdarstellung und Geschlechtsattribution.

2.2.1 Geschlechtsdarstellung

Jedes Individuum ist für die Geschlechtsdarstellung seines/ihres eigenen Geschlechts verantwortlich – ich muss also mein *eigenes* Geschlecht richtig darstellen. Hierfür stehen den Akteur/innen spezifische Darstellungsressourcen zur Verfügung wie Kleidung, Gesten, Namen und Bezeichnungen, Tätigkeiten, Stimme, Nutzung von Räumen usw. Aus der ethnomethodologischen Perspektive ist die Beziehung zwischen Darsteller/innen und kulturellen Ressourcen eine der wesentlichen Dimensionen der interaktiven Konstruktion der Geschlechtszugehörigkeit.

Im Zusammenhang mit der Zweigeschlechtlichkeit sind solche interaktiven Konstruktionsprozesse sog. Sexuierungsprozesse. Sie sind die zentralen Mechanismen zur Herstellung der Geschlechterdifferenz im Alltag. Dabei können und müssen Gegenstände, Personen, Namen, Orte, Bezeichnungen usw. vergeschlechtlicht werden, um die individuelle Geschlechtszugehörigkeit herzustellen. Gibt es aber weder für Personen noch für andere Objekte der sozialen Wirklichkeit kein von der Natur vorgeschriebenes Geschlecht (warum ist der Tisch männlich oder die Sonne weiblich?), so ist von der grundsätzlichen „Kontingenz eines Sexuierungsprozesses" (Hirschauer 1989: 103) auszugehen.

> „Der Sinnzusammenhang von so heterogenen kulturellen Objekten [Kleidungsstücke, Gesten, Namen, Örtlichkeiten, Pronomina etc.] wird zirkulär hergestellt: *den* Eigenschaften und Verhaltensweisen, die einem Geschlecht zugeschrieben werden, wird implizit auch selbst ein Geschlecht zugeschrieben. Und die Sexuierung vieler kultureller Objekte trägt umgekehrt die Bedeutsamkeit des Personen-Geschlechts." (Hirschauer 1989: 103, Hervorh. i.O.)[121]

Die Sexuierung geschieht demnach in Form eines zirkulären Prozesses: ist der Nagellack ein traditionellerweise von Frauen benutzter Körperschmuck, wird der Nagellack zu einem weiblichen Objekt, woraufhin die Personen, die ihn benutzen, weiblich bzw. verweiblicht werden.

2.2.2 Geschlechtsattribution

Jedes Individuum ist als Interaktionspartner/in zu einer Geschlechtsattribution gleichzeitig verpflichtet und befähigt. Das heißt, jemand ist nicht nur für das eigene Geschlecht verantwortlich bzw. zuständig, sondern auch immer für das

---

121 Auch und insbesondere der Körper unterliegt interaktiven Sexuierungsprozessen, weil er ein zentrales Darstellungsinstrument ist. Vgl. Kapitel 2.3.

der anderen an der Handlung beteiligten Personen. Diese Zuständigkeit macht jedes Individuum zu einem/er Betrachter/in, der/die mit den Darsteller/innen (meistens unbewusst) zusammenarbeitet. Es besteht also eine soziale Beziehung zwischen Darsteller/in und Betrachter/in. Als Betrachter/in weisen Personen einer anderen Person ein Geschlecht zu. Beide Dimensionen bzw. Beziehungen zusammengenommen, ergeben in Hirschauers Modell die sozial konstruierte Geschlechtszugehörigkeit.

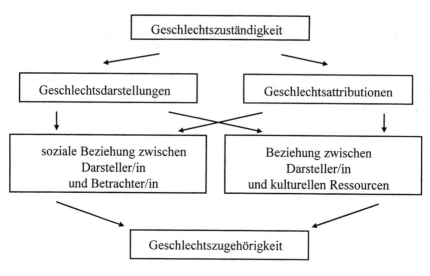

(nach Hirschauer 1989: 112)

Die Geschlechtszugehörigkeit ist, wie gesagt, durch zwei konstitutive Verhältnisse bestimmt: einerseits durch die Beziehung zwischen zwei oder mehreren Individuen ('soziale Beziehung'),[122] andererseits durch das Verhältnis zwischen einem Individuum und den für die Darstellung notwendigen bzw. verfügbaren Ressourcen ('Beziehung zwischen Darsteller/in und kulturellen Ressourcen').[123]

---

122 Vgl. hierzu Kapitel 2.2.3.
123 Vgl. hierzu Kapitel 2.2.4.

2.2.3   Die soziale Beziehung

„Die Geschlechtszugehörigkeit von Teilnehmern [ist] wesentlich Effekt interaktiver Leistungen, durch die kulturelle Bedeutungen in Geschlechtsattributionen zugeschrieben und in Geschlechtsdarstellungen gezeigt werden." (Hirschauer 1989: 102)

Die soziale Interdependenz zwischen Darsteller/innen und Betrachter/innen
umfasst zwei Qualitäten: einerseits ist sie eine „Kollaboration" (ebd.: 113), in
der sich die Akteur/innen gegenseitig helfen, das Geschlecht richtig und kohärent darzustellen, indem sie auf gemeinsame, soziale, präreflexive Deutungsmuster zurückgreifen, wie sie von Kessler/McKenna (1978) beschrieben worden
sind. Andererseits fungiert das Alltagswissen über die Zweigeschlechtlichkeit in
der Beziehung zwischen Darsteller/innen und Betrachter/innen auch als „soziale
Kontrolle" (Hirschauer 1989: 113).[124] Beide Dimensionen – Kollaboration und
Kontrolle – sind Aspekte der Interaktion und nicht Handlungsleistungen einzelner Personen.

Dass Geschlechtsattributionen und -darstellungen interaktive Kompetenzen
sind, bedeutet, dass ihre 'falsche' Anwendung auf andere zugleich die eigenen
sozialen Kompetenzen in Frage stellt. Wenn ich meinem Gegenüber ein falsches
Geschlecht zuweise, fällt das auf mich zurück, weil es mein eigenes Urteilsver-
mögen in Frage stellt. Peinlichkeit, Scham, Aggressionen usw. sind mögliche
Folgen.[125] Droht eine Geschlechtsattribution fehlzuschlagen, wird dies durch die
Suche nach Fixpunkten in der Wahrnehmung zu vermeiden versucht (ganz im
Sinne des 'blinden Flecks', wie in Exkurs II ausgeführt wird). Das heißt, ein – je
nach Situation passendes – Merkmal (Busen, Beruf, Beckenbreite, Kleidung,
Make-up, Stimme usw.) wird von dem/der Betrachter/in als eindeutig vergeschlechtlicht identifiziert, woraufhin alle weiteren Merkmale der Person dar-
aufhin gelesen werden.[126]

---

124 Mit der Dimension sozialer Kontrolle in Interaktionen beschäftigt sich auch Lindemann, dann
   allerdings mit den affektiv-leiblichen Dimensionen wie Scham, Zwang, Angst usw. Vgl. Kapitel 4. Auch Butler thematisiert Kontrolle unter dem Stichwort 'hegemonialer Diskurs'. Vgl.
   Kapitel 3.
125 Zahlreiche empirische Beispiele gibt Hirschauer 1989; 1993a. Vgl. auch die Ausführungen in
   Shilling 1993: 86. Zur Scham als Mechanismus sozialer Kontrolle vgl. Kapitel 4.
126 Vgl. Kessler/McKenna 1978: 6f. Zur Diskussion um die Beliebigkeit der indexikalischen
   Ausdrücke, die als Sexuierungsmittel in der Interaktion eingesetzt werden, vgl. Kapitel 4.1, 4.2
   und 4.4 sowie Lindemann 1993b. Lindemann warnt vor einer radikalen Relativierung im Sinne der Beliebigkeit von körperlich-leiblichen Sexuierungsressourcen: „Völlig reflexiv geworden ist allerdings auch in westlichen Gesellschaften die Geschlechterdifferenz (noch?) nicht."
   (Lindemann 1993b: 11) Penis, Vagina, Busen sind für sie (immer noch) zwar sozial kon-
   [Fortsetzung nächste Seite]

Zur Exemplifizierung des bisher Ausgeführten kann die nachfolgende Illustration dienen. Sie entstammt einer weithin bekannten Werbekampagne, die sich an ein junges (oder ein sich für jung haltendes) Publikum richtet. Auf der sprachlichen Ebene ist diese Werbung insofern interessant, als sie sich auf paradoxe Weise auf die Geschlechterdifferenz bezieht. „A fragrance for a man or a woman", der Slogan, bezieht sich ausdrücklich auf zwei Geschlechter, fordert zugleich aber dazu auf, diese Unterscheidung zu 'übersehen'. Es macht keinen Unterschied, ob Mann oder Frau, so suggeriert diese Werbung auf der sprachlichen Ebene. Wie diese paradoxe Konstruktion der Geschlechterdifferenz auf der körperlichen Ebene inszeniert wird, lässt sich folgendermaßen beschreiben:

Auf der Ebene der körperlichen Darstellung der Geschlechterdifferenz sind die abgebildeten Personen eines zweiten Blickes wert. So ist etwa die kniende Person durch vielfältige und – bezogen auf die Geschlechtszugehörigkeit – widersprüchliche sichtbare Indizien dargestellt: eine Tätowierung mit einem männlich konnotierten Symbol (eine als Sexobjekt stilisierte Frau auf einem Schraubenschlüssel), ein dickes Lederarmband, kurz geschorene Haare, massige Ringe, ein herausfordernder direkter Blick, eine dreckige Jeans und 'Bauarbeiterboots'. All diese Objekte sind, wenn man sie aus der ethnomethodologischen Perspektive betrachtet, Darstellungsmittel (kulturelle Ressourcen), die aufgrund des oben beschriebenen zirkulären Prozesses vermännlichend wirken. Was die hier verwendeten Objekte betrifft, sind sie wohl 'männliche' Objekte. Unser Blick sucht also nach dem Geschlecht dieser Person und findet lauter männliche Indizien. Diese Person ist denn auch die einzige, die ein sog. 'primäres Geschlechtsmerkmal' zeigt: Wir sehen einen nackten Busen.

Warum ausgerechnet diese Person so explizit eine geschlechtlich signifikante Körperform zeigt, lässt sich mit der 'Konstanzannahme' erklären.[127] Die Gesamterscheinung einer Person wird nach Fixpunkten abgesucht, an denen sich die Betrachter/innen orientieren können. Besonders wirksam sind dabei die 'natürlichen Geschlechtsinsignien', wie Genitalien oder Brüste. So schaffen sich

---

struierte, aber doch „natürliche Grenzen" der sozialen Wahrnehmung des Geschlechts (ebd.: 51). Es wundert nicht, dass sich Hirschauer und Lindemann in den jeweiligen Publikationen hinsichtlich dieser Punkte ausdrücklich streiten.

127 Der Begriff der signifikanten Körperformen stammt von Lindemann (1993a). Signifikante Körperformen sind solche Teile des Körpers, die ein und nur ein Geschlecht bedeuten wie Penis oder Busen. Sie sind deshalb signifikant, weil sie unübersehbar eines von beiden Geschlechtern anzeigen und damit zum 'indexikalischen Ausdruck' des Geschlechts werden. Signifikante Körperformen sind wesentlicher Bestandteil des (sozial konstruierten) verobjektivierten Geschlechtskörpers. Vgl. Kapitel 4.2.4.

Abb. 2. Calvin Klein inszeniert Differenz und ihre Auflösung.

Abb. 3. Ausschnitt aus Abb. 2.

die Betrachter/innen ein kohärentes Geschlecht – manchmal auch gegen Widerstände in der Wahrnehmung.

Vor dem Hintergrund der bisherigen Ausführungen lässt sich nun erkennen, dass der hier verwendete Darstellungsbegriff nicht im alltagssprachlichen Sinne verstanden werden darf (als Theater, Verkleidung, sich verstellen, mit Rollen spielen), sondern im Goffmanschen Sinne als spontane, präreflexive und verbindliche 'Zur-Schau-Stellung' der sozialen Ordnung im Alltag.

> „Die soziale Ordnung wird auch gezeigt, d.h. in Darstellungen vollzogen, die Teilnehmern eine Wirklichkeit vor Augen führen, in deren Kontext wiederum eine Darstellung selbst 'accountable' [verlässlich] ist. Die Wirklichkeit (z.B. das Geschlecht einer Person) wird in ihnen 'gelesen', was nicht heißt, dass sie in Darstellungen 'abgebildet' würde." (Hirschauer 1993a: 39)

Darstellungen sind in diesem Sinne alltagsweltliche Inszenierungen einer sozialen Ordnung. Demnach muss sich die soziale Ordnung bzw. das normative Gerüst, z.B. die Geschlechterdifferenz, sichtbar zeigen, um faktisch wirksam zu sein. Anders ausgedrückt: Sozial relevant ist das, was intersubjektiv *gesehen* wird. Das Soziale ist bildförmig, Individuen sehen die Codes, mit denen sie die Welt ordnen und mit deren Hilfe sie Sinn in die Welt bringen. Individuen sehen, sie „lesen" die sozialen Differenzen und Positionen (Hirschauer 1993a: 104). Das, was gesehen wird (Hautfarbe, Größe, Kleidung, Räume, Gegenstände usw.), wird – und zwar auf spontane, präreflexive Weise + zum Zeichen oder Symbol. Aus Hirschauers Perspektive fallen Sehen, Zeichen und Symbol zusammen. Es gibt demnach kein 'reines' Sehen, denn das Sehen ist immer schon ein Interpretationsprozess.

Exkurs II   Doing Sehen

Auch und gerade bei der Konstruktion des Geschlechts durch Handlungen spielt der visuell wahrgenommene Körper eine entscheidende Rolle, weil „die bildliche Symbolisierungen durch den Körper (eine) primäre soziale Existenzweise zweier Geschlechter" (Hirschauer 1994: 671) sind. Blicke sind folglich ein wesentliches Mittel der Darstellung der Geschlechterdifferenz, wenn sinnhafte Darstellungen auf entsprechenden Wahrnehmungen beruhen. In diesem Sinne sind die visuellen Darstellungen der Geschlechterdifferenz ein Beispiel für geschlechtlich relevante, am Körper ansetzende Naturalisierungsprozesse.

Dabei gilt es zwei Aspekte des Blickes zu unterscheiden: einerseits das 'Sehen' als aktive Tätigkeit des Bewusstseins (Erkennen) und zum anderen das Sehen als konkrete Handlung (Erblicken). Beide Dimensionen stehen in einem engen Zusammenhang. Was wir sehen ist nicht eine 1:1-Abbildung einer gegebenen Realität, die auch ohne unser Sehen existiert, sondern immer auch eine Konstruktionsleistung unserer Wahrnehmung, die ihrerseits sozial produziert ist. So genannte Vexierbilder sind ein weiteres bekanntes Beispiel für das hier geschilderte Phänomen. Dass Sehen ein interpretativer und damit konstruktiver Prozess ist, ist hier nicht metaphorisch gemeint, sondern wortwörtlich. Der 'blinde Fleck', der inzwischen zum geflügelten Wort geworden ist, ist ein Experiment, das aufzeigt, wie sehr das Sehen von mentalen Konstruktionen abhängt.

> „Nehmen Sie dieses Buch in die rechte Hand, schließen Sie das linke Auge und fixieren Sie mit dem rechten Auge den Stern in [der] Abbildung. Bewegen Sie das Buch dann entlang der Sichtlinie langsam vor- oder rückwärts, bis der schwarze Kreis bei einer bestimmten Entfernung (die zwischen 30 und 35 cm beträgt) verschwindet. Sofern Sie den Stern weiter scharf im Auge behalten, bleibt der Kreis auch dann unsichtbar, wenn Sie das Buch in seiner Ebene in beliebiger Richtung verschieben." (von Foerster 1990: 40)

*Abb. 4.*Zeichung nach Watzlawick 1990: 40.

Als Erklärung für das Phänomen des 'blinden Flecks' gibt von Foerster weiter an:

> „Diese örtlich umschriebene Blindheit beruht darauf, dass an der Stelle der Netzhaut, an der Nervenfasern aus der lichtempfindlichen Schicht des Auges zum Sehnerv zusammenlaufen, keine Lichtsinneszellen (Stäbchen oder Zapfen) vorhanden sind. Es liegt auf der Hand, dass der schwarze Kreis, sobald sein Bild auf diese Stelle projiziert wird, nicht mehr zu sehen ist.

Beachten Sie, dass diese örtliche Blindheit nicht durch einen dunklen Fleck in unserem Ge-
sichtsfeld auffällt (einen dunklen Fleck sehen, würde 'Sehen' voraussetzen), sondern überhaupt nicht wahrnehmbar ist; da ist weder etwas vorhanden, noch fehlt etwas: *Was immer man
wahrnimmt, nimmt man fleckenlos wahr.*" (von Foerster 1990: 41, Hervorh. d.V.)

Was hier beschrieben wird, ist nicht etwa eine pathologische Sehstörung, sondern der ganz normale Prozess des Sehens. Das Beispiel des blinden Flecks
macht die aktive Rolle der menschlichen (sozialen) Tätigkeit als Konstruktionsleistung im Prozess des Sehens deutlich.

Nicht anders steht auch das Sehen der Geschlechterdifferenz im Kontext
von Normen und dem Alltagswissen der Zweigeschlechtlichkeit, vor allem der
entsprechenden Dichotomisierungsregeln (Lindemann). So wie der Kreis fleckenlos wahrgenommen wird, weil er so wahrgenommen werden muss (denn wir
wissen, wie der Kreis auszusehen hat, wenn er ein Kreis sein soll), nehmen wir
zwei Geschlechter durch das Sehen wahr, weil es zwei Geschlechter geben muss.
Wir sehen, präreflexiv und spontan, die Zeichen einer eindeutigen Geschlechtszugehörigkeit an Körperbehaarung, Schminke, Frisuren, Körperproportionen,
Kleidung usw. Warum aber schauen wir auf diese Zeichen? Woher wissen wir,
dass Krawatten zu Männern gehören und Lidschatten zu Frauen? Das Wissen
um diese Zuordnung liegt nicht in den Zeichen selbst, sondern in sozial produzierten Bedeutungen.

Für Kleidung und Schminke mag sofort einleuchten, dass diese eine soziale
Kopplung von Geschlecht und sichtbaren Attributen darstellt. Die soziale Wandelbarkeit ist dabei in stärkerem Maße als beim Körper evident – auch Frauen
tragen inzwischen Hosen und Männer Ohrringe oder weitere Accessoires.[128]
D.h., viele sichtbare geschlechtsrelevante Attribute bzw. Konstruktionsmittel
haben sich hinsichtlich ihrer geschlechtlichen Bedeutung verflüssigt. Viele Indizien, die am Körper angebracht werden, stehen nicht mehr eindeutig für ein
Geschlecht. Wenn es hingegen den Körper selbst betrifft, so ist das Alltagswissen (immer noch) von der Vorstellung geprägt, wie z.B. dass Männer im Durchschnitt größer als Frauen sind, dass Frauen breitere Becken und weniger breite
Schultern haben als Männer oder dass die 'Beulen unterm Pullover' bedeuten
müssen, dass es sich um eine Frau handelt.[129] Kurz: im Alltagswissen sind Kör-

---

128 Zu Inszenierungen und Konstruktionen von Geschlecht in der Mode vgl. Mentges 2004 und
     Vinken 1993.
129 Besonders hartnäckig hält sich auch die Vorstellung der unterschiedlich großen bzw. unter-
     schiedlich gestalteten Hirnhälften bei Männern und Frauen, was je nach Autor/in und Publika-
     tionsorgan zu unterschiedlichen Wertungen bzw. je unterschiedlichen Fähigkeitsunterstellun-
     gen führt.

per per Natur geschlechtsdifferent. Und dennoch lässt sich auch hier die konstruierende Leistung sozialen Tuns feststellen. So ist unser Blick auf den Körper
u.a. ein Effekt medizinisch-naturwissenschaftlicher Konstruktionsprozesse, die
historisch zu Alltagswissen sedimentiert sind.[130] Der sozial geformte Blick formt
seinerseits die Welt, die gesehen wird – und das Wissen von/über die Welt formt
den Blick. Um diesen zirkulären Zusammenhang zwischen Wissen-Blick-Wissen
soll es nachfolgend gehen.

Laqueur (1992) hat mit seiner Studie zur Geschichte der Anatomie eine Geschichte des medizinischen Blickes vorgelegt. Ein zentrales Ergebnis seiner
Arbeit ist, dass solange das soziale Wissen um die Geschlechterdifferenz durch
die Vorstellung geprägt war, es gäbe *einen* Körper, der zwischen den Polen
weiblich und männlich oszilliert ('Ein-Körper-Modell'),[131] solange war auch der
anatomische Blick (sichtbar an den Abbildungen) entsprechend: Die weiblichen
Geschlechtsmerkmale wurden als nach innen gestülpte männliche Geschlechtsmerkmale betrachtet; die Vagina war ein nach innen gestülpter Penis.[132]

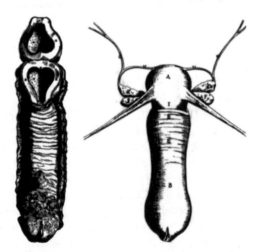

Abb. 5. Anatomische Geschlechterdifferenz als Differenz von innen und aussen.

---

130 vgl. Honegger 1992; Laqueur 1992; Oudshoorn 1994; Schiebinger 1995.
131 Vgl. hierzu Laqueur 1992: Kapitel 2-4. Das Gegenstück zum Ein-Körper-Modell ist folgerich-
     tig das Zwei-Körper-Modell. Zu letzterem vgl. ebd.: Kapitel 5.
132 Dabei war, wie Laqueur herausarbeitet, der Mann das „Maß der Dinge; (...) die Frau als eine
     ontologisch distinkte Kategorie ist nicht vorhanden. (...) der Standard der menschlichen Kör-
     per und seiner Repräsentationen ist der männliche Körper" (ebd.: 79).

Als sich unter dem historischen Wandel der Ökonomie und der Gesellschaftsordnung seit der frühen Neuzeit auch der Wandel der Medizin und vor allem
ihre Rolle bei der Konstruktion der Differenz zwischen Frauen und Männern
veränderte, begannen sich auch die anatomischen Darstellungen der 'primären
Geschlechtsorgane' zu verändern: Frauen und Männer werden zu radikal differenten Körpern. „Die Genitalien (...) wurden nach und nach zu etwas, an dem
sich der inkommensurable Unterschied zeigte." (Laqueur 1992: 181). Die nachfolgende Illustration (Abb. 6) spiegelt die gegenwärtige Sichtweise der radikal
differenten Genitalien.

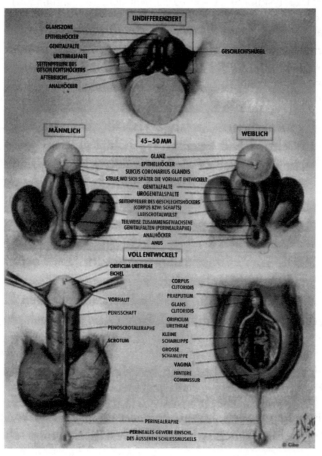

Abb. 6. Die anatomische Geschlechterdifferenz als inkomensurable Unterschiede

Diese Illustrationen zeigen, dass der anatomische Blick den sozialen Konstruktionsmodi der modernen Geschlechterdifferenz als dichotome, exklusive und
biologisch legitimierte Differenz *folgt*. Die Medizin und die Naturwissenschaften werden dabei zu 'Wahrheits-Instanzen' in Bezug auf die nun nicht mehr
metaphysische, sondern 'natürliche', ontologische Geschlechterdifferenz. Auch
Honegger (1992) arbeitet in ihrer Rekonstruktion des historischen Prozesses der
Herausbildung der 'natürlichen' Geschlechterdifferenz in der Neuzeit heraus,
wie sehr die angeblich objektiven bzw. natürlichen Sachverhalte durch ein komplexes Gefüge aus Normen, Moral, Glauben und Politik (im weitesten Sinne)
bedingt sind. „Physiologie ist von da an [seit dem 18. Jahrhundert] Soziologie
und Anthropologie und Philosophie in einem" schreibt sie (Honegger 1992: 164)
und meint damit die wirkungsmächtige Verknüpfung von Normen und (Na-
tur-)Wissenschaft, von Politik und Physiologie usw. Worauf es bei der neuzeitli-
chen Verwissenschaftlichung der Geschlechterdifferenz ankomme, sei es eine
„Quintessenz des Geschlechts und vor allem des weiblichen Geschlechts ding-
fest zu machen" (ebd.: 181). Die anatomische, physiologische, anthropologische
oder biologische Codierung von Frauen und Männern als radikal unterschiedene
zwei Geschlechter ist, so arbeitet Honegger heraus, die „Systematisierung einer
sozialtheoretisch angeleiteten Empirie natürlicher Ungleichheit" (ebd.: 214) im
Kontext tief greifenden sozialen Wandels seit Beginn des 18. Jahrhunderts.
Warum dies so ist bzw. welchen Normen genau die moderne, also naturwissenschaftliche Fixierung der körperlichen Zweigeschlechtlichkeit folgt, das kann an
dieser Stelle nicht ausführlich dargestellt werden.

Sehen im Prozess des doing gender

Von diesem kleinen Umweg über einige historische Einsichten kommen wir
wieder zum Sehen in der Mikrosoziologie zurück. Hirschauer arbeitet anhand
der Beobachtung und Interviews mit Transsexuellen die Bedeutung des Sehens
und Blickens für die interaktive Konstruktion des Geschlechts heraus. Er kommt
zu dem Schluss, dass „das Sehen von offensichtlicher Geschlechtszugehörigkeit
(...) unter Entscheidungs- und Fortschreibungszwängen, Entzifferungs- und An-
erkennungszwängen steht." (Hirschauer 1993a:32). Das Alltagswissen leitet den
Blick auf die richtigen Stellen am Körper und lässt andere unwichtig scheinen.
Dieses Wissen sorgt auch dafür, dass wir die Gestalt schließen, also ein kohärentes Ganzes aus einer eventuell widersprüchlichen Erscheinung machen:

„Ein Mann mit einem Frauennamen oder auch mit weniger eindeutigen weiblichen Geschlechtszeichen der Aufmachung ist ein unmögliches Objekt, das nicht zur Ordnung des Sichtbaren gehört und gehören soll. Nehmen Teilnehmer so etwas wahr, haben sie allen Grund, ihren Augen zu misstrauen. Aber meist wird die Wahrnehmung vor den Polyvalenzen kultureller Objekte durch die Möglichkeit des Verkennens geschützt, indem Wahrnehmungsroutinen wie ein 'Immunschutz' fremdartige Eindrücke ausschalten." (Hirschauer 1993a: 31)

Abb. 7 erfordert einen zweiten Blick und zwar einen, der nach vereindeutigenden Objekten und/oder Insignien sucht. Woran haben Sie das Geschlecht der abgebildeten Person festgemacht? Am Ohrring? Haben Sie nach Bartstoppeln gesucht? Ihre Suche zeigt: Es kann nicht sein, was nicht sein darf. Personen haben ein und ein eindeutiges Geschlecht zu haben. Die Menge an Körper-

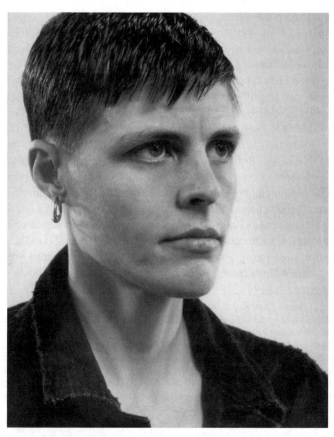

Abb. 7. Uneindeutigkeit als Hype.

Strategien, die Individuen anwenden, um einem Geschlechtsideal zu entsprechen, stützt diese Annahme: Epilierung der Beine und Auszupfen der Haare an
der Oberlippe, dem Kinn oder an den Brüsten bei Frauen (weil Frauen ja keine
starke Körperbehaarung haben außer den Scham- und Kopfhaaren), spezifische
Trainingsprogramme für Männer und Frauen bei Bodybuilding- und Fitnessstu-
dios (Männer sollen Muskeln bekommen und 'breiter' werden, Frauen machen
so genannte BOP – 'Bauch-Oberschenkel-Po' – Kurse, um schlank und damit
weiblich schön zu sein), Push-Up-BHs für Frauen und vieles mehr.[133] Dabei ist
nicht nur entscheidend, dass das Geschlecht sichtbar ist, sondern dass die Sichtbarmachung bestimmten Normen folgt. Die Differenz muss '(wohl-)gestaltet'
sein.[134]

Nun sind morphologische Geschlechtsmerkmale im Alltag meistens selbst
nicht sichtbar, sondern werden erahnt oder unterstellt. Wir sehen üblicherweise
nicht direkt, was jemand in der Hose hat, um es alltagsweltlich auszudrücken.
Damit wird die Bedeutung *kultureller* Geschlechtsindizien für die Geschlechtsattribution besonders relevant. Für diesen Sachverhalt haben Kessler/McKenna
in ihrer Studie den Begriff der „kulturellen Genitalien" (Kessler/McKenna 1978:
155)[135] geprägt. Dieser besagt, dass wir „z.B. erwarten, dass alle Männer einen
Penis unter ihrer Kleidung haben, aber wir können ihn nicht sehen." (ebd.: 5).[136]
Was also – meistens – unsichtbar ist, ist der Körper als „Material" (Hirschauer
1989: 111),[137] d.h. als 'Rohstoff' der Darstellungen. Dies ist auch deswegen so,
weil die Unterscheidung zwischen dem körperlichen Rohstoff und seinem
Gebrauch faktisch nicht möglich ist. Denn dieses Material wird durch „soziomatische Praxen" (Hirschauer 1989: 111) geformt, die vergessen machen, dass
diese Praxis eine *soziale* Praxis ist. Da wir immer in Handlungen und somit in
Darstellungspraxen nicht nur passiv involviert sind, sondern Handlungen aktiv
betreiben, macht es wenig Sinn, den Körper 'an sich' von seinen sozialen Er-
scheinungs- und Wahrnehmungsformen zu trennen.[138] Da die Geschlechterdiffe-

---

133 Vgl. hierzu Degele 2004: Kap. 7 und 8.
134 Die 'Wohlgestaltung der Differenz' ist ein Begriff, den Lindemann in ihren Arbeiten verwen-
     det. Vgl. Lindemann 1993b: 169ff.
135 Soweit nicht anders angegeben, stammen alle Übersetzungen von mir.
136 Lindemanns Analysen weisen allerdings darauf hin, dass es sehr wohl Körperformen gibt, die
     unübersehbar ein Geschlecht anzeigen. Die Sichtbarkeit von sog. signifikanten Körperformen
     ist allerdings weniger in den alltäglichen Interaktionen von Bedeutung als im Rahmen der Se-
     xualität. Vgl. Kapitel 4.2.
137 Ebenso auch Hirschauer 1993a: 42, 242.
138 In diesen Zusammenhang verortet sich auch die Kritik an der Biologie, die sozialkonstruktivis-
     tische Ansätze immer wieder formulieren. Dabei wird hervorgehoben, dass auch die Biologie

[Fortsetzung nächste Seite]

renz ein andauerndes Tun ist, lässt sich über eine Geschlechterdifferenz jenseits des Tuns nichts sagen. Akteur/innen stellen ihr Geschlecht über den Körper so dar, dass der soziale Ursprung der Darstellungen verborgen wird. Hirschauer spricht in diesem Zusammenhang von einem „körperlichen know-how", das im alltagsweltlichen Normalfall zur „Selbstvergessenheit" (Hirschauer 1989: 110) der Darstellungen wird.

Sexuierungsprozesse treffen auch und gerade für den Körper als Medium der Interaktion zu. So ist auch das zentrale Anliegen der ethnomethodologischen Arbeiten wie von Hirschauer zu verstehen, die traditionelle Auffassung des Geschlechts und des Geschlechtskörpers als „außerkulturellen Tatbestand" (ebd.: 101) durch eine konstruktivistische Perspektive zu ersetzen. Der Körper ist demnach nicht als die „Basis, sondern als Effekt sozialer Prozesse" (ebd.) zu betrachten. Hier greift die epistemologische Grundannahme des Sozialkonstruktivismus: Soziale Deutungsmuster bestimmen jedwede Wahrnehmung des Körpers und zwar sowohl im Alltag auf der Straße wie in der Wissenschaft (etwa der Biologie, der Medizin oder der Geschlechtersoziologie).[139] Körper sind durch das symbolische Primat immer schon formierte Körper; Geschlechtszeichen können nur Zeichen sein, wenn ein symbolischer Kontext sie zu Zeichen macht: „Die kulturelle Wirklichkeit zweier Geschlechter (...) kann nicht aus einem Unterschied der Genitalien 'folgen', da sie Geschlechtszeichen nur im bereits bestehenden Kontext sind." (Hirschauer 1989: 101). Von zentraler Bedeutung ist die alltägliche Sexuierung kultureller und symbolischer Objekte zunächst deshalb, weil die körperlichen bzw. morphologischen Geschlechtsindizien im lebensweltlichen Alltag schlicht nicht oder nur sehr bedingt sichtbar sind.

---

immer schon weiß, dass es zwei Geschlechter gibt und nur so auch immer wieder 'natürliche' Unterschiede jenseits des Sozialen findet wie etwa Hormone, Muskelmasse, Körpergrößen, Stimmlagen, Hirnstrukturen usw. Vgl. Hirschauer 1989: 112: „,Der Körper' existiert für uns nur in sozialer Vermittlung (...). Als sozial voraussetzungslose 'Basis' erscheint er nur als von den Naturwissenschaften konstruierter Gegenstand." Vgl. auch Honegger 1992; Laqueur 1992; Oudshoorn 1994.

139 Hirschauer kritisiert in diesem Kontext die Analysen von Goffman, Connell und Tyrell, weil sie letztendlich doch von einem Körper jenseits sozialer Praxen ausgehen. Vgl. Hirschauer 1989: 100.

2.2.4   Die Beziehung zwischen Personen und Ressourcen

Die zweite konstitutive Dimension der Geschlechtszugehörigkeit ist die zwischen dem/r Darsteller/in und den für die Darstellungen notwendigen Ressourcen. Ein wesentliches Mittel der Konstruktion sind die mit diesen Ressourcen durchgeführten Geschlechtsdarstellungen ('ich stelle mein Geschlecht dar') und -attributionen ('ich mache dich zu einem Geschlecht'). Die hierbei eingesetzten Ressourcen sind so vielfältig, wie die Omnipräsenz der Zweigeschlechtlichkeit es erfordert: Stimmen, Mimik, Frisuren, Kleidung, Wortwahl, Gesten, Räume, Raumnutzung, Begleiter/innen, Gegenstände usw. sind allesamt geschlechtlich relevante Ressourcen bzw. können es sein, wenn es drauf ankommt.

So sind Geschlechtsdarstellungen beispielsweise eng mit konkreten Räumen verknüpft. Interaktionen benötigen nicht nur konkrete Räume, sie machen oft je nach Raum spezifischen Sinn. „Sexuierte Räume vereindeutigen eine Geschlechtszugehörigkeit" (Hirschauer 1993a: 35), weil z.B. Toiletten, Frauentrakte in Krankenhäusern, gynäkologische Praxen, Umziehräume von Sportvereinen, Frauencafés usw. das Geschlecht der in ihnen anwesenden Personen bestimmen. Und umgekehrt: wer sich in diesen Räumen aufhält, ist mit hoher Wahrscheinlichkeit eine Frau bzw. ein Mann. Aber nicht nur geschlechtssegregierte Räume sind für das doing gender relevant, vielmehr wirken Räume überhaupt, welcher Art auch immer, an der Geschlechtskonstruktion mit. Öffentliche Plätze wie Straßen oder Parks, öffentliche Verkehrsmittel, Diskotheken oder Universitäten usw. haben ihren Anteil an der Konstruktion spezifischer Weiblichkeiten oder Männlichkeiten, weil sie Struktur gewordene Normen sind. Es wäre eine sträfliche Vereinfachung zu sagen, Frauen ziehen Nachts in Parks immer den Kopf ein und Männer machen sich in den Fußgängerzonen immer besonders breit. Verschiedene Frauen bewegen sich in spezifischen Räumen je anders als verschiedene Männern. Es ist aber sicherlich angemessen zu sagen, dass Raum und Geschlecht einander beeinflussen.[140] Dies umso mehr, als Räume Gelegenheit bieten, die Geschlechterdifferenz zu inszenieren. Räume sind als Bühnen oder Kulissen soziale Ressourcen von Geschlechtsdarstellungen durchaus vergleichbar mit der Verwendung derselben bei Theateraufführungen.[141]

Der Umgang mit den für die Darstellungen notwendigen Ressourcen ist nicht nur eine fundamentale soziale Kompetenz, er ist auch eine konstitutive Dimension der Geschlechterdifferenz. Dies ist umso mehr der Fall, als es laut

---

140 Vgl. Becker 2004.
141 Vgl. auch Hirschauer 1994: 687.

Hirschauer „keine natürlichen Grenze für mögliche Geschlechtszeichen (gibt): *alles* kann für eine Geschlechtsattribution sexuiert werden (auch Blicke, Äußerungen, Sprechweisen, materielle Situationsbestandteile usw.)." (Hirschauer 1993a: 37, Hervorh. i.O.). Dass alles vergeschlechtlicht und damit zum Konstruktionsmittel der Geschlechterdifferenz gemacht werden kann, hängt damit zusammen, dass die Darstellungsmittel selbst kein natürliches Geschlecht haben. Eine Zigarette oder Nagellack z.B. sind nicht per se weiblich oder männlich. Sie werden aber zu Mitteln der Geschlechtsdarstellungen, wenn sie entsprechend im Handeln eingesetzt werden. Eine bestimmte Art zu rauchen oder die Nägel zu lackieren, kann unter Umständen verweiblichend oder vermännlichend wirken.

Ob und unter welchen Umständen bestimmte Ressourcen geschlechtlich relevant sind oder gemacht werden, hängt davon ab, was Betrachter/innen 'brauchen', um eine kohärente Gestalt zu schließen. Es sind letztendlich die Betrachter/innen, die „sich die Geschlechtsmerkmale auswählen" (ebd.). Diese Auswahl ist ihrerseits nicht beliebig oder willkürlich. Sie steht vielmehr unter „moralischen und kognitiven Zwängen" (ebd.: 38), wie Hirschauer formuliert. D.h. sowohl Geschlechtsdarstellungen als auch Geschlechtsattributionen stehen unter Zwängen, die sie bestimmen und begrenzen. Logischerweise müssen dann diese Zwänge den Handlungen äußerlich sein, auch wenn sie nicht unabhängig von diesen existieren. Zwänge wären keine, wenn sie den Handelnden nicht als äußerliche, von ihnen unabhängig existierende Strukturen vorkämen. Wäre dem nicht so, gäbe es kaum Möglichkeiten für routinisiertes intersubjektives Handeln, das ja auf eine Art stillschweigendem Konsens über die 'Richtigkeit' der Darstellungen beruht – denn dieser Konsens wird nicht jedes Mal neu verhandelt, schon gar nicht explizit. Wie passt diese Einsicht aber zusammen mit der ethnomethodologisch fundierten Annahme von der Produktion sozialer Normen durch das Handeln? Hirschauer schreibt:

> „Darstellungen orientieren sich nicht an 'Normen', sie sind vielmehr konstitutiv für Normalität, indem sie sich selbst normalisieren." (ebd.: 46)

Normen normalisieren sich also selbst. Woher kommen sie aber? Sind sie spontane und mehr oder minder kontingente Ergebnisse einzelner Interaktionen? Hirschauer löst dieses Problem durch den Verweis auf die „Historizität der Geschlechtsrepertoires" (ebd.) im Sinne soziohistorischen Wandels von Geschlechterstereotypen usw. Auf dieses m.E. unbefriedigt gelöste Problem des Zusammenhangs zwischen Normen und Handeln werde ich zurückkommen.[142]

Die beschriebene „Visualität des Sozialen" (Hirschauer 1994: 669, 672f.) ist nicht nur für die an Goffman orientierte mikrosoziologische Geschlechtersoziologie zentral. Auch Bourdieus Konzept des kulturellen Kapitals und der Distinktionsstrategien[143] ist eng mit der Visualität sozialer Ordnungen verknüpft. Menschen zeigen sich gegenseitig ihre soziale Position, sie erkennen die entsprechenden Zeichen wie Kleidung, Wohnungseinrichtung, Gesten, Tischsitten usw. All diese Indizien sind nicht nur ohne das normative Gerüst einer sozialen Ordnung nicht entzifferbar, sie machen ohne dieses überhaupt keinen Sinn. Es hatte sich im ersten Kapitel gezeigt, dass der strategische Umgang mit kulturellem Kapital eine wichtige ungleichheitskonstituierende Dimension auf handlungstheoretischer Ebene darstellt. Anders gesagt: Auch bei der Inszenierung des Geschlechts in und durch das Handeln spielt die Dimension sozialer Ungleichheit eine Rolle. Darauf werde ich im Rahmen der kritischen Diskussion der Ethnomethodologie zurückkommen.

2.3   Der Körper als Ressource

Zentral für den interaktiven Einsatz des Körpers bei der Konstruktion des Geschlechts sind also Ressourcen, die sichtbar und hörbar die Geschlechtszugehörigkeit darstellen: Stimme, Kosmetik, Kleidung, Gesten, Mimik. Entscheidend ist, dass diese Ressourcen nur mit dem Wissen um ihre soziale Bedeutung Sinn machen und dass dieses Wissen gleichermaßen von Darsteller/innen und Mitwisser/innen (Betrachtende) geteilt werden muss, damit die Geschlechterdifferenz als Vollzugswirklichkeit gelingt.

Wenn Interaktionen auf Routinen beruhen und wenn sie auf präreflexives Alltagswissen angewiesen sind, um möglichst reibungslos zu funktionieren, dann hat Handeln weniger mit kognitiven bzw. sprachlich expliziten Aktivitäten zu tun, als vielmehr mit sichtbaren Zeichen, die sofort dekodiert werden können. Was eignet sich besser als der Körper, um solche Zeichen zu 'verkörpern'? Verkörperungen von sozialem Sinn müssen allerdings erworben werden, denn

---

142 Eine analoge Kritik formuliert auch Maihofer (1995: 57), wobei sie sich (fast wörtlich) an Lindemanns Kritik orientiert. Letztere bestreitet die Annahme von der potentiell unbegrenzten Sexuierungsmöglichkeit kultureller und körperlicher Darstellungsressourcen. Vgl. Kapitel 4.
143 Vgl. Kapitel 1.2.1.

Sinn ist hochgradig kultur-, geschlechts- und gesellschaftsspezifisch. Der Körper muss also lernen. Dieser Lernprozess beinhaltet und bedeutet vor allem 'Naturalisierung'. Über soziomatische Prozesse lernt der Körper, ein Geschlecht zu sein, er wird zu einem „fleischlichen Gedächtnis von Darstellungen" (Hirschauer 1989: 111). Das Geschlecht wird so zur Natur:

> „[So] können Darstellungen für einen *Betrachter* einen geschlechtlichen Körper *hervorbringen* als habe er ihnen zugrunde gelegen und als seien sie nur sein natürlicher `Verhaltensausdruck'. Dass in Geschlechtsdarstellungen der Körper Medium seiner eigenen Darstellung ist, bedeutet, dass sich *mit* der kulturellen Konstruktion des Körpers die Kultur ihm einschreibt." (Hirschauer 1989: 111, Hervorh. i.O.)

Dabei ist zwischen dem direkten Eingriff in den Körper einerseits und Gebrauchsweisen des Körpers andererseits zu unterscheiden.

> „Während die Hormonbehandlung das 'Darstellungsmaterial' transformiert, zielen Stimmpädagogik und Kosmetik darauf, dass Transsexuelle sich ihre körperlichen Möglichkeiten *als Frauen aneignen.* Sie sollen lernen, einen weiblichen *Gebrauch* von ihrem Körper zu machen." (Hirschauer 1993a: 242, Hervorh. i.O.)

Nachfolgend wird die soziale Relevanz der endokrinologischen Dimension näher beleuchtet. Dies ist zum Verständnis der sozialkonstruktivistischen Perspektive aus zwei Gründen wichtig: Zum einen wird deutlich, dass Hormone als 'natürliche Geschlechterdifferenz' eine soziale – vor allem medizinische – Konstruktion sind und zum anderen, dass diese Konstruktion eine wichtige materielle Ressource der Geschlechtsdarstellungen ist.

2.3.1 Hormone und biologische Geschlechterdifferenz

Im ersten Kapitel war das biologische Modell der Geschlechterdifferenz skizziert worden. Dieses umfasst vier miteinander zwar verknüpfte, aber nicht deterministisch-kausal zusammenhängende Ebenen chromosomalen, gonadales, hormonelles und morphologisches Geschlecht. Für die Einschätzung der Relevanz und Wirkungsweise von Hormonen ist die Tatsache wichtig, dass auch die Biologie kein eindeutiges, universales, objektives Kriterium bereitstellt, das die Geschlechterdifferenz jenseits der sozialen Kontexte ihrer 'Entdeckung' festmachen kann.[144] Historische Arbeiten zeigen, dass jede der genannten Ebenen der

---

144 Vgl. Fausto-Sterling 1992; Fox-Keller/Longino 1996; Hagemann-White 1988.

angeblich 'rein' biologischen Geschlechterdifferenz auch eine soziale Geschichte hat.[145]

So sind Hormone erst zu Beginn dieses Jahrhunderts (1905) „entdeckt" worden (Oudshoorn 1994: 16) und haben schnell die Definitionsmacht hinsichtlich des Geschlechts (und entsprechender therapeutischer Verwendung) gefunden.[146] Hinter dieser Erfolgsgeschichte verbergen sich, wie Oudshoorn zeigt, dynamische Aushandlungsprozesse zwischen Medizin, experimenteller Biologie und bevölkerungspolitischen Akteuren. Die Analyse dieser Prozesse, zu denen die Verteilung von Forschungsmitteln, Vermarktungsstrategien, Labor-Settings, langfristige Testreihen mit Frauen in sog. 'Drittweltländern' (z.B. Puerto Rico), die Entwicklung der pharmazeutischen Industrie, Moralvorstellungen, die die Forschung auf bestimmte Gebiete lenkten und andere ausschloss (Verhütung für Frauen und nicht für Männer) usw. gehören, zeigt, dass es keineswegs immer so klar war (und ist), inwieweit Hormone das Geschlecht bestimmen und ob sich Hormone überhaupt für die Bestimmung des Geschlechts eignen. Kurz: Hormone als natürliche Essenz des Geschlechts, wie wir sie heute kenne, sind ein soziohistorisches Produkt. Damit ist ihre materielle Wirkung keineswegs geleugnet, vielmehr ist relevant, dass die vermeintlich natürlichen Unterschiede wie die Hormone eine soziale Geschichte haben. Oudshoorn formuliert dies folgendermaßen:

> „As biomedical discourses are the product of material conditions, they have fundamental material effects as well. The biomedical sciences have a material authority that is manifest in the form of diagnostic tools, screening tests, drugs and other regulatory devices. This is a social reality with which millions of people who experience sickness are confronted in their daily lives." (Oudshoorn 1994: 13)

Menstruation, Haarausfall, (Un-)Fruchtbarkeit, hormonelle Störungen – all das sind keine rein diskursiven oder imaginierten Phänomene, ihre je spezifische materielle Realität (als Menstruation, als Menopause, als Unwohlsein oder Krankheit) ist aber das Produkt komplexer sozialer Aushandlungsprozesse.[147] Die zyklische Frau, der stetige Mann, die Menopause, das prämenstruelle Syn-

---

145 Vgl. Exkurs II und die dort verwendete Literatur.
146 „At this moment, estrogen and progesterone are the most widely used drugs in the history of medicine" (Oudshoorn 1994: 9).
147 So wurde um die Jahrhundertwende auch im Bereich der männlichen Menopause geforscht, vor allem im Zusammenhang mit 'sexuellen Störungen' wie z.B. Impotenz. Diese Idee wurde aber bald fallengelassen, weil die Beschäftigung mit männlicher Sexualität in dem Maße, wie sich die Endokrinologie als medizinische Profession etablierte, zunehmend zum Tabu wurde. Vgl. Oudshoorn 1994: 102-105.

drom, die Funktion der Libido: Diese 'natürlichen Tatsachen' sind – recht junge
– medizinisch-biologische Konstrukte, die den kulturellen Normen außerhalb
der Labors und sozialen Praxen entsprechen, diesen Normen eine materielle
Realität geben und diese Normen ihrerseits selbst aktiv gestalten und verändern.[148]

Nun ist die soziale Dimension des medizinisch-naturwissenschaftlichen
Wissens im allgemeinen unsichtbar. Unsichtbar deshalb, weil Naturwissenschaft
und Medizin – in der Moderne – die sozial legitimierten Instanzen von Wahrheit
über die Natur sind. In der modernen Opposition von Natur und Kultur, wo die
Natur als universeller, vom Sozialen unabhängiger Tatbestand gilt und das Kulturelle hingegen als das Veränderbare, sozial Gemachte und spezifisch Menschliche, verfügen die Naturwissenschaften über eine gegenüber dem Alltagswissen
ungleich stärkere Definitionsmacht. Vom Prozess der Selbstnaturalisierung des
medizinisch-biologischen Wissens wird weiter unten noch die Rede sein. Zuvor
soll aber die skizzierte Rolle von Hormonen auf die mikrosoziologische Perspektive des 'doing gender' bezogen werden. Was haben also Endokrinologie
und die alltägliche interaktive Konstruktion der Geschlechterdifferenz miteinander zu tun?

2.3.2   Hormone als Darstellungsressource

Anhand der Analysen zum Umgang transsexueller Personen mit Hormonen lässt
sich die Relevanz des medizinischen, speziell endokrinologischen Wissens beim
'doing gender' näher beleuchten. Bei transsexuellen Personen, die auf die explizite und relativ bewusste Arbeit mit und an ihrem Körper angewiesen sind, spielen Hormone aus spezifischen Gründen, wie sich zeigen wird, eine prominente
Rolle. Vor der wissenschaftshistorischen Folie zur Entstehung der hormonellen
Geschlechtsbestimmung und ihrer heutigen Rolle lässt sich die soziale Relevanz
der Hormone als körperliche Ressource bei der vergeschlechtlichenden Interaktion betrachten.

Hirschauer analysiert die endokrinologische Praxis und zeichnet dabei den
zirkulären Prozess der Geschlechtsbestimmung anhand von Laborwerten nach.[149]
Wenn etwa medizinisch-technische Assistent/innen oder Ärzt/innen keine Angaben zur Person haben (Beruf, Alter, Familienstand, Geschlecht), wissen sie oft

---

148 Vgl. Fausto-Sterling 1992: 90-122; Oudshoorn 1994: 13f., 40f., 81, 138ff.
149 Hirschauer 1993a: 214-242.

nicht, welches Geschlecht sie im Labor anhand der Blutwerte vor sich haben. Verschiedene Messinstrumente liefern verschiedene Werte, verschiedene Toleranzbereiche der Daten werden dabei als verlässliche Daten zur hormonellen Geschlechtsbestimmung angegeben, die persönliche Interpretation der gemessenen Werte erweist sich laut Angaben des Laborpersonals als unerlässlicher Bezugsrahmen für die richtige Erkennung des Geschlechts, und schließlich wissen alle beteiligten Fachpersonen, dass die im Labor durchgeführten Tests keine hundertprozentige Wahrheit hervorbringen.[150] Hirschauer kommt aufgrund dessen zu dem Schluss:

> „Die hormonelle Geschlechtsbestimmung ist zirkulär auf sich selbst bezogen: sie operiert gewissermaßen 'blutimmanent' und kann mit ihren Daten zu Geschlechtszuschreibungen, die außerhalb des Labors Bestand haben sollen, nur einen interpretationsbedürftigen Beitrag liefern." (Hirschauer 1993a: 223)

Hormone sind, auch wenn sie nicht unbedingt ein eindeutiges Körpergeschlecht hervorbringen, außerordentlich wirksame Ressourcen für die körperliche Geschlechtskonstruktion. Gebürtigen Männern wachsen bei Verabreichung entsprechender Mengen Östrogene Mamille (Brustdrüsen) und Brustvolumen, vorhandene Hoden produzieren evtl. kein fruchtbares Sperma mehr, die Hypophyse wird evtl. inaktiver und schließlich nehmen Erektions- und Ejakulationsfähigkeit ab. Des weiteren verändert sich die Form und der Ort der Körperbehaarung und auch andere morphologische Veränderungen sind möglich (Fettverteilung, Hautstruktur). Bei Verabreichung entsprechender Mengen von Testosteron werden bei gebürtigen Frauen die Eierstöcke inaktiv, die Klitoris wird evtl. größer, die Stimmbänder wachsen, der Stimmbruch kann einsetzen und auch hier verändert sich die Körperbehaarung, Muskel- und Hautstruktur können sich verändern.[151]

Es muss noch einmal betont werden, dass die schlichte Verabreichung von Östrogenen oder von Testosteron keine 'kompletten' Frauen oder Männer macht.

> „Im Gegensatz zu dem Eindruck, den ein hormoneller Determinismus (...) vermittelt, und erst recht zur Benennung der Hormone als 'Östrogene' und 'Androgene' sind diese Geschlechtshormone nicht ausschließlich männlich oder weiblich. Beide Geschlechter bilden beide Hormone. Was sie unterscheidet, ist das Verhältnis von Östrogen zu Androgen. (...) Soweit sie hormonell determiniert sind, sind Geschlechterunterschiede also nicht das Ergebnis aus-

---

150 Ebd.: 218-223.
151 Vgl. Hirschauer 1993a: 223ff.; Lindemann 1993b: 135f. Die Verwendung des Konjunktivs in den Formulierungen ist beabsichtigt, denn all diese Veränderungen *können* stattfinden und wenn, dann in *individuell* verschiedenen Gradierungen und zu unterschiedlichen Zeitpunkten der Behandlung.

schließlich männlicher und weiblicher Hormone. Wichtiger sind wohl veränderliche Unterschiede im Verhältnis der Hormone zueinander und ihre Wechselwirkung mit Zielorganen. (...) Natürlich unterliegt die Hormonproduktion (...) Prozesse, die durch Gene in Gang gesetzt werden. Aber sie ist in viel stärkerem Maße Umwelt- oder zielgerichteten Einflüssen unterworfen." (Lewontin/Rose/Kamin 1988: 123).[152]

Hormone sind ein wesentliches Mittel der Geschlechtsdarstellungen, weil sie den Körper, also das 'Material' von innen verändern. Sie wirken auf einer Ebene von 'Natur', wie es Kleidung oder Gesten nicht vermögen. Wenn das Alltagsverständnis der Geschlechterdifferenz auf der Annahme beruht, dass Personen qua Natur ein Geschlecht sind, so sind Hormone ein geeignetes Mittel, diese Annahme zu bedienen.

„Die Substanzen [Hormone] sind in einem Maße sozial neutralisiert wie es ein operativer Eingriff nie sein kann, sie *lassen* Körperteile 'verschwinden' und andere 'entstehen'. Der Körper 'verwandelt' sich wie von selbst" (Hirschauer 1993a: 229; Hervorh. i.O.).

So bewirken Hormone, dass es aus der Sicht der sie nutzenden Individuen die 'Natur' ist, die für das Geschlecht sorgt und nicht etwa die eigene und intersubjektive Darstellungsarbeit.[153]

Was Hormone als geschlechtsrelevante Ressourcen weiterhin so bedeutend macht, ist ihre leiblich-affektive Wirkung.[154] Sie verändern nicht nur das Aussehen oder den Klang der Stimme, sondern auch – und darauf kommt es, wie noch zu zeigen sein wird, besonders an – die emotionale Wahrnehmung des eigenen Geschlechts. Sie wirken – folgt man der Alltagsunterscheidung zwischen innen und außen und der phänomenologischen Unterscheidung zwischen Körper und Leib – *im* Leib und nicht (nur) *auf* den Körper. Im vierten Kapitel wird auf dieses Innen des Körpers im Sinne des 'leiblichen Binnenerlebens' als eine zentrale Komponente der sozialen Konstruktion der Geschlechterdifferenz eingegangen.

Zum Verständnis der Rolle von Hormonen als Darstellungsressource ist weiterhin wesentlich, dass die hormonelle Geschlechterdifferenz aus medizinisch-

---

152 Als interessante Anekdote bemerken die Autoren, dass Östrogene früher aus dem Urin trächtiger Stuten gewonnen wurde, weil diese täglich über 100mg Östrogene ausschütten. Dieser 'Rekord' wird allerdings von Hengsten (männlichen! Pferden) überboten. Interessant ist auch, dass Progesteron, ein 'weibliches' Hormon, bei vielen Männern in einer Menge vorkommt, die ungefähr der von Frauen vor dem Eisprung entspricht. Vgl. Lewontin/Rose/Kamin 1988: 123.

153 Gestützt wird diese Einsicht auch durch den Umgang Transsexueller mit den verschiedenen Formen der Einnahme von Hormonen (regelmäßiges Spritzen, Depots, Tabletten, unter ärztlicher Aufsicht oder privat usw.). Je geringer der alltägliche Aufwand, um so leichter ist das 'Vergessen' der eigenen Aktivität. Vgl. hierzu Hirschauer 1993a: 229f. und Lindemann 1993b: 134ff.

154 Auf diesen Sachverhalt komme ich in Kapitel 4 zurück. Vgl. auch Lindemann 1993b: 136f.

institutioneller Sicht nicht nur eine gleichwertige Differenz, sondern eine institutionell gefestigte Geschlechterasymmetrie ist. Wenn die Naturwissenschaften und die Medizin eingebettet in soziale Strukturen und Normen sind, dann spiegeln sich diese äußeren Kontexte auch in den Inhalten, Logiken und Ergebnissen der Forschung bzw. der klinischen Arbeiten. Sie spiegeln sich nicht in deterministischer Weise und auch nicht unverändert, wie bereits ausgeführt worden ist. Allerdings sind, und das ist im Falle der Endokrinologie besonders auffällig, z.B. Forschungsgebiete und -richtungen von den soziokulturellen Umgebungen geprägt, in denen sie sich entwickeln. So gab es in der Geschichte der Endokrinologie und besonders der Vermarktung von Hormonen als Medikamente ein nur mit soziokulturellen Vorstellungen zu erklärendes Interesse an 'weiblichen' Krankheiten bzw. Problemen, wohingegen die Thematisierung 'männlicher' Probleme wie altersbedingter Haarausfall oder nachlassende Potenz als Menopause tabuisiert war.[155] Dies hat nicht mit einem simplen bösartigen Chauvinismus seitens der Männer zu tun, sondern ist das Resultat komplexer Netzwerke und Aushandlungsprozesse zwischen biologischer Forschung, Pharmakologie, Gynäkologie, bevölkerungspolitischer Institutionen und Marktsituationen:

> „The story of hormonal drugs also illustrates that drugs must be considered as the embodiment of interests that become mutually defined through social networks. (...) The adoption of this view [enables us] to understand how the development of hormonal drugs focussed particularly on female sex hormones and women. (...) In their striving for a scientific image, the clinic and pharmaceutical industry matched each others' needs, a process in which female sex hormones became of mutual interest and gradually developed into big science and big business. The same success story cannot be told about the marketing of male sex hormones." (Oudshoorn 1994: 108f.)

Die Verwissenschaftlichung der Geschlechterdifferenz und speziell die Medikalisierung des weiblichen Körpers, wie sie in der Entstehung der Gynäkologie sichtbar wird,[156] hat sich so im Laufe der Zeit zu einer 'Asymmetrie der organisationellen Struktur' endokrinologischer Forschung und Vermarktung verdichtet.[157] Nicht zufälligerweise gibt es keine 'Andrologie'. Weshalb wurde nie und wird auch heute nicht besonders intensiv nach der Pille für den Mann geforscht? Weshalb spricht man nicht von der männliche Menopause? Ebenso ist die endokrinologische Fixierung von Frauen auf Zyklen und Männern auf Stabilität keine objektiv gegebene Naturtatsache, sondern das Ergebnis einer von soziokulturel-

---

155 Vgl. Oudshoorn 1994: 101, 109, 138ff.
156 Vgl. Honegger 1992.
157 Oudshoorn 1994: 141.

len Vorstellungen über die Geschlechter geprägten Forschung und Vermarktung von Forschungsergebnissen.[158]

So ist auch die scheinbar gleichberechtigte, sozusagen neutrale hormonelle Geschlechtsunterscheidung eine, die im Rahmen einer gesellschaftlich hierarchisierten und spezifisch konnotierten Geschlechterdifferenz operiert. Sie ist nicht nur eine wissenschaftlich-medizinische Konstruktion, sondern (gleichursprünglich) auch eine Konstruktion von Geschlechterasymmetrie.

2.3.3   Körperliche Ressourcen – soziale Ressourcen

Die soeben angedeutete Wirkungsmächtigkeit von Hormonen, die im inneren, quasi natürlichen Effekt liegt, den diese haben, ist ihrerseits keine Naturtatsache. Vielmehr ist das medizinische Wissen immer historisch gewordenes, in sozialen Praxen erzeugtes und darin „situiertes Wissen" (Harding 1991: 138-163).[159] Dass viele Frauen bestimmte Stimmungen mit dem Hinweis auf die Hormone erklären oder auch viele Männer sich rhetorisch zum Opfer ihrer Hormone machen, wenn es um Sexualität und/oder Gewalt geht, das hätte im 19. Jahrhundert keinen Sinn gemacht und wäre wohl auch niemandem eingefallen.[160]

Aus einer wissenssoziologischen Perspektive wird die soziale Funktion „spezialisierter Normalisierungsinstanzen" (Hirschauer 1993a: 339) betont, die als legitimierte Speicher alltagsweltlichen Wissens dienen. Diese 'Speicher' vermitteln die interaktive Konstruktion der Lebenswelt (als Sinnwelt) im Alltag

---

158 Dies gilt genauso für die Suche nach hormonellen – und aktueller: genetischen – Ursachen für Homosexualität. Auch andere biologische Kategorien wie 'aktive, schnelle, zielgerichtete' Spermien versus 'passive, wartende, in sich aufnehmende' Eizellen sind das Ergebnis soziokultureller Geschlechterstereotype, die eine normative Dimension beinhalten. Vgl. Fox-Keller/Longino 1996: 319; Hubbard 1989: 320ff. Zur Diskussion um die Normativität von geschlechtlich relevanten Bezeichnungen vgl. Kapitel 3.

159 Duden 1991; Hirschauer 1993a; Honegger 1992; Laqueur 1992; Oudshoorn 1994, Singer 2004.

160 Die Liste der physiologischen Vorgänge, die eng mit sozialen Konstruktionen verflochten sind ist lang. So wurden z.B. Magengeschwüre lange als geradezu paradigmatische psychosomatische Erkrankung wahrgenommen und behandelt – bis die Bakterien gefunden wurden, die (nun) verantwortlich sind. Vgl. zur medizinischen Sicht Peterson 1991. In Südamerika sind Nierenbeschwerden als Folge schweren Essens sehr populär, hierzulande hingegen das sog. 'Sodbrennen' oder der Krankmacher ‚Zug' am Nacken. Um Missverständnisse auszuräumen: Es handelt sich hierbei keineswegs um hypochondrische Einbildungen oder kulturspezifische Phantasien. Der Punkt ist vielmehr, dass körperlicher Vorgänge und ihre (populär-) wissenschaftliche Deutungen auch sozialen Einflüssen unterliegen.

mit ihrer gleichzeitigen Stabilität. Wenn wir etwa Auto fahren, dann konstruieren wir nicht jedes Mal das Auto, die Straßen, die Schilder, die Straßenver-
kehrsordnung und das gesamte Wissen, das zum Autofahren nötig ist. Dafür
aber, dass wir alle wissen, wie das Autofahren korrekterweise funktioniert, gibt
es Institutionen und Instanzen – so wie Fahrschulen, Trainingsplätze, Computer-
programme, aber auch Politiker/innen, die die Verkehrsordnung machen, Kfz-
Mechaniker/innen, die die Autos reparieren, Firmen, die Autos herstellen usw.
Im allgemeinen verlassen wir uns darauf, dass diese Instanzen und Institutionen
'wissen', was richtig ist. Genauso ist es mit dem Wissen um die Geschlechterdifferenz: Auch für sie gibt es verlässliche soziale Instanzen, die als legitimatorische Speicher sozialen Wissens das Alltagshandeln mit der 'Wahrheit' über die
Geschlechterdifferenz füttern.

Gerade den Naturwissenschaften und der Medizin kommt in den Gesellschaften, die die Geschlechterdifferenz als Naturtatsache betrachten, eine besondere legitimatorische Aufgabe zu. Vor allem dann, wenn in der Alltagswelt Irritationen auftreten, so etwa im Falle der Transsexualität, wird auf das medizinische Wissen zurückgegriffen. Die Medizin und die Sexualwissenschaft wissen
also im Zweifelsfall, was der Alltagsmensch nicht unbedingt wissen muss – sie
kennen die 'wahren Tatsachen' der Geschlechterdifferenz. So leisten sie ihren,
sozial legitimierten, Beitrag zur Normalisierung der konstruierten Normalität.[161]

> „Der adaptiven Leistung der Medizin gegenüber anomalisierten Individuen und ihrer 'Schlich-
> tungsleistung' in Bezug auf soziale Konflikte entspricht in Bezug auf das Alltagswissen ein
> wesentlich *konservatives* 'universe maintenance' (Berger/Luckmann). Die symbolische Ord-
> nung wird nach dem Zusammenbrechen lebensweltlicher Wahrnehmungs- und Thematisie-
> rungsschwellen durch medizinische Behandlungen und Theorien geschützt. So arbeitet sich
> die Sexualwissenschaft an den mit der kulturellen Praxis der Geschlechterunterscheidung pro-
> duzierten Anomalien ab und stabilisiert das durch sie in Frage gestellte Alltagswissen." (Hir-
> schauer 1993a: 342, Hervorh. i.O.)

Wenn nun aber Medizin und Wissenschaft als Normalisierungsinstanzen betrachtet werden, lässt sich auch fragen, mit welcher (Definitions-)Macht dies
einhergeht. Als Bestandteile eines affirmativen ('konservativen') sozialen Wissens sind medizinisches und naturwissenschaftliches Know-how sozial ungleich
verteilt. Ähnlich wie beim Engagement gegen (oder für) eine Kläranlage oder
einer Umgehungsstraße, wo ein entsprechendes Fachwissen erforderlich ist, so
ist auch das Wissen um die Medizin im Falle der Geschlechterdifferenz dann
von Vorteil, wenn der Körper überzeugend eingesetzt werden soll und/oder

---

161 Zur Auseinandersetzung um Normen und Normalisierung aus diskurstheoretischer Perspektive
   vgl. Kapitel 3.

werden muss. Dies betrifft im übrigen nicht nur Transsexuelle, sondern auch die plastische Chirurgie bei 'zu kleinen', 'zu großen' oder sonst wie 'unangemessenen' Brüsten oder bei Brustkrebs, ebenso die Vergrößerung von Lippen durch plastische Chirurgie usw. Auch weniger drastische Beispiele illustrieren die Relevanz medizinischen Wissens in Bezug auf die 'wohlgestaltete Geschlechterdifferenz' (Lindemann): medizinisch verordnete oder untermauerte Diäten (Frauen haben schlank zu sein), Hormonkuren bei Frauen in der (so genannten) Menopause, die alltagsweltliche Überzeugung, dass geschlechtlich spezifisches Verhalten (Aggressionen, Mütterlichkeit, Fürsorge usw.) oder Persönlichkeitsmerkmale wie Geduld, Hingabe oder Ehrgeiz im Gehirn, den Genen oder Hormonen begründet liegen usw.

Folgende Gebrauchsweisen exemplifizieren die sozial ungleiche Verteilung des medizinischen Wissens um Hormone:

> „Andreas bekommt seit einigen Monaten Testosteron und wartet darauf, dass ihm endlich größere Hände und breitere Schultern wachsen, da er irgend etwas über Wachstumseffekte bei der 'Geschlechtsumwandlung zum Mann' gehört hat." (Hirschauer 1993a: 228)[162]

Hier hat jemand 'etwas gehört', was laut Medizin nur als vage Möglichkeit prognostisch formuliert werden kann. Testosteron allein macht keine größeren Hände oder breitere Schultern; das Hormon *kann* dies eventuell bewirken, wenn eine Reihe von Faktoren zusammenkommen. Andreas verlässt sich, soweit das hier ersichtlich ist, auf eine andere Person, die ihm Hormone gibt und spekuliert auf den gewünschten Effekt. Auch Kathrin verlässt sich auf das Expertenwissen der Medizin:

> „Kathrin geht regelmäßig zum Endokrinologen, weiß aber auf Nachfragen auch nicht genau, welches Präparat sie da in welchen Dosen verabreicht bekommt. Sie verlässt sich da ganz auf den Arzt." (Hirschauer 1993a: 228)

Anders geht eine versierte Betroffene (Heike) mit dem medizinischen Wissen um:

> „In der Gruppe informiert Heike Karin über Androcur: das sei ein Antiandrogen, das nicht auf die Erzeugerorgane wirkt, sondern die Rezeptoren blockiert. Sie nimmt es nicht mehr, weil es auch den Effekt haben kann, dass andere Rezeptoren der Nebenniere signalisieren, dass Testosteron produziert werden muss. Zur Zeit probiert sie es mit Dexametaston, das wie ein Appe-

---

162 Der üblichen Diktion in der sozialwissenschaftlichen Transsexualitätsforschung folgend, wird das Geschlecht der Person (das sich z.B. im Vornamen ausdrückt) der Selbstidentität der Interviewten entsprechend ausgedrückt. Wenn also hier 'Andreas' steht, dann handelt es sich um einen Frau-zu-Mann-Transsexuellen, stünde dort stattdessen 'Petra', dann wäre es eine Mann-zu-Frau-Transsexuelle.

titzügler den Körper 'blufft' und ihn sich so mangels Testosteronproduktion mit den eigenen Östrogenen verweiblichen lasse." (Hirschauer 1993a: 228)

In diesem Fall geht eine Betroffene aktiv mit dem Fachwissen um, dass sie aus der eigenen Erfahrung gewonnen hat. Heike verlässt sich also nicht auf die Expert/innen, sondern nutzt ihre strategisch motivierten eigenen Erfahrungen als Grundlage für den Umgang mit Hormonen; sie weiß, was sie will (eine Verweiblichung des Körpers) und auch, wie sie die Mittel, deren komplexe Wirkungsweise sie kennt, einsetzen muss, um ihren Körper zu 'bluffen'.

Diese Beispiele illustrieren, dass das Wissen um die Wirkung von Hormonen zum einen Bestandteil des sozialen Wissens um die Medizin ist und zum anderen eine Frage des Geldes, also der Verfügung über ökonomische bzw. materieller Ressourcen. Damit können Hormone bzw. das fachliche Wissen um ihre Wirkung m.E. als distributive Ressourcen betrachtet werden, nämlich als systematisch verknappte „Elemente symbolischer Kultur" (Kreckel 1997: 79). Das Wissen um Hormone ist aus dieser Perspektive eine „ungleich verteilte Fähigkeit, die 'geistigen Objektivationen' bzw. das verfügbare intellektuelle Erbe entschlüsseln, anwenden und für sich beanspruchen bzw. vorteilhaft nutzen zu können." (ebd.: 79). Hormone sind Teil eines wissenschaftlichen Diskurses, der sozial ungleich zugänglich und verfügbar ist (distributive Ungleichheit). Martin (1987)[163] weist auf diesen Aspekt in ihrer Studie hin: Sie zeigt am Beispiel der USA, dass Frauen der Mittelschicht die geschlechtsrelevanten Aspekte des eigenen Körpers (Menstruation, Geburt, Verhütung usw.) in medizinischen Kategorien wie Organe, innere Kreisläufe und Strukturen wahrnehmen, während Arbeiterinnen eine recht deutliche Abneigung der medizinischen Sicht und ihrer Relevanz für das Erleben ihres Körpers zeigen.

Diese distributive Ungleichheit zeigt sich nicht nur in Bezug auf das soziale Wissen (hier der Medizin), auch der ökonomische Aufwand von Hormonen ist nicht zu unterschätzen. Hormone sind eine „luxuriöse Droge: ein kostspieliges, abhängig machendes Genussmittel, das den Körper verschönert und das Selbsterleben erhöht" (Hirschauer 1993a: 229). Wer also medizinisch versiert ist, kann über Hormone verfügen; wer das nötige Geld hat, kann sie kaufen und mit ihnen experimentieren. Diese These lässt sich auch auf andere Ressourcen, die beim Einsatz von Sexuierungsstrategien eingesetzt werden, anwenden. So variieren die kulturellen Objekte, die in den Geschlechtsdarstellungen des Alltags sexuiert werden, je nach Milieus und sozialen Kontexten. Es ist auch anzunehmen, dass die Geschlechtsdarstellungen und -attributionen je nach sozialer Lage nicht

---

163 Nach Oudshoorn 1994: 152f.

immer gleich und unterschiedlich wertvoll sind. Und schließlich ist zu fragen, wie die strukturelle Asymmetrie, die das Geschlechterverhältnis charakterisiert, im Rahmen der handlungstheoretischen Körpersoziologie berücksichtigt wird? Abb. 8 deutet letzteres an; in Abschnitt 2.5 wird darauf ausführlicher eingegangen.

Zur Ausleuchtung der Verschränkung zwischen der Konstruktion der Geschlechterdifferenz einerseits und strukturierter sozialer Ungleichheit andererseits, ist es notwendig, die gesellschaftstheoretischen Aussagen der sozialkonstruktivistischen Mikrosoziologie zu betrachten. Wie wird dabei die der situationsübergreifenden Stabilität und Kontinuität der Konstruktion der Geschlechterdifferenz konzeptualisiert, wenn gerade die Stabilität und nicht die Instabilität sozialer Prozesse der erklärungsbedürftige Gegenstand ist?[164]

2.4   Interaktionen und soziale Ordnung

Nachdem in den bisherigen Ausführungen Fragen nach dem 'wie' der alltagsweltlichen Konstruktion der Geschlechterdifferenz im Mittelpunkt standen, rücken nun Fragen nach dem 'warum' in den Blick. *Warum* ist die Geschlechterdifferenz so stabil und 'empirisch hartnäckig' (Lindemann)? *Warum* handeln Menschen so, dass sie immer und immer wieder die Geschlechterdifferenz im beschriebenen Sinne darstellen? Warum interagieren sie so und nicht anders? Wenn die Geschlechterdifferenz in jeder Interaktion inszeniert wird, woher kommen die Inhalte, Normen und Bezugsgrößen für dieses Handeln?

> „Über den kognitiven Aspekt der Situationswirklichkeit hinaus sind Darstellungen auf das moralische 'Gerüst' sozialer Ordnungen bezogen. Mit ihnen bringen sich Teilnehmer zur Geltung, d.h. zu sozialer Existenz. Jede Darstellung setzt den Darsteller/Dargestellten in ein bestimmtes Verhältnis zu der durch sie gezeigten sozialen Ordnung. Entweder sie weist Teilnehmer als kompetente Gesellschaftsmitglieder aus oder sie bringt sie in die marginale Position von 'Unwissenden' oder 'Kritikern'." (Hirschauer 1989: 105)

Hatte Hirschauer zunächst[165] die Spannung zwischen interaktiver, episodischer Hervorbringung von Normalität einerseits und der normativen sozialen Ordnung ('moralisches Gerüst') noch zugunsten der situativen Konstruktion formuliert,[166] so geht er später (z.B. Hirschauer 1994) auf das mikrosoziologische Dilemma

---

164 Vgl. Falk/Steinert 1973: 21.
165 So in Hirschauer 1989; 1993a.
166 Im Sinne von: Interaktionen orientierten sich nicht an Normen, sondern konstituieren selbst Normen als Normalität. Hirschauer 1993a: 46.

Abb. 8. Das weibliche Subjekt der Werbung.

expliziter ein und fragt danach, wie die Kontingenz und Wandelbarkeit einer sozialen Struktur (wie die der Zweigeschlechtlichkeit) einerseits mit ihrer gleichzeitigen Stabilität andererseits soziologisch versöhnt werden kann.

Die Mikrosoziologie hat verschiedene Antworten auf diese Frage entwickelt. So thematisiert Lindemann die affektiv-leibliche Dimension der abstrakten sozialen Ordnung, das heißt, die individuellen Emotionen, die das Resultat sozialer Strukturen sind und die die Individuen in der sozialen Ordnung binden. Butler hingegen betrachtet die 'epistemologische Macht' von Diskursen als Garant für die Stabilität der alltäglichen Konstruktionen der Zweigeschlechtlichkeit (Kapitel 3). Hirschauer wählt einen anderen Weg: Er orientiert sich an den Arbeiten Goffmans zum „loose coupling approach" (Goffman 1983: 12 nach Hirschauer 1994: 671) und bindet diese zurück an Überlegungen zur Sozialstruktur der Geschlechtsdarstellungen. Hirschauer benennt in diesem Kontext vier „elementare Trägheitsmomente" sozialer Strukturen (1994: 680ff). All diese Aspekte sind entscheidend bei der interaktiven Konstruktion des Geschlechts, die als „Reproduktion des Alltagswissens von der Zweigeschlechtlichkeit" verstanden wird (Hirschauer 1994: 670).

• Individualgeschichtliche Prägung/Stabilisierung von Individuen
• Naturalisierung der Geschlechterdichotomie durch soziale Wissenssysteme (insbes. Wissenschaft)
• semiotische Stabilität von Zeichensystemen (Sprache, Darstellungsressourcen und Darstellungsrepertoires)
• sozialstrukturelle Arrangements (Institutionen, Asymmetrie der Geschlechterbeziehungen)
(nach Hirschauer 1993a: 60ff; 1994: 680ff.)

Diese Momente sind die 'Bauklötzchen', die jenseits der jeweils situativen Konstruktion der Geschlechterdifferenz existieren, und die in diesen verwendet werden (müssen). Dabei werden sie aber möglicherweise neu zusammengesetzt, unterlaufen oder bestätigt: „Diese Elemente der Infrastruktur sind nicht determinierend für Interaktionsprozesse, aber sie disponieren Interaktionen zur Konstruktion der Geschlechterdifferenz." (Hirschauer 1994: 680).

Mit diesen Elementen kommen nun auch Aspekte sozialer Ungleichheit in den Blick. Wie wird aus der Geschlechterdifferenz ein ungleiches soziales Verhältnis? Ich meine, dass hier Wege zur Verknüpfung der interaktiven Konstruktion der Geschlechterdifferenz mit einem Begriff des Geschlechterverhältnisses aufscheinen, die es herauszuarbeiten gilt. Mit diesen Elementen kann nämlich einerseits soziale Ungleichheit als ungleiche Verteilung relationaler und distributiver Ressourcen in das interaktive Paradigma eingearbeitet werden und andererseits der gesellschaftstheoretische Begriff des Geschlechterverhältnisses angeschlossen werden.

2.4.1 Individualgeschichtliche Prägung

Das Geschlecht wird nicht von einem Individuum alleine und nicht in jeder Interaktion aufs Neue (aus dem Nichts) dargestellt. Nicht nur, dass in Interaktionen mehrere Personen involviert sind, auch werden wir von verschiedenen Instanzen daran erinnert, welches Geschlecht wir sind. Hirschauer unterscheidet fünf Gedächtnisse, die im biographischen Prozess das Geschlecht eines Menschen stabilisieren und so dafür sorgen, dass die prinzipielle Kontingenz der Zweigeschlechtlichkeit zugunsten einer empirischen Stabilität eingeschränkt wird. Individuen müssen sich nicht bei jeder Interaktion fragen, welches Geschlecht sie wie darstellen sollen oder müssen oder auch können. Als Gedächtnisstützen dienen:

- biographisches Gedächtnis
- korporales Gedächtnis
- Gedächtnisse der Mitwissenden
- Gedächtnis der Akten
- Geburtsklassifikation/„körperliche Geschlechtszeichen"
(nach Hirschauer 1994: 683)

Als mikrosoziologische Antwort auf die Stabilität der Geschlechterdifferenz gehen insbesondere die ersten individualbiographischen 'Gedächtnisse' im Habitus-Begriff von Bourdieu auf und bieten damit eine Brücke zwischen handlungstheoretischen und gesellschaftstheoretischen Perspektiven, wie nachfolgend ausgeführt wird:

Das biographische Gedächtnis besteht hauptsächlich aus sozialisatorischen Erfahrungen, die – im Sinne Bourdieus – habituelle Dispositionen ausbilden.[167] Hierzu zählen laut Hirschauer Kinderspiele, in denen das Geschlecht inszeniert wird, Schulbücher, die Geschlechterstereotypen transportieren, Episoden aus der Kindheit, die immer wieder die geschlechtliche Position des Individuums festi-

---

[167] Vgl. Bourdieu 1987a: 102f.; 1992a: 86, 144; Steinrücke 1988:93.

gen ('Du warst damals schon ein niedliches Mädchen' oder 'Als kleines Baby warst Du schon ein temperamentvoller Junge') usw. Diese Sozialisationserfahrungen präfigurieren womöglich z.B. die Berufswahl („ich hab schon als Kind gerne gebaut; ich hab schon als Kind gerne Puppen verarztet'). Das biographische Gedächtnis kann als geschlechtlicher Habitus im Sinne sozialisatorisch erworbener Wahrnehmungs- und Bewertungsschemata (Bourdieu) betrachtet werden.

Eng mit dem biographischen Gedächtnis verknüpft ist das korporale Gedächtnis. Sozialisatorische Erfahrungen prägen sich in den Körper ein und werden dabei beständig transformiert.[168] Der lebenslang andauernde Umgang mit dem Körper (Diäten, Sport etc.) und die daraus resultierende Formung legen den Körper auf präreflexive, unbewusste Weise (u.a.) auf ein Geschlecht fest. Hirschauer spricht in diesem Zusammenhang von einer „fleischlichen Biographie" (ebd.). Auch hier findet sich eine Verknüpfung mit Bourdieu: Der Habitus hat eine somatische Dimension, die Hexis. Diese ist „die realisierte, *einverleibte*, zur dauerhaften Disposition, zur stabilen Art und Weise der Körperhaltung, des Redens, Gehens und damit *Fühlens* und *Denkens* gewordene politische Mythologie" (Bourdieu 1987a: 129), wobei politische Mythologie hier durchaus soziale Deutungsmuster meint.

Das dritte Gedächtnis sind andere Personen, die um das Geschlecht eines Menschen wissen: Freund/innen, Bekannte, Angehörige. Solche Interaktionspartner/innen also, die einen zeitlich situationsüberdauernden und meistens auch einen vertrauteren Kontakt mit einem Menschen haben als etwa zufällig anwesende Menschen in öffentlichen Räumen. Dieses Gedächtnis beinhaltet, dass aus einer Tochter nicht plötzlich und nur mit großem Aufwand ein Sohn oder aus einer Schulfreundin ein alter Schulfreund werden kann. War bislang also von den anderen Interaktionsteilnehmer/innen im allgemeinen die Rede, so differenziert Hirschauer hier Personen je nach ihrer situationsübergreifenden Relevanz für die individuelle Biographie.

Situationsübergreifend relevant sind auch Akten als verschriftlichter Ausdruck sozialer Institutionen wie Geburtsurkunden, Familienbuch, Personalausweise usw. Die Relevanz der institutionellen Festlegung auf ein Geschlecht wird im Aufwand deutlich, den der juristische Teil der Geschlechtsumwandlung bei Transsexuellen kennzeichnet.[169] Das juristische Prozedere um die Geschlechtsumwandlung macht mehrere Selbstverständlichkeiten deutlich: Individuen ver-

---

168 Vgl. Abraham 2002 und die Beiträge in Ahlheit/Dausien/Fischer-Rosenthal/Hanses/Keil 1999.
169 Vgl. Hirschauer 1993a: 116-318; Lindemann 1993b: 114.

fügen nicht über ihr eigenes Geschlecht, sie konstruieren nicht beliebig und nicht alleine und die Geschlechterdifferenz ist eine sozial bzw. institutionell viel zu wichtige Sache, um sie den Individuen selbst zu überlassen. Vielmehr greift die Gesellschaft in Form von Mediziner/innen, Gutachter/innen, Juristen/innen, Psychiater/innen usw. massiv in das Leben von Menschen ein, die nicht der 'normalen' Übereinstimmung von Körpergeschlecht, Geschlechtsidentität und Sexualität folgen.[170] Dies gilt nicht nur für Transsexuelle, sondern ist ebenso sichtbar in der Unmöglichkeit der homosexuellen Ehe in den meisten Ländern, am gesetzlichen Verbot homosexueller Beziehungen in vielen Ländern überhaupt (unter Strafandrohung), aber auch an der Pathologisierung bestimmter sexueller Praktiken.

Der letzte Punkt schließlich, das „Memento der Geburtsklassifikation" (Hirschauer 1994: 683), umfasst die Bedeutung der primären Geschlechtsmerkmale als körperliche Indizien für ein Geschlecht und zwar von Geburt an. Nur massive, materielle Eingriffe wie Operationen, Hormonkuren, elektrische Haarentfernung usw. könnten dieses Gedächtnis zerstören. Das, was im Alltagswissen die Beweise des Geschlechts sind, die primären Geschlechtsmerkmale also, bilden für Menschen besonders starke 'Verankerungen' ihrer selbst in einem der beiden Geschlechter.

2.4.2 Naturalisierung qua Wissenssysteme

Die Relevanz der Fixierung auf ein Geschlecht von Geburt an hat, wie dargelegt, keine selbstevidenten Gründe, sondern liegt in der Funktionsweise der modernen Geschlechterdifferenz selbst: Sie ist Natur. Medizin und Naturwissenschaften definieren (zumindest seit dem späten 17. Jahrhundert) die Wahrheit dieser Differenz, nach der der Geschlechtskörper jenseits der sozialen Wahrnehmung existiert. So wird die „anatomisch und physiologisch konstruierte Körpervorstellung wissenschaftlich mit dem Schein der Naturhaftigkeit versehen und gleichzeitig als eine soziale Schöpfung unsichtbar gemacht." (Duden 1991: 34). Dies hatte ich am Beispiel der hormonellen Geschlechtsbestimmung ausgeführt.

---

170 Butler analysiert diesen Sachverhalt unter den Begriff der 'intelligiblen' Geschlechtsidentität. Demnach bedeutet die sozial anerkannte Vergeschlechtlichung von Individuen im Rahmen der (heterosexuell normierten) Zweigeschlechtlichkeit die performative Erzeugung von Kohärenz zwischen sex, gender und Begehren. Vgl. Kapitel 3.

Hier geht es nun um die Natur*haftigkeit* als soziales Trägheitsmoment, das Individuen in ihrem Geschlecht verankert und stabilisiert. Denn die Wahrnehmung einer Dimension der eigenen Identität als Natur hat zur Folge, dass eine selbst verantwortete Veränderung kaum möglich scheint. Wie gezeigt, spielen dabei Medizin und Naturwissenschaften als legitimierte Instanzen der Wahrheit über die Natur eine tragende Rolle:

> „Das Wissen [das Alltagswissen um die Geschlechterdifferenz] wird (...) auch von einer (anderen) Seite stabilisiert: durch die spezialisierte Wissensproduktion wissenschaftlicher Disziplinen, die die Geschlechterunterscheidung mit einem Legitimationsaufwand absichert, wie es ihn für kaum eine andere gesellschaftliche Einrichtung gibt. (...) Ein Beitrag besteht in der expliziten Naturalisierung durch Forschungen zur 'Natur' und Genese des Geschlechtsunterschieds, die diesen einer vorsozialen Naturgeschichte zuschreibt, die aller Gesellschaft vorausgeht." (Hirschauer 1994: 681)[171]

Das Alltagswissen um die Geschlechterdifferenz (dichotom, exklusiv, lebenslang, naturhaft) wird so auch – und besonders – durch wissenschaftliche und medizinische Diskurse gestützt. Wissenschaften produzieren ein hochgradig legitimes Wissen vor allem dadurch, dass sie die Geschlechterdifferenz außerhalb des Sozialen situieren. Damit geschieht das, was als 'Selbstverschleierung' sozialer Konstruktionsprozesse bezeichnet werden kann.[172] Die Naturalisierung des wissenschaftlichen Wissens geschieht dabei auf mehrere Arten, eine davon ist die „Universalisierung der Zweigeschlechtlichkeit im Sinne einer Kosmologie" (Hirschauer 1994: 681). Demnach sind nicht nur Menschen zweigeschlechtlich, auch alle anderen Lebewesen sind es, ebenso Himmelskörper wie Gegenstände oder Abstrakta.[173]

2.4.3 Naturalisierung qua semiotischem Verweisungszusammenhang

Die geschlechtsdifferenzierte Kosmologie ist nicht nur ein Phänomen der (Natur-)Wissenschaften, sondern eine Art bereitliegender „dichter Verweisungszusammenhang" (Hirschauer 1994: 685), der Sprache ebenso umfasst wie typisierte Verhaltensmuster und die bereits ausführlich beschriebenen Darstellungsressourcen. In diesem Sinne kann der Verweisungszusammenhang als symbolische Ordnung einer Gesellschaft betrachtet werden wie sie Knapp definiert, nämlich

---

171 Analog auch Duden 1991: 34ff.; Oudshoorn 1994: 139.
172 Butler 1990: 60, 103, 111; Hirschauer 1994: 681.
173 Die Logik der Universalisierung als vergeschlechtlichte Kosmologie wird auch von Bourdieu (hier für die kabylische Gesellschaft) beschrieben. Vgl. Bourdieu 1987a: 377.

als „Sprache, Legitimationssysteme, Ideologien, kulturelle Repräsentationen des Geschlechterverhältnisses und der Geschlechterdifferenz" (Knapp 1992: 295f.). Gerade die Sprache ist, wie sich im nächsten Kapitel herausstellen wird, eine besonders relevante und mit einer produktiven Eigenlogik ausgestatteten Makro-Instanz zur Konstruktion der Geschlechterdifferenz. Hirschauer trägt dem in Ansätzen Rechnung, indem er von der 'Anreizung durch semiotische Zeichensysteme' (Hirschauer 1994) als stabilisierendem Faktor der Geschlechtskonstruktionen ausgeht. Allerdings analysiert er unter dem Stichwort 'Zeichensystem' weniger die epistemologische Relevanz von Sprache als Wahrnehmungsinstanz, sondern betrachtet verschiedene Bestandteile von Zeichenmilieus wie körperliche Geschlechtszeichen, materielle Artefakte (Kleidung, Schmuck usw.) sowie Darstellungsrepertoires.[174] Diskurstheoretische Ansätze, wie der von Butler, weisen allerdings darauf hin, wie ungleich relevant die Sprache für das Tun der Menschen ist. Dies hat vor allem mit der epistemologischen Annahme zu tun, die im nachfolgenden Kapitel ausgeführt wird: Sprache bzw. Diskurse sind selbst aktiv, d.h. Sprache bildet keine gegebene Realität ab (auch keine soziale), sondern bringt selbst, aufgrund ihrer performativen Qualität, Phänomene überhaupt hervor. So 'spricht uns die Sprache' und nicht – nur – umgekehrt.[175] Wenn Hirschauer von der Bedeutung der Sprache spricht, meint er Namen, das grammatikalische Geschlecht usw. Aber Sprache umfasst weit mehr als formalisierte und recht explizite Formen, das Geschlecht auszudrücken. Vielmehr beinhaltet Sprache auch Begriffe, Kategorien und Logiken. Denn wenn wir etwa Körper, Materie, Geschlecht oder schlicht Frau sagen, dann beziehen wir uns auf implizite semantische Gehalte, die eine lange Geschichte haben; auf Bedeutungen, die jenseits der Situation existieren, in der sie ausgesprochen werden. Nicht nur historisch sedimentierte, eigenmächtige Bedeutungen werden in Worten oder Diskursen implizit (re-)produziert, auch spezifische Logiken des Denkens. Wie werden Frauen und Männer unterschieden? Sind Frauen Nicht-Männer? Mit diesen Fragen wird sich das nächste Kapitel beschäftigen.

---

174 Vgl. Hirschauer 1994: 685.
175 Vgl. Braidotti 1994: 15.

2.5 'Doing gender' und 'Doing inequality'

Geschlechtsdarstellungen finden in sozialen Situationen statt, die aufgrund ihrer „historischen Sedimentiertheit" (Hirschauer 1989: 104) die kulturellen Ressourcen für die jeweiligen Darstellungen bereitstellen. Diese Situationen sind „geschlechtskatalysierende Sozialarrangements" (Hirschauer 1994: 684), die ihrerseits durch asymmetrische Beziehungen und Ungleichheiten strukturiert sind. Die Hierarchisierung der Geschlechter im Rahmen der Arbeitsteilung ist z.b. eine zentrale institutionalisierte Ungleichheit, worauf auch Hirschauer sich bezieht:[176]

> „Die 'geschlechtliche Arbeitsteilung' hat neben dem Aspekt der Allokation bestimmter Personen auf bestimmte Positionen zwei Dimensionen der kulturellen Reproduktion der Geschlechterdifferenz. Zum einen ist die 'geschlechtliche Arbeitsteilung' eine *Sexuierung von Tätigkeiten*, die über verschiedene Prozesse hergestellt wird, darunter die Konstruktion eines Berufsimages (...) und verschiedene Formen der Diskriminierung zwischen den Geschlechtern: in der Selektion von Personal, in Arbeitsschutzbestimmungen oder in jenen sozialen Schließungen am Arbeitsplatz, in denen etablierte Kollektive sich als geschlechtliche Monokulturen verteidigen. Zum anderen ist die Geschlechtszuschreibung an Berufe eine Geschlechterteilung durch Berufe, sie ist ein 'institutional genderism' ähnlich wie die parallele Organisation von Sportdisziplinen, die einen 'Geschlechtsunterschied' sozial augenfällig macht." (Hirschauer 1994: 687, Hervorh. i.O.)[177]

Bourdieu hat im Rahmen seiner Studien zum Habitus-Konzept diesen Zusammenhang aufgegriffen und entwickelt. Dass „geschlechtsspezifische Merkmale [nicht] von den klassenspezifischen zu isolieren" sind (Bourdieu 1982: 185), ist eine Formulierung, die auf die Berücksichtigung der Verquickung von Geschlecht und sozialer Ungleichheit verweist. Ein Strang der Arbeiten Bourdieus ist die Frage, wie und inwiefern sich soziale Ungleichheit am Körper und durch den Körper manifestiert. Dass verkörperte soziale Ungleichheit auch eine vergeschlechtlichte Dimension hat, ist ein – wenn auch marginaler – Aspekt seiner Überlegungen zur Hexis.[178] Dies ist auch insofern nur logisch, als es Bourdieu u.a. um „inkorporierte soziale Strukturen" (ebd.: 729ff.) geht. Unter soziale

---

176 Vgl. hierzu die Ausführungen in Kapitel 1.1.

177 Im Rahmen einer sozialkonstruktivistischen Perspektive haben verschiedene Autor/innen diese Gleichzeitigkeit aufgegriffen. So zeigen die Arbeiten von Wetterer (z.B. 1995), wie Professionalisierungsprozesse auch Prozesse der Vergeschlechtlichung sind. Es besteht, so ein Hauptargument vieler Professionaliserungs- und Organisationsforschungen, ein immanenter Zusammenhang zwischen Hierarchie und Geschlecht. Vgl. auch Wilz 2002.

178 Vgl. zur Auseinandersetzung Alkemeyer 2003; Bourdieu 1997b; Gugutzer 2004; Jäger 2004; Frerichs/Steinrücke 1993; Krais 1993; Krais/Dölling 1997; Steinrücke/Frerichs 1997; Villa 1996.

Strukturen versteht Bourdieu zwar vorrangig Klassenstrukturen, aber auch das Geschlechterverhältnis ist für sich eine soziale Struktur. Wie Bourdieu beides – Klassenstruktur und Geschlecht – zusammen denkt und dies auf die Inkorporierung bezieht mag das folgende Beispiel verdeutlichen:

> „Ist Fisch z.B. nichts für den Mann aus den unteren Klassen, dann nicht allein deshalb, weil es sich dabei um eine leichte Kost handelt, die 'nicht vorhält', und die man tatsächlich nur aus Gesundheitsgründen zubereitet, für Kranke und Kinder; hinzukommt, dass Fisch wie Obst (ausgenommen Bananen) zu jenen delikaten Dingen gehört, mit denen Männerhände nicht umzugehen wissen, vor denen Männer gleichsam wie Kinder sind, die in allem dem männlichen Essen zuwiderläuft; mit Zurückhaltung, maßvoll, in kleinen Happen, durch sachtes Kauen mit dem *Vordermund* und Zungenspitze (wegen der Gräten)." (Bourdieu 1982: 307f., Hervorh. i.O.)

Mit dieser Beobachtung, die durch quantitative und qualitative empirische Befunde gestützt wird,[179] ist die wechselseitige Konstitution von Männlichkeit und Klasse angedeutet. Fisch zu essen, ist aus den beschriebenen Gründen nichts für den Mann der *'unteren Klassen'* und nicht etwa für alle Männer aller Klassen tabu. Die Qualitäten 'Zurückhaltung', 'maßvoll', 'sachte' sind sexuierte *und* von der sozialen Lage durchzogene Attribute. Wenn Hirschauer auf die Relevanz der Sexuierung von Worten und Gegenständen im Prozess der interaktiven Konstruktion der Geschlechterdifferenz hinweist, übersieht er m.E.. die gleichzeitig stattfindende Konstruktion sozialer Unterschiede im Sinne von Status, Klassenlage oder sonstiger sozialer Ungleichheit. Ich werde weiter unten diese Kritik wieder aufgreifen.

Die Verschränkung verschiedener Differenzkategorien ist im Rahmen ethnomethodologischer Mikrosoziologien inzwischen – auch empirisch – aufgegriffen worden. Denn gerade auf der subjektzentrierten Ebene, wo es um Alltagserfahrungen und die Konstruktion intersubjektiver Sinnwelten geht, ist die Gleichzeitigkeit verschiedener Strukturen besonders relevant. „Ethnizität ('race'), Klasse und Geschlecht sind ineinander greifende Kategorien, die alle Aspekte menschlicher Erfahrung betreffen; diese Kategorien strukturieren gleichzeitig die Erfahrungen aller Menschen" schreiben Andersen/Collins (1995: XI). Was also in einer Kultur zu einem historischen Zeitpunkt in einer sozialen Lage eindeutig weiblich ist, braucht es unter anderen Umständen bzgl. Zeit, kulturellem Kontext, sozialer Lage nicht zwangsläufig zu sein. In diesem Sinne kritisieren auch die Ethnomethodologinnen West/Fenstermaker (1995) bisherige Modelle geschlechtskonstruktivistischer Konzeptualisierungen des Zusammenhangs von Klasse,

---

179 Vgl. Bourdieu 1982: 784-799.

Geschlecht und Ethnizität: Als „mathematische Metaphern der Addition, Sub-
straktion, Multiplikation und Division" (ebd.: 11f.) seien diese Vorstellungen an
den realen subjektiven Erfahrungen von Gleichzeitigkeit und gegenseitiger Bedingtheit dieser Strukturkategorien vorbeigegangen.[180] Schwarze Frauen wären
demnach 'doppelt' diskriminiert, schwarze Arbeiterinnen 'dreifach', wobei 'doppelt' und 'dreifach' als Additionen gedacht werden. Was dabei übersehen wird,
ist, dass die Erfahrung, eine Migrantin zu sein oder dem Bildungsbürgertum
anzugehören, die geschlechtliche Erfahrung selbst tangiert und mitgestaltet.[181]
    Spezifische Männlichkeiten bzw. Weiblichkeiten ergeben sich also daraus,
dass sie in enger Wechselwirkung mit anderen Strukturkategorien formiert werden. Die weiter oben bereits verwendete Illustration hilft, diesen Zusammenhang
zu illustrieren und ihre alltagsweltliche Relevanz zu verdeutlichen. Die Schuhe
('Bauarbeiterboots') der knienden Frau repräsentieren etwas Männliches. Aber
sie stehen auch für 'proletarisch', 'Straße', 'Standfestigkeit', Strapazierfähigkeit
– sie sind sozusagen der Antipol zu Damen-Pumps. Nun stellt sich die Frage, ob
diese Schuhe als maskulinisierende Sexuierungsobjekte taugen, *weil* sie proletarisch wirken – oder sind sie es unabhängig davon? Und weiter: Vermitteln sie
eine spezifische Männlichkeit, nämlich in Kombination mit Klasse bzw. gäbe es
andere Männlichkeiten, die z.B. durch andere Schuhe (Cowboystiefel, handge-
nähte Lederschuhe, Turnschuhe, Plateau-Sohlen, weiße Lederimitationen usw.)
symbolisiert werden könnten?
    In diesem Zusammenhang lohnt ein Blick auf die kritische Männerfor-
schung, wie sie z.B. von Connell und Meuser vertreten wird. Beide Autoren
plädieren nachdrücklich für eine Differenzierung von geschlechtlichen Identitäten (in diesem Falle Männlichkeit*en*) und auch für eine genauere Analyse der
verschiedene Darstellungs- und Inszenierungsformen dieser je spezifischen
Männlichkeiten. Meuser formuliert, basierend auf einem umfangreichen empirischen Projekt,[182] dass „die Zugehörigkeit zu einem sozialen Milieu, zu einer
Generation und die lebensgeschichtliche Entwicklungsphase Einfluss auf die

---

180 Ihr eigener Entwurf überzeugt m.E. allerdings nicht. Die Autorinnen postulieren zwar die
    Gleichzeitigkeit der drei Kategorien 'class, gender, race', analysieren ihre Konstruktion aller-
    dings getrennt. Ihre eigene Position verspricht zwar eine „new way of thinking about gender,
    race and class, namely, as ongoing, methodical and situated accomplishments" (West/Fen-
    stermaker 1995: 30), eingelöst wird dies aber jenseits der üblichen Verweise auf eben die
    Gleichzeitigkeit aller Differenzkategorien in Interaktionssituationen nicht.
181 Auf diesen Zusammenhang bin ich im subjekttheoretischen Abschnitt des ersten Kapitels
    ausführlich eingegangen. Vgl. Kapitel 1.3.
182 Vgl. Meuser 1998: 7.

Ausprägung maskuliner Orientierung haben" (Meuser 1998: 289). Auch Connell analysiert verschiedene Männlichkeitstypen in systematischer Weise.[183] Er geht davon aus, dass man Männlichkeiten nicht unabhängig von Klassenzugehörigkeit und/oder sexueller Orientierung, 'race', nationalstaatlicher Zugehörigkeit usw. verstehen kann. Er unterscheidet aufgrund seiner theoretischen Reflexionen, die eine produktive Zusammenführung (neo-)marxistischer, gesellschaftstheoretischer Überlegungen und feministischer Debatten darstellen, sowie aufgrund seiner ' empirischen Projekte im Bereich Jungenerziehung, AIDS-Prävention usw. verschiedene Männlichkeiten, die sich je nach ihrer Verschränkung mit anderen sozialen Differenzen charakterisieren: hegemoniale Männlichkeit, konventionelle Männlichkeit, komplizenhafte Männlichkeit, marginalisierte Männlichkeit und untergeordnete Männlichkeit.[184] Connell formuliert plastisch und durchaus auch körperbezogen:

> „Aber die Erkenntnis, dass es verschiedene Formen von Männlichkeit gibt, ist nur der erste Schritt. Wir müssen auch die Beziehungen zwischen den verschiedenen Formen untersuchen. Außerdem sollte man die Milieus von Klasse und Rasse [analytisch] auseinander nehmen und den Einfluss des sozialen Geschlechts innerhalb dieser Milieus berücksichtigen. Es gibt schließlich auch schwarze Schwule und effeminierte Fabrikarbeiter, Vergewaltiger aus der Mittelschicht und bürgerliche Transvestiten." (Connell 1999: 97)

Connell betont, dass sich unterschiedliche Männlichkeiten vor allem in Bezug auf ihre Position in einem gesamtgesellschaftlichen Macht- und Herrschaftsgefüges verstehen lassen. Das heißt auch, dass sich die alltäglichen Darstellungen von vergeschlechtlichten Identitäten (ob Männer oder Frauen) nur im Zusammenhang mit dem Blick auf sozialen Strukturen in ihrer Komplexität erfassen lassen, der soziale Ungleichheit, Dominanz, Herrschaft und die jeweilige Historizität zumindest im Auge behalten.

Aber nicht nur bezüglich der Konstitution der zwei Geschlechter durch andere soziale Differenzen bleibt die Handlungstheorie defizitär. Auch in Bezug auf das strukturell asymmetrische Geschlechterverhältnis als gesellschaftliches Verhältnis lässt sich das soziologische Verständnis des Körpers als Medium der Interaktion durchaus erweitern. In ihrer an Goffman angelehnten Studie über Werbebilder und die in ihnen inszenierten körperlichen Rituale von Männlichkeit und Weiblichkeit zeichnet Mühlen Achs (1998) eindrucksvoll nach, „wie Geschlecht mit den Mitteln der Körpersprache als ein *hierarchisch geordnetes Verhältnis* zwischen Frauen und Männern konstruiert wird." (Mühlen Achs

---

183 Connell 1999: 109-202.
184 Ebd.: 97-102.

1998: 39; Hervorh. d.V.).[185] Sie zeigt dabei, dass bestimmte Körperhaltungen, bestimmte Nutzungen des Raumes und bestimmte Gesten bzw. Mimik nicht nur jeweils einem Geschlecht vorbehalten sind, sondern dass diese Zuweisungen und Inszenierungen auch geprägt sind von sozialen Ungleichheitsverhältnissen, Herrschaft und Dominanz, ja z.T. auch von sexualisierter Gewalt. Das oben angeschnittene Problem der zirkulären Konstruktion von Normen durch Handlungen, die sich auf bereits gegebene Normen beziehen, wird dadurch 'gelöst', dass die Hierarchie zwischen den Geschlechtern als gesetzt angenommen wird. Ausgehend von gesellschaftstheoretisch fundierten Analysen des Geschlechterverhältnisses ebenso wie von geschlechtssensiblen Arbeitsmarkt-, Berufs- und/oder Organisationsforschungen kann man dies auch legitimerweise tun, wenngleich die Perspektive der Analyse dadurch wesentlich verschoben wird.[186]

Auch wenn sich Mühlen Achs in ihrer Arbeit ausschließlich auf Werbebilder bezieht (und nicht etwa andere Interaktionen des Alltags), so lassen sich Werbebilder ja durchaus als spezifische, strategische Inszenierungen von Alltagssituationen deuten, die ohne einen offensichtlichen und eindeutigen Bezug auf alltagsweltliche Codes nicht funktionieren. So kommt Mühlen Achs in ihrer Studie zu dem Ergebnis, dass sich Personen in und durch Interaktionsrituale nicht 'nur' zu Frauen und Männer machen (auch wenn dies in diesem konkreten Fall in der Werbung geschieht), sondern dass dies auf spezifische Art und Weise geschieht. Die in den zu Posen gefrorenen Interaktionen der Werbebilder zum Ausdruck kommenden Zeichen und Gesten sind nicht per se bzw. nur männlich oder weiblich, sondern zeigen z.B. „Männlichkeitsrituale", die Stärke, Wettbewerbsorientierung und Autonomie symbolisieren. Demgegenüber stellen Werbebilder Frauen tendenziell als emotional, opferbereit und beziehungsorientiert dar.[187]

185　Sicherlich ist eine Sekundäranalyse von Werbebildern nicht ohne weitere methodische Überlegungen mit den ethnomethodologischen Studien von Hirschauer zu parallelisieren. Mühlen Achs schreibt selbst, dass die Darstellungen in Massenmedien wie Modekatalogen oder Zeitschriftenwerbungen eine eigene Realität bilden (Mühlen Achs 1998: 38), d.h. mediale Ikone bilden eine soziale Realität nicht einfach ab. Allerdings bilden mediale Ikone eine „hyperritualisierte" Form sozialer Rituale des Alltags: „Sie [die medialen Bilder] operieren rhetorisch mit den vorgefundenen Codes – können sie bestätigen, ironisieren, akzentuieren, umkehren, verwerfen etc. Die Ergebnisse der empirischen Medienforschung zur Darstellung von Frauen und Männern in der Unterhaltung zeigen jedoch, dass sie (...) im großen und ganzen von ihren vielfältigen Möglichkeiten wenig Gebrauch machen. In der Regel beschränken sie sich darauf, die stereotypen Muster hegemonialer Männlichkeit und subdominanter Weiblichkeit aufzugreifen (...)." (ebd.).

186　Hierzu Kapitel 1.1.

187　Mühlen-Achs 1998: 40.

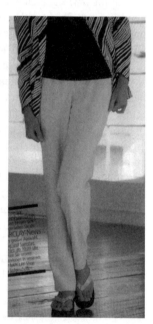

Abb. 9. Die Beine der Geschlechterdifferenz.

Deutlich wird, dass die in Interaktionen verwendeten Ressourcen der Inszenierung von Geschlecht Hierarchie, Ungleichheit und Dominanz zum Ausdruck
bringen. Sie, die Ressourcen, die Männer und Frauen verwenden, sind weder
neutral noch gleichwertig, sondern bereits 'vor' ihrer Verwendung durch individuelle Akteure semantisch als ungleich kodiert. Das körperliche 'Material' wie
z.B. Beine oder Augen, wird dabei nicht nur je nach Geschlecht unterschiedlich
eingesetzt, sondern vermittelt gleichzeitig unterschiedliche Werte. Männer inszenieren sich als standfest, Frauen als labil und zerbrechlich, Männer blicken
herausfordernd und der Welt zugewandt, Frau en hingegen blicken naiv herauf-
schauend, lasziv mit halbgeschlossenen Augen und höchstens neugierig.[188] Dass
die Bilder, die Mühlen Achs analysiert, tatsächlich funktionieren, ist ein Verweis
auf ihre Normalität und Selbstverständlichkeit. Das heißt aber, dass die semantischen Codes, die die Bilder der Werbung verwenden, bereits *bestehende* Normen aufgreifen müssen. Sonst könnten sie nicht funktionieren. Dies bedeutet
weiter: Die Normen, die in Interaktionen (und seien sie nur abgebildete Inszenierungen in der Werbung) zum Ausdruck kommen, können nicht nur durch die
Interaktion selbst hervorgebracht sein. Sie sind *vor* ihnen da – auch wenn sie
letztendlich das Produkt derselben sind. Normen sind demnach verobjektivierte
Strukturen, normative Zwänge, die mit dem Verweis auf Interaktionen nicht
hinreichend erfasst sind. Und die, das wird im dritten Kapitel weiter erörtert,
nicht deckungsgleich mit Handeln sind. Normen finden sich nicht als konkrete
Handlungen wieder; es besteht vielmehr eine produktive Kluft zwischen Normen
(wie sie etwa in Bildern oder stereotypen Abstraktionen formuliert werden)
einerseits und spezifischen Handlungen andererseits. Handlungen sind demnach
wesentlich ‚unordentlicher' als normative Ordnungen.

2.6   Kritisches Fazit

Thema dieses Kapitels war die Konstruktion der Geschlechterdifferenz im Alltag
('doing gender'). Hauptfokus der dargestellten handlungstheoretischen Perspektive ist die Rekonstruktion der Konstruktion der Geschlechterdifferenz als intersubjektives, alltagsweltliches und vor allem prozesshaftes Tun von Individuen.
Die handlungstheoretische Geschlechtersoziologie interessiert sich vor allem für
die Darstellungsarbeit, die in Interaktionen betrieben wird, um die Geschlechterdifferenz als Vollzugswirklichkeit herzustellen. Dabei werden einerseits die

---

188 Mühlen Achs 1988: 45-51;80-90; vgl. auch Abb. 8.

sozialen Beziehungen zwischen Interaktionsteilnehmer/innen analysiert und andererseits die zwischen den Akteur/innen und den für die Darstellung benötigten Ressourcen (Räume, Kleidung, Stimmen, Gesten, Körper). Menschen machen sich, so das Ergebnis, mittels sozialer Beziehungen und unter Einsatz vielfältiger Ressourcen zu je einem Geschlecht. Demzufolge ist die Geschlechterdifferenz keine naturhafte Eigenschaft von Individuen, sondern eine Vollzugswirklichkeit, die permanent interaktiv inszeniert wird. In den geschlechtlich relevanten Inszenierungen wird folglich nicht etwas erkannt, was objektiverweise da ist, sondern andauernd etwas gemacht, was da sein muss. Die Darstellungsleistungen bewirken die Natur*haftigkeit* der Geschlechterdifferenz, auch weil diese Leistungen ein unhinterfragbarer Bestandteil des Alltagswissen und der Alltagsroutinen sind.

Die handlungszentrierte Mikrosoziologie, für die hier Hirschauers Arbeiten exemplarisch diskutiert wurden, baut durch die Integration so genannter 'sozialer Trägheitselemente' eine Brücke zum gesellschaftstheoretischen Begriff des Geschlechterverhältnisses. Wie interaktiv konstruierte Geschlechter*differenz* und Geschlechter*verhältnis* zueinander stehen, das deuten die sozialen Orte an, in denen konstruiert wird: Institutionelle Arrangements, semiotische Zeichensysteme, Normalisierungsinstanzen wie Wissenschaft und Medizin und schließlich die individuelle Fixierung durch soziale Erinnerungen an das eigene Geschlecht sind *Orte* der Konstruktionen. Allerdings sind diese von Ungleichheiten und strukturellen Asymmetrien geprägt, die jenseits der konkret ver-handelten Geschlechterdifferenz liegen. Dadurch, dass die Konstruktion der Geschlechterdifferenz immer und nur innerhalb sozialer Orte stattfindet, sind sowohl die einzusetzenden Ressourcen wie die sozialen Beziehungen auch von sozialer Ungleichheit betroffen. Hirschauer sieht diesen Zusammenhang durchaus, wenn er formuliert: „die soziale Praxis der Geschlechterunterscheidung [ist] ihrerseits in die historisch gewachsenen Beziehungen konstruierter Geschlechter eingebunden" (Hirschauer 1993a: 65). Dass allerdings die Historizität der Geschlechterkonstruktion immanent hierarchisch und durch soziale Ungleichheit – auch im ökonomischen Sinne – konstituiert ist, verfolgt Hirschauer selbst nicht systematisch weiter.

Wenn, wie gezeigt, die Geschlechtsdarstellungen etwas hervorbringen, was – entgegen dem Alltagswissen – nicht notwendigerweise qua Natur selbstevident existiert, und wenn diese Darstellungen immer wieder dasselbe Ergebnis produzieren, nämlich die Geschlechterdifferenz als binäre, exklusive, naturhafte und lebenslänglich stabile Unterscheidung, ohne die eine soziale Existenz – zumindest in westlichen Kulturen der Moderne – nicht möglich ist, dann ist davon auszugehen, dass die geschlechtlich relevanten Darstellungen bestimmten Normen gehorchen. Nun geht, wie gezeigt, die handlungstheoretische Perspektive wie sie von Hirschauer formuliert wird, dem Aspekt der Geschlechterdifferenz als soziale Norm nicht weiter nach. Anders ausgedrückt: Die körpersoziologische Mikro-Perspektive leuchtet die Fragen nach dem 'wie' der Geschlechterdifferenz aus, Fragen nach dem 'warum' sind nicht ihr Thema. Eine aufschlussreiche und produktive Ausnahme bildet die Arbeit von Mühlen Achs, die, wie dargestellt, in Anlehnung an Goffman (d.h. innerhalb des Paradigmas der Ethnomethodologie) die Ikone der Werbung hinsichtlich der Körpersprache analysiert und dabei durchaus das Geschlechterverhältnis als gesellschaftliches Ungleichheitsstruktur im Auge behält. Es geht hier nicht um eine Kritik an der Mikrosoziologie schlechthin. Vielmehr kommt es mir darauf an, dass die ethnomethodologische Perspektive auf den Geschlechtskörper ihre Grenzen und offenen Fragen hat – und zwar dann, wenn man ein möglichst umfassendes soziologisches Verständnis des Geschlechtskörpers anstrebt. Fairerweise kann von einer soziologischen 'Schule' kaum erwartet werden, dass sie Fragen beantwortet, die sie selbst nicht stellt.

Die erwähnte Ausklammerung gesellschaftstheoretischer Bezüge führt allerdings zu einem Dilemma, das darin besteht, die normative Dimension der Konstruktion der Geschlechterdifferenz auf die interaktive Konstruktion von Normen zirkulär zurückzuführen: Normen bestehen, weil sie in der Interaktion produziert werden. Diese Sichtweise übersieht m.E., dass normative Strukturen (ebenso wie ökonomische oder institutionelle Strukturen) eine Eigenlogik jenseits der konkreten Interaktionen im Alltag haben und dass diese Strukturen das Handeln sowohl ermöglichen wie einschränken. Handlungen sind de facto nicht kontingent, sondern werden von bestehenden Handlungskontexten bestimmt – auch wenn dies nicht bedeutet, dass Handlungen von den sie bestimmenden Kontexten vollständig determiniert werden. Die Geschlechterdifferenz als Tun findet also in materiellen (Straßen, Toiletten, Universitäten, Diskotheken usw.) und symbolischen sozialen Räumen statt (Normen, Sprache, Kultur, Diskurse). Interaktionen sind semantisch kodiert, wobei die Codes, die in ihnen verwendet werden können und müssen, den Interaktionen vorgängig sind. Die nachfolgenden Bilder verdeutlichen, wie die Verstehbarkeit körperlicher Darstellungen von Normen geprägt sind, die ihnen quasi äußerlich sind.

In Abb. 10 wird deutlich, wie die symbolische Konstruktion des Mannes als Familienoberhaupt bildlich und körperlich umgesetzt wird. Ist es kontingent bzw. nur aus der abgebildeten Situation heraus zu erklären, dass der Junge größer als die Mutter ist? Die Personen sind so arrangiert, dass die Männer – egal,

Abb. 10. Die bürgerliche Familie bittet zu Tisch.

wie alt sie sind bzw. welchen Status sie innehaben – größer als die Frauen sind. Dass das Arrangement so archetypisch und normal wirkt, lässt sich nur mit dem Wissen um die bürgerliche Familie erklären. Die Abb. 11 hingegen ist irritierend, weil sie eine alltagsweltliche Norm der Geschlechterdifferenz auf den Kopf stellt: hier sehen wir die Frau als größere Person im Paar und als eine, die die klassische Beschützergeste übernimmt. Auch in Bezug auf den Raum und seine Sexuierungsfunktion lässt sich analog argumentieren. Räume sind nicht nur Bühnen und Settings für geschlechtlich relevante Körperinszenierungen, sie sind auch Räume von Asymmetrien und strukturell verankerter Ungleichheit.

Anthropologische bzw. ethnologische Arbeiten kommen zu dem Schluss, dass die Wohn- und Lebensräume verschiedenster Kulturen soziale Ordnung 'nachbauen'.[189] Dies hier im Einzelnen nachzuzeichnen, sprengt den Rahmen dieser Arbeit. Doch kann davon ausgegangen werden, dass materielle Räume wie z.B. Wohnun-

---

189 Spain 1997: 31.

Abb. 11. Körper und ihr Eigensinn.

gen, Büros, öffentliche Verkehrsmittel ohne den Bezug zur sozialen Ordnung als
Herrschafts- und Ungleichheitsgefüge nicht hinreichend hinsichtlich ihrer Funk-
-tion als 'Sexuierungs-Bühne' erfasst werden können. Räume sind nicht nur vergeschlechtlicht, sie sind es auf eine jeweils kulturspezifische Weise und dies
schließt strukturierte soziale Ungleichheit mit ein.

Im Hinblick auf die Verkörperung der Geschlechterdifferenz stellen die sog.
'normalisierenden Wahrheitsinstanzen' Wissenschaft und Medizin einen bestimmenden Faktor solcher Codes jenseits des Alltagstuns der Menschen dar.
Diese hegemonialen, d.h. beherrschenden, Diskurse konstruieren bestimmte
Normen und Dichotomisierungsregeln, die als Orientierung der Geschlechtsdarstellungen fungieren. Sie definieren die Grenzen der Konstruktionen und des
geschlechtlich überhaupt Möglichen. Gleichzeitig ist die wissenschaftliche Naturalisierung aber auch die Bedingung der Möglichkeit für die Prozesse des 'doing
gender'. Denn ohne das Wissen um Hormone, primären Geschlechtsmerkmale,
Stimmlagen usw. gäbe es viele Ressourcen der Darstellung nicht. Auch die Logik gelungener Darstellungen der Geschlechterdifferenz ('je natürlicher, desto
besser') wäre ohne Wissenschaft und Medizin im Rahmen der modernen Dualität von Natur und Kultur eine andere. Insgesamt kann also festgehalten werden,
dass auch die Resultate der wissenschaftlichen Konstruktionen Ressourcen für
die alltagsweltlichen Konstruktionsstrategien bereitstellen.

Ein herausragendes Element von zugleich Handlungen einschränkenden und
ermöglichenden Kontexten ist das, was bei Hirschauer 'semiotisches Zeichensystem' heißt. Dieses System kann als symbolisches System einer Gesellschaft
verstanden werden, das Normen, Sprache und Diskurse umfasst, die ihrerseits
die Ressourcen bilden, die in geschlechtlich relevanten Interaktionen verwendet
werden. Mit diesem Aspekt wird sich das nachfolgende Kapitel beschäftigen.

3   Was sagen wir, um das Geschlecht zu sein?
Geschlechtskörper und Diskurs

„Paradoxically, it is language
that speaks us..."

(Gunew nach Braidotti 1994: 15)

Im vorausgegangenen Kapitel war der Zusammenhang zwischen Handeln und Körpergeschlecht ausgeleuchtet worden. Der Geschlechtskörper ist uns also auf der ersten Station der Reise weniger als natürliche Gegebenheit, sondern als Ergebnis von Interaktionen begegnet. In dieser handlungszentrierten mikrosoziologischen Perspektive wird die Geschlechterdifferenz als immerwährendes Tun, als Darstellungsarbeit mehrerer Personen im Alltag begriffen. Wie sich weiterhin gezeigt hatte, finden diese Interaktionen immer in sozialen Settings (z.B. Institutionen) und Räumen (z.B. öffentlichen Plätzen) statt, die ihrerseits von sozialer Ungleichheit – als relationale und distributive Ungleichverteilung von Ressourcen (Kreckel) – konstituiert sind. Erweitert man also die mikrosoziologische Perspektive des 'doing gender' um den Aspekt sozialer Ungleichheit, dann hat man es auch immer mit 'doing inequality' zu tun. Die Darstellung des Geschlechts ist demnach zum einen durch die Ungleichverteilung der für die Darstellungen benötigten Ressourcen strukturiert, zum anderen verweist die Darstellung immer auch auf handlungsrelevante Dimensionen sozialer Ungleichheit im Sinne von Distinktionsstrategien (Bourdieu). In der handlungszentrierten Geschlechtersoziologie waren allerdings Fragen nach Konstitution und Bedeutung sozialer Normen für die Geschlechtsdarstellungen offen geblieben: Woher kommen die Dichotomisierungsregeln, denen die Darstellungen folgen und die sie (re-)produzieren? Wenngleich die neueren Arbeiten der Ethnomethodologie (vgl. Hirschauer 1994) zunehmend die Stabilität der Konstruktion berücksichtigen und dafür soziale 'Trägheitsmomente' wie institutionelle Arrangements oder semiotische Verweisungszusammenhänge in die Analysen einarbeiten, so liegt der Nachdruck dabei auf der Rolle dieser Strukturen für die Interaktion und nicht auf der Analyse der Strukturen hinsichtlich ihrer Eigenlogik. Der Fokus der mikrosoziologischen Analysen liegt also auf dem Tun der Akteur/innen, nicht auf den normativen Strukturen, denen das Tun folgt und die das Tun (re-)produziert.

So führt die Reise weiter: Die normativen Strukturen, die die Darstellung der körperlichen Geschlechterdifferenz bedingen, werden nun in diesem Kapitel ausgeleuchtet. Es geht um die Geschlechterdifferenz als normative Struktur, genauer, um normative *Diskurse* der Geschlechterdifferenz und ihre Rolle für das Körpergeschlecht. Eingebettet ist dieser Themenkomplex in den – für den Sozialkonstruktivismus zentralen – Zusammenhang von Sprache, Wahrnehmung und Körper, der schon mehrfach erwähnt worden ist und der in den nachfolgenden Ausführungen im Detail diskutiert wird.[190] Systematisch gesehen, das heißt, ausgehend von dem heuristischen Modell zur gesellschaftstheoretischen Analyse des Geschlechterverhältnisses, wie es im ersten Kapitel entfaltet worden war, liegt dieser thematische Zusammenhang auf der Ebene der symbolischen Ordnung, verstanden als „Sprache, Legitimationssysteme, Ideologien, kulturelle Repräsentationen des Geschlechterverhältnisses und der Geschlechterdifferenz" (Knapp 1992:295). Die erkenntnisleitenden Fragen vor diesem Hintergrund sind: Welche Rolle spielt die diskursive Ebene der symbolischen Ordnung für die Gestaltung der (körperlichen) Geschlechterdifferenz? Welche Macht haben Kategorien und 'semiotische' Bezugsrahmen für die Formung der Geschlechterdifferenz in und am Körper? Inwieweit ist gender auch Sprache bzw. Diskurs und wie wird daraus sex? Und schließlich: Wie kommt die Sprache in den Körper?

Der zweite, mit dem ersten verknüpfte, thematische Schwerpunkt des Kapitels ist, wie sich diese symbolische Ebene und soziale Ungleichheit vermitteln. Wie sich zeigen wird, analysiert die diskurstheoretische Sicht auf den Geschlechtskörper die *performative* Logik von Sprache, d.h. die Produktion sozialer Realitäten in und durch Diskurse. „Diskursive Praxis meint die symbolische Herstellung von Gegenständen" formuliert Bublitz (1998: 9), was formelhaft ausgedrückt und auf unser Thema bezogen heißt, dass Sprache handelt und aus Körpern Geschlechter macht. In diesem, diskurstheoretischen Rahmen, ist Macht vor allem epistemologische, d.h. erkenntnistheoretische Macht, und *nicht* etwa

---

190 Die Unterscheidung von Sprache und Diskurs ist wichtig. Ich werde im Nachfolgenden immer dann den Begriff 'Sprache' verwenden, wenn es um soziale Kommunikation als konkrete Tätigkeit geht, 'Diskurs' hingegen, wenn es sich um Bedeutungsgehalte (semiotische Gehalte), Denkformen und Formen der Wissenskonstitution handelt, die in Sprache enthalten sind bzw. durch Sprache produziert werden. Vgl. Maihofer 1995: 81f.; Foucault 1976; Dreyfus/Rabinow 1994: 69-104; Weedon 1990: 138ff. Für eine anders gelagerte Unterscheidung zwischen Rede als Kommunikation und Diskurs vgl. Habermas 1971 sowie Fußnoten 86 und 87 in diesem Kapitel.

Definitionsmacht von Menschen und/oder sozialen Gruppen. Aber Macht ist – zumindest aus soziologischer Sicht – auch noch etwas anderes als die symbolische Konstruktion von Realität, und so gebe ich hier schon zu bedenken, dass aus der Perspektive von sozialer Ungleichheit Macht bzw. Machtverhältnisse die „Grundlage strukturierter sozialer Ungleichheit" (Kreckel 1997: 69) sind. Spezifischer: Machtverhältnisse strukturieren u.a. den Umgang, die Nutzung und die Aneignung der Bedingungen sozialen Handelns, also auch von Wissen und Sprache.[191] Mit dieser genuin soziologischen Dimension, nämlich Sprache als soziales Kommunikationsmedium innerhalb einer – von Ungleichheit strukturierten – Gesellschaft, beschäftigt sich die diskurstheoretische Betrachtung von Sprache allerdings nicht (zumindest nicht explizit). Damit fallen die 'Produktionsbedingungen' und Wirkungskontexte von Diskursen (Bourdieu 1990) aus der Analyse heraus. Etwas alltagssprachlicher ausgedrückt: 'Wer von wo aus spricht', diese Frage kann aus einer reinen diskurstheoretischen Perspektive nicht oder nur in einer verengten Weise thematisiert werden. Allerdings bietet der in der Diskurstheorie verwendete Begriff der Hegemonie einen fruchtbaren Brückenkopf zur (soziologischen) Analyse von Sprache als strategischem Instrument symbolischer Herrschaft. In diesem Sinne wird auch hier, analog der Diskussion um interaktive Konstruktionen der Geschlechterdifferenz,[192] die Vermittlung von körperlicher Geschlechterdifferenz und sozialem Geschlechterverhältnis eine zentrale Frage sein.

3.1   Diskurstheorie – 'Sprache handelt'

Judith Butler ist die derzeit wohl pointierteste Vertreterin einer Analyse des Zusammenhangs zwischen Diskurs und (Geschlechts-) Körper, die ihr Werk zudem ausdrücklich als konstruktivistisch bezeichnet.[193] Als solche ist Butler eine

---

191 Vgl. Bourdieu 1990: 71ff.; Kreckel 1997: 78ff. Hierfür gibt es auch den simplen Ausdruck 'Wissen ist Macht'.

192 Wo die Frage gelautet hatte: 'Wer tut etwas womit und von wo aus?'.

193 Vgl. z.B. Butler 1995: 10ff. Allerdings ist ihr Umgang mit dem Begriff ‚Konstruktivismus' nicht hinreichend gründlich. Zur ausführlicheren Diskussion dieses Punktes vgl. Villa 2003b: 79ff.). Im Rahmen dieser Arbeit betrachte ich ihr Werk als Beitrag zur Analyse der diskursiv-symbolischen Ebene des Geschlechterverhältnisses, wobei mein erkenntnisleitendes Interesse die soziale Relevanz der von ihr analysierten Diskurse ist und nicht die immanente Rekonstruktion der Diskurstheorie im Zusammenhang von Poststrukturalismus und postmoderner (feministischer) Philosophie. Zu letzterem vgl. Alcoff 1988; Flax 1992; Villa 2004; Weedon 1990.

paradigmatische Autorin, was die Auseinandersetzung mit der Ebene der 'Symbolischen Ordnung' (im Sinne des im Kapitel 1 erläuterten heuristischen Modells zur Analyse des Geschlechts) betrifft. Um zu zeigen, wie sich symbolische Ordnung und Geschlechtskörper vermitteln, folgt zunächst eine zusammenfassende Rekonstruktion des Erkenntnisinteresses und der epistemologischen Annahmen sowie der wesentlichen Argumentationsstränge Butlers. Dabei wird es hauptsächlich um den von ihr verwendeten Diskursbegriff und um ihre an Foucault orientierte genealogische Methode gehen, die der Analyse von Produktion sozialer Intelligibilität ('Lebenstüchtigkeit') dient. In diesem Kontext wird auch der von Butler verwendete Begriff der Macht ein Thema der Ausführungen sein.

In ihrem Buch, „Das Unbehagen der Geschlechter" (1990) formuliert Butler die kritische Genealogie von Identitätskategorien wie 'Frau' und 'Geschlecht' als ihr zentrales Anliegen (Butler 1990: 60ff.). Identitätskategorien sind solche Begriffe, die eine individuelle und/oder kollektive Identität benennen oder beschreiben, wie beispielsweise Schülerin, Arbeiter, Junge, Ausländerin, Angestellter, Lesbe, Mutter usw. Durch die Genealogie *geschlechtlich* relevanter Identitätskategorien will Butler herausarbeiten, wie diese produziert werden. Das heißt, wie es dazu kommt, dass Begriffe wie 'Frau', 'Körper', 'Materie' oder 'Begehren' in der Weise Sinn machen, dass sie als natürliche Wahrheiten erscheinen. In diesem Sinne untersucht Butler – ebenso wie Lindemann und Hirschauer – Naturalisierungsprozesse und -logiken, die das Geschlecht betreffen. Dabei konzentriert sich Butler auf *diskursive* Prozesse der Naturalisierung (im Vergleich z.B. zu darstellerischen Mechanismen wie bei Hirschauer). Ziel der Genealogie ist es herauszufinden, wie die Geschlechterdifferenz als (diskursive) Norm dazu führt, dass sie als 'naturgegebene' Binarität erscheint, die letztendlich alle geschlechtlich relevanten Phänomene strukturiert und damit die vermeintlich natürliche Geschlechterdifferenz als soziale Konstruktion zu entlarven.

Entscheidend ist, dass Butler sämtliche Identitätskategorien als *ontologische* Kategorien betrachtet. Das heißt, jede Kategorie, die der Beschreibung einer individuellen oder kollektiven Identität dient (Frau, Subjekt, lesbisch, schwarz, Europäerin usw.), steht im Verdacht, eine ontologisierende Setzung zu sein; eine essentialisierende Konstruktion also, und nicht eine neutrale Beschreibung im Sinne einer Abbildung von Realität. Ontologische Kategorien sind Setzungen, die so tut, als wären sie eine irreduzible, nicht weiter hinterfragbare, selbstevidente, wahre Essenz. Geschlecht und speziell 'Frau' sind für Butler herausragende Beispiele für ontologische Kategorien.

„Als Genealogie der Geschlechter-Ontologie (...) versucht unsere Studie [Das Unbehagen der Geschlechter] zu begreifen, wie die Plausibilität dieser binären Beziehung diskursiv hervorgebracht wird. Ferner legt sie dar, dass bestimmte kulturelle Konfigurationen der Geschlechtsidentität die Stelle des 'Wirklichen' eingenommen haben und durch diese geglückte Selbst-Naturalisierung ihre Hegemonie festigen und ausdehnen." (Butler 1990: 60)

In dieser Formulierung enthalten sind wesentliche Absichten der Arbeiten von Judith Butler:

- die Deplausibilisierung des ontologischen Status der 'Natur der Geschlechterdifferenz'
- die Analyse der Selbst-Naturalisierung von Diskursen (wie wird aus diskursiven Normen Natur?)
- und schließlich die Einbettung von Diskursen in Machtverhältnisse ('Hegemonie').

Auch hier taucht also die Naturalisierung sozialer Konstruktionen auf, die sämtliche Sozialkonstruktivist/innen als Hauptmechanismus zur Herstellung der (körperlichen) Geschlechterdifferenz ausmachen. „Der Prozess, ein Mann oder eine Frau zu werden, [ist] der mühsame Vorgang, 'naturalisiert' zu werden", formuliert Butler (1990: 110).

Butlers Methode zur Untersuchung von Naturalisierungen und zur Produktion von ontologischen Kategorien besteht darin, eine an Foucault orientierte kritische Genealogie spezifischer Identitätskategorien zu formulieren, die herausarbeitet, dass Begriffe wie Frau, körperliche Materie oder Geschlechtsidentität keine objektive Realität jenseits ihrer sozialen Konstruktion sind.[194] Foucaults

---

194 Butlers erkenntnisleitenden Motive sind politischer und akademisch-theoretischer Natur. Politisch ist es die Auseinandersetzung um die Kategorie 'Frau', die zunächst insbesondere in den USA durch die Kritik schwarzer und lesbischer Frauen sowie anderer von der Frauenbewegung und der feministischen Theorie (vermeintlich oder tatsächlich) marginalisierter Gruppen ausgelöst wurde. Diese Kritik richtete (und richtet sich noch) gegen den Universalismus der Frauenbewegung, der darin besteht, dass diese Bewegung sowohl implizit wie z.T. explizit den Anspruch hat, im Namen 'der Frau' zu agieren. Genau dieser Anspruch erweist sich aber bei genauerem Hinsehen als weiße, heterosexuelle und mittelschichtorientierte Perspektive: „das Insistieren auf der Kohärenz und Einheit der Kategorie 'Frau(en)' hat praktisch die Vielfalt der kulturellen und gesellschaftlichen Überschneidungen ausgeblendet, in denen die mannigfaltigen konkreten Reihen von 'Frauen' konstruiert werden. (...) Es wäre falsch, von vornherein anzunehmen, dass es eine Kategorie 'Frau(en)' gibt, die einfach mit verschiedenen Bestandteilen wie Bestimmungen der Rasse, Klasse, Alter, Ethnie und Sexualität gefüllt werden muss, um vervollständigt zu werden." (Butler 1990: 34f.). Zur Kritik am Universalismus der Frauenbewegung und -forschung vgl. Hill Collins 1992; Grewal/Kaplan 1994. Zur deutsch-

[Fortsetzung nächste Seite]

Genealogie als „interpretative Analytik" (Dreyfus/Rabinow 1994: 23, 147ff.) zielt darauf ab, dass es keine 'Originale' hinter den konkreten, individuellen Ausprägungen von Kategorien gibt. Es gibt demnach kein 'eigentliches' Wesen der Dinge hinter den verschiedenen Ausprägungen. Auf die immer schon interpretierte Natur scheinbar natürlicher Kategorien hinzuweisen, ist die Stoßrichtung der von Foucault entwickelten Genealogie: [195] „Das Geheimnis (liegt darin), dass sie [die Dinge] ohne Wesen sind oder dass ihr Wesen ein Stückwerk aus ihnen fremden Bedeutungen (ist)." (Foucault 1974: 86 nach Dreyfus/Rabinow 1994: 136). Die Dinge (Natur, soziale Phänomene, Identitäten, Gegenstände usw.) haben keine intrinsische Bedeutung. Es gibt kein 'ursprüngliches' oder 'eigentliches' Wesen der Dinge zu entdecken, weil alles immer schon Repräsentation oder Interpretation ist. Soweit vertritt die Foucaultsche Genealogie dieselbe erkenntnistheoretische Position wie der radikale Konstruktivismus (vgl. Exkurs I), nämlich: es gibt keine von der menschlichen Wahrnehmung unabhängigen Realität, die wir erkennen könnten. Allerdings unterscheiden sich Foucault und der radikale Konstruktivismus hinsichtlich der Analyse der Wahrnehmung und ihrer sozialen Prägung. Denn die Interpretationen sind im Rahmen der (an Foucault orientierten) Diskurstheorie das Produkt einer symbolischen Ordnung. Diese ist ihrerseits immer schon sozial produziert und drückt sich vor allem in sprachlichen Kategorien aus. Begriffliche Kategorien ihrerseits konstituieren die Wahrnehmung der Welt, der Realität, der 'Dinge'. Diese Kategorien sind Teil von Diskursen, die das formen, „was in einer Gesellschaft gesprochen wird, was als Problematik und Thema verhandelt wird und was zur kollektiven Sinnproduktion beiträgt" (Seifert 1992: 270).

Bedeutungen sind immer Interpretationen und sind nicht von der Sprache zu trennen; es gibt keine den Dingen selbst innewohnende Bedeutung. Mehr noch, Diskurse bringen das hervor, was sie bezeichnen bzw. vermeintlich sprachlich nur abbilden:

> „'Diskurs' ist nicht bloß gesprochene Wörter, sondern ein Begriff der Bedeutung; nicht bloß, wie es kommt, dass bestimmte Signifikanten bedeuten, was sie nun mal bedeuten, sondern wie bestimmte diskursive Formen Objekte und Subjekte in ihrer Intelligibilität ausdrücken. (...) Ein Diskurs stellt nicht einfach vorhandene Praktiken und Beziehungen dar, sondern *er tritt in ihre Ausdrucksformen ein und ist in diesem Sinne produktiv*." (Butler 1993b: 129, Hervorh. d.V.)

---

sprachigen Auseinandersetzung vgl. beiträge zur feministischen theorie und praxis 27/1991; Gutiérrez Rodríguez 2004; Kalpaka/Räthzel 1985.
195 Zur Unterscheidung zwischen Hermeneutik und Genealogie vgl. Ferguson 1992.

Butler wendet nun diese Perspektive auf Geschlechtskategorien an, die ontologischen Status haben. Sie untersucht dafür nicht die 'Dinge' selbst (z.B. anatomische Zeichnungen, medizinische Berichte, Lehrbücher der Biologie), wie es etwa sozialkonstruktivistische Naturwissenschaftler/innen oder Wissenschaftshistoriker/innen tun,[196] vielmehr wendet sich Butler dem 'Symbolischen' zu. Bei Butler steht die diskursiv-soziale Produktion von Sinn und Normen im Mittelpunkt, die ihrerseits die Wahrnehmung der Geschlechterdifferenz und des Körpers als Geschlechtskörper sowohl ermöglichen wie beschränken. Wenn Butler wie in obigem Zitat schreibt, dass „bestimmte diskursive Formen Objekte und Subjekte in ihrer Intelligibilität ausdrücken", dann ist damit gemeint, dass z.B. 'Mann', 'weiblicher Körper', 'heterosexuell' usw. nur im Kontext eines Diskurses überhaupt existieren, weil sie nur dort Sinn machen.

Die Bedeutung und Funktion von Sprache ist zum Verständnis dieser Position zentral: Sprache ist der offensichtlichste Ausdruck des Diskursiven. Sie ist nie neutrale Abbildung einer an sich sinnhaften 'Realität', die jenseits des Diskurses existiert. Vielmehr ist Sprache die *Erzeugung* von Sinn, die „Herstellung von Bedeutung in einem ungeordneten Universum" (Ferguson 1992: 875). Wie gesagt, liegt die Bedeutung, die diskursive Kategorien beinhalten, eben nicht in der 'Natur der Dinge selbst', sondern in immer schon historisch sedimentierten (und veränderbaren) Interpretationen. Oder sprachtheoretisch ausgedrückt: Das Bezeichnende (Signifikant) schafft das Bezeichnete (Signifikat).[197]

So wie Goffman (1977: 33) darauf hinweist, dass 'eine Handlung anzubieten bedeutet, eine Welt anzubieten', so formuliert die Diskurstheorie analog, dass 'ein *Wort* anzubieten bedeutet, eine Welt anzubieten'. Wie produzieren diskursive Kategorien aber Realitäten? Die Benennung bzw. Bezeichnung bewirkt ja nicht 'von selbst', dass etwas existiert. Welche Mechanismen sind es, die bestimmten diskursiven Kategorien jene Macht verleihen, 'Welt' zu erschaffen?

---

196 Vgl. Fausto-Sterling 1992; Fox-Keller 1989; Laqueur 1992; Lewontin/Rose/Kamin 1988; Oudshoorn 1994; von Glasersfeld 1997.

197 „Weder die gesellschaftliche Realität noch die 'natürliche' Welt haben feste inhärente Bedeutungen, die durch die Sprache widergespiegelt oder zum Ausdruck gebracht werden. Verschiedene Sprachen und verschiedene Diskurse innerhalb derselben Sprache unterteilen die Welt in verschiedene Weise und schreiben ihr in unterschiedlicher Weise Bedeutungen zu" (Weedon 1990: 36). Die hier formulierte Vorstellung von Sprache (bzw. Diskurs) als realitäts-, weil bedeutungsschaffende Instanz anstatt als Abbildung einer gegebenen Realität, ist ein wesentliches Grundmoment dessen, was 'postmoderne' von 'modernen' Epistemologien unterscheidet. Vgl. Flax 1992: 74f.; Fuss 1989: 2ff.

3.2   Die Macht des Wortes: Diskursive Performativität

Die Diskurstheorie zielt auf die Frage ab, „durch welche Mechanismen Formen von Sprechen und Schreiben Effekte von Realismus produzieren." (Knapp 1995: 167).[198] Butler bezieht sich auf Austins Sprachphilosophie, die nach den performativen Aspekten von Sprechakten, also nach der Handlung, dem Tun von Sprache, fragt. „How to do things with words" (Austin 1972; dt. 1985) ist Leitmotiv und Kernaussage dieser Perspektive und geht im Begriff des Performativs bzw. der performativen Handlung auf.[199]

> „Eine performative Handlung ist eine solche, die das, was sie benennt, hervorruft oder in Szene setzt und so die konstitutive oder produktive Macht der Rede unterstreicht." (Butler 1993b:123f.)

Sprache, Sprechen, Diskurse werden als produktive Handlungen bzw. Strukturen begriffen und nicht (mehr) als Abbild, Repräsentation oder subjektiver Ausdruck eines Individuums. Hier 'tut' Sprache etwas, nämlich das hervorzubringen, was bezeichnet wird. Die Sprache ist ein Zeichensystem, das selbst Bedeutungen produziert, was folglich bedeutet, dass Bedeutungen nicht jenseits oder vor der Sprache existieren, mit der sie formuliert werden (vgl. Seifert 1992: 272ff.).

3.2.1   Wiederholungen und Zitate

Mit jedem Sprechakt schaffen Subjekte Realität und zwar auf der Grundlage gegebener Diskursformationen oder 'diskursiver Matrixen'. Wie geht das?

---

198 Neben der Diskurstheorie, die hier behandelt wird, ist für sprachsoziologische Fragestellungen die sprechakttheoretisch orientierte Soziologie bzw. Sozialphilosophie von Habermas zentral. Auf diese systematisch einzugehen würde den Rahmen dieser Arbeit sprengen, sie wird aber in Fußnoten an gegebener Stelle in die Darstellung einbezogen. Vgl. Habermas 1971; 1981.

199 Zur Darstellung der „semiologischen Perspektive" Butlers vgl. Maihofer 1995: 47ff. Maihofer folgt der Butlerschen sprachtheoretischen Auffassung allerdings nicht, weil sie einen „semiologischen Idealismus" (ebd.: 48) bei Butler am Werke sieht, der letztendlich nicht über eine „traditionelle Ideologiekritik" (ebd.: 52) hinausreiche und überdies reduktionistisch dazu führe, die „doch gelebte 'existentielle bzw. materielle Realität' des Geschlechts" (ebd.) auszublenden. Maihofer verkennt meines Erachtens die Pointe der Butlerschen Argumentation, die die materielle Realität des Geschlechts eben nicht idealistisch verkennt, sondern auf die diskursive Konfiguration von Dingen (und Körpern) besteht. Dabei besteht sie auch, und zwar nachdrücklich, auf die Anerkennung der Kluft zwischen Diskurs und nicht-diskursiven Phänomenen. Vgl. 3.5.

„Damit ein Performativ funktionieren kann, muss es aus einem Satz sprachlicher Konventionen schöpfen und diese Konventionen, die traditionell funktioniert haben, rezitieren, um eine gewisse Art von Effekten hervorzurufen. (...) Die Macht des Rezitierens ist nicht Funktion der *Intention* des Einzelnen, sondern Effekt der historisch abgelagerten sprachlichen Konventionen." (Butler 1993b: 124, Hervorh. i.O.)

Damit Sprechakte Realitäten schaffen können, müssen sie also bereits bestehende Bedeutungen zitieren bzw. sich irgendwie auf diese berufen (durchaus auch negierend, in Opposition dazu, abgrenzend usw.). Sprachliche Performativität ist eine „ständig wiederholende und zitierende Praxis" (Butler 1995: 22), die nur als zeitlicher Prozess funktionieren kann. Deshalb kann auch nie, wie erwähnt, der eigentliche Ursprung eines Wortes, eines Sprechaktes oder einer Bedeutung entdeckt werden. Ein Wort, eine Bezeichnung oder ein Begriff verweist immer nur auf andere Worte oder Bezeichnungen. Butler spricht in diesem Zusammenhang von der „akkumulierenden (...) Geschichtlichkeit der Kraft" von performativen Sprechakten (Butler 1995: 299) und bezieht sich dabei auch auf Nietzsches Begriff der Zeichen-Kette, der von Foucault aufgenommen wurde.[200]

Eine Zeichen-Kette ist die geschichtliche Abfolge „immer neuer Interpretationen und Zurechtmachungen" (Butler 1995: 296) von Bedeutungen eines Wortes oder eines Begriffes – eine Kette ohne Anfang, ohne wahren Ursprung oder letzte Wahrheit. Ein zentraler Aspekt bei der Beantwortung der Frage, welche Sprechakte Realität erzeugen und wie sie dies tun, ist also die Zitierförmigkeit von performativen Äußerungen. Erfolgreich im Sinne der Erzeugung von Realitätseffekten sind Sprechhandlungen vor allem dadurch, dass sie „frühere Handlungen echogleich wiedergeben" (Butler 1995: 299). Folglich müssen sich Sprechakte im Feld bereits gegebener Interpretationen bewegen, um überhaupt Sinn zu machen.

Beispielsweise müssen sich alle Kategorien, die mit Geschlecht und Körper zu tun haben, um sinnhaft zu sein, auf die diskursive Matrix der Geschlechterdifferenz beziehen. Begriffe wie 'androgyn', 'transsexuell', 'bisexuell', 'Hermaphrodit', 'polymorph' usw., die zunächst suggerieren, jenseits eines dualistischen Schemas von Frau/Mann, homo-/heterosexuell Sinn zu machen (intelligibel zu sein), beziehen sich letztendlich doch auf die Geschlechterdifferenz, die sie aber anders ausdrücken bzw. zu der sie sich auf eine spezifische Art positionieren. 'Androgyn' beispielsweise, macht ohne das Wissen um die Differenz zwischen Frau und Mann keinen Sinn, ebenso wenig ist der Begriff 'bisexuell' ohne die Unterscheidung zwischen Homo- und Heterosexualität verstehbar.

---

200 Butler 1995: 296; Dreyfus/Rabinow 1994: 137.

Hier wird auch deutlicher, was im zweiten Kapitel im Kontext der Analyse des Bildes aus der Calvin Klein-Werbung postuliert worden war: Das Spiel mit der Androgynie, die sowohl auf der rein sprachlichen Ebene („a fragrance for a man or a woman") wie auf der bildhaften Darstellungsebene betrieben wird, funktioniert nur, weil und insofern die bereits bestehenden Pole Mann und Frau zitiert werden. Die Androgynie ist demnach nicht die Erfindung, Entwicklung oder Entdeckung einer völlig neuen Identität jenseits der beiden Geschlechter, sondern die (mehr oder minder) spielerische Verwischung der Grenzen zwischen beiden Geschlechter. Dazu müssen die Geschlechter aber jeweils und als differente erkennbar bleiben – sonst macht weder das Bild noch der Text Sinn. Und trotzdem, mit der Verwischung, mit der Formulierung des „for a man *or* a woman" wird ein neuer textlicher bzw. sprachlicher Raum geschaffen. Die Geschlechterdifferenz ist kein entweder/oder mehr, sondern ein 'beides' bzw. ein 'egal'. Interessant ist hierbei die Ambivalenz, die sprachliche Performative haben. Dadurch, dass sie bestehende Bedeutungen zitieren, reproduzieren sie diese zwar – zugleich schaffen sie aber auch beständig neue Bedeutungen. Auf diese Gleichzeitigkeit und die darin liegende Chance für Wandel und Veränderung wird der nachfolgende Abschnitt eingehen.

Soweit ist die diskursimmanente Dimension von Macht skizziert, nämlich die Macht der Worte (Sprechakte), Realität zu konstruieren. Um sie von einer soziologischen Betrachtung zu unterscheiden, die danach fragt, wer in einem gesellschaftlichen Kontext Definitionsmacht gegenüber anderen hat, möchte ich diesen Aspekt *epistemologische* Macht' nennen. Auf den Zusammenhang von *sozialer* Macht und Sprache hingegen, also der Frage, wer bzw. welche Gruppen gesellschaftliche Definitionsmacht ausüben, werde ich weiter unten zurückkommen.[201] Der Begriff der Hegemonie wird dabei ein Bindeglied zwischen beiden Machtformen bilden, denn welcher Diskurs sich als hegemonialer Diskurs etabliert, ist das Resultat sozialer Auseinandersetzungen um symbolische Macht.[202]

---

201 Ganz allgemein wird der Begriff 'soziale' Macht hier zunächst im Sinne Webers verstanden, nämlich als „jede Chance, innerhalb einer sozialen Beziehung den eigenen Willen auch gegen Widerstreben durchzusetzen, gleichviel worauf diese Chance beruht." (Weber 1985: 28f.). Worauf es mir bei der Unterscheidung zwischen epistemologischer und sozialer Macht ankommt, ist der in der Weberschen Definition enthaltene Verweis auf die 'soziale' Beziehung. Bei der 'epistemologischen' Macht hingegen handelt es sich um eine Beziehung zwischen der Sprache und dem/r Sprecher/in, nicht um eine zwischen Menschen. Vgl. ausführlicher Kapitel 3.6.

202 Vgl. Bourdieu 1990 und Kapitel 3.6.

An dieser Stelle soll zunächst der Frage nachgegangen werden, wie *Veränderung* aus diskurstheoretischer Perspektive möglich ist. Wenn performative Sprechakte nur durch das Zitieren bereits bestehender sinnhafter Begriffe funktionieren, dann ist erklärungsbedürftig, wie neue Begriffe, neue Bedeutungen und Bedeutungsvielfalt zustande kommen können. Gibt es eine Möglichkeit des kritischen Umgangs mit bestehenden Diskursen, d.h. mit epistemologischer Macht? Wenn Sprache im beschriebenen Sinne selbst handelt, wer oder was ist dann das Agens bzw. der/die Akteur/in diskursiver Veränderungen? Wenn es 'keinen Täter hinter der Tat gibt' (Butler 1993b: 125), wenn also nicht einzelne Individuen willentlich neue Bedeutungen in die Welt setzen können – wer oder was dann?

3.2.2 Diskursiver Guerilla-Krieg? *Performativität und subversive Wiederholungen*[203]

> „In bestimmter Hinsicht steht jede Bezeichnung im Horizont des Wiederholungszwangs; daher ist die 'Handlungsmöglichkeit' in der Möglichkeit anzusiedeln, diese Wiederholungen zu variieren." (Butler 1990: 213)

Handlungsmöglichkeit besteht, wie Butler hier formuliert, aus diskurstheoretischer Perspektive in der Möglichkeit der Resignifikation, d.h. in der Neudeutung oder Umdeutung eines Begriffes. Neu- bzw. Umdeutungsprozesse diskursiver Gehalte können allerdings nur aus dem 'Inneren' der Diskurse selbst heraus erfolgen; ein 'Außen' gibt es nicht. Außerhalb des Diskursiven oder jenseits dessen zu sprechen (und zu sein), ist logisch nicht möglich. Und zwar deshalb nicht, weil performative Sprechakte nur innerhalb bestehender Diskurse funktionieren können. Anders ausgedrückt: Es ist sinnlos, plötzlich 'trobilfox' auszusprechen und zu meinen, damit Bedeutung geschaffen zu haben. Es gibt keine Möglichkeit, sinnhaft in einen Diskurs einzugreifen, die selbst nicht schon von eben diesem Diskurs mitgeprägt wäre.[204] Alles, was sprachlich sinnhaft ist, ist es deshalb, weil es im Rahmen schon bestehender Diskurse formuliert wird.

Wenn nun Sprechakte dadurch funktionieren, dass sie bestehende Bedeutungen zitieren, dann kann Veränderung nur durch die Anwendung bestimmter Zitierweisen geschehen. Analog dem Zitieren z.B. in wissenschaftlichen Arbei-

---

203 Der Begriff des 'diskursiven Guerilla-Kriegs' stammt von Seifert 1992.
204 Vgl. Butler 1993b: 126ff.; 1995: 298.

ten, kann die Verwendung bereits bestehender Worte oder Begriffe auch alltagsweltlich (bei jeder sprachlichen Äußerung also) affirmativ, kritisch, ironisch,
abgrenzend usw. erfolgen. Das Zitat kann dazu dienen, die von einem/einer
selbst intendierte Bedeutung zu bestätigen oder zu untermauern, es kann aber
auch als Gegenposition fungieren oder als eine Mischung von beidem, nämlich
indem Teile des Zitates bestätigt werden und anderen widersprochen wird. Zitierweisen können also eine kritische bzw. verändernde Praxis sein, wenn Diskurse so 'manipuliert' werden, dass sie z.b. ihre Autorität verlieren.[205] Wenn
etwa bestimmte Begriffe wie 'der Ausländer' oder 'die Freundin' alltagsweltlich
deshalb funktionieren, weil scheinbar allen Beteiligten klar ist, was sie bedeuten,
dann kann eine kritische Zitierpraxis darin bestehen, ihre selbstevidente Aussage
in Frage zu stellen. Die Aufkleber mit der Formulierung 'Alle Menschen sind
Ausländer – fast überall', die in der Bundesrepublik als Teil der Bewegung(en)
gegen rassistische Gewalt in den letzten Jahren verbreitet waren, stellen eine
solche Praxis dar. Der negativ besetzte und als Trennlinie zwischen 'wir, die
Inländer' und 'sie, die Ausländer' fungierende Begriff des Ausländers wird in
der Formulierung so zitiert, dass seine Funktion als (hierarchisierende) Demar-
kationslinie zwischen 'uns/ihnen' nicht mehr funktioniert. Plötzlich sind 'wir
alle' zu Ausländern geworden, die Bedeutung des Begriffes ist (paradox? ironisch?) verschoben.[206]

Auch Anführungszeichen, die sich gerade in wissenschaftlichen Publikationen geradezu epidemisch ausbreiten, zeugen von der reflexiven Aufmerksamkeit
für die Instabilität vermeintlich stabiler Begriffe. Autoren/innen beziehen sich
auf und verwenden bestehende Begriffe, distanzieren sich aber gleichzeitig von
den Assoziationen und Bedeutungen, die diese haben. In Arbeiten, die sich mit
der Macht des Diskursiven beschäftigen, sind Anführungszeichen eine Zitierpraxis, die darauf abzielt, die Bedeutung von Begriffen zur Disposition zu stellen.
Der Eindruck, man reifiziere die tradierte Bedeutung von Begriffen wie 'anor-
mal', 'Natur' oder 'Geschlecht' (um nur einige zu nennen), soll damit vermieden
werden. Anführungszeichen machen deutlich, dass man um die soziale Konstruiertheit und prinzipielle Kontingenz von semantischen Gehalten weiß – aber
auch um die eigenlogische normative Dimension ihrer Konstruktion. Die Festlegung auf *eine* Bedeutung, auf *einen* spezifischen Sinn, fällt offensichtlich umso
schwerer, je stärker der 'linguistic turn', also der Rekurs auf sprach- bzw. diskurstheoretische Positionen ist. Im Kontext der Frauenforschung wird man des-

---

205 Zum Begriff der Manipulation von Diskursen vgl. Kaplan 1982 in Seifert 1992: 281.
206 Zum Zitat als (postmoderne) Form vgl. Eco 1988.

halb auch kaum noch den Begriff der Frau ohne Anführungszeichen geschrieben (und gedacht) finden.

Ein anderes Beispiel für diskursive Umdeutungspraktiken liefert Butler anhand einer genealogischen Analyse des Begriffs 'queer'. Queer bedeutet(e) „eigenartig, anders in einem unangenehmen Sinne" (Oxford Advanced Learner's Dictionary; eig. Übersetzung); er ist ein Begriff, der abwertend und demütigend

Abb. 12. Kreatives Zitieren.

gemeint war.[207] Er wurde und wird verwendet, um 'verrückte'[208] Menschen oder auch solche mit abweichender Sexualität zu beleidigen und/oder zu stigmatisieren. Inzwischen aber ist der Begriff nicht nur eine positive und identitätsstiftende Kategorie einer (politischen) Szene oder Subkultur geworden, die sich jenseits schwuler und lesbischer Zusammenhänge etabliert hat, sondern auch – zumindest in den USA – ein Wissenschaftszweig auf dem besten Wege zur Institutionalisierung.[209] Der Begriff queer wurde und wird ironisch zitiert, er wird verwendet, aber der semantische Gehalt (die Bedeutung) wird dabei nicht verbindlich oder ernsthaft beibehalten. Der Begriff wird 'als ob' verwendet.[210] Butler fragt nun danach, wie es kommt, dass dieser ursprünglich abwertende Begriff „umgekehrt wurde (...), um eine Reihe neuer und bejahender Bedeutungen zu bezeichnen" (Butler 1995: 295). Ihre Antwort liegt erstens in der historischen Dimension von Diskursen, also in der „Zeitbedingtheit" (ebd.), von der bereits die Rede war. Bedeutungen verschieben sich im Laufe der Zeit, weil verschiedene soziale Gruppen Begriffe verwenden und weil sich die außersprachlichen Phänomene ändern. Zweitens sind solche Umdeutungen dadurch möglich, dass jede semantische Festlegung eines Begriffs *notwendigerweise* das zu Bezeichnende verfehlt. Plastisch wird dies an den nachfolgenden Abbildungen, die den subversiven Umgang anhand von Körper-Codes verdeutlichen.

Signifikanten sind instabile Größen, da ihr semantischer Gehalt nicht statisch fixiert werden kann (auch wenn Wörterbücher und Lexika es tun – und dauernd überarbeitet werden müssen). Begriffe wie Ausländer, Frau, Familie, Arbeit, Politik usw. sind aktuelle Beispiele für die – auch zeitliche – Instabilität diskursiver Bestandteile. Sie beziehen, wie alle Begriffe, ihre Bedeutung nämlich aus der sozialen Verwendung und aus den soziokulturellen Kontexten, in denen sie verwendet werden. Mehr noch, performative Sprechakte beruhen darauf, dass sie Bedeutungen nicht *fixieren* können. Sie funktionieren anders als etwa Definitionen, denn sie zitieren und ihre Wirkung ist wie ein Echo, der am Berg die ausgerufene Stimme nicht originalgetreu reproduziert. Performativa

---

207 So auch Butler 1995: 295.
208 Hier im Text also ein Beispiel für die diskursive Strategie der Anführungszeichen. Die Intention hinter ihrer Verwendung ist in diesem Falle, deutlich zu machen, dass ich die normativen Implikationen, die in der Bezeichnung 'verrückt' stecken, zwar wiedergeben, aber nicht ungebrochen reproduzieren möchte.
209 Zur kritischen Auseinandersetzung mit den Queer Studies aus feministischer Perspektive vgl. Walters 1996.
210 Zur Strategie des 'as if' im feministischen Kontext vgl. Braidotti 1994: 5f., 173-190.

Abb. 13. Männer im Rock.

sind nie die unveränderte Kopie eines Originals. Dadurch verschieben sich Bedeutungen im Laufe der Zeit quasi von selbst.

> „Die Kraft oder Effektivität eines Performativs hängt von der Möglichkeit ab, sich auf die Ge-
> schichtlichkeit dieser Konventionen in gegenwärtigen Handlungen zu beziehen und sie *neu zu
> kodieren*." (Butler 1993b: 124, Hervorh. d.V.)

Ein performativer Sprechakt ist also als Prozess zu verstehen, und zwar als immanent instabiler Prozess. Eine für die Auseinandersetzung mit Geschlecht
wichtige Form performativer Sprechakte sind so genannte „Anrufungen"
(Althusser 1977). Anrufungen sind identitätswirksame Titel oder Anreden, d.h.
solche sprachlichen Bezeichnungen, die Menschen ‚zur Sprache bringen'. Anrufungen sind Subjektpositionen in der Sprache wie Mädchen, Schwuler, Vater,
Professorin, Geliebte, Kollegin, Student, Freund, Ausländerin usw. Solche Subjektpositionen sind nicht gleichzusetzen mit konkreten Individuen, wie Butler
nachdrücklich betont (Butler 2001: 15). Subjekte sind demnach „sprachliche
Gelegenheiten" (ebd.), sie sind gewissermaßen bewohnbare Zonen der Sprache.
Sie sind auch und bislang, aber vielleicht nicht zwangsläufig, Identitätskategorien in einem recht spezifischen Sinne, nämlich als identitätslogische Titel, als
Anreden, die eine zeitweilige totale Identifikation fordern. Konkrete Menschen
„besetzen die Stelle des Subjekts (...) und verständlich werden sie nur, soweit
sie gleichsam zunächst in der Sprache eingeführt werden" (ebd.). Personen wer-
den also dadurch, dass sie sich mit dem Diskurs vernähen – und von anderen in
diesen mehr oder minder herrschaftsförmig vernäht werden – zu intelligiblen
Personen. Ohne die Annahme solcher Titel keine soziale Existenz und ohne die
Auseinandersetzung mit diesen Titeln keine Identität. Individuen werden durch
Anrufungen (vgl. Butler 2001: 91ff.) aufgefordert, eine Bezeichnung, einen
Namen, einen Titel anzunehmen und das heißt immer auch, sich mit diesen zu
identifizieren.

Wenn etwa jemand als 'Mädchen' angesprochen wird, ist der Gehalt, auf
den sich die Anrufung bezieht, vage, instabil, kontextabhängig und historisch
wie kulturell variabel. Was ist ein 'richtiges' Mädchen? Oder wenn ein Mann in
einer Bäckerei beim Brötchenkauf eine Frau mit 'na, junge Frau?' anspricht, was
meint der Begriff hier? Als was wird die Person angerufen? Für Butler ist ein
'richtiges' Mädchen der Prozess des 'Zum-Mädchen-Werdens' (Butler 1995:
306), der durch das 'es ist ein Mädchen'-Sagens ausgelöst wird. Im Beispiel der
Bäckerei würde die Person durch die Anrede zur jungen Frau ‚gemacht' – es sei
denn, diese Person verweigert die Identifikation mit der Anrufung. Aber auch
dann muss sie sich der Anrufung gegenüber positionieren, ob ablehnend, identi-
fikatorisch, ironisch, halbherzig oder sonst wie. Ebenso wird das Mädchen durch

die Anrufung in den Prozess gezwungen, sich als Mädchen zu identifizieren und die (instabilen) Normen des Mädchen-Seins zu zitieren. Individuen sind konkrete Menschen mit ihrer dynamischen biographischen Zeitlichkeit und in vielfachen lang- oder kurzlebigen, verbindlichen oder losen Kontexten eingebunden. Reale Personen sind keine Subjekte im beschriebenen Sinne, sondern schaffen (konstruieren) sich aktiv in der Auseinandersetzung mit normativen Konstitutionsverhältnissen eine Identität – und zwar andauernd, immer wieder (und wenn auch nur minimal) anders, eigensinnig. Wir scheitern – so betrachtet – bei dieser alltäglichen Konstruktionsarbeit an der Verkörperung von ‚Normen'. Wir scheitern zum Glück und notwendigerweise. Geschlechtsidentitäten sind aus der Sicht Butlers grundsätzlich instabile Wiederholungs- bzw. Zitierprozesse im Spannungsfeld von Normen und performativen ‚Reiterationen'.

Diese Wiederholungen oder Prozesse des Zitierens bieten die Möglichkeit zur kritischen Umdeutung und damit zur Handlungsfähigkeit (vgl. für eine visuelle subversive Umdeutungspraxis Abb. 14):

> „Von Sprache konstituiert zu sein, heißt hervorgebracht werden, und zwar innerhalb eines gegebenen Macht- und Diskursgeflechtes, das für Umdeutung, Wiederentfaltung und subversive Zitate von innen und für Unterbrechungen und unerwartete Übereinstimmungen mit anderen Netzwerken offen ist. Die 'Fähigkeit' der Handlung befindet sich genau an solchen Schnittpunkten, wo der Diskurs sich erneuert." (Butler 1993b: 125)

Handlungsfähigkeit darf aus diskurstheoretischer Perspektive nicht als individueller, subjektiver Akt eines Einzelnen verstanden werden, wie Butler in ihrer Auseinandersetzung mit Benhabibs kritischen Einwänden (Benhabib 1993: 106-110) formuliert. Worauf die Kritik von Benhabib abhebt, ist der Verlust der 'agency', d.h. der individuellen Handlungsfähigkeit im Rahmen der Diskurstheorie. Umso mehr, wenn diese sich – wie im Falle Butlers – auch als Gesellschaftskritik begreift. Benhabib wirft Butler vor, eine deterministische Sicht des Subjekts zu entwickeln und für kritisches Handeln keinen systematischen Ort zu haben: „Was befähigt das Selbst, die (Codes) zu 'variieren', hegemonischen Diskursen zu widerstehen?" ist ihre Frage (Benhabib 1993: 109) bzw. ihr Vorwurf an Butler.[211] Butler antwortet in ihrer direkten Replik auf diesen Vorwurf mit dem hier erörterten Verweis auf die ambivalente Konstitution von Subjektivität: Menschen (als Subjekte) sind durch Diskurse weder deterministisch fixiert, noch sind sie voluntaristisch autonom: „das 'Ich' und das 'Wir' (sind) weder völlig von Sprache bestimmt, noch (sind) sie völlig frei, Sprache als äußeres Medium zu instrumentalisieren." (Butler 1993b: 125).

---

211 Für eine ausführlichere Version dieser Kritik vgl. Benhabib 1992: 203-241.

Abb. 14.

Die Ausblendung der Dimension von Sprache als (auch) soziale Macht erweist sich allerdings als problematischer als es Butler postuliert. Denn der parodistische Umgang mit Begriffen als subversive Resignifikation ist – auch – eine Frage sozialer Definitionsmacht, bei der eine wesentliche Rolle spielt, wer in welcher Situation und z.b. unter welchen institutionellen Settings Sprache verwendet. So hat beispielsweise die gleichzeitige Verwendung weiblicher und männlicher Formen in der Sprache (wie in dieser Arbeit) oder die positive Aneignung des Begriffs 'schwul' oder 'Lesbe' durch soziale Bewegungen nicht zwangsläufig zur Folge, dass sich an strukturellen Ungleichheits- oder Diskriminierungsverhältnissen etwas ändert. Vielmehr birgt der „diskursive Guerilla-Krieg" (Seifert 1992: 282) die Gefahr des sprachlichen Solipsismus; sprachimmanente Umdeutungen können zu einem selbstreferentiellen Spiel werden, bei dem der Zusammenhang zwischen Diskurs und gesellschaftlichen, nichtdiskursiven, Realitäten und der darin enthaltenen Machtverhältnisse nicht mehr in den Blick genommen werden.[212] Die in diesem Sinne soziologisch gewendete Frage lautet dann: Wer hat wann, unter welchen Umständen und zu welchen Zwecken den Begriff 'queer' verwendet? Welche strategischen (auch unbewussten) Absichten stecken hinter Bezeichnungen und wer ist in der Lage, ehemals erniedrigende Kategorien dergestalt neu zu deuten, dass aus ihnen positive Identifikationen möglich werden? Anders formuliert: Es *gibt* ein Außen der Diskurse, nämlich die Effekte, die diese bewirken und die Bedingungen, unter denen sie zustande kommen. Wie dieser Aspekt, den ich '*soziale* Macht der Sprache' oder Sprache als Medium und Ausdruck sozialer Ungleichheit nennen möchte, im Zusammenhang mit Butlers Perspektive formuliert werden kann, muss zunächst offen bleiben. Er wird am Ende des Kapitels wieder aufgegriffen und vertieft.

Es lässt sich zusammenfassend festhalten, dass es kein von Diskursen unberührtes Terrain gibt, das sinnhaft und damit in irgendeiner Weise sozial relevant ist. Gleichwohl kann zwischen Diskurs und seinen Effekten bzw. Bedingungen unterschieden werden. Wenn es zudem kein Subjekt gibt, das nicht durch die „diskursiven Gepflogenheiten" (Butler 1993b: 126) bestimmt ist, die es selbst kritisieren möchte bzw. muss, dann bleibt nur die Um-Deutung der Deutungen als kritische Praxis. Diese ist nicht nur möglich, sondern auch systematisch angelegt insofern der Prozess der performativen Hervorbringung von Bedeutungen (und Realitäten, die letztendlich nichts als verfestigte Bedeutungen sind) per se

---

212 Vgl. auch Braidotti 1994: 6f.

instabil ist. Die Frage ist also nicht, *ob* wir wiederholen, die Frage ist, *wie* wir wiederholen (Butler 1990: 217).

Im nachfolgenden Abschnitt wird deutlich werden, dass sich diese Logik auch – und gerade – auf geschlechtlich relevante Diskurse bezieht, insbesondere auf den Bereich der Sexualität sowie auf den Zusammenhang zwischen Sexualität und der Konstruktion der Geschlechterdifferenz. Um diese Thematik auszuleuchten, soll zunächst die Perspektive Foucaults auf Sexualität skizziert werden, anschließend werden die Auseinandersetzungen der geschlechtskonstruktivistischen Diskurstheorie mit Hetero- und Homosexualität und der Relevanz dieser Sexualitätsnormen für die körperliche Geschlechterdifferenz behandelt.

3.3 Diskurs und Intelligibilität I: Foucaults Analyse moderner Sexualität

Diskurse haben, wie gezeigt, eine immanent doppelte Wirkung: Sie ermöglichen Sinn, sie produzieren ihn, indem sie den Bezugsrahmen für Intelligibilität darstellen. Zugleich schließt derselbe Diskurs aber anderen, potentiell möglichen Sinn aus. Beide Wirkungen sind konstitutiv miteinander verknüpft: Diskurse ermöglichen Sinn *dadurch*, dass sie anderen, prinzipiell möglichen Sinn ausschließen. Diese Gleichzeitigkeit ist von Foucault anhand der Entstehung der Sexualitätsdiskurse in der Moderne analysiert worden, die er gegenüber Formen der Erotik in der Antike abgrenzt.[213]

Im Rahmen seiner Kritik an der sog. 'Repressionshypothese',[214] wonach die Geschichte der Sexualität die negative Geschichte von Unterdrückung und Verdrängung sei, arbeitet Foucault – genealogisch verfahrend – heraus, dass die Diskursivierung, d.h. die öffentliche Thematisierung von Sexualität (vor allem als Medizin, Sexualwissenschaften, kirchliche Beichte, Psychiatrie, Psychoanalyse, Moral) seit dem 18. Jahrhundert überhaupt das Vorhandensein einer Sexualität ermöglicht (hat), wie wir sie gegenwärtig kennen: als natürliche und innerste, demnach authentischste Wahrheit eines Menschen.[215] Die Entstehung der

---

213 Foucault 1977; 1986.
214 Foucault 1977: 19ff.; 101ff.
215 Foucault 1977: 98ff. All diesen Wissensinstanzen der Moderne ist die Technik des Geständnisses gemein: „Das Geständnis war und ist bis heute die allgemeine Matrix, die die Produktion des wahren Diskurses über den Sex beherrscht." (Foucault 1977: 81). Vgl. auch Dreyfus/Rabinow 1994: 205-209. Die Unterscheidung zwischen dem modernen Umgang mit dem Sex und der vor-modernen, antiken Form, fasst Foucault in den Begriffen 'ars erotica' (eroti-

[Fortsetzung nächste Seite]

modernen Sexualität als diskursive Matrix steht, so Foucault, in einem engen Zusammenhang mit ökonomischen und sozialen Veränderungen im Zuge der Moderne wie Industrialisierung, Bevölkerungspolitik, bürgerliche Kleinfamilie, Bildung von Nationalstaaten usw. Das moderne Sexualitätsdispositiv (als Ensemble von Diskursen, Institutionen, Gesetzen usw. einer Epoche) lässt sich auf die Formel bringen: 'Sage mir, wie Deine Sexualität ist, und ich sage Dir, was für ein Mensch Du bist'. Denn die moderne Auffassung von Sexualität ist eng an einen neuen Subjektbegriff gekoppelt, der davon geprägt ist, dass die eigentliche Wahrheit eines Menschen in seinem Unbewussten nistet und sich in der Sexualität manifestiert. Foucault folgend, schreibt Hark:

„Im 19. Jahrhundert überschneiden sich die Diskurse über Sexualität mit den modernen Wissenschaften vom Menschen.(...) Medizin, Psychiatrie und Pädagogik verwandeln das Begehren in einen systematischen wissenschaftlichen Diskurs. (...) Darüber hinaus ist das Individuum davon überzeugt, es könne sich durch ein (...) Geständnis selbst erkennen. Praktiziert wird nicht nur eine penible Befragung, sondern ganz im Sinne der Gewissenserforschung – deren Modell die seit dem Spätmittelalter eingeführte Ohrenbeichte ist – geht es zunehmend um Selbstanalyse: gesucht wird das *authentische* Selbst, die *wirkliche* sexuelle Identität." (Hark 1996: 73, Hervorh. d.V.)

Aber, so das Fazit Foucaults, die (angebliche) Wahrheit über einen Menschen ist keine der Sexualität intrinsisch innewohnenden Eigenschaft, sie ist vielmehr eine „Funktion von Machttaktiken, die diesem Diskurs innewohnt" (Foucault 1977: 90). Foucault hat mit der Analyse des modernen Sexualitätsdispositivs gezeigt, dass das Wissen um die Sexualität ein Effekt von Macht ist und eine spezifische Weise, das moderne Subjekt zu konstituieren.[216]

„Diese [Produktion der Sexualität] ist (...) nicht als eine Naturgegebenheit zu begreifen, welche niederzuzwingen die Macht sich bemüht, (...). 'Sexualität' ist der Name, den man einem geschichtlichen Dispositiv geben kann. Die Sexualität ist keine zugrunde liegende Realität, die nur schwer zu erfassen ist, sondern ein großes Oberflächennetz, auf dem sich die Stimulierung

---

sche Kunst) versus 'scientia sexualis' (Wissenschaft vom Sex) zusammen. In ersterer steht der Genuss als Selbstzweck im Vordergrund, in letzterer die Analyse, Nützlichkeit, Moral und Wahrheit der Sexualität. Vgl. Dreyfus/Rabinow 1994: 207f.; Foucault 1986. Trotz der historischen Analysen Foucaults bin ich skeptisch, ob diese Gegenüberstellung nicht auch einer gewissen Romantisierung bzw. 'Exotisierung' nicht-westlicher und/oder nicht-moderner Vergesellschaftungsformen des Sexes entspringt.

216 „So dass sich am Ende in (der) 'Frage' des Sexes (...) zwei Prozesse entwickeln, die stets aufeinander verweisen: Wir fordern den Sex auf, seine Wahrheit zu sagen, (...) oder vielmehr die Wahrheit, die tief unter jener Wahrheit unserer selbst vergraben liegt, die wir im unmittelbaren Bewusstsein zu haben vermeinen. Wir sagen ihm seine Wahrheit, indem wir entziffern, was er uns von sich sagt; (...) Aus diesem Spiel hat sich im Verlauf mehrerer Jahrhunderte langsam ein Wissen vom Subjekt gebildet." (Foucault 1977: 89). Vgl. auch Foucault 1977: 98.

der Körper, die Intensivierung der Lüste, die Anreizung zum Diskurs, die Formierung der Er-
kenntnisse, die Verstärkung der Kontrollen und der Widerstände in einigen großen Macht- und
Wissensstrategien miteinander verketten." (Foucault 1977: 127f.)

'Stimulierung, Intensivierung, Formierung, Anreizung'... worauf Foucault damit
hinweist, und das ist zum Verständnis Butlers zentral, ist der immanent produktive Charakter, den Diskurse haben, wie (und gerade) der zur Sexualität. Sie
ermöglichen Wahrnehmungen, Lebensweisen, Gefühle, Lüste und (bestimmte)
Körper. Spezifische Diskurse der Moderne zur und der Sexualität wie Medizin,
Hygiene, Sexualwissenschaften und Psychoanalyse, Bevölkerungspolitik, usw.
bringen körperliche Phänomene hervor, die es vorher so nicht gab: Masturbation, Perversion, Pubertät, erlaubter und unerlaubter Geschlechtsverkehr (vorehe-
lich, homosexuell) usw.[217] Dass diese Phänomene hervorgebracht werden, ist
hier nicht als 'vorher gab es keine Masturbation' zu verstehen; vielmehr ist entscheidend, was z.B. 'Masturbation' jeweils bedeutet und als was sie wahrgenommen wird. Die Unterscheidung zwischen einer gleich bleibenden, universa-
len, von den jeweiligen Kontexten unabhängigen Beschaffenheit eines Phänomens und seiner jeweils spezifischen Bedeutung (je nach kulturellem, histori-
schem Kontext etwa) ist aus der genealogischen bzw. diskurstheoretischen Perspektive nicht aufrechtzuerhalten. Am Beispiel der weiblichen Homosexualität
formuliert Hark, was es heißt, dass bestimmte Phänomene durch diskursive
Praktiken entstehen:

„Denn die Frage ist nicht, ob es Sexualität oder weibliche Homosexualität gibt. Natürlich gibt
es sie. Die Frage ist vielmehr, wie gibt es sie: als wesensmäßige, überhistorische und/oder
transkulturelle Erfahrung oder als Effekt der Formierung und Verschränkung verschiedener
Wissensbereiche, als subkulturelle Lebensform oder politischer Identitätsentwurf. Auch der
Stoff, aus dem 'lesbische Identität' gewebt ist, ist mithin fiktiv. Er entsteht, ebenso wie seine
Form, erst 'im Auge des Betrachters'; er ist selbst geschichtlich." (Hark 1996: 64, Hervorh.
i.O.)

Im 'Auge des (modernen) Betrachters' entstehen nach und nach eine Vielfalt
von geschlechtlichen Realitäten, die zwar z.T. verboten sind (wie eben Masturbation, Perversionen usw.), aber dass sie verboten sind, heißt ja, dass sie existieren, d.h. definiert, benannt und wahrgenommen werden. Mehr noch, die verbotenen und ausgegrenzten Phänomene sind konstitutiv für das Normale und Anerkannte. Für die kulturelle Konstruktion der Transsexualität gilt dies in exempla-
rischer Weise, weil sie ebenfalls als eine der modernen Perversionen betrachtet

---

217 Vgl. Foucault 1977: 61f.

werden kann, die den Rand des Normalen abstecken.[218] Das sozial konstruierte 'Andere' steckt das 'Eigene' ab – das 'Anormale' definiert das 'Normale'; ich bin das, was ich nicht bin (Frau, weil nicht Mann; heterosexuell, weil nicht homosexuell; weiß, weil nicht schwarz usw.).[219] Das ist die Gleichzeitigkeit von Produktion und Repression von Diskursen im Foucaultschen und Butlerschen Sinne – damit etwas sein kann, muss es immer etwas *nicht* sein. Die repressive Dimension ist insbesondere bei Butler nicht rein sprachtheoretisch bzw. akademisch interessant, sondern stellt für sie auch ein politisches Problem dar. Wenn Butler einen politischen, d.h. gesellschaftskritischen bzw. feministischen Anspruch hat, dann der, auf die Gefahr von Repression durch Diskurs hinzuweisen und nach Wegen zu suchen, Kategorien aus dieser Logik zu 'befreien' und zwar ohne diese zu negieren.

3.4 Diskurs und Intelligibilität II: Butlers Genealogie der Geschlechterdifferenz

Auch Butler kommt es auf die Gleichzeitigkeit von einerseits repressiven, ausschließenden, 'verwerfenden' Dimensionen und produktiven, veränderbaren, prozessualen Wirkungsweisen der von ihr analysierten diskursiven Kategorien andererseits an. Aufgabe einer kritischen Subjekttheorie sei es, „daran zu erinnern, dass sich die Subjekte durch Ausschließung konstituieren" (Butler 1993a: 46) – und dass diese notwendige Ausschließung zugleich die Existenzbedingung von Personen und deren Handlungsfähigkeit ist.[220] Wer jemand sein will, muss sich mittels identitätslogischer Subjektkategorien in die symbolische Ordnung einreihen, so sehr diese Einreihung auch immer mit Verlusten und Verwerfungen einher geht. Als „Subjektivation" ist dieser Vorgang immer zweifach und ambivalent: „'Subjektivation' bezeichnet den Prozess des Unterworfenwerdens durch Macht und zugleich den Prozess der Subjektwerdung" (Butler 2001: 8).

---

218 So Hirschauer (1993a: 351f.), der die gewachsene Flexibilität des Geschlechts hinsichtlich Tätigkeiten, Räume, Normen usw. konstatiert und behauptet, die Transsexualität läge einen „schützenden Schatten" über die real existierende Geschlechtsmigration vieler Individuen in der westlichen Kultur. In diesem Sinne markiert die Transsexualität die Grenze der individuellen Freiheit bzgl. der Gestaltung des eigenen Geschlechts: so ziemlich alles ist erlaubt, doch der Wechsel des Geschlechts ist mit einer Zerstörung des Körpers verbunden. Zur Diskussion um die Diagnose Hirschauers vgl. Kapitel 5.

219 Unter expliziter Bezugnahme auf Foucault formuliert Hirschauer diese Logik ganz analog. Vgl. Hirschauer 1993a: 347.

220 Damit folgt Butler nicht nur Foucault, sondern auch Derrida. Vgl. Wartenpfuhl 2000.

Der Begriff der Intelligibilität, der soziologisch gewendet als 'Lebenstüchtigkeit' verstanden werden kann, drückt genau dies aus. Bezeichnungen machen nur dadurch Sinn, indem sie anderen Sinn undenkbar machen. Die diskursive Produktion von Intelligibilität steht also in einem immanenten Zusammenhang mit semantischen bzw. epistemologischen Ausschlussverfahren, die den Horizont des (Un-)Möglichen abstecken. Auf Prozesse der Subjektkonstitution bezogen (ein zentrales Leitmotiv der Arbeiten Butlers), ermöglicht dies die Frage: 'Wer ist ein Ich'? Was muss ein Subjekt sein, um ein intelligibles Wesen zu sein? Genauer gesagt, geht es um die Frage, 'wie' ein Subjekt sein muss, um intelligibel zu sein. 'Was' ein Subjekt ist, geht in der Analyse dessen, 'wie' es ist, auf. Das jeweilige 'Ich' – im Sinne eines Subjekts – wird „durch die Schaffung eines Gebiets von nichtautorisierten Subjekten, gleichsam von Vor-Subjekten, von Gestalten des Verworfenen und Bevölkerungsgruppen, die der Sicht entzogen sind," gebildet (Butler 1993a: 46). Als Beispiele lassen sich hier Personen ohne Staatsbürgerschaft und geistig Behinderte ebenso nennen wie lesbische Frauen in leitenden Positionen. Diese Personen sind – außer evtl. in medialen Inszenierungen wie Filmen, Serien, Werbespots – unsichtbar, sie haben als staatenlose Menschen, als 'nicht zurechnungsfähige' Personen oder als Frauen mit einer 'verbotenen' Sexualität keinen Subjektstatus. Sie tauchen als Personen in den öffentlichen Räumen oder Diskursen entweder nicht auf oder aber als ‚monströse', pathologische, perverse Figuren. Butler selbst illustriert solche Ausschließungsmechanismen anhand von Vergewaltigungsprozessen; genauer, mit der Frage, wer überhaupt als 'jemand' zählt, um als Klägerin oder Kläger aufzutreten (Butler 1993a: 46).[221]

„Es gibt kein Subjekt vor seinen Konstruktionen" (Butler 1995: 169). Auch geschlechtlich verfasste *Identität* ist eine Konstruktion, die bestimmten Normen der Intelligibilität folgt. Wenn Subjekthaftigkeit ein diskursiver Prozess ist, dann ist es auch – und vielleicht gerade – die vergeschlechtlichte Subjekthaftigkeit.[222] Dies gilt umso mehr, als Subjektivität und Geschlecht, zumindest in der westlichen Moderne untrennbar miteinander verbunden sind; sie sind gleichursprünglich. Dies drückt sich nicht nur in der ersten Frage bei der Geburt aus ('was ist es denn?'), sondern in der grundsätzlichen Unmöglichkeit, vom Geschlecht einer

---

221 Für eine ausführliche Analyse lesbischer Identität aus der Perspektive diskurstheoretischer Subjektkonstitution i.S. Butlers und Foucaults vgl. Hark 1996. Ausgangspunkt ihrer Arbeit ist die Frage: „Welches sind also die Bedingungen, die 'lesbische Frauen' erfüllen müssen, um in den Diskurs eintreten zu können? Was qualifiziert sie bzw. ihr Sprechen als ein hörbares?" (Hark 1996: 25).

222 Vgl. Seifert 1992: 272.

Person abzusehen.[223] Das Geschlecht ist wahrscheinlich die grundlegendste Dimension der Identität.

Aus der diskurstheoretischen Perspektive rückt die Frage nach der symbolischen Konstruiertheit von vergeschlechtlichten Identitäten in den Vordergrund. Die berühmte Aussage von de Beauvoir „man kommt nicht als Frau zur Welt, man wird es" (de Beauvoir 1992: 265), erfährt hier eine Radikalisierung. Aus einer Perspektive, die Subjektivität als diskursiven Prozess begreift, kann logischerweise nicht mehr nach 'dem Wesen der Frau' oder der 'Natur des Mannes' gefragt werden. Vielmehr gilt die Suche den diskursiven Mechanismen, die Frauen zu Frauen (und damit zu intelligiblen Personen) machen. „Es gibt kein 'Ich' vor der Annahme eines Geschlechts." (Butler 1995: 139). Konsequenterweise ist eine der Kernfragen Butlers, wie intelligible Geschlechtsidentitäten zustande kommen. Ihre Antwort ist:

> „'Intelligible' Geschlechtsidentitäten sind solche, die in bestimmtem Sinne Beziehungen der Kohärenz und Kontinuität zwischen dem anatomischen Geschlecht (sex), der Geschlechtsidentität (gender), der sexuellen Praxis und dem Begehren stiften und aufrechterhalten." (Butler 1990: 38)

Sinnhaft sind Geschlechtsidentitäten demnach dann, wenn Körper (sex), Geschlechtsidentität (gender) und Begehren kohärent aufeinander bezogen sind. Diese Kohärenz ist nicht willkürlich oder 'irgendwie' herzustellen, sondern gehorcht einer Norm, der Norm der Heteronormativität und lautet formelhaft: 'Anatomisch bin ich eine Frau, demnach fühle ich mich und lebe als Frau und begehre als Frau'. Die Übereinstimmung von sex, gender und Begehren ist eine Norm, die immer wieder performativ erzeugt werden muss. Jede einzelne Kom-

---

223 Hieran scheiden sich allerdings die geschlechtertheoretischen Geister. Während beispielsweise Hirschauer von der Annahme ausgeht, dass es „Vergessenschancen" für die Geschlechterdifferenz gibt (Hirschauer 2001: 218), die sich daraus ergeben, dass situativ und kontextuell variable „Aktivierungsgrade" (ebd.) der Differenz bestehen, gehen andere Autoren/innen davon aus, dass vom Geschlecht nie abgesehen werden kann, da die Geschlechtszugehörigkeit eine omnipräsenter Masterstatus sei (vgl. ebd.: 210-217). Diese Debatte wird auch von der zunehmenden Rezeption systemtheoretischer Zugänge geprägt, die davon ausgeht, dass Personen je nach Teilsystem als „Träger von Leistungsrollen" (Weinbach/ Stichweh 2001: 34) inkludiert werden (sollten?) und nicht als ‚ganze Personen': „Charakteristisch für eine funktional differenzierte Gesellschaft ist, dass differentielle Inklusion nur nach funktionseigenen Gesichtspunkten zulässig ist" (ebd.). Die Geschlechtszugehörigkeit wäre demnach etwa für die Inklusion in das Bildungs- oder Sportsystem irrelevant und von der funktionalen Logik her illegitim. Wie sich dennoch die Allgegenwärtigkeit und Relevanz der Geschlechtszugehörigkeit aus einer systemtheoretischen Position, die mit Luhmann argumentiert, plausibel erklären ist, das bleibt der andauernden Debatte überlassen.

ponente dieses Zusammenhangs ist (diskursiv) konfiguriert. Weiterhin konstituieren sich diese drei Dimensionen gegenseitig. Butler will diese Kohärenzen als
konstruierte entlarven, d.h. als durch politische, normative und kulturelle Modi
erzeugte, nur vermeintlich natürlich folgerichtige, Kohärenzen und Kontinuitäten.

Butler sieht für die kohärente Geschlechtsidentität also einen Grund oder einen Ursprung, womit sie sich von anderen sozialkonstruktivistischen Au-
tor/innen wie Hirschauer oder Lindemann unterscheidet, die, wie gezeigt, nicht
auf die Frage nach dem 'warum' der Geschlechterdifferenz eingehen.[224] Die
Kohärenz von Geschlechtskörper, Geschlechtsidentität und Begehren hat ihren
Grund im Diskurs der Heterosexualität. Als mächtige diskursive Matrix, als
Norm und Zwang, ist die Heterosexualität dafür verantwortlich, dass die Geschlechterdifferenz immer wieder als binäre, identitätsstiftende und natürlich
legitimierte Dualität wahrgenommen und gelebt wird.[225] Als gesellschaftlich
nicht nur relevanter, sondern hegemonialer Diskurs,[226] ist die Heterosexualität
keine ausschließlich repressive Form der gesellschaftlichen Konstruktion des
Sex, sondern auch eine produktive Norm, die in der beschriebenen Logik Erfahrungen, Identitäten und bestimmte Geschlechtskörper ermöglicht.

3.4.1   Zwangsheterosexualität

Adrienne Rich, die das Konzept der Zwangsheterosexualität ('compulsory heterosexuality', Rich 1989) entwickelt und damit eine breite Debatte um den Zusammenhang von Sexualität, Macht und Identität angestoßen hat, definiert
Zwangsheterosexualität als „die Behauptung, die 'meisten Frauen' seien 'von
Natur aus heterosexuell'" (Rich 1989: 263).[227] Demnach ist Heterosexualität als

---

224 Dies gilt allerdings nur bedingt für die neueren Arbeiten von Hirschauer, in denen er auf
soziale Trägheitsmomente eingeht, die die Konstruktion der Differenz stabilisieren und damit
einen Grund für die Reproduktion derselben liefern. Vgl. Hirschauer 1994 und Kapitel 2.4.
dieser Arbeit.

225 Zum Leben im Sinne einer sinnlichen Erfahrung des Begehrens und der Geschlechterdifferenz
vgl. Lindemann 1993a; Kapitel 4 dieser Arbeit.

226 „Hegemonial ist ein Diskurs, wenn er innerhalb einer Gruppe, Klasse oder Gesellschaft oder
gar gesellschaftsübergreifend dominiert, indem er z.B. die herrschenden Normen, Werte und
Verhaltensstandards einer Gesellschaft konstituiert." (Maihofer 1995: 81). Zur Diskussion um
Hegemonie und symbolische Herrschaft vgl. Kapitel 3.6.

227 Dies gilt grundsätzlich zunächst ebenso für Männer. Allerdings ist anzunehmen, dass die
Norm der Heterosexualität in bezug auf Männer im einzelnen anders wirkt, worauf ich hier

[Fortsetzung nächste Seite]

selbstverständliche Annahme die Norm in Bezug auf die individuelle Geschlechtsidentität. Ihre Wirksamkeit liegt darin, dass sie im Alltagswissen nie oder ausgesprochen selten thematisiert wird. Sie wirkt im Modus der Evidenz, d.h. als Selbstverständlichkeit, unhinterfragbare Normalität, als 'natürliche Tatsache'. Dazu gehört auch, dass sie Subjekte konstituiert, die, um eine 'normale' Identität zu haben, heterosexuell sein müssen.

Normen, die das Geschlecht betreffen, sind in der Perspektive Butlers „Maß und (…) Mittel, um einen allgemeinen Standard hervorzubringen" (Butler 2004: 53). Und Normen „regieren" die soziale Sinnhaftigkeit von Identitäten oder Handlungen, sind aber mit diese nicht identisch (ebd.: 46). Die ‚Regierung' oder Regulierung von Handlungen durch Normen beschreibt Butler als Normativität, die ebenso eigenlogisch ist (d.h. eine eigene Existenz zwischen Praxis und Diskurs führt) wie ‚unsichtbar'. Normativität – im Sinne von Unterstellungen, Annahmen, Stereotypen, Ideologien, die stillschweigend wirkungsmächtig sind – „arbeitet daran, ihre eigene Geschichtlichkeit zu vergessen" (ebd.: 53). Bündig: Frauen sind so, weil sie so sind, das war schon immer so, ist von Natur aus so.

In Bezug auf die oben skizzierte Erzeugung von intelligiblen Geschlechtern funktioniert das in etwa so: Ein Mensch ist entweder Frau oder Mann. Frau oder Mann zu sein, ist eine Frage der sexuellen Identität und die sexuelle Identität ist eine Frage der Sexualität (oder der sexuellen Orientierung, wie es gegenwärtig heißt). Eine Frau ist eine Person, die als Frau begehrt, ein Mann einer, der als Mann begehrt. In einem heterosexuellen Schema begehren Frauen Männer und Männer Frauen. Das Begehren nach dem anderen Geschlecht ist damit eine konstitutive Norm der Geschlechtsidentität.

> „Demnach ist ein Mann oder eine Frau die eigene Geschlechtsidentität genau in dem Maße, wie er/sie nicht die andere ist, wobei diese Formel die Beschränkung der Geschlechtsidentität auf dieses binäre Paar voraussetzt und zur Geltung bringt." (Butler 1990: 45)

Der Begriff der 'heterosexuellen Matrix', den Butler verwendet, wobei sie sich weniger auf Rich als auf Wittig bezieht,[228] bedeutet folgendes:

> „Es geht darum; ein hegemoniales diskursives/epistemologisches Modell der Geschlechter-Intelligibilität zu charakterisieren, das folgendes unterstellt: Damit die Körper eine Einheit bilden und sinnvoll sind, muss es ein festes Geschlecht geben, das durch eine feste Geschlechtsidentität zum Ausdruck gebracht wird, die durch die zwanghafte Praxis der Heterosexualität gegensätzlich und hierarchisch definiert ist." (Butler 1990: 220)

---

nicht eingehen kann. Vgl. Bell/Valentine 1995; Connell 1999: 165-184 und die dort angegebene Bibliographie sowie Foucault 1986.
228 Vgl. Butler 1990: 219f., Fußnote 7.

Hegemoniale Heterosexualität ist ein System, das Körper und Lüste – und Menschen – als Gegensätze, die sich miteinander verbinden müssen, um vollkommen zu werden, ordnet. Das „Begehren nach dem entgegengesetzten Geschlecht" (Butler 1990: 46) ist in diesem Diskurs das eigentliche, authentische, wahre, richtige Begehren – andere Formen, wie etwa Homosexualität, sind rechtfertigungsbedürftige Pathologien, Abweichungen, Anomalien oder vorübergehende Phasen.

Im Kontext historischer Analysen der Geschlechterverhältnisse kann Heterosexualität nicht von der (patriarchalen) Deutung von Reproduktion getrennt werden: Reproduktion und Sexualität sind in alltagsweltlichen Deutungsmustern und Ideologien (die z.t. auch wissenschaftlich legitimiert werden, wie etwa in Verhaltensbiologie, Soziobiologie, Bevölkerungswissenschaften usw.) eng miteinander verwoben. Dort werden sowohl sexuelle Identität als auch Geschlechtsidentität eng an die Reproduktion gekoppelt. Das heißt: Frauen bekommen die Kinder, dafür brauchen sie Männer. Und weil dies so ist, lieben Frauen Männer und sind von Natur aus zur heterosexuellen Sexualität bestimmt. Diese Sexualität bedeutet Penetration, weil ja sonst keine Kinder zu zeugen sind. Männern geht es darum, Nachkommen zu haben. So ergänzen sich beide Geschlechter in ihrer polaren Opposition. Catherine McKinnon, die die Debatte um den Zusammenhang von Reproduktion und Sexualität maßgeblich angeregt hat, folgert deshalb auch, diesen Zusammenhang zum zentralen Anliegen des Feminismus zu machen.[229] In ihrer Formulierung steckt das Kernprogramm der frühen, Ende der 1970er Jahre geführten, feministischen Debatte zur Konstruktion und sozialen Rolle der Sexualität.

> „Sexualität ist (...) eine Form von Macht, verkörpert durch die soziale Dimension der Geschlechtsidentität, nicht umgekehrt. Frauen und Männer sind voneinander durch die Geschlechtsidentität getrennt; durch die sozialen Forderungen der Heterosexualität, die die männliche sexuelle Dominanz und die weibliche sexuelle Unterwerfung institutionalisieren, zu den Geschlechtern, wie wir sie kennen, gemacht." (McKinnon 1989: 102)

Geschlechtsidentitäten wurden als heterosexuelle, patriarchale Konstrukte entlarvt, die Frauen systematisch unterdrücken. Alles, was Frauen angeblich sind (schwach, passiv, kindlich, emotional, mütterlich, treu, fürsorglich usw.), wurde in diesen Analysen zum Konstrukt patriarchaler Sexualität, die den Frauen aufoktroyiert wurde. Demnach „steht und fällt die Geschlechterungleichheit mit der Sexualität" (McKinnon 1989: 102).

---

229 Vgl. auch Daly 1982; Millet 1974.

Im Rahmen dieser Debatten ist die lesbische bzw. homoerotische Sexualität zunehmend zum Thema gemacht worden. Lesbische Sexualität und Lebensweise wurden (und werden) z.T. als Widerstand gegen die beschriebene patriarchale Konstruktion der Geschlechtsidentität betrachtet: „Lesbierinnen verstoßen so sehr gegen die in weiblichen Geschlechtsstereotypen implizite Vorstellung von Sexualität, dass sie gar nicht mehr als Frauen gelten." formuliert McKinnon (1989: 99). Theoretikerinnen wie Wittig und Rich haben in homosexuellen Lebensweisen ein Widerstandspotential ausgemacht, weil sie von der herrschenden Norm der Heterosexualität unterdrückte Existenzweisen sind:

> „Es [das System der Zwangsheterosexualität] ist eine immer noch überzeugend klingende Behauptung, denn erstens wurde lesbische Existenz aus der Geschichte ausgemerzt und Lesbischsein als Krankheit eingestuft und zweitens galt die lesbische Existenz nur als Ausnahme und nicht als für Frauen wesensmäßig. Drittens schließlich ist es für Menschen, die sich aus freien Stücken und 'von Natur aus' heterosexuell betrachten, ein gewaltiger Schritt, anzuerkennen, dass Heterosexualität womöglich nicht die von Frauen 'bevorzugte', sondern ihnen aufgezwungene, inszenierte, organisierte, von Propaganda gestützte und mit Gewalt aufrechterhaltene Form der Sexualität ist." (Rich 1989: 263)

Rich weist hier darauf hin, dass Heterosexualität eine sozial produzierte Norm ist, die als Normalität anhand sozialer Strategien durchgesetzt wird. Heterosexualität muss organisiert, gemanagt, propagiert und 'aufgezwungen' werden. Auch für Wittig ist weibliche Homosexualität ein durch die Zwangsheterosexualität *unterdrücktes* Begehren, weil der heterosexuelle Diskurs Lesben (und andere Frauen) dazu zwingt, sich in heterosexuellen Kategorien auszudrücken: „These discourses of heterosexuality oppress us in the sense that they prevent us from speaking unless we speak in their terms." (Wittig 1996: 145). Hier Homosexualität ('us'), dort Heterosexualität ('they'), das ist die dualistische Sicht von Wittig. Demnach existiert Homosexualität, wird aber unterdrückt, verschwiegen und unsichtbar gemacht. „Thus lesbianism, homosexuality, and the societies that we [Lesben] form cannot be thought of or spoken of, even though they have always existed." (ebd.: 147). Von der Norm der Zwangsheterosexualität ausgehend, die auch definiert, was eine 'Frau' und was ein 'Mann' ist, kommt Wittig (wie Rich) zu dem Schluss, dass eine lesbische Frau keine Frau sein kann – denn Frauen haben gemäß der heterosexuellen Matrix Wesen zu sein, die Männer begehren (ebd.: 148). Anders ausgedrückt lautet die Botschaft der Zwangsheterosexualität: 'Du sollst heterosexuell sein – oder gar nicht' („you-will-be-straight-or-you-will-not-be", ebd.: 147).

Anhand der vorgestellten Radikalisierung der Kritik am hegemonialen Diskurs der Heterosexualität wird bereits deutlich, wie verengt der Blick auf soziale Wirklichkeit geraten kann, wenn man die Ambivalenz von Diskursen und vor allem ihre Einbettung in komplexe soziale Strukturen übersieht. Auch bei Butler setzt sich diese Verengung fort. Denn, so mein Argument,[230] das ich auf den folgenden Seiten verschiedentlich weiterspinnen werde, würde das faktisch stimmen, was Rich und Wittig theoretisch (dabei durchaus immanent logisch und stringent) postulieren, dann kann man sich lebendiges, auch öffentlich z.T. sichtbares lesbisches Leben kaum vorstellen. Denn demnach müsste jede Frau, die mehr oder minder offen lesbisch lebt, damit konfrontiert sein, ihre Existenz zu verlieren. Ohne bestreiten zu wollen, dass jedes 'outing' eine individuell existentielle Krise bedeutet und ohne die historische wie gegenwärtige Diskriminierung, Missachtung und Unsichtbarmachung homosexueller Lebensweisen im mindesten schmälern zu wollen, so darf darüber nicht vergessen werden, dass es – für bestimmte Kreise und Personen – jetzt und früher keineswegs notwendigerweise eine Frage von Sein-oder-Nicht-Sein ist und war, lesbisch zu leben. Anders ausgedrückt: lesbische (und schwule) Identität ist und war wahrscheinlich immer schon eine durchaus verfügbare und gelebte Option. Rückgebunden an die Formulierung von Wittig, dass die Heteronormativität als Zwangssystem dazu führt, dass lesbische Frauen (angeblich) keine Frauen seien, lässt sich entgegnen, dass Homosexualität sicherlich dazu führt (oder führen kann), dass frau sich die Frage stellt, ob sie denn eine richtige Frau sei, wenn sie Frauen begehrt bzw. lesbisch lebt. Dass aber genau diese Frage unzählige Male mit 'ja' beantwortet worden ist und beantwortet wird, relativiert Wittigs Schlussfolgerung doch erheblich.

Zurück nun zu Butler und Wittig. Die Behauptung von Wittig, Lesben seien im Kontext patriarchaler Zwangsheterosexualität keine 'richtigen' Frauen, ist der Anknüpfungspunkt für die Butlersche Kritik an Wittig. Demnach, so schlussfolgert Butler, ist der theoretische und reale Ort für Lesben in Wittigs Welt nur das 'Außen' der Heterosexualität. Wenn die heterosexuelle Norm definiert, was eine Frau zu sein hat, können logischerweise homosexuelle Existenzen nur in einem Raum existieren, der sich dieser Logik entzieht. „Lesbians, living outside the heterosexual contract, are fugitives from patriarchal domination, and therefore not women." (Jackson/Scott 1996: 144). Lesbische Frauen sind demnach zur Flucht gezwungen. Wittig argumentiert weiter, dass sich die Frage danach, was eine Frau sei, für Lesben deshalb erübrige, weil sie in einer anderen Welt leben. Einer Welt, in der der Begriff 'Frau' keinen Sinn mache, denn 'Frau' ist ein Resultat der Zwangsheterosexualität.[231]

---

230 Ich danke insbesondere Ilse Lenz für beharrliche Hinweise zu diesem Punkt.
231 Wittig 1996: 148.

Wenn aber Diskurse, also auch der (hegemoniale) Diskurs der Heterosexualität, im beschriebenen Sinne produktiv sind, wenn also Diskurse auch immer dadurch wirken, dass sie das Unmögliche bestimmen oder das nicht Lebbare markieren, wenn also Sinn durch die Verwerfung anderer, möglichen Sinns produziert wird, dann gibt es keine Möglichkeit, Homosexualität als von der Heterosexualität unberührte Form der Sexualität zu verstehen. Wie oben beschrieben, gibt es aus diskurstheoretischer Sicht keinen sinnhaften Raum jenseits der jeweils herrschenden diskursiven Gepflogenheiten. So begreift Butler Heterosexualität als produktive diskursive Matrix und nicht als unterdrückerisches Moment, gegen die sich Homosexualität als ihr anderes abgrenzt. Vielmehr ist für Butler auch homosexuelles Begehren eine vom heterosexuellen Diskurs mitproduzierte Form der Sexualität, wie sie in ihrer Kritik an Wittig herausarbeitet.[232]

> „Die utopische Vorstellung einer von heterosexuellen Konstrukten befreiten Sexualität bzw. einer Sexualität jenseits des 'Geschlechts' verkennt, in welcher Form die Machtverhältnisse auch noch unter den Bedingungen einer 'befreiten' Heterosexualität oder lesbischen Sexualität die Sexualität für Frauen konstruieren. Diese Kritik trifft auch die Vorstellung von einer spezifisch weiblichen Lust, die sich radikal von der phallischen Sexualität abheben soll." (Butler 1990: 55)

Butler radikalisiert damit die Macht der heterosexuellen Norm in einem spezifischen Sinne. Diese Norm hat quasi keine Grenzen mehr, sie produziert immanent ihr vermeintliches Gegenstück, die Homosexualität. Dass diese Annahme zumindest z.T. plausibel ist, zeigen auch die Versuche vieler Theoretikerinnen und Aktivistinnen, lesbisches Begehren zu definieren. Diese Definitionen kreisen vor allem um den Geschlechtskörper und das (biologische) Frau-Sein. Lesbische Frauen sind demnach Frauen, die Frauen lieben und begehren, womit das Subjekt des Begehrens biologisch bzw. essentiell bestimmt wird. Lesbische Liebe und Sexualität ist das Begehren nach Frauen, deren Essenz in den Genitalien und/oder einem 'weiblichen Wesen' liegt.[233] Der Rekurs auf die „Biologie als Grundlage einer spezifisch weiblichen Sexualität (...) widerspricht der feministischen Prämisse, dass Biologie kein Schicksal ist" schreibt Butler (1990: 56) in ihrer Kritik an Definitionsversuchen lesbischer Identität. Mit Butler hingegen ist zu fragen: Was macht überhaupt einen Körper zu einem Frauenkörper? Wenn

---

232 Vgl. Butler 1990: 36-48. Für die Diskussion um die politischen Implikationen einer auf der lesbischen Existenz gründenden Identitätspolitik im deutschsprachigen Kontext vgl. Hark 1996.

233 Zur differenzierten Darstellung und kritischen Diskussion der politisch verwendeten Definitionen lesbischer Identität im Kontext der Frauenbewegung vgl. Hark 1996: 87-141.

Körper vergeschlechtlicht werden, indem sie, wie Butler argumentiert, nur vor dem Raster der Geschlechterdifferenz, die ihrerseits immanent mit dem hegemonialen Diskurs der Heterosexualität verwoben ist, wahrgenommen werden können, dann ist auch der Frauenkörper im Rahmen der Homosexualität ein Produkt der Diskurse zur Geschlechterdifferenz und Heterosexualität. Wobei auch hier kritisch anzumerken wäre, dass Geschlechterdifferenz und Heterosexualität möglicherweise zwei verschiedene Dinge sind. Sie sind unbestreitbar eng miteinander verwoben, gehen aber nicht ineinander auf bzw. ihre Gleichsetzung übertüncht die faktischen Brüche und Ambivalenzen des Diskurses der Heterosexualität.

Um nicht fatalistisch zu argumentieren, indem die Heteronormativität als unentrinnbares Schicksal affirmiert wird, und um das „Projekt der Kritik (...) der heterosexuellen Hegemonie" (Butler 1990: 56) nicht aufzugeben, schlägt Butler die Perspektive der performativen Sexualität vor, die als „Formen der Wiederholung keine einfache Imitation, Reproduktion und damit Festigung des [heterosexuellen] Gesetzes bedeuten" (Butler 1990: 57). Statt Imitation und Reproduktion plädiert Butler für die kritische Praxis der Umdeutung oder der parodistischen Imitation normierter Sexualitäten und/oder Geschlechtsidentitäten. Gemäß der Butlerschen Konzeptualisierung besteht ja die Funktionslogik performativer Sprechakte darin, dass sie einerseits ein ‚Echo' sein müssen, das heißt, bestehende Bedeutungen zitierend wiederholen müssen, um sinnhaft zu sein, andererseits aber nie die unveränderte Kopie eines Originals sind. Zweierlei ist hierbei von Bedeutung: Erstens gibt es kein fixes Original, zweitens sind Kopien immer eine eigendynamische Rezirkulation von Bedeutungen.

Butler illustriert diese beiden Momente anhand der Analyse parodistischer Inszenierungen von Geschlecht in der Travestie.[234] Als zugleich marginalisierte und sozial integrierte (sub-)kulturelle Praktiken sind ‚cross-dressing' (gegengeschlechtlicher Kleidertausch), Travestie, drag, butch- bzw. femmes-Inszenierungen usw. Parodien einer als authentisch, ursprünglich oder natürlich wahrgenommenen Geschlechtsidentität.[235] Diese Praktiken variieren insofern die herrschenden Normen des Geschlechts, als sie die „Unterscheidung zwischen der Anatomie des Darstellers und der dargestellten Geschlechtsidentität" durchein-

---

234 Dies ist wohl die politisch umstrittenste Dimension von Butlers Arbeiten. Wenngleich Butler von Anfang an zwischen Parodie und Politik unterscheidet (Butler 1990: 209ff.; auch 1995: 169ff.), bleibt sie – gemessen an ihren eigenen politischen Ansprüchen – hinter der feministischen Diskussion um soziale Macht- und Herrschaftsverhältnisse zurück. Vgl. Kapitel 1.1 und Kapitel 1.

235 Butler 1990: 201; 1995:170.

ander bringen (Butler 1990: 202). Durcheinanderbringen ist das politische Programm Butlers, weswegen ihr erstes Buch treffend 'Gender Trouble' heißt.[236]

3.4.2 Travestie: Imitation ist Imitation ist Imitation...

In dem von Livingston gedrehten Dokumentarfilm 'Paris is Burning', dessen Gegenstand die Bälle New Yorker Travestiten sind (hauptsächlich farbige Männer, die sich als Frauen inszenieren),[237] wird die Normalität dadurch hinterfragt, dass in der „mise en scène des Echten das Echte als mise en scène schlechthin" erscheint (Vinken 1993: 46). Der Dokumentarfilm zeigt durch Interviews mit 'drag-queens' (männliche Travestiten) und Aufnahmen des Alltags sowie der Bälle in New York und Paris, die Vielfalt der Lebenswelt von Travestiten. Er zeigt auch, welche Charaktere und Idealtypen die drag-queens inszenieren, wie sie sich zu Geschlecht verhalten (als Geschlechtsidentität, als Geschlechtskörper, als Geschlechtsperformance auf der Bühne und im Alltag, als Geschlechterstereotypen usw.), welche Lebensentwürfe und Biographien die interviewten Personen haben und schließlich, wie andere Dimensionen (Ethnizität, Alter, AIDS, Familie usw.) das Geschlecht und das Leben als Travestit beeinflussen.

Die Inszenierung von Weiblichkeit auf der Bühne zitiert die Inszenierungen von Frauen im Alltag. In den überzogenen Inszenierungen der Travestie „entpuppt sich die Realität [des Geschlechts] als etwas, dem alle hinterherlaufen, und es zeigt sich, warum *alle* hinterherlaufen." (ebd.; Hervorh. i.O.). Die Travestie ist eine Darstellung der Ambivalenz der allgemeinen, also für alle Subjekte geltenden, Situation, dass das, was ganz natürlich ist, ein Effekt von Darstellungen ist.[238] Travestie funktioniert nämlich nur dann, wenn die Inszenierung des Geschlechts als *übertriebene* Darstellung verstanden wird. Dafür muss ein Stückchen Wahrheit in der Übertreibung intelligibel sein, in der sich das Publikum wieder erkennt. Das Publikum identifiziert sich, erkennt also das eigene bzw. andere Geschlecht in den z.T. glamourösen Inszenierungen, weil nicht nur die

---

236 Ein im übrigen interessantes Beispiel für die eigenständige Rezirkulation von Bedeutungen, weil der deutschsprachige Titel ('Das Unbehagen der Geschlechter') mit der Freudschen Formulierung vom 'Unbehagen in der Kultur' spielt, was im englischsprachigen Original nicht der Fall ist.

237 Die feministischen Analysen des zum 'Kult' avancierten Film 'Paris is Burning' umfassen bei Butler (1995), hooks (1992), Vinken (1993) nicht nur die Dimension des Geschlechts, sondern auch dessen Verknüpfung mit Aspekten ethnischer und sexueller Gewalt.

238 Vgl. Butler 1995: 170-185.

äußerlichen Mittel der Geschlechtsdarstellung wie Schminke, lackierte, lange Fingernägel, hohe Absätze, tief ausgeschnittene Kleider, push-up-BHs, Strumpfhosen, epilierte Beine, falsche Wimpern, toupierte Haare, auffälliger Schmuck usw. alltägliche Gegenstände sind, die Frauen nutzen (oder ablehnen), um sich als Frauen darzustellen (oder um sich von tradierten Darstellungen sichtbar zu distanzieren). Auch die mimischen, stimmlichen, gestischen – also körperlichen – Formen der Travestie haben einen hohen Wiedererkennungswert. So sind hohe oder auch verraucht-verruchte, vampartige Stimmen ebenso wie Körperhaltungen, die die geschlechtlich signifikanten Körperformen betonen, Zeichen für Weiblichkeit, die in der Travestie übersteigert werden. In diesen Übertreibungen wird das Normale sichtbar. Wenn drag-queens 10 cm hohe Stiletto-Absätze tragen, weist das auf die normale Absatzhöhe von Damenschuhen hin, die Männern vorenthalten, und damit eine verweiblichende Darstellungsressource sind. Sprechen sie in falsetto-hohen Stimmlagen, zitiert das die gemeinhin mit Weiblichkeit assoziierten hellen, hohen Frauenstimmen. Vinken (1993: 48ff.) formuliert diesen Effekt folgendermaßen:

> „Sich als Frau herzustellen erfordert nicht nur die Zeit derer, die, wie in 'Paris is Burning', biologisch keine Frauen sind (...). Auch der Tagesablauf biologisch perfekter weiblicher Wesen kann von diesem Unterfangen ganz beansprucht sein. Gymnastik, Maniküre, Schönheitssalon mit Diät, Massage, Sauna, Peeling, Masken, Friseur, nicht zu vergessen make-up und shopping ist alles." (Vinken 1993: 48f.)[239]

'Sind wir nicht alle ein bisschen Travestiten?' lässt sich im Anschluss an Vinken fragen.

Den Lacheffekt und die peinliche Betroffenheit, die Travestiten mit ihren Auftritten erzielen, zeugen von der Wiedererkennung und der Identifikation des Publikums mit dem Dargestellten, was wiederum als Hinweis auf die Einsicht in das eigene Tun verstanden werden kann. „Indem die Travestie die Geschlechtsidentität imitiert, offenbart sie implizit die Imitationsstruktur der Geschlechtsidentität als solcher – wie auch ihre Kontingenz." (Butler 1990: 202). Demnach „offenbart die Geschlechter-Parodie, dass die ursprüngliche Identität, der die Geschlechtsidentität nachgebildet ist, selbst nur eine Imitation ohne Original ist. Oder genauer gesagt: sie ist eine Produktion, die effektiv – d.h. in ihrem Effekt – als Imitation auftritt." (Butler 1990: 203).

Hiermit ist die Butlersche Konzeptualisierung von geschlechtlicher Performativität skizziert: Es gibt kein Original des Geschlechts, denn wir alle stellen es dauernd dar/her, ohne dass wir dabei auf ein verbindliches Original zurückgrei-

---

239 Zur Analyse des Geschlechts als andauernde Inszenierung vgl. Kapitel 2.

fen könnten. Die Imitation ist eine Imitation ist eine Imitation... Auf den immer schon imitierten und imitierenden Charakter aller Geschlechtsidentitäten laufen die Arbeiten Butlers hinaus. Was nämlich parodistische Inszenierungen wie die Travestie deutlich machen *können,* ist, dass intelligible Geschlechtsidentitäten, die darauf beruhen, dass Morphologie (sex), gender und Begehren von Natur aus kohärent sind, immer eine „konstitutive Verfehlung" sind bzw. sein müssen (Butler 1990: 215).

> „In dem Maße, in dem das Geschlecht eine Anweisung ist, ist es auch eine Anweisung, die niemals ganz erwartungsgemäß ausgeführt wird, deren Adressat das Ideal niemals völlig ausfüllt, dem sie/er sich gezwungenermaßen annähert." (Butler 1995: 305)

Die selbstverständliche Übereinkunft von sex, gender und Begehren ist eine (heterosexuelle) Norm, die als Ideal immer wieder erreicht werden muss, weil sie nie 'ist'. Wenn das Geschlecht eine fortdauernde Inszenierung (Hirschauer) ist, also eine quasi endlose Kette performativer Akte, die sich in der Zeit materialisieren – aber nie so stabil, dass das Geschlecht ein für alle Mal 'fertig' ist – dann bedeutet dies, dass die Norm des Geschlechts nie ganz erreicht wird. Dies ist keineswegs ein bloßes theoretisches Abstraktum, sondern alltagsweltlich von Bedeutung. Die Vielzahl an Strategien, die darstellerisch, diskursiv und emotional notwendig sind, um intelligible Geschlechtsidentitäten herzustellen, verweist darauf, dass das Erreichen der Geschlechtsnorm ein fortdauernder Prozess ist. Butler interpretiert diesen Prozess auch als 'Scheitern' des Ideals, d.h. dass „die hegemoniale Heterosexualität selbst ein andauernder Versuch ist, die eigenen Idealisierungen zu imitieren" (Butler 1995: 170). Vorstellungen von der idealen, richtigen, eigentlichen, authentischen Weiblichkeit oder Männlichkeit beherrschen in nicht geringem Ausmaß unsere Alltagswelt: So etwa in der Werbung und in den durch Schulbüchern, Romanen und Zeitschriften, Filmen, Liedtexten usw. transportierten Stereotypen. Auch normalisierende Wissenschaften und ihre Pathologisierungen spielen bei der Konstruktion von idealen Geschlechtlichkeiten eine wichtige Rolle: Frauen sind kleiner und leichter als Männer, Frauen haben keine starke Körperbehaarung zu haben, Homosexualität ist ein Gendefekt, männliche und weibliche Gehirne unterscheiden sich qualitativ usw. Solche Konstruktionen, vor allem die pathologisierenden (bei einer Frau mit Brustbehaarung liegt eine hormonelle *Fehl*funktion vor, Männer haben Potenz*probleme,* die Menopause muss mit Hormonen *behandelt* werden usw.) sind, neben anderen, der Bezugsrahmen für die Vergeschlechtlichung im Rahmen der modernen Geschlechterdifferenz, indem sie Angst vor misslungenen Geschlechtsidentitäten produzieren. Die „heterosexuelle Performativität (ist) von einer Angst geplagt (...), die sie niemals überwinden kann, [so] dass ihr Versuch, mit den eigenen

Idealisierungen identisch zu werden, nie zum Abschluss kommen oder vollendet werden kann" (Butler 1995: 170). Wenn das Geschlecht als konstante Verfehlung von Idealen entlarvt ist, dann braucht es kein Außen mehr, um das Geschlecht als natürliche und/oder ontologische Tatsache zu deplausibilisieren. Intelligible Geschlechtsidentitäten können vielmehr als „phantasmatische Identifizierungen" (Butler 1995: 129ff.) beschrieben werden. Mann-Sein und Frau-Sein sind in sich instabile Identitäten.[240] Wie aus phantasmatischen Identitäten binäre Geschlechtskörper werden, die sinnlich empfunden und wahrgenommen werden, das wird der nachfolgende Abschnitt ausleuchten.

Vorher aber noch einige kritische Anmerkungen: Wird durch parodistische Inszenierungen (wie der Travestie) tatsächlich immer eine Entnaturalisierung erzielt? Sind nicht oft auch Reaktionen zu vernehmen, wie 'aber *so* ist doch keine Frau wirklich', wobei unhinterfragt bleibt, *wie* denn eine Frau wirklich ist? Im rheinischen Karneval ist die Verkleidung von Männern als Frauen überaus beliebt, was sich mit Kessler/McKenna (1978) durchaus in das alltagsweltliche Muster der Geschlechterdifferenz einordnen lässt, nämlich als parodistische Ausnahme. Auch die CSD-Paraden,[241] in denen Schwule und Lesben sich in der Öffentlichkeit sichtbar machen, können als karnevalistische Parodie gelesen werden. In Großstädten wie Köln oder Berlin säumen denn auch am CSD Hunderttausende Schaulustige die Straße und erfreuen sich am 'bunten Treiben', wie Abb. 15 zeigt.

Verschiedene Formen der Geschlechterverwirrung oder Verflüssigung tradierter Geschlechtsidentitäten sind auch zunehmend in Fernsehserien, Spielfilmen oder Werbemitteln wie Fernseh- oder Radiospots und Fotos zu sehen bzw. zu hören. Bringt dies aber automatisch die bestehende Geschlechterdifferenz hinsichtlich ihrer Naturhaftigkeit, Dichotomie und Einbettung in Heterosexualität ins Wanken?

Als übertriebene Inszenierungen von Weiblichkeit(en) durch Männer ist 'drag' – auch für Butler – nicht per se ein Ort subversiver Entnaturalisierungen der Geschlechterdifferenz.[242] Ob und wenn ja, wann und unter welchen Umständen Entnaturalisierungen qua diskursiver Strategien stattfinden und stattfinden können, ist vor allem eine Frage der Verwendung von Diskursen und damit von

---

240 Vgl. Butler 1995: 171.
241 CSD steht für 'Christopher Street Day'. An diesem Tag gehen Lesben und Schwule auf die Straße, um für politische Anerkennung, Gleichberechtigung und gegen Diskriminierung zu demonstrieren. Dabei spielt auch das Ziel, schlicht in der Öffentlichkeit sichtbar zu sein, eine wichtige Rolle.
242 Butler 1990: 204.

Abb. 15. Body polititcs.

sozialer Macht, die in und durch Sprache ausgeübt wird. Die Schlagkraft der Waffen, die im „diskursiven Guerilla-Krieg" (Seifert 1992: 282) eingesetzt werden, sowie die Geschicklichkeit der Kämpfer/innen wird von anderen, nicht diskursiven Maßstäben definiert. Mit diesem Thema wird sich Abschnitt 3.6 befassen.

3.5   Diskurs und Körpermaterie

Die Gedanken zur Performativität von Sprache bzw. Diskurs wieder aufnehmend, geht es nun darum, wie Butler das Verhältnis zwischen diskursiver Konstruktion und körperlicher Geschlechterdifferenz formuliert. Wenn insbesondere die gesellschaftlich normierte Heterosexualität sowie die Geschlechterbinarität die hegemonialen Diskurse sind, die individuelle Geschlechtsidentitäten hervorbringen, und diese sich ihrerseits am Körper festmacht, so ist erklärungsbedürftig, wie sich der Prozess der 'Somatisierung' vollzieht.

Butlers Ausgangspunkt ist die Umkehrung der alltagsweltlichen Kausalität zwischen biologischem Geschlecht und Sexualität. Während üblicherweise die Sexualität (ob als Homo- oder Heterosexualität) als Produkt des biologischen Geschlechts erscheint, postuliert Butler hingegen eine umgekehrte Beziehung. Demnach ist der Körper das Resultat (ver)geschlechtlich(t)er Identität. Der 'sex' ist das Resultat des Diskurses der Geschlechterdifferenz:

> „Das 'biologische Geschlecht' wird nicht (...) als ein körperlich Gegebenes ausgelegt, dem das Konstrukt des sozialen Geschlechts künstlich auferlegt wird, sondern als eine kulturelle Norm, die die Materialisierung von Körpern regiert." (Butler 1995: 22)

So grenzt sich Butler, wie andere Sozialkonstruktivist/innen, von einer biologischen Bestimmungen des Geschlechtskörpers ab. Sie deplausibilisiert den Körper als Essenz des Geschlechts: Indem sie der „Anatomie als festen Referenten [der Geschlechterdifferenz], der irgendwie mit Wert versehen wird", eine Absage erteilt, (ebd.: 96), verortet sie sich in „denjenigen Traditionen des Feminismus, die darum bemüht waren, (...) Biologie als Zwang zu überwinden" (ebd.: 10).[243] Zugleich wendet sich Butler selbst gegen Strategien der Entkörperung im Sinne eines „linguistischen Idealismus" (ebd.) die darin bestünden, Körper nur als Sprache oder als Text zu verstehen. Butlers (politisches) Ziel ist es, durch die

---

243 Zur weiteren Darstellung der Butlerschen Position im Kontext der US-amerikanischen sex/gender-Debatte vgl. Bordo 1992: 167f.

Infragestellung des *ontologischen* Status des Geschlechtskörpers den Körper zu „einem gelebten Ort der Möglichkeit" (ebd.: 11; 47) zu machen. Wenn der Körper nicht mehr als etwas verstanden wird, das von Natur aus auf eine bestimmte Essenz festgelegt ist, dann ist es möglich, ihn für andere Wahrnehmungen und Verwendungen zu öffnen. Er muss 'de-ontologisiert' werden. Wenn diese De-Ontologisierung gelänge, dann könnte auch der Begriff der 'Materialität' verschiedene Bedeutungen umfassen und wäre nicht mehr auf eine einzige Definition festgelegt (ebd.: 98). Hierfür muss er so umgedeutet werden, dass er nicht (länger) ein natürlich bestimmter Gegenstand ist. Der Geschlechtskörper müsste dann nicht (mehr) eine bestimmte Sache sein bzw. eine Essenz haben müssen.

> „Dass der geschlechtlich bestimmte Körper performativ ist, weist darauf hin, dass er keinen ontologischen Status über die verschiedenen Akte, die seine Realität bilden, hinaus besitzt." (Butler 1990: 200)

Der Geschlechtskörper hat also keine wesenhafte Bestimmung jenseits der Akte, die ihn zu einem Geschlechtskörper machen – so der epistemologische Ausgangspunkt. Und doch hält Butler an einer analytischen Trennung zwischen Diskurs und körperlicher Materialität fest. Butler vermittelt beide Pole – Diskurs und Materialität – indem sie diese aus der Opposition herauslöst und statt dessen auf die gegenseitige Konstitution beider Termini abhebt. Sie weist darauf hin,

> „dass sich die theoretischen Optionen nicht darin erschöpfen, einerseits Materialität *vorauszusetzen* und andererseits diese zu *negieren*. Ich möchte weder das eine noch das andere tun. Eine Voraussetzung in Frage zu stellen, ist nicht das gleiche wie sie abzuschaffen; vielmehr bedeutet es, sie von ihren metaphysischen Behausungen zu befreien, (...). Die Materie von Körpern zu problematisieren, kann zuerst einen Verlust erkenntnistheoretischer Gewissheit zur Folge haben (...)." (Butler 1995: 54, Hervorh. i.O.)

Von dieser erkenntnistheoretischen Ungewissheit ausgehend, nämlich den Körper nicht als fixes ontologisches Objekt zu begreifen, entwickelt Butler einen Begriff von Materie bzw. Materialität, der als 'performative Materialisierung' verstanden werden kann.[244] Materie ist demnach der „*Prozess* der Materialisierung, der im Laufe der Zeit stabil wird, so dass sich die Wirkung von Begrenzung, Festigkeit und Oberfläche herstellt, den wir Materie nennen." (Butler 1995: 31, Hervorh. d.V.). Wenn hier von Prozessen der Materialisierung die Rede ist, so knüpft dies wieder an die weiter oben beschriebene Logik performa-

---

244 Auf eine Darstellung der Butlerschen Diskussion des Materie-Begriffs bei Aristoteles, Platon, Lacan, Freud, Foucault und Irigaray, die der genealogischen Methode folgt, verzichte ich hier. Die kritische Lektüre der genannten Autor/innen folgt dem Ziel herauszufinden, wie „sexuierte Morphologien durch regulierende Schemata" produziert werden. Vgl. Butler 1995: 41-130.

tiver Sprechakte an, die als in der Zeit wirksames 'Zitieren' bereits bestehender sinnhafter Codes erfolgreich ist.

„Materie hat eine Geschichte" formuliert Butler (1995: 53) und zielt damit auf die historisch-zeitliche Dimension, die der Materie als *Prozess* innewohnt. Materie wird durch Prozesse hergestellt und ist als solche „vollständig erfüllt mit abgelagerten Diskursen um das biologische Geschlecht und Sexualität" (Butler 1995: 53). Hiermit ist nicht gemeint, dass der *Begriff* der Materie im Kontrast zu Materie *selbst* das Ergebnis historisch sedimentierter Diskurse ist. Vielmehr weist sie darauf hin, dass wenn Begriffe performativ sind, das, was sie bezeichnen, nur durch die 'Konfiguration', die ein diskursiver Begriff als performativer leistet, existiert. Wie im Falle der Sexualität in Foucaults Analysen, die darauf hinweisen, dass es zwar selbstverständlich immer Sex gab, aber dass die entscheidende Frage sei, als was und in welcher Form er thematisiert wird, weist Butler darauf hin, dass die Frage nicht ist, was Materie eigentlich sei, sondern wie der Begriff operiert, wofür er steht bzw. was er (performativ) bezeichnet, also konfiguriert.

Die Konfiguration der Materie durch Diskurse lässt sich mit dem Wissen um Hormone illustrieren, das im vorausgegangenen Kapitel dargestellt worden war. Geschlechtshormone sind um die Jahrhundertwende 'entdeckt' worden, vorher gab es sie nicht, zumindest nicht als sozial relevante materielle Tatsache. Bis dahin war die Materie der Geschlechterdifferenz ausschließlich eine anatomische bzw. organische Materie, d.h. Frauen haben z.B. Eierstöcke, Männer Hoden, männliche Skelette sind schwerer und größer als weibliche, der Schädelumfang ist bei Männern größer. Die biologische Bestimmung – und damit die Materie der Geschlechterdifferenz – hat sich seit der Entdeckung und Vermarktung von Hormonen fundamental geändert: Anstatt die körperliche Essenz des Geschlechts (nur) in den Eierstöcken oder Hoden zu verorten (und damit subjektiv zu erleben),[245] wird das Körpergeschlecht (auch) zu einer Realität von Hormonen und Hormonquantitäten.[246]

---

245 Hier muss darauf hingewiesen werden, dass sich Butler selbst nicht systematisch mit der Dimension des subjektiven Erlebens des Geschlechtskörpers befasst. Ihr geht es zwar darum, auf die diskursive Konfiguration von Erfahrungen aufmerksam zu machen, die Erfahrungen selbst werden aber aus den Überlegungen ausgeblendet. Diese Kritik bildet den Ansatzpunkt für die mikrosoziologische Leib-Phänomenologie von Lindemann, die im nächsten Kapitel (4) ausführlich behandelt wird.

246 Vgl. Oudshoorn 1994.

Die *Konfiguration* ist der Mechanismus, der Sprache und (körperliche) Materialität als unauflösliche Einheit verbindet.[247] Der Begriff Materie konfiguriert den Gegenstand, den er bezeichnet; Materie meint eine bestimmte Art, über Stoffliches, Natur, Körper, Fleisch zu sprechen bzw. diese wahrzunehmen. Das Wort 'Materialität' zu verwenden bedeutet demnach, die „Bedingung, unter der Materialität auftritt" überhaupt geschaffen zu haben (ebd.: 55). So wie der Begriff Naturwissenschaften impliziert, dass sich diese mit Natur beschäftigen und dies wiederum meint, dass Natur von Kultur getrennt werden könne, impliziert der Begriff der Materie, dass es sich dabei um eine ontologische Tatsache handelt.[248] So verknüpft die Konfiguration durch Begriffe oder Diskurse außersprachliche Phänomene mit Sprache. Sprache ist damit nicht (länger) ein reines Bewusstseinsphänomen, also keine Phantasie ohne materielle, faktische und sinnlich spürbare Folgen, noch ist der Körper hinsichtlich seiner Materialität eine vom Symbolisch-Diskursiven, also von der Sprache, unabhängige Naturtatsache. Die Annahme, dass körperliche bzw. materielle Wirklichkeiten durch diskursive Kategorien konfiguriert werden, bedeutet nicht, dass diese materiellen Realitäten „künstlich oder verzichtbar" wären (vgl. Butler 1993c: 10). Es bedeutet lediglich, dass es keine authentische, von der symbolischen Ordnung oder den diskursiven Gepflogenheiten unberührte körperliche Materie gibt.

Auch für den Geschlechtskörper gilt, dass die diskursiven Konfigurationen, die seine Materialität bilden, implizit und damit – meistens – unsichtbar sind. Vagina, biologische Frau, Gebärfähigkeit – all dies sind diskursive Konfigurationen, die den Anschein von selbstevidenter Wahrheit vermitteln (nach dem Motto: 'Man sieht doch, dass es eine Frau ist'). Sie gelten als irreduzibler letzter Grund, also als nicht weiter zu hinterfragende Essenz der Geschlechterdifferenz. Genau um diesen Anschein von Irreduzibilität geht es Butler bei ihrer kritischen Genealogie des Begriffs der Materie: Materie ist ein Begriff, der Irreduzibilität suggeriert. Für die körperliche Materialität gilt:

> „Der als dem Zeichen vorgängig gesetzte Körper wird immer als vorgängig *gesetzt* oder *signifiziert*. Diese Signifikation produziert als einen *Effekt* ihrer eigenen Verfahrensweise den gleichen Körper, den sie nichtsdestoweniger zugleich als denjenigen vorzufinden beansprucht, der ihrer eigenen Aktion *vorhergeht*." (Butler 1995: 54, Hervorh. i.O.)

---

247 Butler 1995: 54, 99.
248 Dies ist selbstverständlich keine universal gültige Tatsache. Auch die Bedeutung von Natur im Kontext der Naturwissenschaften unterliegt einem fortwährenden Prozess. Ich danke Silvia Braslavsky, Barbara Duden und Ute L. Fischer für Hinweise zu diesem Punkt.

Diese Formulierung gleicht frappierend der von Hirschauer formulierten Einsicht in die Effekthaftigkeit des Geschlechtskörpers, dort allerdings bezogen auf Darstellungen bzw. Interaktionen.[249] Bei Butler geht es aber nicht um Darstellungen im ethnomethodologischen Sinne, sondern um den unauflöslichen Zusammenhang von „Materialität und Signifikation" (Butler 1995: 54). „Wie werden Umrisse des Körpers deutlich als scheinbar selbstverständlicher Grund oder Oberfläche markiert, auf die sich die Bezeichnungen des Geschlechtsidentität (...) einschreiben?" fragt Butler (1990: 191) und reformuliert damit die Frage, wie gender zu sex wird.[250] Der Körper wird zu einer Morphe, die sozial 'lebenstüchtig' ist, d.h. der Körper muss sozialen Normen gemäß wahrgenommen und erlebt werden und dieses Erleben wird sozial, spezifischer: diskursiv, produziert. So ist etwa das 'Wissen', dass das Gehirn der Sitz der Ideen und des Denkens ist, dass wir mit den Augen sehen, mit den Ohren hören oder an bestimmten Körperstellen sexuelle Lust empfinden, Produkt kultureller Kategorien.[251] Der Zugang zur Anatomie hängt von den Begriffen ab, die wir von der Anatomie haben.[252] Die Anthropologin Douglas, auf die sich Butler explizit bezieht,[253] hat beschrieben, wie „in der (durch soziale Kategorien modifizierten) physischen Wahrnehmung des Körpers eine bestimmte Gesellschaftsauffassung manifest" wird (Douglas 1981: 99). Soziale Hierarchien werden auch anhand körperlicher Hierarchien erlebt, wie z.B. im Verhältnis zwischen Hirn und sexuellen Organen oder zwischen Mund und After.[254] Im Konzept der 'imaginären Morphologie', das Butler unter Bezugnahme auf Lacan entwickelt, wird dieser Gedanke aufgegriffen und weitergeführt. Körpermorphologien sind insofern imaginär, als „die Fähigkeit, eine *morphe*, eine Gestalt, auf eine Oberfläche zu produzieren, Teil der psychischen (und phantasmatischen) Ausarbeitung, Zentrierung und Einfassung der eigenen Körperumrisse" ist (Butler 1995: 103, Hervorh. i.O.). Vergesellschaftung als subjektive Individuierung ist demnach auch immer die Selbst-

---

249 „[So] können Darstellungen für einen *Betrachter* einen geschlechtlichen Körper *hervorbringen* als habe er ihnen zugrunde gelegen und als seien sie nur sein natürlicher 'Verhaltensausdruck'." (Hirschauer 1989: 111, Hervorh. i.O.).

250 Um diese Frage auszuleuchten, wendet sich Butler ausgewählten psychoanalytischen und feministischen Theorien zu (Freud, Kristeva, Lacan und Wittig), deren Darstellung hier zu weit führen würde. Vgl. Butler 1990: 122-140, 164-188; 1995:85-127.

251 Butler interessiert sich, wie gesagt, weniger dafür, wie dieses Wissen subjektiv *empfunden* wird. Dieser Aspekt ist demgegenüber die Hauptfrage der phänomenologischen Mikrosoziologie. Vgl. Kapitel 4.

252 Vgl. Butler 1995: 96; Laqueur 1992 und Exkurs I.

253 Butler 1990: 193ff.

254 Douglas 1981: 106.

identifikation mit bestimmten Körperumrissen und Morphologien, die erlernt und verkörpert werden. Kinder lernen, dass bestimmte Körperregionen und -vorgänge etwas Bestimmtes bedeuten, dass sie öffentlich gezeigt werden können oder nicht, dass über sie gesprochen werden kann oder nicht, dass sie schamhaft besetzt sind oder – im Gegenteil – sichtbar zur Schau gestellt werden müssen. Bezogen auf das Beispiel der (körperlichen) Reinheit führt Douglas aus:

„Für den sozialen Umgang ist es wesentlich, dass unbeabsichtigte oder irrelevante körperliche Vorgänge aus ihm ausgeschlossen werden. (...) Je komplexer das Klassifikationssystem einer Gesellschaft und je stärker der es erhaltende Druck ist, umso mehr wird vom sozialen Austausch angenommen, es handle sich bei ihm im Grunde um einen Verkehr zwischen körperlosen Geistern. Jedes Kind lernt im Lauf des Sozialisationsprozesses, seine körperlichen Vorgänge unter Kontrolle zu bringen. Die unter dem Gesichtspunkt des formalen sozialen Umgangs irrelevantesten und unerwünschtesten sind die Ausscheidungsprozesse, die Defäkation, das Urinieren, das sich Erbrechen; diese Vorgänge haben denn auch im Kontext des sozialen Umgangs durchgängig einen pejorativen Sinn (...). Schließlich gibt es noch – abgeleitet von der Reinheitsregel – räumliche Bestimmungen [des Körpers], die soziale Distanz zum Ausdruck bringen, und zwar einmal den Unterschied zwischen Vorder- und Rückseite und zweitens den räumlichen Abstand. Die Vorderseite ist allemal würdiger und respektabler als die Rückseite, ein beträchtlicher Abstand ist ein Ausdruck der Formalität, das enge Beieinander ein Ausdruck der Intimität. (...) *Der menschliche Körper ist das mikroskopische Abbild der Gesellschaft.*" (Douglas 1981: 109; Hervorh. d.V.)

Douglas beschreibt hier nicht nur, wie wichtig Sozialisationsprozesse bei der Individuation als Prozess der Körper-Werdung sind, sondern auch, welch normativer Charakter diesen Prozessen innewohnt. Defäkation, Urinieren, Ausscheidungsorgane, Erbrechen – dies sind öffentlich unerwünschte Ausdrücke des Körpers und sie werden sprachlich überwiegend mit abwertenden und/oder beleidigenden Begriffen belegt.[255]

Penetration als Norm der sexuierten Morphologie

Butler interessiert sich nicht nur für die operative Logik von Sprache, sondern – wie Douglas – auch für die normative Dimension von geschlechtlich relevanten

---

255 Die diskursiven Konfigurationen sind entweder medizinisch (also nicht alltagssprachlich) oder aber wertend konnotiert: 'Zum Kotzen, beschissen, anpissen, Arschloch' etc. sind deutliche Beispiele für die Konfiguration körperlicher Vorgänge oder Morphologien. Diese Begriffe konfigurieren zudem das subjektive Erleben der gemeinten Körperregionen bzw. der körperlichen Vorgänge. D.h., sie bewirken Scham, Ekel, Lust usw. Zum Zusammenhang von metaphorischer Sprache und Kultur, allerdings aus einer sprachwissenschaftlichen Perspektive, vgl. Lakoff/Johnson 1998.

Signifikationen. Sie fragt, wie „normative Kriterien stillschweigend die Materie von Körpern [bilden]?" (Butler 1995: 83). Und wieder ist die entscheidende Norm die Heterosexualität, die durch Ontologisierung der Reproduktion dafür sorgt, dass bestimmte Morphologien als natürliche Materialität des Geschlechts-körpers wahrgenommen werden. Anders ausgedrückt: Der Körper wird zu einem Geschlechtskörper, indem bestimmte Normen somatisiert werden. Die heterose-xuelle Norm definiert Sexualität (hauptsächlich) als Penetration der Frau durch den Mann. Mehr noch, die Penetration wird zum Maßstab für sexuelle Aktivität überhaupt. So basiert die Definition von 'Jungfräulichkeit' z.B. auf der Praxis der Penetration, zumindest lange Zeit und wahrscheinlich in weiten Teilen des 'common sense'. Auch wenn andere sexuelle Aktivitäten stattgefunden haben, so ist die Penetration der Frau durch den Mann der Maßstab dafür, ob 'wirklich' Sex stattgefunden hat.[256] Ebenso wird Vergewaltigung ausschließlich im Hin-blick auf Penetration definiert – auch wenn es viele Formen der sexuellen Ge-walt gibt, die wenig mit Penetration zu tun haben. Vaginale Penetration ist – weitestgehend – die 'eigentliche Form' der Sexualität.[257]

Allerdings ist hier zu fragen, ob diese Diagnose den vielfältigen Erfahrun-gen von Sexualität und (inzwischen) dem öffentlichen Diskurs um Sexualität angemessen ist. Stimmt es tatsächlich, dass einzig die vaginale Penetration den 'eigentlichen' Sex darstellt? Es ist eher anzunehmen, dass z.B. in der 'Bravo' oder anderen einflussreichen Jugendzeitschriften das sog. Petting als vollständi-ge, richtige und erfüllte Sexualität vermittelt wird – hier also die Definition ausgeweitet wird.[258] Auch der Straftatbestand der Vergewaltigung wurde in der BRD (§177-179 des StGB) erweitert. Alle Formen der Penetration, ob vaginal, oral, anal, gelten als Vergewaltigung und zwar egal, ob es sich um eine Penetra-tion mit dem Penis oder mit Gegenständen handelt.

---

256 Als ein Beispiel unter vielen kann die Verwendung von 'Sex' in der Ratgeberliteratur zum Thema Schwangerschaft dienen. Es geht unter diesem Stichwort immer um Spermien in der Vagina und damit um die Penetration.

257 Vgl. Richardson 1996.

258 Im Internet debattieren Teenager in Diskussionsforen die Frage, ob z.B. oraler Sex 'richtiger' Sex ist. Die Lebhaftigkeit dieser Diskussionen verweist auf die Ambivalenz hegemonialer Se-xualität i.S. von heterosexueller Penetration. Denn einerseits gibt es dort ein Ringen darum, nicht-penetrative Formen von Sexualität als 'richtigen', durchaus 'eigentlichen', echten Sex zu verteidigen, aber andererseits macht gerade die Tatsache des Ringens darum und die Ausei-nandersetzung darüber deutlich, dass dies nicht selbstverständlich ist. Nachzulesen unter http://www.maximag.com/cgi-bin/maximag/frame2. Auch an die interessanten Debatten nach der Lewinski/Clinton-Affäre in den USA sei hier erinnert.

Bei Butler aber erhält der Penis durch die Verknüpfung von Reproduktion und Penetration als die ursprüngliche und 'normale' Form der Sexualität einen symbolischen Wert, der mit dem Begriff des *Phallus* gekennzeichnet wird. Wenn Lacans Vorstellung stimmt, dass es bestimmte Organe sind, die in der „narzisstischen, imaginären Beziehung zum anderen ins Spiel kommen (...), in der sich das Ich formt [und] *bildet*" (Lacan nach Butler 1995: 109, Hervorh. i.O.), dann werden auch bestimmte Organe zu Symbolen oder Zeichen für Männlichkeit oder Weiblichkeit. So wird aus dem Penis ein Phallus. Der Phallus ist eine symbolisch aufgeladene Idealisierung des Penis; er „konstituiert die Idealisierung und Isolierung eines Körperteils und darüber hinaus die Ausstattung des Teils mit der Kraft des symbolischen Gesetzes" (Butler 1995: 186). Der männliche Körper wird demnach intelligibel, indem der Penis zur Materie des Mannseins wird: Mannsein heißt, einen Phallus zu haben, der seinen materiellen Sitz im Penis hat.

> „Männer werden zu Männern, indem sie sich dem 'Haben des Phallus' annähern. (...) Gemäß der Symbolische Ordnung findet also die Annahme des Geschlechts durch eine Annäherung an [eine] Reduktion statt. Dadurch nimmt ein Körper die sexuierte Integrität als männlich oder weiblich an: Die sexuierte Integrität wird paradoxerweise durch eine Identifizierung mit seiner Reduktion auf eine idealisierte Synekdoche (den Phallus 'haben' oder 'sein') zustande gebracht." (Butler 1995: 186)[259]

Aus dieser Sicht, die die symbolische Ordnung als 'phallozentrisch' beschreibt, werden Männer nicht nur zu Phallus-Trägern bzw. zu denen, die einen Phallus haben wollen, sondern auch zu denjenigen, die penetrieren. Männer sind diejenigen, die penetrieren, Frauen diejenigen, die penetriert werden. Mit dieser Unterscheidung verknüpfen sich im Alltagsverständnis nicht selten stereotypische Assoziationen der Geschlechterdifferenz wie passiv/aktiv, empfangend/spendend, verletzbar/aggressiv, schwach/stark usw. So wird die männliche Morphologie u.a. dadurch konfiguriert, dass sie Undurchdringlichkeit bedeutet: Penet-

---

259 Eine Synekdoche ist eine rhetorische Figur, die das „Mitverstehen und Mitaufnehmen eines Ausdrucks durch einen anderen Ausdruck" meint. Dadurch wird entweder ein engerer Begriff für den weiteren gesetzt (‚Grün' für Natur z.B.) oder umgekehrt. „So setzt man statt der Gesamtvorstellung das Einzelmerkmal, statt des Ganzen das Teil ('pars pro toto'), statt des Vielfachen das Einfache, statt der Mehrzahl die Einzahl ('singularis pro pluralis'), statt der Gattung die Art, statt der Art das Exemplar." Entscheidend ist, dass der Unterschied zwischen „eigentlich gemeintem und synekdochisch bezeichnetem Begriff nicht im Begriffsinhalt, sondern innerhalb desselben Feldes im Begriffsumfang (Vereinzelung und Zusammenfassung) besteht." (von Wilpert 1989: 913). Kurz: Der Phallus ist eine Synekdoche, weil es die Verdichtung eines größeren und komplexeren Zusammenhangs auf einen einzelnen Begriff ist.

riert zu werden, heißt 'weibisch' zu sein (ebd.: 79).[260] Eine Provokation der hegemonialen Ordnung der Heterosexualität stellt darum die männliche Homosexualität dar, denn Männer penetrieren sich dabei oral und/oder anal. Vor allem die, die sich penetrieren lassen, werden als 'weibisch' (da passiv und verletzungsoffen)[261] wahrgenommen. In ihrer Untersuchung zu AIDS und Körperpolitik kommt Waldby (1996) zu dem Ergebnis, dass der biomedizinische Diskurs bzw. die biomedizinische Konstruktion von AIDS eng mit der Aufrechterhaltung einer heteronormativen Ordnung verknüpft ist, indem die Pathologisierung der Immunschwäche als Schwächung durch widernatürliche Körperöffnungen dargestellt wird.[262] Passivität und durchlässige Körperöffnungen werden dabei zu 'Einfallstoren' für gefährliche Viren, zu Orten der Verunreinigung. Durch diese Assoziationen werden im AIDS/HIV-Diskurs der Medien und der Gesundheitsvorsorge sog. Risikogruppen – hier: Schwule – konstruiert. Die „homophobe [homosexualitätsfeindliche] Erwiderung der Medien" auf AIDS, so Butler, greift die 'weibische' Form der Sexualität auf, bei der Körperflüssigkeiten zwischen Männern ausgetauscht werden, was eine Überschreitung sozial anerkannter Grenzen des Körpers darstellt (Butler 1990: 194f.).

Aber auch hier drängt sich die Kritik an der m.E. verengten Thematisierung von Heterosexualität bzw. von Penetration als hegemonialste Norm der heterosexuellen Geschlechterdifferenz auf. Argumentiert man mit Butler, lassen sich beispielsweise Penetrations-Praxen zwischen Frauen, d.h. als Teil lesbischer Sexualität, nicht in den Blick nehmen. Oder genauer: sie erscheinen lediglich als Kopie einer zutiefst patriarchal-heterosexuellen Norm bzw. als Bestätigung des Klischees von Frauen, die eigentlich Sex mit Männern wollen, weil sie ja Penetration genießen. Doch gibt es genügend empirische Evidenz, dass dies keineswegs der Fall ist.[263] Lustvolle Penetration ist im Erleben vieler lesbischer Frauen und auch in heterosexuellen Kontexten, bei denen die Frau den Mann penetriert, eben kein phallischer Akt im Butlerschen Sinne. Im vierten Kapitel werde ich diesen Aspekt wieder aufgreifen.

---

260 Die Verknüpfung der männlichen Morphologie (Penis) mit normativen Gehalten des Geschlechtsseins mittels des Begehrens (Penetration, Aggression) spielt in der phänomenologischen Perspektive Lindemanns eine zentrale Rolle. Dies wird in Kapitel 4 dargestellt und kritisch diskutiert.

261 Die Konstruktion von Weiblichkeit als verletzungsoffen wird im vierten Kapitel eine zentrale Rolle spielen, dann allerdings in ihrer leiblich-affektiven Dimension. Vgl. Kapitel 4.3.1.

262 Waldby 1996: 14; 76ff.; 104f.

263 So nachzulesen in diversen sog. 'sex Education'-Büchern, die lesbische Erotik und Sexualität (mehr oder weniger) didaktisch darstellen. Vgl. Califia 1998; Newman 1999; Wink/Semans 1997.

Zusammenfassend lässt sich also sagen, dass die Penetration in der Butler-schen Perspektive eine Norm ist, anhand derer die heterosexuelle Matrix ihre Hegemonie festigt, und zwar indem bestimmte Körperöffnungen und –durch-lässigkeiten als natürlich und damit intelligibel konfiguriert und im Zuge von Individuationsprozessen somatisiert werden. Allerdings ist hiermit noch nicht beschrieben, wie diese Normen dergestalt in den Körper kommen, dass sie indi-viduell empfunden werden. Die Wirklichkeit des Geschlechtskörpers umfasst unmittelbare Empfindungen wie Menstruationsschmerzen, sexuelle Lüste und körperliche 'Vorgänge' wie z.B. Sinneswahrnehmungen. Ausgehend von der Realität individueller subjektiver Empfindungen, die geschlechtlich relevant sind, hat sich folgerichtig eine der Hauptkritiklinien an der diskurstheoretischen Analyse des Körpers entwickelt. Im Zuge der Rezeption diskurstheoretischer Ansätze, insbesondere im Falle Butlers, ist der Zusammenhang von Sprache und Körper, wie er hier beschrieben wurde, zuweilen als Vorstellung vom Körper als etwas rein Diskursivem oder gar Fiktivem (miss-)verstanden worden.[264] Dabei zielt die Kritik darauf ab, dass Butler durch ihren „semiologischen Idealismus" (Maihofer 1995: 48) eine Entkörperung betreibe, die an der Wirklichkeit vor-beigehe. Duden hat diese Kritik auf die prägnante Formel „Die Frau ohne Unter-leib" gebracht (Duden 1993: 24). Mit der in dieser Kritik implizierten sinnlichen und affektiven Dimension des Geschlechtskörpers hat sich vor allem die phäno-menologische Soziologie beschäftigt, die das Thema des anschließenden Kapi-tels sein wird.

Zuvor soll aber das Problem der Unterscheidung zwischen epistemologi-scher und sozialer Macht noch einmal aufgegriffen und vertieft werden. In der bisherigen Darstellung der Diskurstheorie hatte sich gezeigt, dass Macht vor allem als 'epistemologische' Macht der Rede gedacht wird. Diese Macht ist die Wirkung performativer Sprechakte, die Realität zu schaffen, die sie sprachlich scheinbar (nur) abbilden bzw. repräsentieren. Aus einer soziologischen Perspek-tive ist an diesem Verständnis allerdings problematisch, dass die Frage, *welche* Sprechakte dies tatsächlich leisten (können) und welche nicht, nicht gestellt werden kann. Denn, so meine These, dafür müssten die gesellschaftlichen Kon-texte und Entstehungsbedingungen berücksichtigt werden, weil diese die Rele-vanz bestimmter Sprechakte maßgeblich bestimmen. So sind Begriffe, die in manchen Jugendkulturen verwendet werden ('rave', 'zuknallen', 'posse', 'hot-ten' usw.), aber auch Wissenschaftssprache(n) oder politische Jargons Beispiele für die begrenzte Wirksamkeit von sprachlichen Äußerungen – nicht alle Men-

---

264 Z.B. Duden 1993; Maihofer 1995: 48-51.

schen einer Gesellschaft verstehen diese Begriffe bzw. nicht auf dieselbe Art und Weise. Und damit ist auch ihre gesellschaftliche Relevanz, ihre performative Kraft sozial begrenzt; die erwähnten Beispiele sind nur in bestimmten Subkulturen oder gesellschaftlichen Segmenten intelligibel.

Interessant ist in diesem Zusammenhang die in den 1990'er Jahren entstandene 'Girl'-Kultur in der Pop-Musik. Diese z.T. radikal-feministische, aber gleichzeitig ebenso z.t. gefällige, d.h. einfach zu konsumierende Bewegung bzw. Jugendszene (die sich kaum auf einen Nenner bringen lässt) bewegt sich zwischen subversiver Aneignung traditioneller Weiblichkeitscodes wie Zöpfe, Röcke, Puppen, niedliches Lächeln, 'süß'-Sein einerseits und aggressiver, bisweilen offensiv gewalttätiger Inszenierung. Die Bandbreite der Künstlerinnen, die sich zur Girl-Bewegung zählen oder zurechnen lassen ist weit und reicht von Madonna oder Annie Lennox von den Eurythmics über Queen Latifah und Missy Elliot bis Hole und Courtney Love und Kathleen Hanna mit ihrer Band Bikini Kill. Die extrem erfolgreichen Spice Girls dürften das bislang am perfektesten vermarktete Produkt dieser Bewegung darstellen. Insgesamt aber geht es in der Girl-Kultur, wie sie in der Independent-Szene gelebt wird darum, tradierte Stereotypen von Weiblichkeit aufzugreifen und zumindest spielerisch, nicht selten aber explizit subversiv zu wenden.[265] In diesem Kontext stehen auch die (z.T. kommerziell erfolgreichen) Versuche schwarzer Rapperinnen, Begriffe umzudeuten und explizit politisch positiv zu wenden. Befragt nach ihrer Selbstbetitelung als 'bitch' (ursprünglich Hure, Miststück), gibt eine der erfolgreichsten weiblichen Rapperinnen Roxanne Shanté zu Protokoll:

> „Eine *bitch* kann eine starke Frau sein, die bewundert und beneidet wird. Sie ist selbständig und erhält sich selbst und einen gewissen Lebensstil, ohne dafür mit einem Mann ins Bett zu gehen. So eine Art bitch bin ich. Das Wort für sich selbst neu zu bestimmen, ihm eine neue Bedeutung zu geben, heißt, ihm seine vorgefertigte negative Zuschreibung zu nehmen. Wenn sie dich beschimpfen, spürst du den Schmerz nicht mehr. Und wenn das Wort nicht mehr funktioniert, müssen sie sich ein neues suchen. (...) Mittlerweile sind ihnen die Schimpfworte ausgegangen." (Shanté nach Baldauf/Weingartner 1998: 153)

Allerdings, und das ist der Punkt, auf den ich im Zusammenhang mit der Diskurstheorie hinweisen möchte, liegt in solchen Übernahmen eine nicht zu unterschätzende Gefahr bzw. eine unkontrollierbare Ambivalenz.[266] Dass Roxanne

---

265 Vgl. Baldauf/Weingartner 1998: 17f. Die Autorinnen beschreiben präzise die Ambivalenzen und unauflöslichen Spannungen, die sich aus dem Anspruch ergeben, innerhalb einer Kulturindustrie subversive Politik zu betreiben.

266 Zur weiteren Diskussion um die Verwendung des Begriffes 'bitch' im Kontext der Popkultur vgl. die spannenden Diskussionen im elektronischen Forum von 'Maxi' (www.maximag.com).

[Fortsetzung nächste Seite]

Shanté diese Umdeutung für sich vollzieht ist eine Sache, ob die Jugendlichen rund um den Globus beim Konsum ihrer Videos auf MTV diese Umdeutung auch wahrnehmen, eine ganz andere. Bands, die allzu explizit einen kritischen politischen Standpunkt vertreten, haben nach wie vor große Schwierigkeiten, sich und ihre Musik bzw. Performances in den breitenwirksamen Medien unterzukriegen. Dies lässt sich am Beispiel der CD-Compilation 'Home Alive' nachvollziehen. Aus einer feministischen Selbstverteidigungsgruppe in Seattle hervorgegangen, sollte die CD, die von Epic Records/Sony Music produziert wurde, von den Macherinnen selbst gestaltet und vermarktet werden. Inhaltlich ging es um Themen wie sexuelle Gewalt, Kritik am Patriarchat, autonome Organisation gegen Rassismus und Sexismus usw. Den Macherinnen von 'Home Alive' war diese Unabhängigkeit gerade aufgrund ihres politischen Selbstverständnisses wichtig. Auch wenn dieses Projekt tatsächlich in dieser Form durchgeführt und ein relativer kommerzieller Erfolg wurde, so waren doch die Verhandlungen mit der Musikindustrie mehr als ein „Hürdenlauf" (Baldauf/Weingartner 1998: 22). Ich möchte dies mit der folgenden zugespitzten Formulierung provokativ wenden: wer im Pop-Business erfolgreich sein will, muss sich der herrschenden Codes bedienen. Wer mit ihnen spielerisch bzw. subversiv umgehen will, muss sich drauf gefasst machen, dass nur wenige dies auch erkennen werden. An bestehende Codes anzuknüpfen, sie zu zitieren und als Echo wiederzugeben birgt immer das Risiko der Affirmation und der gefälligen Konsumierbarkeit. Ebenso wenig eindeutig sind aber die Codes selber. Es kommt, so meine ich, sehr darauf an, in welchem Kontext und unter Beteiligung welcher Personen diese (Re-)Formulierungen stattfinden. Diese Kontexte (Musik- bzw. Pop-Industrie z.B.) sind von Macht- und Herrschaftsverhältnissen verschiedenster Art konstituiert. Musikerinnen wie Courtney Love oder Queen Latifah (die schwarz ist, offensiv ihre lesbische Identität thematisiert und über sexuelle Gewalt zwischen Männern und Frauen im afroamerikanischen Kontext rappt) werden von MTV,

---

Maxi ist eine sog. 'grrrl'-site im Internet innerhalb des 'chickklick'-Netzwerks. Dort findet sich vieles zum Thema girl-movement im Kultur- bzw. Pop-Business. Besonders aufschlussreich ist die graphische Gestaltung der Seiten, weil sie mit Geschlechterstereotypen spielen, so z.B. Tampon-Schachteln oder Putzmittel bei b.r.i.l.l.o. (www.virago-net.com/brillo), einer elektronischen Zeitschrift zum Thema Frauen/Mädchen und Technik/Internet. 'Bitch', eine weitere feministische Pop- und kulturkritische Zeitschrift (www.bitchmagazine.com) schreibt explizit zu ihrem Namen: „If being an outspoken woman means being a bitch, we'll take that as a compliment, thanks." Spannend ist auch der Resignifikationsprozess von 'Tussi', wie er in der Zeitschrift „Tussi Deluxe" betrieben wird. Vgl. http://www.tussi-deluxe.de/.

Viva oder anderen kommerziellen Musiksendern lange nicht so gefördert wie die Spice Girls oder All Saints, um nur zwei Beispiele zu nennen. Die (feministische) Diskurstheorie blendet diesen Aspekt weitgehend aus, denn der „poststrukturalistisch inspirierten Diskursanalyse geht es um die Frage, durch welche Mechanismen Form von Sprechen und Schreiben Effekte von Realismus produzieren." (Knapp 1995: 167), aber aus dieser Perspektive kann die Frage danach, wer im sozialen Feld solche Effekte erzielen kann und wer nicht, d.h. in welchem Maße Akteur/innen über je unterschiedliche *Definitionsmacht* verfügen, nicht gestellt werden.

3.6   Das Recht auf das Wort: Sprache und soziale Macht

Wie gezeigt, steht bei Butler die diskursive Erzeugung der Naturhaftigkeit der körperlichen Geschlechterdifferenz als dichotome und ontologische Dualität im Mittelpunkt der Analyse. Die diskursiven Prozesse funktionieren mittels der epistemologischen Macht, die performative Sprechakte immanent besitzen, nämlich jene Realitäten zu erzeugen, die sie scheinbar nur benennen. Die materialisierte Realität der Geschlechterdifferenz wird dabei maßgeblich durch die Norm der Heterosexualität geprägt. Diese Norm wird aus der diskurstheoretischen Perspektive als hegemonialer Diskurs verstanden, d.h. als ein gesellschaftlich dominierender Diskurs, der die allgemeingültigen Normen, Werte und Handlungsweisen einer Gesellschaft zu einem spezifischen Zeitpunkt maßgeblich definiert. Doch wirken selbst hegemoniale Diskurse nicht kausal bzw. deterministisch; sie verfehlen aufgrund der Prozesshaftigkeit von sprachlicher Performativität sozusagen immer ihr Ziel (im Falle von Identitäts- und Geschlechtskategorien die Ontologisierung). Dies gilt auch für den Heterosexualitätsdiskurs: Er produziert Idealisierungen der 'richtigen', 'eigentlichen', 'wahren' Weiblichkeit oder Männlichkeit, die in Werbung, Filmen, Fernsehserien, Medizin, Psychologie usw. transportiert werden, die als normative 'Anrufungen' wahrer Männlichkeit oder Weiblichkeit funktionieren. Aber diese Ideale werden faktisch permanent verfehlt. Letztendlich ist keine reale Frau oder kein realer Mann so, wie es die Figuren der Werbung oder Seifenopern mit ihren 'perfekten' Körpern oder 'idealen' (d.h. stereotypen) Beziehungen sind. Die Wirklichkeit ist immer anders, nämlich brüchiger, ambivalenter, komplexer – so die Binsenweisheit und auch so das Argument Butlers. Genau in dieser Verfehlung, d.h. dem Prozess des 'der Norm Hinterherrennens' sieht Butler Handlungsspielräume für kritische Umdeutungen und 'subversive' Zitierweisen. Ein herausragendes Beispiel hierfür ist die Travestie. Der parodistische Umgang mit Ursprünglichkeit und Authentizität des Geschlechts in der Travestie kann Irritationen beim Publikum hervorrufen, die auf die Konstruiertheit des eigenen Geschlechts verweisen. Bei der Darstellung der Butlerschen Überlegungen zur Travestie und zum subversiven Umgang mit Zitaten im Diskurs hatte ich bereits auf das Problem hingewiesen, dass diese Sichtweise außer Acht lässt, dass Sprache nicht nur epistemologische Macht bedeutet, sondern auch soziale Macht.[267] Oder genauer: Sprache ist auch Medium und Ausdruck sozialer Ungleichheit, wenn man die Entstehungs- und Wirkungskontexte von Sprache betrachtet und weiterhin berücksichtigt, dass es nicht nur 'den Diskurs' gibt, sondern eine Vielzahl von Sprachformen und Praxen, sich der Sprache zu bedienen. Butler selbst deutet das Problem an, wenn sie schreibt, dass z.B. in der Travestie „das parodistische Gelächter vom Kontext und der Rezeption abhängt" (Butler 1990: 204), allerdings belässt sie es bei dieser Andeutung und verfolgt das Thema nicht weiter.

Zugespitzt lautet die Frage, für wen und in welchen Kontexten eigentlich Handlungsmöglichkeit besteht, wenn diese die Möglichkeit meint, Bedeutungen zu variieren.[268] Variation in diesem Sinne heißt ja (zumindest potentiell), sich den allgemein anerkannten und unhinterfragten Deutungsmustern entgegenzustellen, die in einer Gruppe oder gar einer Gesellschaft gelten. Wenn sich etwa eine Schulleiterin als Lesbierin 'outet', dann liegen die dadurch entstehenden Probleme auf der Ebene der *sozialen* Macht von Sprache. Dann nämlich ist es nicht vorrangig von Belang, was 'Lesbierin' im Diskurs der Heterosexualität überhaupt bedeuten mag, als vielmehr, wer solch eine Bezeichnung mit welchem Risiko offen für sich beanspruchen 'kann' bzw. wer es besser nicht tut. Die Schulleiterin bekommt wahrscheinlich weitaus mehr Probleme als etwa die prominente Filmschauspielerin. Der Spitzenpolitiker, der sich als schwul outet, kann mit einem größeren Risiko des Karriereknicks rechnen als der Balletttänzer oder Fotograf, der sich zum Schwulsein bekennt – auch wenn jüngere Beispiele im deutschsprachigen Raum zeigen, dass ein ‚outing' noch lange nicht das Ende einer politischen Karriere bedeuten muss. (Und das ist auch gut so). Von Vorurteilen bzw. sozialer Ächtung sind wahrscheinlich alle betroffen, wer homosexuell ist, muss sich zumindest dafür rechtfertigen, d.h. wird zunächst als nicht normal wahrgenommen. Allerdings ist das Ausmaß der Ausgrenzung und der Nachteile recht unterschiedlich. „Für wen ist outness eine historisch verfügbare

---

267 Zur Definition von sozialer Macht im Vergleich zur epistemologischen Macht vgl. Fußnote 201 dieses Kapitels.
268 Butler 1990: 213.

Option und eine Option, die man sich leisten kann?" (Butler 1995: 300) fragt
Butler ganz in diesem Sinne, bleibt uns allerdings eine Untersuchung dieser
Frage schuldig.[269] Dem Zusammenhang zwischen Diskurs und gesellschaftlichen
Verhältnissen soll im nachfolgenden Abschnitt anhand der sprachsoziologischen
Ausführungen Bourdieus nachgegangen werden.

3.6.1   Sprache als Ausdruck sozialer Macht

Was Butler interessiert, ist der Diskurs als solcher, d.h. die Logik der Produktion
dessen, was überhaupt Sinn macht. Bourdieu hingegen beschäftigt sich mit dem
Gebrauch von Sprache aus sprachsoziologischer Sicht. Aus der Perspektive
dieses Buches, nämlich der Konstruktion der Geschlechterdifferenz im gesellschaftstheoretischen Kontext (soziale Ungleichheit bzw. Geschlechterverhältnis
als gesellschaftliche Struktur), eignet sich deshalb Bourdieus Herangehensweise
für eine soziologische Erweiterung der Diskurstheorie.

Bourdieus Überlegungen zum Verhältnis von Sprache und Gesellschaft[270]
haben ihren Ausgangspunkt in seiner Kritik an spezifischen akademischen Thematisierungen von Sprache im Sinne einer 'inneren Sprachwissenschaft'. Diese
sei insofern verengt, als sie *nicht* nach den sozialen Bedingungen und
(Re)Produktionsverhältnissen von Sprache und semantischen Gehalten frage.[271]
Vielmehr suche diese Form der Linguistik – im Gegensatz zur 'erweiterten
Sprachwissenschaft' (wie etwa Soziolinguistik) – nach sprach*immanenten* Erklä-
rungen für die Funktionsweise von Sprache und betone die Eigenständigkeit und
-logik der Sprache als symbolisches System. Was Bourdieu kritisiert, ist weniger
diese Form der Linguistik (die Sprache aus sich selbst heraus zu verstehen sucht)
als die Übertragung dieser formalen Perspektive auf die Sozialwissenschaften
wie Ethnologie, Anthropologie oder Soziologie.[272] Wonach Bourdieu statt des-

---

269 Allerdings fragt sie dies im Zusammenhang mit politischen Strategien, die auf – von der Norm
      abweichenden – sexuellen Identitäten basieren wie Lesbenbewegung im Kontext der Frauen-
      bewegung.
270 Bourdieu 1990.
271 Ebd.: 8, 18.
272 Zur Gruppe der Sprachwissenschaften zählen so heterogene Felder wie vergleichende Typolo-
      gie, Soziolinguistik, Sprachphilosophie in allen Varianten, kognitive Perspektiven, Phonologie
      usw. Von 'der' Sprachwissenschaft zu sprechen, macht also ebenso wenig Sinn wie von 'der'
      Soziologie o.ä. Bourdieu ist in dieser Hinsicht einerseits vom französischen Rezeptionskontext
      geprägt wie andererseits gegen die vor allem in der Ethnologie und Anthropologie zeitweilig
      starken Rezeption der 'generativen Grammatik' Chomskys. Diese geht von universellen kogni-

[Fortsetzung nächste Seite]

sen sucht, ist eine genuin soziologische Perspektive, die danach fragt, wie „der soziale Wert des Sprechens (...) als Ausdruck sozialer Unterschiede" fungiert (ebd.: 31). Eine soziologische Betrachtung von Sprache und ihrer sozialen Funktion muss demnach anerkennen, dass Sprache zwar ein autonomer Bestandteil der symbolischen Ordnung einer Gesellschaft ist,[273] darf dabei aber nicht vergessen, dass diese Ebene nur hinsichtlich ihrer Relevanz für menschliche Kommunikation und Interaktion soziologisch angemessen zu thematisieren ist. Bourdieus Blick ist darauf gerichtet, wie sprachimmanente Inhalte einerseits und die Bedingungen des Sprachgebrauchs andererseits miteinander verknüpft sind.

Entsprechend deutlich unterschieden sind auch die Vorstellungen von Macht, die Butler und Bourdieu jeweils haben. Macht ist in der Diskurstheorie, für die Butler paradigmatisch steht, eine diskursimmanente Wirkung, nämlich die Macht zur Benennung und Bedeutung. Das also, was Sprechakte als performative Handlungen per se hervorbringen, ist (epistemologische) Macht. Bourdieu hingegen verortet Macht auf der Ebene der Sprecher/innen und den spezifischen sozialen Situationen, in denen Individuen sprechen. Ihn interessieren weniger die jeweiligen Inhalte von Diskursen als solche ('was wird gesagt?'), sondern 'wie wird gesprochen' und 'wer spricht'. Im Kontext der Diskurstheorie ist diese Dimension im Begriff der 'Hegemonie' aufgehoben, allerdings dort nicht systematisch im Zusammenhang mit dem „geschichtlichen Überhang von Strukturierungs- und Sedimentierungsprozessen" entfaltet, die über eine außersprachliche Realität und Eigengesetzlichkeit verfügen (Becker-Schmidt 1993: 42). Gerade aber die Analyse der körperlichen Geschlechterdifferenz ist nicht aus ihrem Zusammenhang mit dem Geschlechterverhältnis als gesellschaftliche Organisationsform zu lösen. Darauf weist Knapp hin, wenn sie schreibt:

> „(Deutlich wird) die enge und wechselseitige reflexive Beziehung zwischen körperlichem/r Geschlecht/Geschlechtszugehörigkeit und [die] soziale Verortung in spezifischen Kontexten, in denen Geschlechtertrennung und -hierarchisierung unmittelbar verknüpft sind." (Knapp 1995: 177)

Diese Kontexte sind Macht- und Herrschaftsverhältnisse, die die außersprachlichen „sozialen Bedingungen [darstellen], die der eigentlichen sprachlichen Logik des Diskurses äußerlich sind" (Bourdieu 1990: 51). Diskurse sind aus Bourdieus Perspektive Ausdruck und Medium sozialer Herrschaft bzw. Ungleichheit. Als wesentlicher Bestandteil des symbolischen Systems ist Sprache eine spezifi-

---

tiven Sprachkompetenzen aus, die angeboren sind. Für klärende Hinweise zu diesem Themenkomplex danke ich Michael Cysouw.

273 Bourdieu 1990: 16.

sche Form, Herrschaft auszuüben. In diesem Sinne verfügen bestimmte Gruppen (Klassenlagen) von Individuen über 'mehr' Definitionsmacht als andere. Bourdieu verschiebt die Frage nach der Performativität von Sprechakten in Richtung einer Analyse davon, wer *legitimerweise* berechtigt und materiell in der Lage ist, durch sprachliche Handlungen Realitätseffekte zu erzielen. Die Anerkennung als legitime/r Sprecher/in erklärt sich dabei nicht aus der Analyse diskursiver Inhalte selbst (im Gegensatz zur Frage der diskursimmanenten Produktion von Intelligibilität bei Butler), sondern aus der Struktur des sozialen Raumes und der darin geführten Auseinandersetzungen um Anerkennung und Distinktion.

In diesem Zusammenhang ist weiterhin zu berücksichtigen, dass Bourdieu Diskurse als sprachliche *Kommunikation* versteht. Sprache ist demnach ein Instrument des Handelns und damit von Macht (ebd.: 11), insofern als Kommunikation immer vom Ringen der Individuen um Anerkennung und Distinktion motiviert ist. Hier trifft sich die Bourdieusche Thematisierung von Sprache und gesellschaftlichen (Ungleichheits-)Verhältnissen mit der Weberschen Definition von Macht. Mit Weber und Bourdieu lässt sich fragen, wer mit welchen Chancen in welchen sozialen Beziehungen die Macht hat, performative Sprechakte mit Erfolg zu verwenden.

Dies wird anhand folgender Beispiele deutlich: Ein Soldat kann seinem Vorgesetzten keine Befehle erteilen, eine Sekretärin ihrem Chef keine Inhalte diktieren, ein Patient dem Arzt keine Diagnose stellen. Es gibt also Befugnisse, die die geglückte Verwendung von Sprechakten bedingen. Diese Befugnisse werden sozial erteilt, sie setzen sich aus Positionen in Hierarchien, aus Autorität qua Amt und/oder verbrieftem Wissen (z.B. Bildungstiteln), aus Delegation usw., kurz aus der sozialen Position des/der Sprechenden in Interaktionssituationen zusammen. Wenn der Soldat dem Admiral das Latrinenputzen befiehlt oder die Sekretärin dem Chef das Kaffeekochen, dann ist das zwar rein sprachlich möglich, aber kaum eine erfolgreiche performative Äußerung.[274] Der Geltungsanspruch einer performativen Aussage, hier vor allem als Setzung einer außersprachlichen Realität, kann sich nur auf den sozialen Kontext beziehen, in welchem diese getätigt wird.[275] Diese 'Seinsverbundenheit' von Aussagen (Mannheim) zu übersehen, gleicht für Bourdieu einer logischen Übung, die für die

---

274 Bourdieu stützt seine Argumentation an dieser Stelle mit dem expliziten Rückbezug auf Austin, dem Begründer der Sprechakttheorie. Vgl. Bourdieu 1990: 52f.

275 Im Unterschied zu den von Habermas im Rahmen seiner Diskursethik entfalteten Geltungsansprüchen 'Wahrheit, Aufrichtigkeit, Richtigkeit und Verständlichkeit', die mit sprachlichen Äußerungen einhergehen. Vgl. Habermas 1971: 111ff.

inneren Sprachwissenschaften zwar Sinn machen kann, soziologisch aber unangemessen ist.

> „Die Logikübung, die darin besteht, den Sprechakt von den Bedingungen seiner Durchführung zu trennen, zeigt anhand der Absurditäten, die durch diese Abstraktion zutage treten, dass die performative Aussage als Akt der Setzung soziologisch nicht unabhängig von der Institution bestehen kann, der sie ihre Daseinsberechtigung verdankt." (ebd.: 53)[276]

Die Kritik, die Bourdieu an der diskurstheoretischen Behandlung von Sprache formuliert, betrifft also die analytische Trennung des Sprachaktes von den Bedingungen seiner Verwendung. Die Magie der Worte, d.h. ihre Kraft, Realitäten hervorzubringen, ist nicht nur eine Frage der Performativität an sich, sondern auch eine der Anerkennung der Geltungsansprüche, die mit der Verwendung eines Performativs einhergehen (Habermas).

Die erwähnte 'Daseinsberechtigung' sozial relevanter Begriffe geht nicht in der Analyse epistemologischer Macht auf. Performative Aussagen enthalten Machtansprüche, die nur vor dem Hintergrund, in dem sie getätigt werden, Sinn machen. Damit sind sie abhängig von der sozialen Macht, die wiederum außerhalb der Sprache begründet ist, nämlich in den „objektiven Verhältnissen der sozialen Welt" (Bourdieu 1990: 54). Diese Verhältnisse ergeben sich aus der (ungleichen) Verteilung sozial relevanter Ressourcen.[277] Dadurch kann Sprache als eine Ressource betrachtet werden, die je nach sozialem Kontext unterschiedlich viel 'wert' ist.

3.6.2 Der soziale Wert der Sprache

Bezogen auf Sprache als handlungsrelevante und zugleich handlungsabhängige soziale Ressource formuliert Bourdieu im Rahmen einer Marktmetapher:

> „Die Diskurse bekommen ihren Wert (und ihren Sinn) erst im Verhältnis zu einem Markt, der sich durch ein besonderes Gesetz der Preisbildung auszeichnet: Der Wert des Diskurses hängt von dem konkreten Machtverhältnis zwischen den Sprachkompetenzen der Sprecher ab; ver-

---

276 Auch hier ist der Hinweis auf Habermas zwingend, der die in Fußnote 87 genannten Geltungsansprüche von Sprechakten als lebensweltliche Bindung der Sprache überhaupt auffasst. Diese Geltungsansprüche werden in der interaktionsgebundenen *Kommunikation* der Lebenswelt naiv vorausgesetzt und können dort nicht oder nur sehr schwer problematisiert werden. *Diskurs* ist bei Habermas hingegen die Form sprachlicher Äußerungen, bei der lebensweltliche Handlungszwänge suspendiert und damit Geltungsansprüche (evtl. herrschaftsfrei) als solche thematisiert werden können. Vgl. Habermas 1971: 115.

277 Zum Ressourcen-Begriff vgl. Kapitel 1.2.1.

standen als Produktions- wie Aneignungs- und Bewertungsfähigkeit. (...) Diese Fähigkeit bestimmt sich *nicht* allein nach sprachlichen Gesichtspunkten." (Bourdieu 1990: 46, Hervorh. d.V.)

Die Fähigkeit sprechender sozialer Akteure/innen, Sprache hinsichtlich ihrer 'Produktions- und Aneignungsdimensionen' zu verwenden, hängt also – auch – von nicht-sprachlichen Gesichtspunkten ab. Woher beziehen Diskurse und die Sprache ihren Wert? Was sind die Produktions- und Aneignungsbedingungen der Sprache?

„Einen Teil der Bestimmungen – und nicht den geringsten –, die zur praktischen Definition des Sinns führen, erfährt die Rede automatisch und von *außen*. Ursprung des objektiven Sinns, der in der sprachlichen Zirkulation erzeugt wird, ist zunächst der *Distinktionswert*, der sich aus der Beziehung ergibt, die die Sprecher bewusst oder unbewusst zwischen dem von einem gesellschaftlich bestimmten Sprecher angebotenen sprachlichen Produkt und den in einem bestimmten sozialen Raum gleichzeitig angebotenen Produkten herstellen." (Bourdieu 1990: 12, Hervorh. d.V.)

Hier wird deutlich, dass Bourdieu Sprache auf die *Handlung* des Sprechens und Sprechen als Handlung wiederum auf soziale Felder bezieht. Sprache bzw. Diskurs wird zur Rede, und Reden ist die kommunikative Tätigkeit von Individuen in der Alltagswelt. Dabei stellt die Alltagswelt das Außen der Rede dar; es sind die gesellschaftlichen Verhältnisse, in denen die Sprecher/innen handeln und in denen sie sprechen, um ihrer Position in diesen Verhältnissen symbolischen Ausdruck zu verleihen bzw. um soziale Positionen zu erreichen. Sprache und Sprechen sind damit Formen symbolischer Macht: „Die eigentliche sprachliche Kompetenz (...) ist auch eine Manifestation der Kompetenz im Sinne eines Rechts auf das Wort und eines Rechts auf Macht durch das Wort" (Bourdieu 1990: 55). Das Recht *auf* das Wort – das ist etwas anderes als die Macht *des* Wortes. Wie begründet Bourdieu das Recht auf das Wort?

Verknüpft mit den durch Kapital bzw. strategischen Ressourcen strukturierten sozialen Feldern bzw. den objektivierten gesellschaftlichen Verhältnissen, lässt sich diese Frage gesellschaftstheoretisch wenden. Aus der Perspektive sozialer Ungleichheit stellt sich Sprache dann als Ausdruck des kulturellen Kapitals dar.[278] Der Wert der Sprache als Bestandteil des kulturellen Kapitals bemisst sich nach der Möglichkeit, soziale Positionen symbolisch mittels der Sprache zum Ausdruck zu bringen. Sprache und Sprachkompetenz werden damit zu einem Instrument im Kampf um Distinktionsgewinne. Betrachtet man die indivi-

---

[278] Bourdieu 1990: 40. Grundsätzlich tritt kulturelles Kapital in drei Formen auf: als inkorporiertes, als objektiviertes und als institutionalisiertes kulturelles Kapital. Vgl. Kapitel 1.2.1.

duelle Sprachkompetenz als Bestandteil des Habitus, dann ist auch die Sprachkompetenz Ausdruck sozialer Ungleichheit.

„Der eigentliche soziale Wert der sozialen Verwendung der Sprache liegt in ihrer Tendenz, Systeme von Unterschieden (...) zu bilden, die das System der sozialen Unterschiede in der symbolischen Ordnung der differentiellen Unterschiede widerspiegeln. Sprechen heißt, sich einen der Sprachstile anzueignen, die es bereits im Gebrauch und durch den Gebrauch gibt und die objektiv von ihrer Position in der Hierarchie der Sprachstile geprägt sind, deren Ordnung ein Abbild der Hierarchie der entsprechenden sozialen Gruppen ist." (ebd.: 31)

Demnach heißt Sprechen, sich einer Ressource zu bedienen, die im Kontext sozialer Ungleichheit steht. Die Sprache ist Teil eines symbolischen Systems, das als alltagsweltliches Instrument ungleich verteilt ist und das bestehende soziale Unterschiede sowohl markiert als auch (re-)produziert. Als Bestandteil des Habitus drückt der Sprachgebrauch dem diesen zugrunde liegenden 'sense of one's place' aus: „Der Sinn für den Wert der eigenen sprachlichen Produkte ist eine grundlegende Dimension des Sinnes für den Ort, auf dem man sich im sozialen Raum befindet" (Bourdieu 1990: 63).

3.6.3   Diskursiver Guerilla-Krieg revisited

Wer kann sich 'outness' leisten? Das war eine im Anschluss an Butlers Diskurstheorie offen gebliebene Frage. Sie kann nun, nachdem die Bourdieusche Sprachsoziologie skizziert ist, wieder aufgegriffen werden. Für die soziologische Erweiterung des diskurstheoretischen Modells der Handlungsfähigkeit (als Möglichkeit der Variation) bietet sich Bourdieus Hinweis auf den systematisch angelegten Raum für „kognitive Auseinandersetzungen" an (Bourdieu 1997a: 177). Es gibt demnach die von Butler postulierten Möglichkeiten subversiver Umdeutungen, sie lässt sich soziologisch aber nur als Frage nach der sozialen Definitionsmacht von Gruppen reformulieren. Bei Bourdieu ist der Umgang verschiedener sozialer Gruppen mit Sprache genauer untersucht.[279] Dabei kommt er – analog der Untersuchungen zu Geschmack, Ästhetik und Lebensstil – zu dem Schluss, dass je 'höher' die Position im sozialen Feld, umso souveräner der Umgang mit konkreten sprachlichen Codes. D.h. wer über viel kulturelles Kapital verfügt, wird leichter und sicherer mit verschiedenen Sprachformen umzugehen wissen und umgekehrt: wer einem Dialekt, einem Jargon oder einer Sprachpraxis verhaftet ist, ist mit hoher Wahrscheinlichkeit eine Person mit relativ

---

279 Aus seinen verschiedenen Arbeiten zusammengetragen in Bourdieu 1990: 11-70, 74-114.

wenig kulturellem Kapital. Personen müssen sich von der unmittelbaren Alltagswelt distanzieren können, um viele 'Sprachen' zu beherrschen und diese
Distanz erfordert schlicht materielles und kulturelles Kapital. Bourdieu formuliert das folgendermaßen:

> „An der Fähigkeit, die verschiedenen Bedeutungen eines Wortes gleichzeitig zu erfassen (...),
> und erst recht an der Fähigkeit, sie praktisch zu handhaben, (...) lässt sich gut jene typische
> *gehobene Sprachfähigkeit messen, die von der Situation absehen und den praktischen Bezug*
> *aufheben kann, der ein Wort mit einem praktischen Kontext verbindet,* und es so auf seine
> Bedeutung festlegt, um das Wort an sich und für sich zu betrachten, das heißt als geometri-
> schen Ort aller möglichen Beziehungen zu betrachten, die auf diese Weise als ebenso mögliche
> 'Sonderfälle des Möglichen' behandelt werden. Diese Fähigkeit, verschiedene sprachliche Va-
> rianten sukzessiv und vor allem gleichzeitig spielen zu lassen, gehört wahrscheinlich deshalb
> zu den besonders ungleich verteilten Fähigkeiten, weil die Beherrschung der verschiedenen
> sprachlichen Varianten und vor allem der das Verhältnis zur Sprache, das seine Voraussetzung
> ist, nur unter bestimmten Existenzbedingungen erworben werden kann, in denen ein *distan-*
> *ziertes und spielerisches Verhältnis zur Sprache* überhaupt möglich ist." (Bourdieu 1990:13f.,
> Fußnote 3, Hervorh. d.V.)[280]

Bezogen auf das Thema der (diskursiven) Konstitution der Geschlechterdifferenz wird damit das Augenmerk darauf gerichtet, wer z.B. in der Lage ist, die
weibliche Form von Endungen in die Sprache einzuschreiben. In welchen sozialen Milieus und Institutionen werden die Anführungszeichen verstanden, die,
wie ich beschrieben habe, darauf hinweisen sollen, dass der/die Autor/in sich
bewusst ist, bestehende Bedeutungen einerseits zu reproduzieren, sich aber
gleichzeitig von den (normativen) Gehalten eines Begriffs zu distanzieren? Wer
versteht also die Bedeutung der 'Frau' oder 'des Geschlechts' oder der 'Weiblichkeit' oder des 'Geschlechtskörpers' in Anführungszeichen? Oder wem ist die
Ernsthaftigkeit und Wissenschaftlichkeit der Analyse von Travestie, Transsexualität oder Heterosexualität zu vermitteln?[281]

---

280 Leidvolle Erfahrungen von Nachwuchswissenschaftler/innen mit ‚partikularen' Dialekten sind
    hierfür ein alltagsweltliches Beispiel: Wer eine mehr oder minder starke regionale Färbung des
    Deutschen aufweist, wird womöglich in Interaktionen zunächst und zwar immer wieder als
    Bayer, Ostfriesin oder Sachse wahrgenommen, und in zweiter Linie als Wissenschaftler/in.
281 So habe ich selbst die Erfahrung gemacht, dass dies im akademischen Milieu nicht ohne
    weiteres einsichtig ist. Gerne spotten gestandene Soziologen/innen über das Thema 'Ge-
    schlechtskörper'. Im Kontext der sozialwissenschaftlichen Frauen- und Geschlechterforschung
    hingegen ist das Thema meistens als würdiges Forschungsobjekt anerkannt worden, womit ich
    vom Zwang der Rechtfertigung entlastet war. Dies sind nur Beispiele für die Bedeutung der
    sozialen Orte, in denen man/frau spricht und schreibt – weder vorschnelle Verallgemeinerun-
    gen noch Lamenti sind hier gemeint.

Am Beispiel der hegemonialen Norm der Heterosexualität wird dieser Zusammenhang besonders deutlich: Wenn die Geschlechterdifferenz ein Effekt dieser Norm ist und wenn die einzige Möglichkeit, diese Norm zu verändern darin besteht, sie von innen zu hinterfragen (weil es ein Außen ja nicht geben kann), dann können dies nur Individuen, die es sich leisten können und wollen, zu einem der hegemonialsten Diskurse der westlich-modernen Gesellschaften ein distanziertes Verhältnis einzunehmen. Die Distanz zur Naturhaftigkeit der Heterosexualität und auch der Geschlechterbinarität bedeutet, aus einem alltagsweltlichen Konsens auszusteigen – und um das zu tun, muss es entweder Nischen geben (kulturelle Freiräume, Literatur, Kunst, Universität, politische Bewegungen, Jugend- und sonstige Subkulturen usw.) oder aber Menschen, die bereit sind, das Risiko der 'outness' zu tragen. Auch die Kampagnen der Frauenbewegung wie z.b. um den §218 in den 1980'er Jahren diente der öffentlichen Sichtbarmachung weiblicher Lebenszusammenhänge, u.a. mit dem Ziel, das symbolische System von Gesellschaft zu verändern.

Obwohl die Antwort auf die Frage, wer nun im Einzelnen wie viel Definitionsmacht in Bezug auf spezifische Diskurse erlangen kann, nur empirisch zu suchen ist, so kann doch festgehalten werden, dass Sprechen auch immer die Ausübung einer Sprachkompetenz ist, die ihrerseits maßgeblich von sozialer Ungleichheit konstituiert ist, wie u.a. die Arbeiten Bourdieus (auch empirisch) zeigen. In diesem Sinne ist das diskurstheoretische Modell der Handlungsfähigkeit, das auf die der Sprache selbst immanenten Variationsmöglichkeiten abhebt, verkürzt. Handlungsfähigkeit ist nämlich ebenso die gesellschaftlich strukturierte Möglichkeit, Sprache als strategische Ressource einzusetzen. Dazu gehört auch, dass Sprechen als Handlung immer in sozialen Kontexten geschieht, dass also nicht nur Rezeption und Wirkung der Rede von mehreren an der sprachlichen Interaktion Beteiligten abhängen, sondern überhaupt der Sinn eines Performativs je nach Kontext und Interaktionspartner/innen variiert.

3.7 Sprache und Hexis – eine andere Form, Diskurs und Körper zu verknüpfen

Als Ausdruck des Habitus ist auch die Verwendung der Sprache eine Frage des 'sense of one's place' (Goffman). Die praktische Beherrschung der Sprache, das heißt die Sprachkompetenz, ist auch immer eine Beherrschung der sozialen Regeln und der Sprechsituation. Dieser Sinn drückt sich auch in den sprachlichsomatischen Gesten, der Mimik und Körperhaltung aus, die sprachliche Ausdrücke begleiten.

„Der Sinn für die Akzeptabilität, an dem sich die Sprachpraktiken orientieren, ist ganz tief in den körperlichen Dispositionen angelegt: Der ganze Körper spricht mit seiner Haltung, aber auch mit seinen inneren, oder genauer gesagt, artikulatorischen Reaktionen [auf den sozialen] Markt an. Die Sprache ist eine Technik des Körpers, und die eigentliche sprachliche, ganz besonders die phonologische Kompetenz ist eine Dimension der Hexis, der physischen Erscheinung, in der sich das ganze Verhältnis zur sozialen Welt (...) ausdrückt." (Bourdieu 1990: 66f.)

Der Einsatz der Stimme und ihrer Lautstärke, die Mimik, die Blicke, die das Sprechen begleiten, die Körperhaltung beim Reden, das Erheben des Zeigefingers oder das Ringen der Hände sind körperliche Aspekte, die zur Rede gehören. Vor allem die Ergebnisse der handlungstheoretischen Analysen der Darstellung der Geschlechterdifferenz weisen eindringlich auf diesen Zusammenhang hin.[282] Es kommt nicht nur darauf an, was wir sagen, sondern auch darauf, wie wir es sagen und wer dies wie wahrnimmt. Was allerdings bei Bourdieu – im Kontrast zur mikrosoziologischen Körpersoziologie – systematisch zusammen gedacht ist, ist die Verknüpfung der körperlichen Aspekte der Rede mit der Dimension sozialer Ungleichheit. Sprache erhält ihren Wert durch ihre Zirkulation auf dem sozialen Markt und damit sind auch die körperlichen Bestandteile des Sprechens auf diesen Markt bezogen.

Während also Butler auf die epistemologischen Bedingungen des Körpers und der Materie abhebt, erhellt eine soziologische und handlungstheoretische Betrachtung des Zusammenhangs von Sprache und Körper den Einsatz des Körpers als Instrument und Speicher der Sprache. Stellen wir uns vor, jemand sagt mit leiser, zittriger Stimme 'Ich bin ein mutiger Mann', während er mit herunterhängenden Schultern, gebeugtem Rücken und auf den Boden gerichtetem Blick dasteht, so ergibt sich ein unglaubwürdiges Bild. Sprechakte müssen also körperlich eingebettet, getragen und inszeniert werden, sollen sie (vor allem als Performative) überzeugend und damit erfolgreich sein.[283] Im nachfolgenden Kapitel wird es um die hier nur angeschnittene Einverleibung von Sprache und/oder Normen der Geschlechterdifferenz gehen und auch dort wird kritisch hinterfragt werden, inwieweit soziale Ungleichheit thematisiert wird.

---

282 Vgl. Kapitel 2.
283 Dieser Sachverhalt korrespondiert auch mit dem Geltungsanspruch auf Authentizität in der lebensweltlich verankerten Kommunikation bei Habermas. Vgl. Fußnote 275.

3.8 Kritisches Fazit

Durch die zu Beginn angekündigten Metamorphosen des Reiseziels, die sich zwangsläufig aus einer neugierigen Reise ergeben, ist der Geschlechtskörper inzwischen Handlung und Sprache geworden. Die zunächst sicher geglaubte Natur des Körpergeschlechts ist brüchig geworden und hat sich als Effekt von Naturalisierungsstrategien entpuppt. Hatte sich gezeigt, dass Naturalisierungsprozesse, die einen geschlechtlichen Körper hervorbringen, in der ethnomethodologischen Perspektive als Vollzugswirklichkeit (Handlungen) betrachtet werden, so haben wir in diesem Kapitel nachvollzogen, wie die diskurstheoretische Perspektive die Naturalisierungen versteht, nämlich als Materialisierungseffekt hegemonialer Diskurse qua der performativen Macht von Sprechakten. Performative Sprechakte schaffen die Phänomene, die sie (scheinbar) beschreiben, weil sie Bedeutungen durch das echogleiche Zitieren bestehender Bedeutungen schaffen. Durch eine genealogisch verfahrende Analyse von Geschlechtskategorien arbeitet Butler heraus, dass auch und gerade (scheinbare) ontologische Kategorien, die geschlechtlich relevant sind (Frau, Sexualität, Begehren, Körper, Materie), eigentlich Effekte von Diskursen sind. Sie sind deswegen scheinbar ontologisch, weil sie über keine Essenz, kein Original, kein eigentliches Wesen verfügen. Es gibt keine ontologische bzw. natürliche Wahrheit z.B. von 'Frau', die es theoretisch zu interpretieren gäbe (wie etwa in der Differenztheorie)[284] oder die es in der Praxis umzudeuten gälte (wie etwa den 'weiblichen Führungsstil' oder 'affidamento' in beruflichen Netzwerken).[285] Vielmehr ist 'Frau' oder 'Frauenkörper' immer schon Interpretation. Es zeigt sich also, dass „das Geschlecht nicht länger als 'innere Wahrheit' der Anlagen und der Identität gelten kann" (Butler 1990: 61).

Der Diskurs, die Sprache kommt aus diskurstheoretischer Perspektive durch die *epistemologische* Macht der Konfiguration in den Körper, der Körper steht damit nie außerhalb des Diskurses. Denn jegliche Wahrnehmung und jegliche Äußerung (auch und gerade diejenigen, die mit dem Körper zu tun haben: Morphologien, Gesten usw.), die sinnhaft sein soll, kann dies nur im Rahmen bestehender diskursiver Gepflogenheiten sein. Wenn diese Gepflogenheiten so sind, dass es zwei und nur zwei Geschlechter gibt (exklusiv, lebenslang und natürlicherweise) und wenn diese Geschlechter dadurch konstituiert werden, dass sie

---

284 Vgl. Cavarero 1990; Libreria delle donne de Milano 1991.
285 Für eine hierzulande seltene empirische Arbeit aus differenztheoretischer Perspektive vgl. Keil 1996.

diskursiv als Opposition durch die hegemoniale Norm der Heterosexualität (Heteronormativität) aufeinander bezogen sind, dann ist auch der Geschlechtskörper (der alltagsweltlich die natürliche, wahre Essenz der Geschlechterbinarität darstellt), ein Effekt des Diskurses. Der Körper ist weiblich oder männlich, weil er gar nicht anders wahrgenommen werden kann. So wird, um die sex/gender-Unterscheidung wieder aufzunehmen, aus gender sex. Aus der Perspektive Butlers ist gender das 'diskursive Geschlecht' und dieses bewirkt, dass der morphologische Körper (der sex) dem gender gemäß wahrgenommen wird. Im diskursiven System der Geschlechterdifferenz ist das 'biologische' Geschlecht enthalten, weil der Diskurs der Geschlechterdifferenz die biologische Legitimierung des Geschlechts enthält. Besonders der Begriff der Materie ist in diesem Diskurs eine ontologisierende Konstruktion, die suggeriert, dass die Materialität des Körpers von Natur aus gegeben ist – als invariable, universelle Essenz des Geschlechts. Butler hinterfragt diesen Begriff von Materie und argumentiert, dass die angeblich natürliche Materialität eine *Naturalisierungs*strategie des Diskurses selbst ist.

Butler kommt damit zu einem ähnlichen Schluss wie auch Kessler/McKenna (1978), die aus ethnomethodologischer Perspektive die Gehalte des Alltagswissens ('common sense') der Zweigeschlechtlichkeit herausarbeiten.[286] Wie Butler, stellen auch Kessler/McKenna fest, dass die Geschlechterdifferenz im Alltagswissen biologisch legitimiert ist. Aber nicht nur Kessler/McKenna arbeiten die Relevanz von Deutungsmustern für die Wahrnehmung der körperlichen Materie heraus; sämtliche konstruktivistische Ansätze können als 'Genealogien' des Geschlechts und des Geschlechtskörpers gelten. Sowohl die handlungstheoretische wie die phänomenologische Perspektive zeigen, dass das vermeintlich 'natürliche' Geschlecht sozial produziert ist.[287] Während erstere die Geschlechterdifferenz als Vollzugswirklichkeit ausweist und die Phänomenologie sie als Verleiblichung sozialen Körper-Wissens thematisiert (wie sich im nächsten Kapitel zeigen wird), richtet die Genealogie Butlers ihr Augenmerk auf die diskursive Dimension des Geschlechts um herauszufinden, wie die „angeblich natürlichen Sachverhalte des Geschlechts in Wirklichkeit diskursiv produziert" sind (Butler 1990: 23).

Die diskurstheoretische Herangehensweise an die Geschlechterdifferenz wirft allerdings aus soziologischer Perspektive drei gravierende Probleme auf. Zum einen wendet sich Butler ausschließlich sprachimmanenter Macht zu und

---

286 Vgl. Kapitel 2.1.
287 Vgl. Kapitel 2, 4, 5.

vernachlässigt die Dimension sozialer Macht. Ihre Analysen betonen die konfigurative Wirkung performativer Sprechakte (ich hatte dies als 'epistemologische Macht' bezeichnet), dabei geraten aber Frage nach der Verwendung von Sprache in gesellschaftlichen Verhältnissen in den Hintergrund. Welche Sprechakte 'erfolgreich' sind, d.h. Realitätseffekte erzielen, hängt nämlich mit Macht- und Herrschaftsverhältnissen zusammen, die der Sprache selbst äußerlich sind. Wie die sprachsoziologischen Arbeiten Bourdieus zeigen, erhalten Diskurse ihren Wert im Kontext eines 'Marktes', der als Entstehungs- und Produktionsbedingungen der Rede zu verstehen ist. Diese Bedingungen sind ungleich, d.h. einzelne Individuen haben mehr oder weniger Zugang zur Sprache, sie können sich ihrer mehr oder weniger gewandt bedienen, es gibt auf diesem 'Markt' mehr oder minder legitime verschiedene Sprachstile usw. Folglich ist nicht nur zu fragen, 'was macht die Sprache?' (wie Butler es tut), sondern auch 'wer redet unter welchen Bedingungen?' (wie Bourdieu). Sprache und Diskurse stellen sich aus soziologischer Sicht auch als Teil der strategischen Ressource 'soziales Wissen' (Kreckel) bzw. kulturelles Kapital (Bourdieu) dar, die ihrerseits im Kontext strukturierter sozialer Ungleichheit stehen.

Durch eine solche Betrachtung könnte das zweite Problem der diskurs- theoretischen Analysen – zumindest begrifflich – gelöst werden, das in der mangelnden Berücksichtigung individueller Handlungsfähigkeit liegt. Butlers Perspektive ist vielfach dafür kritisiert worden, dass sie den Aspekt der 'agency' übersieht, denn Subjekte werden bei ihr tendenziell zu Resultate und 'Werkzeuge' der Diskurse, die eigentlich nichts anderes tun, als diskursive Strategien zu reproduzieren oder zu variieren.[288] Nimmt man hingegen einen sprachsoziologischen Standpunkt ein, der Sprache auch als Rede und damit als Form intersub-

---

288 So vor allem Benhabib 1993: 106ff. Sie fragt: „Was befähigt das Selbst, die Geschlechtercodes zu variieren, hegemonischen Diskursen zu widerstehen?" und weiter: „Kann diese Theorie [von Butler] die Fähigkeit und Umdeutung, die sie Individuen zuschreiben will, begründen, (...)?" (ebd.: 109f.). Allerdings argumentiert Benhabib m.E. an Butler vorbei, denn Butler kann diese Fragen durchaus beantworten und sei es 'nur' theoretisch durch den Verweis auf die Prozesshaftigkeit und kontingente Funktionsweise performativer Sprechakte. Was Butler nicht kann, ist, die sozialen Bedingungen und Machtverhältnisse sehen, die über den Erfolg oder Misserfolg der Variationen des Geschlechtercodes entscheiden. Benhabib argumentiert ebenso unsoziologisch wie Butler, was diesen Punkt betrifft, sondern normativ-politisch. Ihre Hauptkritik gilt dem Verlust an normativ-utopischer Kraft eines Feminismus á la Butler, weil dieser die Möglichkeit eines 'Außerhalb' vom Patriarchat abstreitet und somit keine autonome feministische Vision entwickeln kann; es gibt bei Butler in der Tat keinen sozialen Ort, der nicht von hegemonialen Diskursen konstituiert wäre und somit keine Chance auf einen autonomen feministischen 'Gegenentwurf'. Vgl. hierzu Benhabib 1992.

jektiver Kommunikation betrachtet, dann handeln Menschen mit Sprache. Sie drücken damit nicht nur Sinn und Bedeutung aus, sondern auch ihre jeweilige Definitionsmacht, ihre Handlungsspielräume und ihre soziale Position. Mit Bourdieu lässt sich demnach die Diskurstheorie soziologisieren, weil sich mit seiner Perspektive über soziale Gebrauchsweisen von Sprache/Diskurse nachdenken lässt. Was bei Butler 'Variabilität' heißt, wird bei Bourdieu zu einer Frage der 'Akzeptanz'. „Die Sprachkompetenz, die ausreicht, um Sätze zu bilden, kann völlig unzureichend sein, um Sätze zu bilden, auf die gehört wird" (Bourdieu 1990: 32). Wenn es Butler, wie gezeigt, darauf ankommt, die Produktion von Intelligibilität als zentrale Dimension des Diskursiven hervorzuheben, so etwa bei der Produktion geschlechtlicher Identität, die nur im Rahmen des Diskurses der Geschlechterdifferenz und der Zwangsheterosexualität Sinn macht (intelligibel ist), so verschiebt sich bei Bourdieu die Perspektive von der Intelligibilität als solcher zu Fragen der „Akzeptabilität" (Bourdieu 1990: 62ff.) spezifischer Inhalte von Sprache. Diskursiver Sinn wird damit zu einer je nach sozialem Feld unterschiedenen Frage der Definitionsmacht. 'Wer kann wann und wo *legitimerweise* etwas sagen?' ist dann die Frage, die sich mit Bourdieu stellen lässt.

Das dritte Problem schließlich wird das Thema des nachfolgenden Kapitels sein. Der Körper (und seine Morphologien) spielt für das *subjektive* Erleben der Norm der Geschlechterdifferenz eine zentrale Rolle. Dieser Aspekt wird weder in der Diskurstheorie noch in der handlungstheoretischen Betrachtung der Geschlechterdifferenz befriedigend analysiert. In diesen Kontext gehört auch die skeptische Frage, die ich immer wieder formuliert hatte, nämlich ob die heterosexuelle Matrix in der Tat derart monolithisch und eindeutig wirkt, wie Butler suggeriert. Ist etwa die Penetration tatsächlich der Mechanismus, der notwendigerweise aus dem Penis einen Phallus macht? Und ist der Phallus immer und zwangsläufig das, was Mann-Sein definiert? Diese Fragen werden auch im nächsten Kapitel eine Rolle wieder auftauchen und weiter bearbeitet werden. Nun wird es darum gehen, wie sich Diskurse spürbar, d.h. sinnlich fühlbar und als Emotionen im Leib materialisieren. Wie wird aus der Norm der Geschlechterdifferenz, die nun als diskursive und interaktive Naturalisierung beschrieben worden ist, das *Gefühl*, eine Frau oder ein Mann zu sein?

4 Was spüren wir, um das Geschlecht zu sein? Geschlechtskörper und leibliches Empfinden

'You make me feel like a natural woman'

(Aretha Franklin)

Nun betreten wir die letzte Station vor dem Ende der Reise. Der Geschlechts-körper ist inzwischen un-natürlich geworden – er hat sich in Handlung, Diskurs und in einen Träger sozialer Ungleichheit verwandelt. Und doch, so nehme ich an, ist bei den Lesern/innen ein bestimmtes Unbehagen vorhanden, das darauf verweist, dass der Körper mehr als Handlung und Sprache ist: Was ist mit den Gefühlen und Empfindungen, die so eng an unseren Körper und insbesondere an unsere geschlechtliche Existenz gekoppelt sind? Schon mehrfach war im Laufe des Buches und im Zuge der kritischen Rekonstruktion einzelner soziologischer Perspektiven zum Geschlechtskörper auf diese wichtige Dimension hingewiesen worden. Wie passen z.b. Menstruationsschmerzen, konkrete sexuelle Lüste oder das ganz unmittelbare und möglicherweise kaum beschreibbare innere Erleben einer Schwangerschaft zu den Geschlechtsattributionen oder den hegemonialen Diskursen? Gehen die Gefühle in den Handlungen und Diskursen auf?

Dass der Geschlechtskörper keine sich selbst erklärende Tatsache ist, läuft dem Alltagswissen und der erlebten Realität der meisten Menschen zuwider und ist damit eine kontrafaktische Position. Zunächst liegt das daran, dass damit gegen die Überzeugung verstoßen wird, dass der Körper eine Naturtatsache ist und dass Naturtatsachen unabhängig von der menschlichen Wahrnehmung exis-tieren. Genau das Gegenteil behaupten aber alle Perspektiven, die – implizit oder explizit – dem Paradigma des (Radikal-) Konstruktivismus folgen, welches davon ausgeht, dass alles Wissen einzig in den Köpfen der Menschen liegt und nicht in den Objekten des Wissens selbst.[289] Solche Perspektiven sind per se kontrafaktisch, weil sie das Gegenteil dessen postulieren, was die Alltagserfah-

---

289 Vgl. von Glasersfeld 1997: 22 und Exkurs I.

rungen sind.[290] Darüber hinaus aber gibt es im Falle des Geschlechtskörpers ein weiteres, besonders hartnäckiges Argument gegen seine Thematisierung als sozial konstruiertes Objekt, nämlich das individuell subjektive *Gefühl*, eine Frau oder ein Mann zu sein. Dieses alltagsweltliche 'Geschlechtsgefühl' umfasst Empfindungen wie eben aufgeführt, und geht auch in sozialwissenschaftliche Konstruktionen geschlechtlich relevanter emotionaler Identifikationen mit Menschen und/oder Objekten, besondere Formen der Moral und des Mitgefühls[291] und anderes mehr, ein. Diese sinnliche Dimension ist eine Qualität der Geschlechterdifferenz, die – zumindest auf den ersten Blick – nur schwer mit sozialkonstruktivistischen Ansätzen zu vermitteln ist. Die meisten Menschen werden wohl ohne Zögern von sich behaupten, ein eindeutiges Gefühl ihres Geschlechts zu haben: Frau oder Mann ist man (zumindest auch), weil man es emotional so erlebt – weil es also die sinnliche Erfahrung gibt, eine Frau oder ein Mann zu sein.

Diese 'sinnliche Sicherheit' bezüglich des Geschlechts und vor allem des Geschlechtskörpers ist keineswegs ein nur alltagsweltliches Argument. In der Debatte um den Geschlechtskörper, insbesondere im Rahmen der Frauen- und Geschlechterforschung, wird diese Dimension unter dem Stichwort der 'Materialität' des Geschlechts verhandelt. Vor allem die diskurstheoretische Sichtweise, den Geschlechtskörper als einen Effekt diskursiver Praxen zu betrachten,[292] hat – z.T. polemische – Diskussionen entfacht, die um die Authentizität der sinnlichen Erfahrung, ein Geschlecht zu sein, kreisen.[293] Kritisiert wird in diesem Kontext die Entkörperung, die die Theoretisierung des Körpers als Effekt oder als 'phantasmatische Identifikation' mit sich bringe.[294] Beanstandet wird der Verlust der materiellen Realität des Körpers und die damit verbundene Ausblendung realer Erfahrungen, was nicht im Sinne der sozialwissenschaftlichen und schon gar nicht der feministischen Forschung sein kann.[295]

Auch in der akademischen Auseinandersetzung um den Geschlechtskörper hat diese Debatte ihren Niederschlag gefunden. Sie ist, um es noch komplizierter zu machen, vor allem im US-amerikanischen Kontext normativ polarisiert, d.h. sie wird mit z.T. erheblich wertenden Argumenten/Unterstellungen geführt. Als Pole der Debatte fungieren die Etikettierungen 'Essentialismus' versus 'Kon-

---

290 Vgl. Kapitel 1 und 2.
291 Vgl. Gilligan 1984.
292 Vgl. Kapitel 3.
293 Vgl. Maihofer 1995: 52, 76.
294 So Duden 1993; Landweer 1994.
295 Hierzu z.B. Bigwood 1991.

struktivismus' oder auch – noch normativer – 'Biologismus' versus 'Kulturalismus'.[296] Der Geschlechtskörper ist damit zwischen die theoretischen, politischen und normativen Fronten geraten: Auf der einen Seite stehen die Verfechter/innen des Sozialkonstruktivismus – in welcher Ausrichtung auch immer –, die auf das Primat der Konstruktionen hinweisen, welche den Geschlechtskörper letztendlich hervorbringen. Aus dieser Sicht geht der Körper in der Sprache, den Darstellungen und den Symbolen und Zeichen auf, die er *ist*. Von der anderen Seite wird diesen Ansätzen bzw. den sie vertretenden Autor/innen vorgeworfen, auf naive Weise idealistisch zu sein und dabei auch noch die Beliebigkeit der Wirklichkeit zu postulieren und damit die eigenlogische, wenn nicht gar autonome, Faktizität der „Existenzweisen" des Geschlechts (Maihofer 1995) zu verkennen. Konstruktion wird allerdings von dieser Seite z.T. als Künstlichkeit oder Beliebigkeit (miss)verstanden. Diese Kritik wird von denjenigen vertreten, die auf authentische geschlechtlich relevante Gefühle bzw. auf die selbstevidente Natur des Körpers und seine Existenz jenseits von Diskursen oder Bedeutungszuweisungen aufmerksam machen. Diese Sichtweise gerät wiederum leicht in den Verdacht, biologistische Argumente zu verwenden, was in der gegenwärtigen sozialwissenschaftlichen Frauenforschung tendenziell Konservatismus oder erkenntnistheoretische Naivität bedeutet. Solche Zuschreibungen erschweren die sachliche Auseinandersetzung um verschiedene Zugänge und wissenschaftliche Thematisierungen des Körpers, weil sie implizit normativ sind ('wer mit Biologie argumentiert, hat in der Soziologie nichts zu suchen'; 'wer die authentischen Gefühle der Mutterschaft verleugnet, der/die ist lebensfremd' usw.). Vor diesem Hintergrund gleicht es einer Gratwanderung mit tiefen Abgründen zu beiden Seiten, die verschiedenen Dimensionen des Geschlechtskörpers zu thematisieren, vor allem die Gleichzeitigkeit seiner sozialen Konstruiertheit und Kontingenz, die einen wissenschaftlich distanzierten Blick benötigt *und* andererseits die Berücksichtigung des Alltagsempfindens i.S. einer 'sinnlichen' Faktizität.[297]

---

296 Vgl. zu je verschieden gelagerten kritischen Standpunkten Fuss 1989; Grosz 1991; Landweer 1994; Nicholson 1994.

297 Welche Autoren/innen genau welcher 'Seite' zuzurechnen sind, lässt sich nicht eindeutig bestimmen. Es geht mir an dieser Stelle nicht darum, einzelne Autor/innen als 'biologistisch' oder 'idealistisch' zu etikettieren. Vielmehr gründet sich diese Darstellung auf meinen Erfahrungen mit dieser Arbeit im Rahmen der sozialwissenschaftlichen Geschlechterforschung. Tagungen, Diskussionsforen, Seminare, Gespräche usw. zum Thema Körper und Geschlecht sind manchmal explizit, meistens aber implizit, d.h. atmosphärisch, von diesen normativen Spannungen und gegenseitigen Vorwürfen geprägt. Aber auch ich selbst habe im Laufe dieser Arbeit gelernt, dass das, was sich zunächst als biologistische Argumentation oder als naiver Idealismus liest, sich beim zweiten Blick als differenzierte Argumentation zu einem Aspekt des

[Fortsetzung nächste Seite]

In diesem Kapitel geht es um diese – bislang vernachlässigte – Dimension der Sinnlichkeit[298] und des Gefühls. Bezogen auf die körpersoziologischen Ansätze, die den Geschlechtskörper als Darstellung bzw. als Effekt von Diskurs begreifen, lassen sich nun z.B. folgende Fragen formulieren: Ist der Körper beliebig geschlechtlich konstruierbar, wie es Hirschauers Formulierungen suggerieren oder gibt es Grenzen der Konstruktion, die der Körper selbst vorgibt?[299] Was für geschlechtlich relevante Empfindungen lösen Diskurse aus – wenn überhaupt? Meint Materialität (Butler) auch Gefühle und Sinneswahrnehmungen?

Zur Ausleuchtung dieser Fragen eignet sich die phänomenologische Mikrosoziologie, für die hier die Arbeiten von Lindemann paradigmatisch rekonstruiert und kritisch diskutiert werden. Die mikrosoziologische Leib-Phänomenologie fokussiert den (Geschlechts-)Körper als subjektiv fühlbare Realität, als affektive Erfahrung und als haptische Wirklichkeit mit einer relativen (!) Autonomie. Hatte sich in den vorausgehenden Kapiteln gezeigt, dass die Geschlechterdifferenz zum einen als interaktive Vollzugswirklichkeit betrachtet werden kann, für die der Körper ein wesentliches Medium und eine zentrale Ressource der Darstellung ist und zum anderen, dass diese Darstellungen in semiotisch-diskursiven Kontexten stattfinden, die Kraft ihrer epistemologischen und sozialen Macht die Intelligibilität der Geschlechterdifferenz konfigurieren, so war in beiden Perspektiven die Frage unbeantwortet geblieben, wie es kommt, dass Männer und Frauen ihr Geschlecht (dennoch) unmittelbar spüren. Beide Perspektiven haben also, unbeschadet der wichtigen Beiträge zur Analyse der Naturhaftigkeit der Geschlechterdifferenz, die sie leisten, mit dem Problem zu kämpfen, Gefühle wie Schmerzen, Lust, Scham usw. auszublenden und damit eine zentrale Dimension der alltagsweltlichen Realität der Geschlechterdifferenz zu übersehen. Denn ein wesentliches Charakteristikum der *Natur*haftigkeit der

---

komplexen Themas entpuppt. Die Moral von der Geschichte ist: Traue den einfachen Labels nicht. Literaturhinweise zur Debatte um 'Etiketten' und 'Denkverbote' finden sich bei Landweer 1994: 168f. Allerdings tendiert Landweer zu dem Fehler, den sie anderen vorwirft (ebd.: 147), weil sie eine Übersicht feministischer Verwendungen des Begriffs 'Geschlecht' entwickelt, die auf z.T. normativen Unterstellungen beruhen wie „Mythisierungen, Politisierungen, Naturalisierungen" usw. (ebd.: 150, 164). Zu Rezeptionssperren gegenüber sozialkonstruktivistischen Ansätzen in der Frauenforschung vgl. Gildemeister/Wetterer 1992: 202ff. und zu der Verknüpfung von (polemischen) inhaltlichen Debatten der Frauenforschung mit Generationen, Ressourcenverteilung usw. vgl. Annuß 1996.

298 Mit Sinnlichkeit ist hier die Wahrnehmung durch und mit unseren Sinnen gemeint und nicht etwa eine laszive Haltung o. Ä.

299 Vgl. Hirschauer 1989: 109 und Kapitel 2 dieses Buches.

Differenz von Mann und Frau ist der alltagsweltlich überzeugende Verweis auf den Unterschied im gefühlsmäßigen Erleben des Körpers (z.B. der sog. erogenen Zonen), das sich – so das Alltagswissen – von selbst erklärt: Frauen fühlen ihre Vagina, sie spüren ihren Busen anders als Männer ihre Brust, Frauen haben Menstruationsbeschwerden, die Männern unbekannt sind, Männer penetrieren, Frauen können das nicht usw. Dass diese leiblichen Empfindungen ebenfalls Effekte von Naturalisierungsprozessen sind, aber über eine ihnen eigene Logik verfügen und damit nicht mit der Rekonstruktion ihrer sozialen Konstruktion angemessen zu erfassen sind, das ist das Thema dieses Kapitels.

Für diese affektive Qualität der Geschlechterdifferenz wird in diesem Kapitel ein neuer Begriff des Geschlechtskörpers eingeführt, der uns auf der Reise ab und an begegnet, aber bislang nicht systematisch entfaltet worden ist: der *Leib*. Die phänomenologische Leibphilosophie, in deren Tradition sich Lindemann explizit verortet,[300] unterscheidet zwischen Leib und Körper und analysiert den Zusammenhang zwischen diesen beiden. Aus dieser Sicht steht der Begriff des Leibes für die Dimension des Binnenerlebens, für das subjektive Fühlen und Spüren, wohingegen der Begriff des Körpers auf die soziale Prägung und Vermitteltheit des Leibes abzielt. Diese Unterscheidung wird in Abschnitt 4.2 ausführlich dargestellt.

Die Thematisierung des affektiven Gehalts der körperlichen Geschlechterdifferenz ist auch insofern von Bedeutung, als mit ihr die *Stabilität* der Konstruktionen reformuliert werden kann. Die Vermittlung von sozialen Strukturen wie der Geschlechterdifferenz mit individuellen Erfahrungen, die zur Normalität der Alltagswelt gehören, kann mit der Fokussierung auf die spezifische 'Autorität des Leiblichen' neu gedacht werden. Die sich daraus ergebende These lautet: *Die soziale Geschlechterdifferenz entfaltet ihre Wirklichkeit als Materialität des Leiblichen.* Diese These lässt sich im Kontext der soziologischen Frage nach der Vermittlung von Mikro- und Makro-Perspektiven verorten: Soziale Strukturen sind nur insofern real, als sie von Individuen nicht nur gemacht, sondern zudem als affektive Realität empfunden werden. Lindemann greift diesen Zusammenhang auf und verortet den Leib bzw. Körper als Bindeglied zwischen Subjekt und sozialer Struktur: „Der Leib bildet (...) das Bindeglied zwischen Individuum und objektivierter sozialer Struktur" (Lindemann 1993b: 31). Von dieser – empirisch fundierten[301] – Annahme ausgehend, fordert Lindemann eine Soziologie,

---

300 Lindemann 1993b: 31, 52.
301 Methodologisch bedient sich Lindemann – wie Hirschauer (1993a) – eines aufwendigen qualitativen Forschungsdesigns mit transsexuellen Männer und Frauen und deren Part-

[Fortsetzung nächste Seite]

die die „Leiblichkeit als Konstituens von Sozialität" anerkennt (Lindemann 1993b: 21) und weist damit auf ein grundsätzliches Defizit der Soziologie und der soziologischen Frauen- und Geschlechterforschung hin: Subjekte als *fühlende*, in *Raum und Zeit* konkret verortete Individuen führen eine eher randständige Existenz. Üblicherweise wird in soziologischen Theorien und der empirischen Sozialforschung übersehen, dass soziale Erfahrungen sinnlich, d.h. per Sinnesorgane gemacht werden.[302] Menschen sehen, schmecken, riechen, bewegen sich, werden krank, empfinden Aggression oder Liebe usw., doch wird diese Qualität menschlicher Existenz selten zum Thema der Soziologie gemacht.

Lindemann will, ausgehend von der Analyse der Transsexualität, „*allgemeine* Aussagen über die alltägliche Reproduktion der Geschlechterordnung (...) machen" (Lindemann 1993b: 195, Hervorh. d.V.); einer Ordnung, die, so hatte sich im ersten Kapitel gezeigt, strukturelle Asymmetrien zwischen den Geschlechtern beinhaltet.[303] Vor diesem Hintergrund sind die nachfolgenden Ausführungen auch als kritische Diskussion dieses Anspruchs zu lesen. Meine kritische Frage, die aus den im ersten Kapitel entfalteten Einsichten zum strukturell ungleichen gesellschaftlichen Geschlechterverhältnis resultiert, lautet demnach: Wie konzeptualisiert die mikrosoziologische Leib-Phänomenologie die soziale Ungleichheit zwischen den Geschlechtern? Sind die „Dichotomisierungsregeln" (Lindemann 1993b: 178f.), die als Orientierung der körperlich-leiblichen Gestaltung der Geschlechterdifferenz fungieren (ebd.), auf institutionelle und normative Ungleichheiten bezogen? Wie sind die Aussagen zur geschlechtlichen Leiblichkeit im Kontext einer gesellschaftstheoretischen Analyse des Geschlechterverhältnisses zu verorten? Auf die phänomenologische Thematisierung von Geschlechterasymmetrie wird Abschnitt 4.3 eingehen.

---

ner/innen sowie anderer beteiligten Personen. Lindemann rekonstruiert den Geschlechtswechsel vor allem in Hinblick auf das Binnenerleben der Personen (vgl. Lindemann 1993b: 12ff.). Dieser Fokus markiert den Hauptunterschied zur Arbeit Hirschauers, der sich vor allem für die interaktive Konstruktion des Geschlechts als Vollzugswirklichkeit interessiert (vgl. Kapitel 2). Lindemanns empirische Basis umfasst offene Interviews und Beratungsgespräche mit Transsexuellen und Partner/innen, verdeckte teilnehmende Beobachtung (als Beraterin in einem Beratungszentrum für Transsexuelle), ExpertInnen-Interviews und Sekundäranalysen entsprechender Dokumente (Szene-Zeitschriften, juristische Verordnungen usw.).

302 Es gibt selbstverständlich (wichtige) Ausnahmen. So etwa die die sozialgeschichtlichen Arbeiten von Elias, die Tradition der Ethnomethodologie (vgl. Kapitel 2) sowie, institutionell und aktuell, die Sektion „Körper- und Sportsoziologie" in der DGS. Vgl. z.B. auch die aktuellen Arbeiten von Thomas Alkemeyer (z.B. Alkemeyer et al 2003), der im Anschluss an Bourdieu für eine „Soziologie vom Spiel aus" plädiert.

303 Vgl. Kapitel 1.

4.1 Leib-Phänomenologie im Kontext der Mikrosoziologie

Auch Lindemann argumentiert als Sozialkonstruktivistin[304] gegen die Annahme eines natürlich gegebenen bzw. ontologischen Geschlechtskörpers: „Körper sind nicht einfach da. Um sozial relevant werden zu können, müssen sie sowohl wahrgenommen als auch dargestellt werden." (Lindemann 1993b: 22). Und, wie Lindemann in Anlehnung an die ethnomethodologischen Klassiker/innen Garfinkel (1967) und Kessler/McKenna (1978) weiter ausführt, diese Wahrnehmung folgt dem sozialen Wissen um die Geschlechterdifferenz. Damit sind Körper „indexikalische Ausdrücke" (Garfinkel/Sacks 1979: 156 nach Lindemann 1993b: 23), die nur kontextbezogen Sinn machen. Diese Herangehensweise verweist auf eine für den Sozialkonstruktivismus typische erkenntnistheoretische Position: Ontologisches Sein und Wahrnehmung bedingen einander auf gleichursprüngliche Weise. Es gibt keine Möglichkeit, zwischen der Existenz eines Gegenstandes und seiner Wahrnehmung als spezifischem Gegenstand zu unterscheiden. Diese Wahrnehmung resultiert nicht intrinsisch aus den Gegenständen selbst, sondern ist durch Kategorien geformt, die ihrerseits sozial konfiguriert sind. Der Geschlechtskörper ist also nicht einfach eine ontologische Tatsache, die sich selbst erklärt, sondern macht nur im Zusammenhang sozialer und sinngebender Kontexte Sinn.[305]

Nun unterscheiden sich die verschiedenen sozialkonstruktivistischen Ansätze in der spezifischen Verortung und Analyse des Zusammenhangs zwischen sozialer Wahrnehmung des Körpers einerseits und seiner materiellen Existenz andererseits: Diskurstheoretische Ansätze, für die im Rahmen dieser Arbeit Butler steht, betonen die Vorrangigkeit des Diskurses – insofern es einen Kausalzusammenhang gibt, bei dem der Diskurs den Körper als naturhafte Morphe und Materie determiniert).[306] Ethnomethodologisch orientierte Mikro-Ansätze, wie der von Hirschauer, betonen das Primat alltagsweltlicher Handlungen und der darin verwendeten Darstellungsressourcen, durch die der Geschlechtskörper als Vollzugswirklichkeit konstituiert wird.[307] Die mikrosoziologische Phänomenologie suggeriert hingegen eine zirkuläre Konstitutionslogik zwischen affektivem Leib und dem sozialem Körperwissen, die den Effekt bewirkt, dass Indivi-

---

304 So explizit Lindemann 1996: 148f.
305 Für eine anders gelagerte phänomenologischen Epistemologie vgl. Merleau-Ponty 1966, darin vor allem das Kapitel „Leib als Ausdruck und die Sprache" (ebd.: 206-234).
306 Maihofer bezeichnet dies als „semiologischen Idealismus" (Maihofer 1995: 48). Zur ausführlichen Darstellung vgl. Kapitel 3.5.
307 Ausführlich dargestellt in Kapitel 2.2.

duen sich emotional als ein Geschlecht empfinden, wobei dieses Empfinden sozial konfiguriert ist.

Ausgangspunkt für die Suche nach einem anderen Verständnis der Konstruktionsweise des Geschlechtskörpers ist für Lindemann die Kritik an sozial-konstruktivistischen, insbesondere aber an mikrosoziologischen Ansätzen. Ihre Hauptkritik bezieht sich auf die „Verdrängung des Leibes" (Lindemann 1993a) aus den sozialkonstruktivistischen Analysen, und zwar ganz im Sinne des zu Beginn dieses Kapitels formulierten 'Unbehagens'. Diese Verdrängung, so Lindemann, bewirke, dass der mikrosoziologische Konstruktivismus (mit dem sie sich insbesondere auseinandersetzt, weil sie selber in der Tradition der Mikrosoziologie arbeitet) systematisch verkenne, dass das Geschlecht als Tun *nicht* immer wieder neu situativ vollzogen werde. Vielmehr werden, so ihre These, Individuen durch die affektive Verinnerlichung sozialer Strukturen dazu gebracht, auf eine bestimmte Art und nicht anders zu handeln. Diese Verinnerlichungen wirken als tiefsitzende, leiblich empfundene emotionale Verankerung der Individuen in die sie umgebenden sozialen Strukturen:

> „Die Ethnomethodologie beschreibt zwar die Struktur des Tuns, vermittels dessen die Beteiligten Wirklichkeit hervorbringen, aber sie übergeht die dieses Tun fundierende Form der Umweltbeziehungen. Nur wenn man diese berücksichtigt, kann man hoffen, die frei-flottierenden Konstrukteure gewissermaßen zu erden." (Lindemann 1993b: 27)

Die Formulierung der 'frei flottierenden Konstrukteure' bezieht sich auf die ethnomethodologischen Annahmen, dass a) das Geschlecht bzw. die Geschlechterdifferenz situativ immer wieder (neu) konstruiert werde und dass b) das Geschlecht eine interaktive Vollzugswirklichkeit sei und keine Eigenschaft von Individuen. Übersehen werde dabei, dass die sozial konstruierte Geschlechterdifferenz dergestalt stabil und naturhaft ist, dass die subjektive Verinnerlichung der Konstruktion mächtiger sein muss als es das ethnomethodologische Konzept des 'doing gender' beschreibt. Es muss etwas geben, das Individuen auf prä-reflexive, unhinterfragbare und vor allem unmittelbar spürbare Weise mit ihrem Geschlecht verknüpft. Als emotionales Engagement wirkt die Verinnerlichung von z.B. Dichotomisierungsregeln der Geschlechterdifferenz über spezifische Situationen hinaus, so dass Individuen sehr wohl ein Geschlecht für sich allein sein können – weil sie sich als ein Geschlecht empfinden. Die Geschlechterdifferenz, auch die körperliche, ist zwar eine Vollzugswirklichkeit, sie ist aber mehr als das. Warum sonst, so Lindemanns Frage, ist die Reproduktion der Geschlechterdifferenz so stabil?

Lindemann bezeichnet diesen Mangel als „konstitutionslogisches" Problem der ethnomethodologischen Körpersoziologie (Lindemann 1993b: 28); ein Problem, welches darin liegt, dass die Mikrosoziologie die Konstitution von Realität in der immerwährenden situativen Interaktion verortet, ohne aber die Frage zu klären, warum die Inhalte und Ressourcen, die in der Situation benötigt werden, für die handelnden Subjekte zwangsläufigen Charakter haben. Warum wird immer wieder so und nicht anders konstruiert? Wie kommen die Akteure dazu, sich dauerhaft und verbindlich an einem Rahmen zu orientieren?[308] Da im ethnomethodologischen Rahmen alle Realität durch *Interaktion* konstruiert wird, kann die situationsübergreifende Stabilität der Wirklichkeit nur zirkulär erklärt werden: Interaktiv geschaffene Normen wie die Geschlechterdifferenz führen dazu, dass sie immer wieder konstruiert werden.[309] Die alltagsweltliche *Zwangsläufigkeit* der Konstruktion ist aber ein Indiz für die Grenzen der geschlechtlichen Konstruktionen. Diese können zwar analytisch-abstrakt als kontingent betrachtet werden, de facto sind aber nur bestimmte Konstruktionen möglich. Dies liegt nicht (nur) an äußerlichen sozialen Sanktionen oder Verboten, sondern an der subjektiven Empfindung der Naturhaftigkeit der Konstruktion der Geschlechterdifferenz. Anders gesagt, „bedarf das Funktionieren sozialer Kontrolle (...) einer genaueren Bestimmung der Beziehung der Beteiligten, insofern sie Realität hervorbringen" (Lindemann 1993b: 24), weil das mikrosoziologische Postulat der situativen Konstruktion von Realität die Stabilität des Sozialen nicht hinreichend zu erklären vermag.[310]

Den Fokus ihrer Arbeiten im mikrosoziologischen Kontext formuliert Lindemann folgendermaßen. Ihr geht es darum,

> „(...) die Mikrosoziologie einer grundsätzlichen Kritik zu unterziehen und deren fruchtbare Erkenntnis, Geschlecht sei eine situativ immer wieder neu entstehende Wirklichkeit, in einer Weise zu reformulieren, die es erlaubt, Leiblichkeit und Affektivität als soziologische Basiskategorien zu verstehen. Damit gerät der Leib in eine doppelte Perspektive: *Es geht zum einen im Sinne der bisherigen Mikrosoziologie darum, die Leiberfahrung als sozial konstruiert auszuweisen, und zum anderen – kritisch gegen die Mikrosoziologie – um Leiblichkeit als Konstituens von Sozialität.*" (Lindemann 1993b: 21, Hervorh. d.V.)

---

308 Vgl. Lindemann 1994: 122.

309 Als grundsätzliche Kritik an den ethnomethodologischen Klassikern der Geschlechtersoziologie greift dieser Vorwurf sicherlich. Allerdings ist er gegenüber den neueren Arbeiten von Hirschauer nur bedingt treffend, denn – wie im zweiten Kapitel ausgeführt – löst seine ethnomethodologische Forschung dieses Problem durch eine stärkere Hinwendung zu institutionellen Settings und Bedingungen situativer Wirklichkeitskonstruktionen als 'soziale Trägheitsmomente'. Vgl. Hirschauer 1994 und Kapitel 2.

310 Ein Problem, das Lindemann auch mit dem Etikett „soziologisierte Version der creatio ex nihilo" charakterisiert (1993b: 27), d.h. als Schöpfung aus dem Nichts.

Als Grundlage sozialer Kontrolle definiert Lindemann den „Zwang", physisch hier und jetzt in der Realität präsent zu sein (ebd.: 26). Der soziale Zwang, sich leiblich-affektiv in einer jeweiligen Realität (Interaktion, Selbstwahrnehmung, Sexualität usw.) zu involvieren, ist aus der phänomenologischen Perspektive die Basis und Funktionsweise sozialer Stabilität.[311] Was genau damit gemeint ist und inwieweit dies als sozialer Zwang funktioniert, darauf komme ich im Detail im Laufe des Kapitels mehrfach zurück. Die leibliche Verankerung der Menschen im Sozialen ist aus dieser Perspektive überhaupt der Garant von Wirklichkeit: „Wirklichkeit ist das, was Individuen in ihrer Beziehung zum Feld je situativ als das erfahren, was sie hinnehmen müssen, dem sie sich nicht entziehen können." (ebd.). Die leiblich-affektive Bindung der Individuen an ihr Geschlecht – und damit an soziale bzw. normative Strukturen – ist für Lindemann deshalb die zentrale Fragestellung, weil mit ihrer Klärung verständlich wird, weshalb sich die Reproduktion der sozial konstruierten Geschlechterdifferenz auf *naturhafte* und *stabile* Weise vollzieht. Die These ist: Die affektive Verankerung sozialer Strukturen schränkt die Kontingenz der Konstruktionen faktisch ein.

Mit der obigen Formulierung vom Leib als 'Konstituens' von sozialer Wirklichkeit ist das Originäre der Lindemannschen Arbeiten im mikrosoziologischen und sozialkonstruktivistischen Kontext angedeutet. Ihre Pointe ist, dass der Leib mit der Rekonstruktion der sozialen Mechanismen, die ihn konstituieren, nicht hinreichend bzw. nicht angemessen beschrieben ist. Diese Mechanismen sind zwar für das Verständnis der (körperlichen) Geschlechterdifferenz notwendig, aber der Leib ist 'mehr' bzw. etwas anderes als die Darstellungen und/oder Normen, die ihn konstituieren; er ist zugleich das Fundament, auf dem soziale Wirklichkeitskonstruktionen fußen. Menschen sind nicht nur dadurch ein Geschlecht, dass sie es für andere sichtbar darstellen und von anderen als Frau oder Mann betrachtet werden, sondern auch – in einem ganz wesentlichen Maße –, indem sie sich selbst als ein Geschlecht *empfinden*. Lindemann argumentiert analog zu Hirschauer, was die Rolle der Interaktion bei der Herstellung des Geschlechts angeht; sie will diese Position aber um das Binnenerleben der Individuen erweitern.[312] Lindemanns Kritik lässt sich auch auf die diskurstheoretische Verengung der Analyse der Geschlechterdifferenz beziehen: Die Genealogie der Begriffe Materie und Morphe oder die Analyse performativer Sprechakte vermag, trotz ihrer wichtigen Einsichten in die diskursiven Konstruktionsbedin-

---

311 So z.B. Lindemann 1994: 140.
312 Vgl. Lindemann 1993b: 41.

gungen der Geschlechterdifferenz, die affektiven und unmittelbar leiblich spür-
baren Effekte von Diskursen nicht zu fassen.
Wie nähert sich nun die phänomenologische Mikrosoziologie der affektiven
Qualität der Geschlechterdifferenz? Wie wird das emotionale Selbsterleben des
Geschlechts soziologisch thematisiert?

4.2   Der phänomenologische Körper-Leib

Kritisch gegen eine an Foucault orientierte Betrachtung des Körpers, aber auch
gegen konstruktivistische Positionen überhaupt, argumentiert Lindemann:

> „Der Körper wird zwar auf vielfältige Weise zum Objekt gemacht, indem er mit Diskursen ü-
> berzogen wird oder die Art und Weise seiner Verwendung geregelt wird usw., aber auf die
> Frage, was da zum Objekt gemacht wird, was mit Diskursen überzogen wird, wessen Verwen-
> dung geregelt wird, erhält man keine Antwort." (Lindemann 1996: 150)

Lindemann sucht die Antwort auf die Frage, was das 'Objekt Körper' ist, auf
zwei Ebenen. Zum einen geht es ihr um die (sozialen) Wissenskonzepte vom
Körper, die sozial relevant sind, und zum anderen geht es ihr darum, wie der
Körper von den Individuen gespürt wird.[313] Um sich diesem Spüren, das heißt
der leiblich-affektiven Dimension zu nähern, greift Lindemann auf die phänomenologische Leibphilosophie von Plessner und, bedingt, von Schmitz zurück.
Plessners Ansatz soll, den Ausführungen von Lindemann folgend, hier kurz
zusammengefasst werden, bevor im darauf folgenden Abschnitt die Arbeiten
Lindemanns dargestellt und abschließend kritisch diskutiert werden.

4.2.1   Zwischen zentrischer und exzentrischer Positionalität

Plessner zufolge ist das „Dasein an leibliche Erfahrungen gebunden" (Lindemann 1993b: 32), d.h. sämtliche Erfahrungen sind leiblich vermittelt.[314] Diese
Gebundenheit gilt zunächst für alle Lebewesen, ob Tier oder Mensch. Es gibt
allerdings zwei qualitativ unterschiedene leibliche bzw. körperliche Erlebnis-

---

313 Vgl. Lindemann 1993a: 166.
314 Diese Grundthese wird auch von Merleau-Ponty vertreten. Zur Anwendung der Phänomenolo-
     gie Merleau-Pontys auf eine in der Frauenforschung verankerte Analyse des Geschlechtskör-
     pers vgl. Bigwood 1991.

formen, die bei Plessner mit den Begriffen der zentrischen und der exzentrischen Positionalität bezeichnet werden.

Die *zentrische Positionalität* wird von Menschen und Tieren gleichermaßen erlebt, sie ist das nicht relativierbare *Hier-und-Jetzt-Prinzip* der eigenen Existenz. Im zentrischen Erleben erlebt man sich selbst als das unmittelbare Zentrum der Wahrnehmung. Beispiele hierfür sind z.b. das Schmerz*gefühl*, der Urinierdrang oder das subjektive Temperatur*empfinden*. Der Begriff des *Leibes* verortet sich auf dieser Ebene; er umfasst das unmittelbare, authentische Binnenerleben des eigenen Körpers. Das leibliche Selbst ist in diesem Zustand die 'positionale Mitte', d.h. es ist absolut (i.S. von nicht relativ) und unmittelbar. Das Selbst ist in der zentrischen Positionalität der „Nullpunkt der Orientierung" (Lindemann 1996: 155). In der zentrischen Positionalität wird also unmittelbar und authentisch empfunden, wenn auch diese Empfindungen sozial konfiguriert sind, wie sich zeigen wird.[315]

Von der zentrischen zu unterscheiden ist die *exzentrische Position*, die für Menschen charakteristisch ist. In dieser wird das leibliche Selbst als relativ zur Umwelt wahrgenommen und gespürt. Diese Form impliziert eine mehr oder weniger bewusste bzw. reflexive Wahrnehmung des eigenen Umweltbezugs. Die exzentrische Position unterscheidet sich von der zentrischen demnach dadurch, dass sie vom Individuum relativiert werden kann. Wenn etwas z.B. als weit entfernt oder als laut empfunden wird, ist es in der exzentrischen Position möglich, die sinnlichen Wahrnehmungen hinsichtlich ihres sozialen Bezugs zu reflektieren, so z.B. wenn man sagt, dass etwas laut ist, weil man selbst einen Kater hat oder weil man die Musik nicht mag; eine Entfernung ist je nach Maßstab wie Fortbewegungsmodus (Flugzeug, zu Fuß usw.), Eile und/oder Kontext (Termindruck, Begleitpersonen usw.) nah oder weit usw.

> „Das Wesentliche der exzentrischen Positionalität besteht darin, dass das leibliche Selbst seinerseits auf die Umweltbeziehung bezogen ist. (...) Das leibliche Selbst erlebt nicht nur die Umwelt, sondern – aufgrund der Distanz zu sich – sich auch als ein die Umwelt erfahrendes leibliches Selbst." (Lindemann 1993b: 29)

---

315 Da es mir in dieser Arbeit u.a. darauf ankommt, dass verschiedene Paradigma der Soziologie – bei allen Differenzen – nicht inkommensurabel sind, wenn man sich auf genau zu bestimmende Ideen und/oder Sachverhalte bezieht, verwende ich den Begriff der Konfiguration hier bewusst, obwohl er von Lindemann m.W. selbst nicht verwendet wird. Sie bevorzugt die Termini 'Vermittlung', 'Verschränkung' oder '(wechselseitige) Konstitution'. Wenn man Konfiguration als 'formende Konstituierung' versteht, dann ist damit m.E. zwar derselben Sachverhalt gemeint, ist zudem aber anschlussfähig an andere Sprachgepflogenheiten und damit an andere Paradigma, wie in diesem Fall die Diskurstheorie. Vgl. Kapitel 3 und 5.

In der exzentrischen Positionalität erleben wir uns demnach als erlebende Menschen; wir wissen dann, dass wir unsere Umwelt erleben und dieses Erleben ist in der exzentrischen Positionalität dem reflexiven Bewusstsein zugänglich. Wenn ich z.b. merke, dass mein Rücken schmerzt, so empfinde ich auf der zentrischen Ebene zunächst einen Schmerz in einer bestimmten Region des Leibes. Auf der exzentrischen Ebene weiß ich, dass dieser Schmerz immer dann auftritt, wenn ich zu lange in einer bestimmten Körperhaltung vor dem Computer gesessen habe. Und ich merke, dass heute z.b. der Schmerz weniger stark als noch vor vier Tagen ist. Ich weiß dann vielleicht auch, dass es gut war, Schwimmen gegangen zu sein. Diese Wissensbestände bzw. Reflexionen über meinen Schmerz sind keine leiblichen Erfahrungen im strikten Sinne, beeinflussen aber doch, wie sich noch zeigen wird, das leibliche Empfinden maßgeblich.

Durch die Existenz in der exzentrischen Positionalität ist der Mensch um seine 'natürliche' existentielle Sicherheit gebracht (ebd.: 30). Dadurch, dass Menschen um ihre Positionalität wissen, ihren Umweltbezug reflexiv verarbeiten und somit in der Lage sind, sich von ihrem zentrischen Selbst zu distanzieren, muss es einen Mechanismus geben, der sie 'in Sicherheit wiegt'. Wäre dies nicht der Fall, könnte es schwerlich einen stabilen, routinierten Alltag geben. Menschen bedürfen einer „haltgebenden kulturellen Ordnung" (ebd.), die Plessner als „Ruhelage in der zweiten Naivität" (Plessner 1975: 311 nach Lindemann 1993b: 30) beschreibt. Als 'zweite Natur' ist die soziale Ordnung präreflexiv und selbstverständlich, weswegen sie die Stabilität nicht nur der Interaktionen garantiert, sondern die der 'Welt' überhaupt. In diesem Sinne geht auch die Phänomenologie von der 'Naturalisierung' sozialer Sachverhalte aus bzw. von der Unmöglichkeit, Soziales und Natürliches zu trennen.[316] Dass die kulturelle Ordnung zur Natur wird, geschieht vor allem anhand der Verschränkung von Körper und Leib.

Beim Menschen sind (anders als bei Tieren) zentrische und exzentrische Positionalität gleichzeitig vorhanden und in der konkreten Erfahrung unauflöslich miteinander verwoben. Dem exzentrischen Umweltbezug wird der Begriff des Körpers zugeordnet: Der Körper ist soziales Körper*wissen*. Der Leib hingegen verortet sich in der zentrischen Positionalität und bezeichnet das *subjektiven*

---

316 Dies gilt, wie Lindemann ausführt, auch für die sog. 'Natur' bzw. die Naturwissenschaften. Analog zum radikalen Konstruktivismus geht auch Plessners Phänomenologie von der grundsätzlichen Konstruktion der Natur durch Kultur aus. Denn wenn alles Dasein leiblich vermittelt ist, sind auch die Naturwissenschaften als menschliche Tätigkeit davon nicht ausgenommen. Vgl. Lindemann 1993b: 30.

Erleben dieses Wissens. Das Temperaturempfinden illustriert die Unterscheidung: In der zentrischen Position manifestiert sich das Gefühl von Kälte oder Wärme als ein Empfinden, von dem ein Subjekt nicht absehen kann. Es ist ein leiblich-affektiver Zustand, der keine Distanzierung ermöglicht. Zunächst *ist* einem unmittelbar kalt oder warm. Aber, und das ist die Pointe der Unterscheidung, die subjektive Wahrnehmung einer Temperatur als warm oder kalt, das heißt, die *Qualität* der Empfindung ist sozial vermittelt und liegt demnach auf der exzentrischen Ebene. Das Gefühl der Kälte kann beispielsweise an der Müdigkeit liegen, an der zu leichten Kleidung, am Wechsel von einem überheizten Raum in die kühle Frischluft, aber auch an der Nervosität vor einer Prüfung usw. Die Verknüpfung von sozialen Erfahrungen und Umständen (Prüfungsnervosität, Müdigkeit usw.) mit leiblichen Empfindungen ist ein sozialer Prozess. Oder, phänomenologisch ausgedrückt: „Der Körper wird (...) zum Programm, wie der körperliche Leib zu spüren ist." (Lindemann 1993b: 60).

Allerdings ist der Leib *nicht* mit dem sozialen Körper gleichzusetzen:

> „Der Leib ist *nicht* ein diffuses Bündel insignifikanter Erregungen, die *beliebig* in Diskurse integriert und dabei mit Bedeutungen versehen werden können, sondern ein strukturiertes Gebilde, das als solches dazu geeignet ist, Bedeutungen zu tragen, also in zeichenhafte Verweisungszusammenhänge integriert zu werden." (Lindemann 1996: 152, Hervorh. d.V.)

Der Leib ist hier – entgegen etwa der ethnomethodologischen Perspektive, bei der der Körper jenseits der sozialen Darstellungen lediglich als unstrukturiertes Rohmaterial konzeptualisiert wird – selbst strukturiert. Deshalb geht er in den Diskursen oder Bedeutungen, die er trägt, nicht auf. Davon ausgehend, plädiert Lindemann für eine Autonomie des Leibes, weil der Leib eine Wirklichkeit eigener Art ist. Er verfügt über eine „Autorität des Daseins" (Schmitz nach Lindemann 1993b: 32), die in der Unmittelbarkeit der zentrischen Positionalität liegt.

Allerdings ist dieses 'mehr' des Leibes, das über seine Kontextgebundenheit und Zeichenhaftigkeit hinausgeht, nicht unmittelbar zugänglich. Es gibt keinen unmittelbaren Zugang zum Leib – weder alltagsweltlich noch wissenschaftlich-analytisch,[317] weil jegliches Denken und Sprechen über den Leib bereits eine Konfiguration des Leiblichen ist. Der Leib kann selber nicht 'sprechen', der Leib kann sich nicht mitteilen oder kommunizieren (es sei denn als Signal an die Person, die leiblich erlebt) – wir können nur *über* den Leib kommunizieren. Eine Empfindung wie Schmerz oder Lust ist als Empfindung nicht mitteilbar, denn

---

317 Lindemann 1996: 173.

jeder sinnhafte Ausdruck ist bereits eine Beschreibung und damit eine Interpretation des Affekts, die auf einer anderen Ebene, nämlich der sprachlichen oder mimischen, geschieht.[318] Das leibliche Binnenerleben ist also nur durch den Körper und die darin enthaltenen sozialen Konstruktionen zugänglich. Es gibt somit keinen 'objektiven' oder gar natürlichen Zugang zum Leib selbst. Was gleichwohl einer Analyse zugänglich ist, ist die Verschränkung von Körper und Leib, die nachfolgend ausgeführt wird. Grundsätzlich ist davon auszugehen, dass der Körper für den Leib ein „Empfindungs- und Verhaltensprogramm" bildet, „durch das [der Leib] seine *konkrete* Gestalt erhält" (Lindemann 1993b: 33, Hervorh. d.V.).

Wie ist dieser Zusammenhang in Bezug auf die Geschlechterdifferenz zu verstehen? Wie kommt der Körper in den Leib? Weiterhin lässt sich, anknüpfend an die im ersten Kapitel ausgeführten Diskussionen zur sex/gender-Unterscheidung auch fragen: ist der Leib der 'sex' und der Körper das 'gender'?

4.2.2   Leiblich spüren, was der Körper bedeutet

Lindemanns Augenmerk gilt den geschlechtlichen Unterschieden auf der Ebene des Leibes; ihre Analysen kreisen um den Geschlechtskörper und das durch diesen vergeschlechtlichte leibliche Erleben. Insofern lautet ihre zentrale Frage in Bezug auf das Geschlecht: Wie bedeuten bestimmte Körperformen das Geschlecht (ebd.: 34)?

> „Durch die Verschränkung des Leibes in den Körper wird dieser in mehrfacher Weise zum normativen Code der leiblichen Erfahrung: Zum einen *wird der Leib im Sinne der Formen des Körpers gespürt*, d.h. die Gestalt des Körpers, den ich habe, wird als der Leib erfahren, der ich bin. Der so hinsichtlich seiner Form bestimmte *Leib ist durch die Verschränkung mit dem Körper zum anderen auf Empfindungsprogramme bezogen*, die etwa festlegen, wie die Sensibilität für Berührungen beschaffen ist." (ebd.: 196, Hervorh. d.V.)

Der Leib wird demnach so erlebt, wie der Körper, genauer: die Körperformen, diesen strukturieren. Spezifische *Körperformen* spielen dabei eine zentrale Rolle: Busen, Vagina, Penis, Männerbrust usw. haben je spezifische vergeschlechtlichende Wirkungen auf die leibliche Realität, nämlich spürbar ein Geschlecht zu sein. Körperformen bilden das „sozial verfasste objektivierte Geschlecht" (ebd.: 39), d.h. sie sind sozial für objektiv erachtete Beweise des Körpergeschlechts, wie z.B. Busen und Vagina für Frauen, der Penis für Männer. Die „kulturelle

---

318 Zur Unausdrückbarkeit von Schmerz in der Sprache vgl. Scarry 1992: 11-23.

Zeichenrealität" (ebd.: 37), nach der also bestimmte – sichtbare – Geschlechtsmerkmale das Geschlecht sind, ist eine sozial konstruierte Realität, durch die der
Körper zum Zeichen wird. Der Körper als Zeichen ist, da er als naturhaft wahrgenommen wird, zugleich aber ein Objekt. Die Wahrnehmung der Körperformen
als naturhafte Tatsache begründet Lindemann mit der Schützschen These der
lebensweltlichen Generalisierung von Standpunkten,[319] d.h. mit der Logik des
'common sense', wonach 'andere etwas genauso sehen wie ich auch'. Damit ist
der Prozess der Objektivierung beschrieben, durch den die Körperformen das
„objektivierte Geschlecht" bedeuten: Busen steht für Frau, Penis für Mann – das
sehen alle so, demnach *ist* das so. Die „kulturelle Zeichenrealität (wird) selbst
zum Ding" (Lindemann 1993b: 37).[320]

Lindemann veranschaulicht dies anhand der 'wandernden versus der sess-
haften' Gebärmutter.[321] War das (anatomisch fundierte) Körperwissen bis zum
sechzehnten Jahrhundert davon ausgegangen, dass die Gebärmutter im Körper
der Frauen umherwandert, so wird seitdem davon ausgegangen, dass sie im
Körper statisch fixiert ist.[322] Analog lässt sich das soziale Körperwissen anhand
der Diskurse um die Genetik, das Immunsystem oder die Hormone thematisieren, wie ich es in Kapitel 2 getan habe: Oudshoorn (1994) beispielsweise arbeitet in ihrer wissenschaftshistorischen Studie zur Entdeckung der Hormone heraus, wie mit dem Paradigmawechsel von der anatomischen oder organischen zur
hormonellen Bestimmung der biologischen Geschlechterdifferenz weitreichende
Veränderungen im sozialen Körperwissen einhergegangen sind. Diese Veränderungen tangieren auch die Wahrnehmung und das Selbsterleben von Männern

---

319 Vgl. Lindemann 1993b: 36.
320 Allerdings beschäftigt sich Lindemann selbst nicht mit der gesellschaftstheoretischen Dimen-
     sion der Konstruktionen, durch die der Körper zum normativen Bezugspunkt für den Leib
     wird. Warum also gerade bestimmte Körperformen in unserer Gesellschaft eine verobjektivier-
     te Zeichenrealität darstellen, darauf geht sie nicht weiter bzw. nur unbefriedigend ein. Sie ver-
     weist zwar auf die Normativität (vgl. Lindemann 1996: 167), blendet aber eine systematische
     Analyse der sozialen Bezugsrahmen aus, die die Bedeutungen und damit die Normativität des
     Körperwissens strukturieren. Ich werde dieses Defizit in Kapitel 4.3 im Detail diskutieren.
321 Lindemann 1996: 169ff.
322 „Im 16. Jahrhundert (...) gab es eindeutig keinen Platz im Körper, an den sich die Gebärmutter
     hätte hinbegeben können." schreibt Laqueur (1992: 130) und verweist in diesem Zusammen-
     hang auf die Relevanz der Gebärmutter für die Hysterisierung von Frauen seit dem 3. Jahrhun-
     dert vor Christus (ebd.). Es ließe sich empirisch wahrscheinlich vergleichbar feststellen, wie
     z.B. die derzeitige gesellschaftliche Kodierung des Körpers als 'System' einen erheblichen
     Einfluss auf das Selbsterleben der Menschen hat (insbes. seit dem Aufkommen von AIDS und
     der damit aufgekommenen Rede vom Immun*system*). Dann nämlich haben Körper 'Funktions-
     oder funktionale Störungen', die 'Schaltstellen' sind defekt usw.

und Frauen. Denn nun gibt es hormonell bedingte Funktionsstörungen, die (weibliche) Menopause, es gibt hormonelle Verhütung und es gibt eine körperliche Geschlechterdifferenz, die graduell ist, anstatt eines exklusiven Systems von dichotomen anatomischen oder organischen Formen.[323] Männer und Frauen erfahren sich dabei real und authentisch z.B. als hormonelles System, Frauen erleben das sog. 'Prämenstruelle Syndrom' und dieses Erleben ist vom (Alltags-)Wissen um Hormone geprägt.

Die Frage, wie das soziale Wissen um die Geschlechterdifferenz (das objektivierte Körpergeschlecht) subjektiv erlebt wird, kann nur mit der Hinwendung zur leiblichen Lokalisierung der Geschlechterdifferenz beantwortet werden. Die soziale Bestimmung oder Setzung von Körperformen reicht für das subjektive Gefühl, ein Geschlecht zu sein, nicht aus. Das Geschlecht muss vor allem als affektive Realität empfunden werden. Wie das objektivierte soziale Geschlecht 'unter die Haut kriecht' (Lindemann 1993b: 54), das illustriert Lindemann u.a. anhand der Menstruation und der mit ihr gemachten Erfahrung eines transsexuellen Mannes (ebd.: 57ff.): Richard war als junge Person zwar über die bevorstehende Menstruation von seiner Mutter aufgeklärt worden, als diese aber einsetzte, war sie dennoch „keine Periode" (ebd.: 58), weil sie erstens nicht gewollt,[324] zweitens quantitativ geringfügig und drittens „für andere nicht zu merken" war (nach ebd.). Dadurch, dass die Blutung weder für ihn selbst noch für andere Personen wirklich auffällig war, konnte sie als Menstruation ignoriert werden.[325] Insgesamt ist also die Frage, ob „ein Mädchen eine Periode erlebt, (...) nicht unbedingt eine Frage dessen, welche Flüssigkeit wann wo fließt, sondern ob diese Erfahrung in das optisch-taktil orientierte Schema des Frauenkörpers hineinpasst" (ebd.: 58), wobei dieses Schema ein sozial produziertes Wissen um den Körper ist.

Körperformen prägen das subjektive Empfinden des Geschlechts, indem sie 'Leibesinseln' konfigurieren.[326] Solche Leibesinseln sind bestimmte Stellen des Körpers, die als geschlechtlich relevant *empfunden* werden. Die Stirn, die Nase oder die Fußsohlen sind in diesem Sinne keine geschlechtlich relevanten Leibes-

---

323 Vgl. Kapitel 2.3.1.
324 Der Frau-zu-Mann Transsexuelle Richard hat sich damals als Junge gefühlt.
325 Dies gelingt ihm allerdings ab dem Moment nicht mehr so gut, an dem er sich als Mann mit sexueller Aktivität auf die Umwelt bezieht und diese sich auch ihm gegenüber als Mann beziehen soll. Dann lässt sich die leibliche Erfahrung der monatlichen Blutung nicht mehr ohne Weiteres aus dem Erleben ausblenden (ebd.: 59).
326 Der Begriff der Leibesinsel wurde von Schmitz entwickelt und wird von Lindemann wie oben ausgeführt verstanden.

inseln, zumindest nicht als primäre leibliche Orte des Geschlechts. Sie werden allenfalls im Zuge der Vereinheitlichung einer Gesamterscheinung als solche wahrgenommen, wie Hirschauer herausarbeitet. Brüste oder Vagina z.B. sind hingegen primäre, d.h. definitorische Körperregionen für das Geschlecht. Leibesinseln sind affektive Verinnerlichungen von Körperformen. Sie sind aber – im Gegensatz zu den Körperformen – „nicht einfach da oder nicht da, sondern bilden ein Gefüge, dessen Bestandteile (...) und Struktur (...) hinsichtlich ihres Seins veränderbar sind." (ebd.: 202) Leibesinseln können flexibel gehandhabt werden, sie können verschwinden, größer oder kleiner werden und evtl. gänzlich irrelevant sein oder irrelevant gemacht werden (ebd.).[327] Aus einer flachen Männerbrust etwa kann ein weiblich empfundener Busen 'werden', aus einer Klitoris ein kleiner Penis. Wenn transsexuelle Männer sich z.B. den Busen abbinden, so geschieht dies nicht nur, um ihn vor Blicken anderer zu verstecken, sondern auch um für sich selbst das Gefühl der flachen, kompakten Männerbrust zu erzielen (ebd.: 54).[328] In der nachfolgenden Passage beschreibt die nicht transsexuelle Partnerin eines transsexuellen Mannes ('Manfred'), der nicht operiert ist, wie flexibel der Umgang mit Leibesinseln konkret sein kann:

> „Also wir haben die Klitoris zum ... zu 'ihm' erklärt ... zu ihm und zum ... Schwanz eigentlich. Oder Manfred hat se so erklärt. Ja gut, habe ich gedacht. Weil es is auch, is sehr groß bei Manfred, ne. Im Verhältnis zu meiner, nun, gehen wir mal davon aus, mehr kann ich ja nun nich anbieten. Ist mit Sicherheit doppelt so groß und es lässt sich auch so wie n Glied so die Haut so n bißchen zurückschieben, so die Spitze kommt so n bisschen ...eichelig, klingt auch gut, vor. Aber deswegen kann man das sehr gut übersetzen so. Ich kann das gut annehmen ne. Und wie gesagt, wenn er erregt is, haben wir die ganze Nummer noch n büsschen größer und recht hart auch." (nach Lindemann 1993b: 206)

Obwohl die Person hier nicht von eigentlichen Leibesinseln spricht, sondern eine 'Außensicht', d.h. letztendlich eine Körperperspektive formuliert, so lässt sich doch ahnen, dass in der Sexualität vor allem Manfred seine Klitoris als Penis *empfindet* und wie seine Freundin dies ebenso erlebt. Wie Lindemann bei der

---

327 Leibesinseln verfügen, wie Lindemann in Anlehnung an Schmitz an einigen Stellen feststellt, über eine eigene Daseinsform, d.h. sie können sich 'einfach so' bilden und auch 'einfach so' verschwinden. Dies zu postulieren gleicht allerdings m.E. einer Logik der 'creatio ex nihilo', die Lindemann in Bezug auf die Mikrosoziologie – zu Recht – kritisiert. Die Trennung von Leib und Körper verstehe ich so, dass sie, unter Berücksichtigung ihrer differenten Qualitäten, der Analyse ihrer Verschränktheit dient, ohne aber damit behaupten zu müssen, Leibesinseln seien sozusagen *jenseits* des Körpers existent. Sie verändern sich, wie gesagt, je nach Körperwissen, aber nicht 'von selbst'. Für Hinweise zu diesem Punkt danke ich Ulle Jäger.

328 Für eine eindrucksvolle literarische Verarbeitung (autobiographischer) Erfahrungen mit dem 'falschen Körper', u.a. mit der Praxis des Brustabbindens vgl. Feinberg 1997.

Analyse dieser Passage ausführt, geht es der Frau nicht ohne weiteres über die Zunge, aus einer Klitoris einen 'Schwanz' zu machen.[329] Trotz der Schwierigkeiten führt die Interviewpartnerin diese Verwandlung letztendlich durch, d.h. aus einer Klitoris wird ein leiblich empfundener Penis. Solche Verwandlungen funktionieren allerdings nur bei 'unvollständigen' Körperformen – der umgekehrte Prozess kann, so die Ergebnisse der Studie von Lindemann – nicht stattfinden. Aus einem Penis kann keine 'weibliche' Leibesinsel werden.[330]

In welchem Maße leibliches Spüren durch das verobjektivierte Geschlecht konfiguriert wird, das ist das entscheidende Kriterium, um Körperformen zu systematisieren. *Signifikante* Körperformen sind solche, die nur als *ein* Geschlecht empfunden werden und werden können. *Insignifikante* Formen sind hingegen solche, die verschiedenen Empfindungen offen stehen, d.h. die durchaus als männlich *oder* weiblich erlebt werden können oder die eventuell als 'mindere' Ausgaben einer signifikanten Körperform empfunden werden (können).[331] Auf die Hierarchie der Körperformen werde ich zurückkommen. Nachfolgend soll jedoch zunächst die Weise, in der sich Körper und Leib verschränken, anhand der Sexualität präzisiert werden, die im Manfred-Zitat eine entscheidende Rolle bei der Umdeutung von Leibesinseln gespielt hatte.[332]

4.2.3   Sex als Scharnier zwischen Körper und Leib

Sexualität als leiblich-affektive Erfahrung ist in den Lindemannschen Analysen eine zentrale Dimension, denn die Sexualität ist ein wichtiger Ort der Verschränkung von sozialem Körperwissen und leiblicher Erfahrung. Gerade weil Sexualität eine intensive leibliche Erfahrung ist, kann an ihr beschrieben werden, wie sich geschlechtlich relevantes soziales Wissen um den Körper und Empfindungen verknüpfen. Ein weiteres Argument für die Relevanz der Sexualität ist die eingangs erwähnte Weise, in der soziale Kontrolle aus der phänomenologischen Perspektive thematisiert wird. Diese funktioniert maßgeblich über das 'Hier-und-Jetzt-Prinzip' der zentrischen Position. Dadurch, dass es Menschen

---

329 Sie stockt, macht Pausen und stottert. Vgl. Lindemann 1993b: 206.
330 Vgl. ebd.: 11; 213; 261.
331 Vgl. ebd.: 197ff.; 209ff.; 260ff., 285. Zur Übersicht des Modells der Körperformen vgl. die Übersicht in Kapitel 4.2.4.
332 Neben dem Begehren (Sexualität) analysiert Lindemann auch die Körperscham als wesentliches 'Scharnier' der leiblich-affektiven Subjektivierung des sozialen Wissens um das Geschlecht. Vgl. Lindemann 1993b: 62.

unmöglich ist, aus dem Hier-und-Jetzt 'auszusteigen' oder sich von der Zumutung der Präsenz zu distanzieren, müssen wir alle das Geschlecht sein, das der Körper bedeutet.[333]

> „Die schlichte Erfahrung, das Körpergeschlecht wirklich zu sein, funktioniert wie eine Autorität; das Reale wirkt auch dann als soziale Kontrolle, wenn niemand da ist, der die einzelnen kontrolliert, bzw. wenn soziale Kontrollen effektiv außer Kraft gesetzt sind." (Lindemann 1993b: 63)

Da sexuelle Erfahrungen besonders intensive Formen des leiblichen Erlebens sind, ist dort die soziale Anforderung, ein eindeutiges Geschlecht zu sein, besonders spürbar. Sexualität ohne ein eindeutiges oder gar mit einem 'falschen' Geschlecht ist kaum vorstellbar. Falsch bedeutet hier z.B. ein Mann ohne Penis oder als Frau ohne Vagina zu sein.

> „Die Verleiblichung der [Geschlechter-] Binarität, d.h. deren Subjektivierung, überschneidet sich mit den Grundkategorien des sexuellen Begehrens, (...), das eigene Geschlecht ist konstitutiv für die Art des Begehrens. Umgekehrt ist das Begehren als leiblich-affektive Struktur ebenfalls konstitutiv für die Wahrnehmung anderer und seiner selbst als ein Geschlecht. Sexuelles Begehren, Evidenz des eigenen Geschlechts und die Wahrnehmung des Geschlechts anderer bedingen also einander wechselseitig." (ebd.: 41f.)

Wenn das Begehren ein wesentliches Medium zur Konstitution geschlechtlich relevanter Leibesinseln ist, heißt das aber auch, dass das Begehren – als soziales 'Empfindungsprogramm' – bereits auf spezifische Weise strukturiert ist. In Lindemanns Analysen ist das Begehren eines der Verknüpfungspunkte zwischen Leib und Körper.

> „Beim Begehren handelt es sich um eine leibliche Beziehung zu anderen, die (...) auf eine zweifache Weise mit kulturell strukturierten Oppositionen besetzt ist. Zum einen als Erleben des eigenen Leibes, der in einem geschlechtlich binär codierten Körper verschränkt ist. Zum anderen als Erleben einer anderen Person, die nicht nur begehrt ist, sondern auch als eine bestimmte Person mit einem bestimmten Geschlecht, das ebenfalls in einer binären Opposition steht, wahrgenommen wird." (ebd.: 46f.)

Lindemann spricht hier von 'kulturell strukturierten *Oppositionen*'. Diese strukturieren ihrerseits den Körper als binär codierten Körper. Diese Passage beschreibt die phänomenologische Zirkularität der gegenseitigen Konstitution von Begehren und leiblicher Geschlechterdifferenz: Da das Begehren als kultureller Code binär strukturiert ist, ist es das subjektive leibliche Erleben auch. Da das leibliche Erleben binär codiert ist, werden andere Menschen von diesem leiblichen Erleben aus ebenfalls binär codiert, weil das kulturell erzeugte Begehren

---

333 Vgl. ebd.: 38.

nur als binäres erlebt wird. So schlussfolgert Lindemann an dieser Stelle auch weiter:

> „Da die Wahrnehmung anderer immer mit einer Wahrnehmung seiner selbst einhergeht, wird die Geschlechterbinarität als leibliche Relation im Sinne von Gleich- und Verschiedengeschlechtlichkeit codiert. Auf diese Weise wird die Evidenz des eigenen Geschlechts abhängig von der eigenen Position im System geschlechtlicher Gleich- und Verschiedenheit, denn dieses sitzt in Form des Begehrens ebenso unter der Haut wie die Binarität der Körper in der Verschränkung von Körper und Leib." (ebd.: 47)

Die Zirkularität dieses Prozesses ist ein Prozess des gegenseitigen 'Verdeutlichens' (ebd.: 48). Dabei verstärken sich die sozial verfasste Dichotomie des Begehrens und die leiblich gespürte Dichotomie der Körperformen wechselseitig. Jede dieser Dichotomien bezieht ihren Bedeutungsgehalt aus der jeweils anderen. So erleben sich heterosexuelle Frauen in der Sexualität gerade und nur mit Männern als Frauen, während sich homosexuelle Frauen in der Sexualität mit Frauen als Frauen erleben. Der Bezugsrahmen – Homo- oder Heterosexualität – dient dabei der Strukturierung von Leibesinseln und der davon ausgehenden leiblichen Erfahrungen. Anders gesagt: je nachdem, wie jemand in der Sexualität angerufen/angesprochen/angefasst wird sich dieser Jemand geschlechtlich erleben.[334] Unterschiedliche Körper (als sozial vermitteltes Körper-Wissen) erotisieren andere auf je verschiedene Weise und haben jeweils unterschiedliche Wirkung in Bezug auf die Selbst-Positionierung im Kontext vom Homo- und Heterosexualität. Sämtliche signifikanten Körper-Formen haben die Wirkung, dass andere diese als Zeichen für jeweils ein Geschlecht wahrnehmen: Penis/Hoden, Vagina, Busen sind, so Lindemann, für jeweils ein Geschlecht definitorische Zeichen. Um diese wechselseitige Bedingtheit durch die Verschränkung von Körper und Leib in der Sexualität zu vollziehen, muss das Begehren quasi vorher strukturiert sein. Salopp ausgedrückt: Ein Mensch muss vor dem Sex wissen, ob er/sie mit einer Frau/einem Mann Sex haben möchte und ob er/sie eine homo- oder heterosexuelle Begegnung phantasiert. Wichtig ist allerdings, dass die binäre Codierung des Begehrens die binäre Codierung der Körper durchzieht und bestimmt. Das heißt, das gleich- oder gegengeschlechtliche strukturierte Begehren ist ein integraler Bestandteil des Wissens über den Körper, das seinerseits das leibliche Binnenerleben strukturiert. „Der Körper (ist) so (ein) Programm, wie der körperliche Leib zu spüren ist." (Lindemann 1993b:60) Als Teil des (sozialen) Körpers wurzelt das Begehren außerhalb des Leibes.

---

334 „Es scheint (...) so zu sein, als würde durch die Art der Berührung die geschlechtliche Signifikanz der Struktur des körperlichen Leibes geschaffen." (Lindemann 1993b: 210).

Weiterhin ist die Körperform „in und durch das Begehren, d.h. das leibliche Ineinander-Verhaktsein" (ebd.: 51) geschlechtlich bedeutungsvoll. Das Begehren bewirkt die Sexualisierung des Leibes, denn es bedarf in Lindemanns Worten lediglich eines „vagen Anhalts im Leib, um die Wahrnehmung von Personen mit einem 'Schleier' von Gleichheit und Verschiedenheit zu überziehen, wodurch Personen mit so großer Sicherheit als Männer und Frauen erfasst werden" (ebd.: 48). Das Begehren konfiguriert die Sexualisierung des Leibes. Wie funktioniert dies konkret?

Lustvolle 'Leibesinseln'

In der Sexualität ist, so Lindemann, die Grenze zwischen Realem und Fiktivem potentiell flüssiger und flexibler als in anderen Interaktionssituationen.[335] Allerdings hängt die Flexibilität im Umgang mit der Trennung von Realem und Fiktivem im sexuellen Erleben, wie das nachfolgende Zitat verdeutlicht, davon ab, ob und wie sich die Partner/innen auf den jeweiligen Umgang mit dieser Grenze verständigen. Ein Beispiel gelungener Verständigung im Rahmen sexueller Interaktion und die Möglichkeit, Leibesinseln zu schaffen, illustriert folgende Passage. Das Zitat stammt von einer nicht transsexuellen Frau, die über ihre sexuellen Erfahrungen mit einer transsexuellen Frau spricht, mit der sie eine lesbische Beziehung hatte:

> „Mit den Brüsten, z.B., das war für mich ganz wichtig, nä, das war auch irgendwie kein Problem, dass ich eigentlich sagte, na, eigentlich ist das keine richtige Frauenbrust, das war mir irgendwie klar, weil ich an den Reaktionen einfach gemerkt habe, was das ausmacht für sie, nä. Wie sich das anfühlt. Und...ja, was dann – was dann noch ganz wichtig eigentlich ist, dass eben in dem Augenblick, wo ich, sagen wir mal, ihre Brüste gestreichelt habe, mir das irgendwie – ich ... ich mich da natürlich sehr gut reinfühlen kann. Weil ich weiß, wie das ist, wenn, wenn meine Brüste gestreichelt werden. Insofern war das eben auch ganz toll, weil sich das gegenseitig – so zusammen aufgeschaukelt hat, ja. Also so, das ist einfach immer, wenn ich mit Frauen Sex habe, ist das was anderes als mit Männern, weil da eben aus der Gleichheit, sage ich mal, der Empfindungen eine andere, ja, was anderes entsteht, ein anderes Gefühl für mich da ist, als wenn ich jetzt mit Männern Sex habe, die einen ganz anderen Körper haben, nä. Den ich also so nicht empfinden kann, das ist eine ganz andere Qualität von Sex einfach, nä." (nach ebd.: 207f.)

Noch einmal zur Verdeutlichung: Diese Frau spricht hier über ihre Erfahrungen mit einer transsexuellen Frau, die *nicht* über einen operativ gemachten Busen

---

335 Ebd.: 203.

verfügt, denn ihre Partnerin hat eine flache (Männer-)Brust. Und dennoch wird diese von ihr als weiblicher Busen wahrgenommen, der ihren eigenen, weiblichen Empfindungen entspricht. Lindemanns Interpretation zufolge ist aus der Flachheit der Männerbrust eine weibliche Brust geworden, *weil* ein „weibliches Empfindungsprogramm inkarniert ist" (ebd.: 208). Hier wird die Verschränkung von Körper als Empfindungsprogramm und Leib plastisch deutlich: Zu einem weiblichen Körper gehört eine spezifische sexuelle Empfindung an der Brust. Hat ein Mann eine solche leibliche Empfindung und nimmt ein/e Partner/in dies – etwa im sexuellen Erleben – ebenso wahr, so kann eine Männerbrust entsprechend verweiblicht werden. Mehr noch, aufgrund der Empfindung (Leib) wird diese Transsexuelle zur Frau. Ebenso heißt, „ein männliches Gefühl (zu) haben, (...) den körperlichen Leib an einer Stelle zu spüren, die mit dem Symbol des Mannseins zusammenfällt" (ebd.: 60), und zwar mit einem Penis. Hierauf wird der Abschnitt 4.2.4 ausführlich eingehen.

Die phänomenologisch konstruktivistische Zirkularität zwischen dem Begehren als sozial konstituiertem Phänomen einerseits und leiblicher Erfahrung andererseits setzt sich deutlich vom alltagsweltlichen Verständnis ab. Bei letzterem wird der Körper bzw. werden die so genannten primären Geschlechtsmerkmale als Essenz der (sozialen) Geschlechter betrachtet. Demgegenüber herrscht in sozialkonstruktivistischen Ansätze die umgekehrte Annahme vor. Hier sind es die diskursiven und/oder darstellerischen Strategien, die aus Körpern Geschlechtskörper machen. Zwischen diesen beiden Polen, dem alltagsweltlichen und dem sozialkonstruktivistischen, nimmt Lindemann eine Zwischenposition ein, die in der skizzierten Zirkularität mündet. Sie selbst geht explizit auf diese Verortung ein, wenn sie vom Streit zwischen „einem 'prototypischen' und einem 'indexikalischen' Verständnis von Geschlechtszeichen" (Lindemann 1993b: 49) spricht. Laut Lindemann ist die Auseinandersetzung darüber, ob bestimmte Körperformen oder kulturelle bzw. soziale 'Verweisungszusammenhänge' ausschlaggebend für die Konstruktion des Geschlechts sind, obsolet. Diese Auseinandersetzung erübrigt sich aus der phänomenologischen Perspektive, weil Körperformen nur durch ihre Verschränkung mit der leiblichen Dimension des Begehrens geschlechtlich bedeutungsvoll sind.[336]

Als sozial produziertes Körper-Wissen macht das Begehren spezifische Regionen des Körpers zu signifikanten und andere zu insignifikanten Körper-Formen.[337]

---

336 Vgl. ebd.: 51.
337 Vgl. ebd.: 41ff.; 51; 203ff.

Der Penis als 'Sonderfall'

„Männliche Geschlechtskörper, die über das aufgrund seines Bedeutungsgehalts am wenigsten zu übersehende Geschlechtszeichen verfügen [Penis], sitzen in der Verschränkung mit dem Leib der Beteiligten geschlechtlich deutlicher unter der Haut und strukturieren die leibliche Erfahrung auf eine nachhaltigere Weise als weibliche Geschlechtskörper. Männliche Körper-Leiber sind so umfassender in eine kontradiktorische Opposition eingeordnet, während weibliche Körper-Leiber eine ausgeprägte Tendenz zur polaren Opposition haben. Die Geschlechterbinarität ist also von den beiden Geschlechtern her unterschiedlich strukturiert." (Lindemann 1993b: 261)

Lindemann räumt dem Penis eine besondere Bedeutung als geschlechtlich signifikante Körperform ein, d.h. der Penis ist eine besonders bedeutungsvolle signifikante Körperform. Zunächst ist er eine signifikante Körperform, wie Busen und Vagina, da er ein konstitutives Merkmal des (männlichen) verobjektivierten Körpergeschlechts ist. Ein Penis ist ein Zeichen für Mann-Sein wie Busen oder Vagina Zeichen für Frau-Sein sind. Aber der Penis ist, so Lindemann, zudem besonders signifikant, weil er Männer (oder Penis-Träger) leiblich 'stärker' in ihr Geschlecht verankert als es die anderen signifikanten Körperformen – ob für männliche oder weibliche Körper – zu tun vermögen. Er hat eine besonders starke leibliche Wirkung und ist demnach als geschlechtlich relevante Körperform besonders geeignet, die stabile Körperidentität des (männlichen) Geschlechts zu bewirken. Daraus folgert Lindemann, dass es 'leichter' sei, ein Mann zu sein, insofern das besonders relevante Zeichen, der Penis, so markiert sei, dass er weder verwechselt, übersehen, ignoriert oder bedeutungslos gemacht werden könne. Der Penis hat als Körperform eine so starke leiblich-emotionale Wirkung, dass ein Mensch mit Penis nicht anders könne, als sich als Mann zu empfinden bzw. als solcher wahrgenommen zu werden. „Mannsein ist in die visuell-taktile Gestalt des Penis auf eine qualitativ andere Weise eingelassen als Frausein in die geschlechtlich weiblich signifikanten Körperformen" (ebd.: 226). Wie begründet Lindemann die Besonderheit des Penis als hochgradig signifikante Körperregion? Woher bezieht der Penis seinen besonders relevanten Bedeutungsgehalt?

Zunächst – und das mag paradox erscheinen – wendet sich Lindemann ausdrücklich gegen eine Reifizierung der Alltagswahrnehmung, die dem Penis eine besondere Rolle als primäres Geschlechtsmerkmal *an sich* zuweist. In einem kurzen Hinweis auf die Nähe ihrer Ergebnisse zu denen von Kessler/McKenna (1978) formuliert sie: „(...) vermeidet meine Interpretation der Signifikanz des Penis eine Reifizierung, indem sie die Deutlichkeit des Zeichens mit Bezug auf die Relevanz seines Bedeutungsgehalts erklärt" (Lindemann 1993b: 261). Lindemann geht es um die *Zeichen*haftigkeit des Penis, nicht um seine Bedeutung als 'natürliches Geschlechtsmerkmal'. Damit ist der Penis – ebenso wie alle anderen Körper-Formen – immanent Zeichen und nicht 'natürliche Essenz' einer darauf fußenden symbolischen Konstruktion. Hier zeigt sich, was Lindemann mehrfach formuliert, nämlich dass der „Körper ein Ding und zugleich ein Zeichen [ist]" (ebd.: 36).

Allerdings muss Lindemann dann beschreiben können, woher das Zeichen 'Penis' seinen spezifischen Bedeutungsgehalt bezieht, denn die Zeichenhaftigkeit entstammt einem sinngebenden Kontext, einem Verweisungszusammenhang, der einem 'Ding' seine soziale Bedeutung oder auch Sinn gibt. Die Bedeutung von Zeichen (egal welcher Art) ist nicht, wie im ersten und dritten Kapitel ausführlich dargestellt, an sich gegeben, sondern immer nur durch die Relationen zwischen Begriff und Ding. Zeichen bestehen immer, so Weedon (1990: 37) aus einem Signifikanten und einem Signifikat, also aus dem Bezeichnendem und dem Bezeichneten. Beide Aspekte sind aufeinander bezogen und bedingen einander. Lindemann antwortet auf die Frage, woher der Penis als Signifikat seine relationale Bedeutung gewinnt, mit dem Hinweis auf die 'visuell-taktile' Dimension des Penis. Diese stellt das entscheidende Kriterium für den Bedeutungsgehalt dar:

> „(...) was das Besondere am Penis ist, (...) [ist] die Versteifung des Penis [als] ein sichtbarer und tastbarer Sachverhalt, der die Erregung des Partners auf der Ebene der 'optisch äußerlichen Dinge' bedeutet." (Lindemann 1993b: 220)

Der Penis ist besonders signifikant, weil er das Begehren besonders deutlich macht. Ein erigierter Penis zeigt 'unübersehbar', dass jemand begehrt. Die sichtbare Erregung bewirkt eine Selbstvergeschlechtlichung, die scheinbar stärker wirkt als jede andere signifikante Körperform. Der Penis, so folgert Lindemann, „legt die subjektive Begehrensposition zwar nicht absolut, aber doch nachhaltig fest" (ebd.: 223). In diesem Sinne ist der Penis eindeutiges Zeichen dafür, *als Mann* zu begehren. Eine Person mit einem Penis kann nicht als Frau begehren (ebd.: 36). Und: keiner anderen Körperform ist das Begehren so anzusehen wie dem Penis. Seine Wirkung als Zeichen für Mann-Sein ist so eindeutig, weil ein Penis-Träger „andere als Mann erotisiert, ein weiblicher Körper ist dagegen indifferent gegenüber der Form des Begehrens" (ebd.: 284). Das heißt, Frauen können aufgrund der spezifischen Strukturiertheit ihrer Körperformen potentiell als Frauen *und* als Männer begehren. Oder anders ausgedrückt: Das Begehren sexuiert Frauen nicht in dem Maße wie es Männer sexuiert.

Der Penis bezieht demnach seinen besonderen Bedeutungsgehalt aus zweierlei Qualitäten: Zum einen bestimmt und 'verrät' er die eigene Begehrensposition

– was ihn qualitativ von anderen signifikanten Körperformen unterscheidet –, zum anderen bedeutet er das Geschlecht für andere – was er mit allen signifikanten Körperformen gemein hat. Was nun den Penis so besonders macht, ist seine vergleichsweise stark „ausgeprägte Stabilität als Zeichen der binären Geschlechteropposition" (Lindemann 1993b: 261).

> „Der Bedeutungsgehalt des Penis umfasst [die Geschlechts-] Struktur insgesamt: Er definiert sowohl das Geschlecht für andere als auch die eigene Begehrensposition, von der aus andere vergeschlechtlicht werden. Der Busen bedeutet dagegen lediglich das Geschlecht für andere." (ebd.: 213)

Der Penis sitzt also tiefer unter der Haut als jedes andere Körperzeichen, was das geschlechtliche Erleben angeht.

4.2.4 Zwischenkritik

Dass der Penis die männliche Körperidentität stabilisiert, ist nur mit dem Hinweis auf Heteronormativität zu erklären. Sexuelle Praxen zwischen lesbischen Frauen, die Dildos einsetzen, sind, wenngleich umstritten,[338] so doch ein Indiz dafür, dass nicht alle Personen den Penis als immanent männlich betrachten müssen. Muss phallisch zwangsläufig männlich bedeuten? Wenn lesbische Paare sich auf die Verwendung eines Dildos einigen, dann inszenieren sie damit keine (dürftige) Kopie der heterosexuellen Penetration – oder tun es doch, destabilisieren dabei aber die vermeintliche Heterosexualität vaginaler Penetration. Analog kann man für heterosexuelle Praktiken argumentieren, bei der die Frau einen Dildo verwendet: Ob sie damit eine männliche Position einnimmt, halte ich zumindest für fraglich. Oder anders: es ist, wenn überhaupt, nicht der Penis 'an sich', der vermännlichend wirkt, sondern die im Kontext von Heteronormativität eingelassene Macht- und Überlegenheitsposition, die leiblich durch Penetration/penetriert-werden vermittelt werden. Es gibt, so argumentiert etwa auch Jackson in ihrem kritischen Aufsatz zum Zusammenhang von Heterosexualität, Macht und Begehren,[339] keinen zwangsläufigen Zusammenhang zwischen Penet-

---

338 Geführt wurde diese Debatte unter dem etwas martialischem Stichwort 'dildo wars'. Das ist insofern interessant, als es m.E. andeutet, dass es um ein grundlegendes, quasi existentielles Problem geht. Dies folgt aus der schlichten Frage, die unser Alltagsverständnis uns (und vielen lesbischen Frauen in der erwähnten Debatte ebenso) stellt, nämlich: wie passen Frauenliebe und Penetration zusammen? Ist da nicht doch eine Suche nach dem Mann im Spiel? Vgl. Findlay 1992: 563ff.

339 Jackson 1996: 176ff.

ration und phallischer Sexualität. Um es diskurstheoretisch bzw. psychoanalytisch auszudrücken: der Penis *muss* kein Phallus sein und Penetration *muss* keine heteronormative phallische Sexualität darstellen. Judith Butler hat in einer längeren Passage (Butler 1995: 85-128) eine analoge Auseinandersetzung mit den Zusammenhang von Penis und Phallus im Kontext ihrer Überlegungen zur „Morphogenese" (ebd.: 101ff.) geführt. Sie geht dabei u.a. mit Lacan davon aus, dass der Phallus ein Symbol des Penis darstellt und als solcher sich gewissermaßen sehr weit vom Penis entfernt habe: „Je mehr Symbolisierung statthat, desto geringer ist die ontologische Verbindung zwischen dem Symbol und dem Symbolisierten" (Butler 1995: 118). Und da dies funktioniert, ist der Phallus in Bezug auf seine Symbolhaftigkeit geradezu gezwungen, sich vom ‚echten' Penis zu entfernen; der Phallus muss den Penis negieren, um diesem symbolisieren zu können (ebd.). Anders gesagt: ein echter Penis würde die phallische Symbolisierung nur stören. So wie wahrscheinlich jedes Barthaar an einer Frau die Verkörperung der Subjektposition ‚Frau' stört. Kein Penis kann die phallische Symbolisierung erreichen (ebd.: 121) und deshalb steht - so Butler – auch anderen Körperteilen die Möglichkeit prinzipiell offen, phallisch zu sein. Könnten nicht auch Menschen ohne Penis phallische, d.h. männliche, Positionen einzunehmen? Und anders herum: Könnte der Penis nicht auch nicht-phallisch, d.h. nicht-männlich wahrgenommen werden? Wenn es den Phallus nicht gäbe, was wäre dann der Penis für das Geschlecht wert? Dies sind insofern für den hier diskutierten Zusammenhang wichtige Fragen als laut Butler die symbolische Position ‚Phallus' Menschen mit bestimmten Körperformen (Penis) zu Männern macht – der Diskurs des Phallischen bringt ‚Penisträger' in die Subjektposition ‚Mann' durch die Bereitstellung einer, wenn auch komplex und instabil konstruierten, sexuierten Morphe. So strukturiert die phallische Struktur des Imaginären (männliche) Körperumrisse. Wenn aber die Beziehung zwischen Penis und Phallus keine ontologische und eine der Negation ist, so könnten (theoretisch) auch andere Körperformen phallisch sein:

> „Die Realisierbarkeit des lesbischen Phallus hängt von (einer) Verschiebung ab. Oder um es genauer auszudrücken, die Verschiebbarkeit des Phallus, seine Fähigkeit, in Bezug auf andere Körperteile oder andere körperähnliche Dinge zu symbolisieren, macht den Weg frei für den lesbischen Phallus, der andernfalls ein Widerspruch wäre" (Butler 1995: 118).

Was Butler mit dieser – zugegebenermaßen zunächst befremdlichen – Fiktion bezweckt, ist die privilegierte Symbolisierung des Penis als Phallus zu hinterfragen. Butler will mit ihrer Fiktion des „lesbischen Phallus" ein „alternatives *Imaginäres* gegenüber einem vorherrschenden Imaginären stark machen" (Butler 1995: 126f.) und dadurch zeigen, dass die symbolische Ordnung, durch die wir unsere (Geschlechts-)Identität festlegen, nicht notwendig heterosexuell kodiert sein muss. Sie betont dabei, dass „hier vom lesbischen *Phallus* und nicht vom *Penis* die Rede ist. Denn nötig ist sozusagen kein neuer Körperteil [...]" (ebd.; Hervorh. i.O.). Nötig ist nach Butler vielmehr eine Veränderung des Symbolischen insofern als neue Schemata denkbar werden, die ihrerseits neue erogene Zonen – also lustvolle Leibesinseln im komplexen Wechselspiel mit „signifikanten Körperformen" – konstituieren könnten. Im Rahmen des historisch gewachsenen hegemonialen Diskurs der Heterosexualität deckt sich, das ist wohl richtig, üblicherweise Penetration mit männlich, überlegen, aktiv und 'nehmend', so wie sich penetriert-werden mit weiblich, passiv, unterlegen und 'empfangend' deckt.

- Penetration → aktiv, überlegen, nehmend/spendend → männlich/phallisch
- Penetriert-Werden → passiv, unterlegen, empfangend/aufnehmend → weiblich

Nur in diesem Rahmen funktioniert die Verankerung eines Körpers mit einer männlichen Identität durch den Penis, wie es Lindemann beschreibt. Wenn man aber die leiblichen Erfahrungen ernst nimmt, die z.B. lesbische Frauen oder heterosexuelle Frauen, die Dildos verwenden, bei der Ausübung von Penetration machen, nämlich Penetration zwar als aktiv, nehmend, überlegen, aber eben nicht als männlich, dann kann man Lindemanns Aussage zumindest hinsichtlich des universellen Tenors anzweifeln. Und wenn man Butler Ausführungen zum „lesbischen Phallus" folgt, so ist es zumindest problematisch, die faktische geschlechtliche Wirksamkeit des Penis zu reifizieren.

4.2.5   Körperformen in Opposition

Die geschilderten Qualitäten von Körperformen und ihre Kraft, Leibesinseln zu konfigurieren, lassen sich nun zusammenfassen und systematisieren.

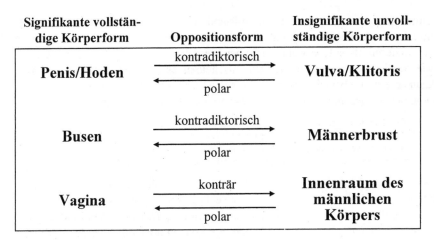

Signifikante vollständige Körperform	Oppositionsform	Insignifikante unvollständige Körperform
Penis/Hoden	kontradiktorisch ⟶ ⟵ polar	Vulva/Klitoris
Busen	kontradiktorisch ⟶ ⟵ polar	Männerbrust
Vagina	konträr ⟶ ⟵ polar	Innenraum des männlichen Körpers

(nach Lindemann 1993b: 197f.)

Wie obige Graphik zeigt, sind die geschlechtlich relevanten Körperformen in Gegensatzpaare geordnet, die wiederum in verschiedenen Oppositionsbeziehungen zueinander stehen.

In diesem Modell unterscheiden sich signifikante und insignifikante Formen vor allem durch ihre jeweilige Qualität bzw. den Grad an Eindeutigkeit, dass jeweilige Geschlecht zu bedeuten. Daran knüpft sich ihr zweites Charakteristikum, nämlich das leibliche Binnenerleben in eindeutiger Weise zu vergeschlechtlichen. Einige Körperformen können nur ein Geschlecht bedeuten, bei anderen hingegen kann ihre Leugnung anderen gegenüber auch ihre leibliche Realität mindern. In Bezug auf das leibliche Erleben der insignifikanten Körperformen wie der Klitoris, dem Innenraum des männlichen Körpers oder der Männerbrust, rekonstruiert Lindemann einen zweistufigen Prozess, der sich aus ihrem Verhältnis zu signifikanten Körperformen ergibt:

> „Der Umgang mit insignifikanten Körperformen ist zweistufig, das Fehlen der signifikanten Körperform wird zu einem nichtsignifikanten Phänomen und die insignifikante Körperform bedeutet als sie selbst ihr signifikantes Korrelat." (Lindemann 1993b: 209)

D.h., durch den Einsatz von Wahrnehmung, Phantasie oder anderen Strategien des Bewusstseins kann eine insignifikante Körperform als – mindere – Entsprechung der ihr gegenübergestellten signifikanten Körperform empfunden werden. Eine insignifikante Körperform kann als solche tatsächlich irrelevant (eine Männerbrust wird als Männerbrust unwichtig) und statt dessen als mindere Version ihres signifikantes Gegenstücks wahrgenommen werden (als Busen). Insignifikante Körperformen, d.h. 'nicht-vollständige' Körperformen können also als 'mindere', gleichwohl subjektiv überzeugende signifikante Formen erlebt sowie von anderen als solche wahrgenommen werden. Für einen solchen Prozess ist, wie beschrieben, die Phantasie ein entscheidendes Medium. Aus einer Klitoris kann so eine Leibesinsel werden, die wie ein (kleiner) Penis erlebt wird. Anders sieht der Vergeschlechtlichungsprozess bei signifikanten Formen aus:

> „Signifikante Körperformen lassen (...) nur einen einstufigen, negativen Umgang zu, der zwei Elemente beinhaltet: Signifikante Körperformen können zum einen hinsichtlich ihres Seins demontiert werden und zum anderen bezüglich ihrer Symbolik. Wenn Phantasien eine Rolle spielen, wirken sie nicht 'produktiv', sondern negativ bzw. neutralisierend." (ebd.: 209)

Der 'negative' oder 'neutralisierende' Umgang mit signifikanten Körperformen bedeutet im Unterschied zur vergeschlechtlichenden Wirkung insignifikanter Formen, dass signifikante Formen bezüglich ihrer geschlechtlichen Eindeutigkeit höchstens abgemildert werden können. Sie können aber im Zuge der Verwandlung in das andere Geschlecht nicht 'produktiv' umgedeutet werden. Aus dem Penis oder dem Busen kann keine Leibesinsel werden, die sich wie das andere Geschlecht anfühlt. Transsexuelle etwa können signifikante Formen ignorieren (Vagina) oder verstecken/ausblenden (Brustabbinden z.B.), aber sie können sie nicht produktiv im Zuge ihres Geschlechtswandels einsetzen. Genau deshalb ist die operative Veränderung signifikanter Körperformen so wesentlich. Diese Eingriffe zielen auf signifikante Körperformen ab: Penis, Vagina, Busen:

> „Es ist für Transsexuelle sowohl erlaubt als auch leichter, mit der Nicht-Existenz signifikanter Körperformen fertig zu werden, d.h. eine falsche insignifikante Körperform zu haben, als mit dem Vorhandensein einer falschen signifikanten Körperform zu leben." (Lindemann 1993b: 227).

Signifikante und insignifikante Körperformen stehen in zwei Formen der Opposition zueinander: 'asymmetrisch kontradiktorisch' und 'asymmetrisch polar bzw. konträr'.[340] Entscheidend ist, dass ein Paar von Körperformen, wie z.B. Penis und Klitoris, nicht nur eine Art der Oppositionsbeziehung zueinander aufweist, sondern gleichzeitig beide – und zwar je nach Richtung. Die kontradiktorische Form bedeutet ein 'entweder/oder' der Körperformen. Vom signifikanten Pol aus betrachtet ist ein Penis oder ein Busen entweder da oder nicht. Aus der Sicht des insignifikanten Pols wie der Klitoris kann diese da sein, sie kann groß oder klein sein, sie kann sogar fast ein Penis sein. Entscheidend ist, dass immer die signifikante Form die Art der Opposition definiert.

---

340 Vgl. Lindemann 1993b: 197.

„Die Asymmetrie der kontradiktorischen Opposition besteht darin, dass eine Vulva sowohl als 'Vulva' als auch als 'Nicht-Penis' bezeichnet werden kann, während umgekehrt ein Penis nur mit dem Terminus 'Penis' und nicht mit dem Terminus 'Nicht-Vulva' belegt wird." (Lindemann 1993b: 197)

Die signifikanten Körperformen sind allerdings nicht alle gleichbedeutend bzw. strukturieren nicht alle auf dieselbe Art und Weise das leibliche Empfinden des jeweiligen Geschlechts:

- der *Penis* ist eine herausragende signifikante Körperform, weil er, aufgrund der visuell-taktilen Eigenschaften, nicht nur als Selbstempfinden, sondern auch für andere das Begehren als Mann verdeutlicht.
- der *Busen* ist eine, wie der Penis, „problemlos sichtbare Körperform" (ebd.: 250) und insofern auch eine für andere eindeutig vergeschlechtlichende signifikante Körperform. Der Busen verdeutlicht aber das vergeschlechtlichte und vergeschlechtlichende Begehren nicht.
- die *Vagina* nimmt in der „Signifikanzhierarchie eine Sonderstellung" ein (ebd.), weil sie aufgrund ihrer äußerlichen Unsichtbarkeit übersehen werden kann. Sie keine durch ihre 'Außenwirkung' vergeschlechtlichende Körperform, sondern eine, die eher den Leib als den Körper betrifft. D.h., sie ist für das leibliche Erleben des Frau-Seins vergleichsweise signifikanter als ihre Relevanz für das verobjektivierte körperliche Geschlecht. Deshalb strukturiert die Vagina als signifikante Körperform auch gegenüber ihrem insignifikanten Pol (dem Innenraum des männlichen Körpers) die Beziehung nicht kontradiktorisch, sondern konträr (ebd.). Die Vagina strukturiert also keine 'haben/nicht haben'-Opposition, sondern eine des 'mehr oder weniger'.

„Der weiblich körperliche Leib hat einen signifikanten gespürten Innenraum." (Lindemann 1993b: 232). So stehen sich Vagina und männlicher Innenraum als signifikante Leibregion (Vagina) und ihre insignifikante Entsprechung (männlicher Innenraum) gegenüber. Die Vagina als Leibesinsel kann durchaus irrelevant gemacht werden, wie es bei transsexuellen Männern der Fall ist. Das Ignorieren des Innenraums hängt dabei stark von der 'Kollaboration' anderer ab, was gerade in der Sexualität eine wichtige Rolle spielt. Die Vagina kann dabei 'verschwinden', zumindest in der leiblich relevanten Wahrnehmung.[341] Nicht operierte Frau-zu-Mann-Transsexuelle können einerseits die Klitoris als 'noch-

---

341 Vgl. Lindemann 1993b: 248.

nicht' oder 'unvollständigen' Penis erleben, ebenso können sie von ihrer Körperöffnung und dem Innenraum quasi absehen. Folglich sind diese Transsexuelle
nicht auf eine entsprechenden Operation angewiesen. Der körperliche Leib ver-
schließt sich „wie von selbst" (Lindemann 1993b: 249). Wie gezeigt, kann die
Klitoris keine dem Penis analoge Funktion erfüllen, denn sie ist keine kontradiktorisch signifikante Körperform, sondern der 'unvollständige' Pol der Opposit-
on zum Penis.

Soweit die zusammenfassende Systematisierung der geschlechtlich relevanten Körperformen aus der phänomenologisch mikrosoziologischen Perspektive.
Aus dieser stellt sich, so lässt sich resümieren, die Faktizität der Geschlechterdifferenz über die Verschränkung von Leib und Körper her, die maßgeblich von
wechselseitigen Wahrnehmungsprozessen zwischen mehreren Akteur/innen
geprägt ist. Zusammenfassend kann gesagt werden: Je sichtbarer und je wesentlicher für die Sexualität eine Körperform ist, um so signifikanter ist sie für die
Realität des Geschlechts als leibliche Erfahrung.

4.3   Asymmetrien der Geschlechterdifferenz

Vor dem Hintergrund der unterschiedlich strukturierten Oppositionsbeziehungen
zwischen geschlechtlich relevanten Körperformen lassen sich nun Lindemanns
Überlegungen zur Asymmetrie zwischen den Geschlechtern im Sinne eines gesellschaftlichen Arrangements ausführen.

Laut Plessner gleicht die kulturelle Ordnung die existentielle Unsicherheit
des Menschen aus, die sich aus der Verquickung von zentrischer und exzentri-
scher Positionalität ergibt. Zu der kulturellen Ordnung, zumindest so, wie sie uns
in den westlichen Gesellschaften begegnet, gehört ganz wesentlich die Geschlechterdifferenz, worauf Lindemann explizit eingeht.[342] Die Binarität der
Zweigeschlechtlichkeit ist auf drei Ebenen in ihren Analysen präsent: Zum einen
als Strukturierungsmerkmal des Begehrens (ob homo- oder heterosexuell), zum
anderen als Opposition von Körperformen und daraus resultierenden unterschiedliche Qualitäten der leiblichen Verankerung von Männern und Frauen in
ihr Geschlecht und schließlich als unterschiede Bedeutungsgehalte des sozialen Geschlechts. Letzteres bezeichnet Lindemann als „Geschlechterasymmetrie"
(ebd.: 261ff., 284) und fokussiert damit die soziale bzw. normative Dimension,

---

342 Lindemann 1993b: 196. Zur historischen Variabilität der Geschlechterordnung(en) vgl. Ho-
      negger 1992; Laqueur 1992.

die die Geschlechter jeweils kennzeichnen. Dabei richtet sie ihr Augenmerk auf
Gewalt und Aggressivität als konstituierende Merkmale sozial konstruierter
Männlichkeit sowie Verletzungsoffenheit für 'soziale Weiblichkeit'. Diese qualitativen Aspekte der Geschlechterdifferenz (*wie* ist das jeweilige Geschlecht')
werden bezüglich ihrer leiblich-affektiven Dimension analysiert und nicht als
normative, diskursive oder strukturelle Dimensionen des Geschlechterverhältnisses betrachtet. Es geht also weder darum, wie sich die asymmetrische Geschlechterdifferenz mit sozialer Ungleichheit verquickt, noch darum, eine gesellschaftstheoretisch fundierte Analyse der Struktur des Geschlechterverhältnisses zu
entwickeln. In diesem Sinne ist Lindemann ausdrücklich Mikrosoziologin. Sie
interessiert sich dafür, wie normative Bestandteile des verobjektivierten Geschlechts in den Leib kommen und dort zu Gefühlen wie Schmerz, Angst oder
Scham werden. Auch die umgekehrte Relation wird von ihr analysiert: Wie
bewirken leibliche Erfahrungen spezifische Vergeschlechtlichungsprozesse?
Doch obwohl sie den Begriff des Geschlechterverhältnisses nicht verwendet, so
verallgemeinert sie selbst ihre Analysen zur unterschiedlichen Verankerung der
jeweiligen Geschlechter im sozialen Körperwissen in recht weitreichendem
Maße. Dies wird nun erörtert.

Wie im vorigen Abschnitt beschrieben, sind „Körper mit verschieden strukturierten binären Oppositionen überzogen" (Lindemann 1993b: 196f.), die die
Geschlechterdifferenz betreffen. Lindemann geht zudem davon aus, dass auch
der Alltag von der Geschlechterbinarität durchzogen ist, die als 'Dichotomisierungsregeln' die interaktive Gestaltung der Geschlechterdifferenz anleiten. Dies
wird insbesondere bei transsexuellen Personen deutlich, denn diese müssen sich
„loyal gegenüber situativen Dichotomisierungen verhalten" (ebd.: 170), weil es
ihnen an 'Geschlecht-*Sein*' mangelt. Gerade die Bemühungen von Transsexuellen, von anderen als ein eindeutiges Geschlecht wahrgenommen zu werden,
sowie ihre Strategien, um sich selbst leiblich als ein Geschlecht zu erleben, sind
besonders gut geeignet, das Ineinanderwirken von sozialen bzw. normativen
Gehalten der Geschlechterdifferenz und leiblichem Erleben zu beleuchten. Denn
dieses Tun ist nicht beliebig oder individuell wählbar, sondern folgt diffusen und
dennoch strengen Regeln. Des weiteren folgt auch Lindemann der handlungszentrierten Mikrosoziologie, die die interaktiven Leistungen betont, die nicht nur
Transsexuelle, sondern wir alle erbringen müssen, um ein Geschlecht zu sein.[343]
Lindemann beschreibt diese Bemühungen als „Zwang zur moralisch und ästhe-

---

343 Vgl. Kapitel 2.

tisch wohlgestalteten Differenz"[344] (Lindemann 1993b: 169ff.) und rekonstruiert geschlechtsspezifische Unterschiede dieser Gestaltung.

Die geschlechtlich relevanten Körperformen stellen sich, wie oben ausgeführt, als Oppositionspaare folgendermaßen dar:

- Penis/Hoden – Vulva/Klitoris
- Busen – Männerbrust
- Vagina – männlicher Innenraum.

Wie ausgeführt, ist jeweils ein Pol dieser Dualismen 'vollständig' und damit definitorisch, der andere hingegen flexibel bzw. 'unvollständig'. Die Klitoris etwa ist demnach nicht in demselben Maße signifikant für das weibliche Geschlecht wie der Penis für das männliche. Insofern sind diese Oppositionspaare allesamt asymmetrisch. Wie oben beschrieben, ist der Penis eine besonders wirksame leibliche Realität des Geschlechts, da er das Begehren auf unübersehbare Weise verdeutlicht. Das verobjektivierte Körpergeschlecht sieht für Frauen, so Lindemann, keine vergleichbare signifikante Körperform vor, so dass Frauen und Männern das soziale Geschlecht unterschiedlich 'tief unter der Haut sitzt'.[345] Vor allem auf der Ebene des Begehrens, das als Verschränkung zwischen sozialem Körperwissen und leiblichem Erleben wirkt, gibt es eine „bemerkenswerte Differenz" zwischen Frauen und Männern (Lindemann 1993b:236). Wie beziehen sich soziale Dichotomisierungsregeln und leibliches Binnenerleben aus der phänomenologischen Perspektive aufeinander?

4.3.1   Frau-Sein: Schmerz und Verletzungsoffenheit

Trotz der 'schwächeren' Objektivierungsmacht der Vagina kommt dieser eine zentrale Bedeutung bei der Aneignung der weiblichen Geschlechtsposition zu, wie Lindemann anhand Mann-zu-Frau-Transsexuellen herausarbeitet. Die operativen Eingriffe und medizinischen Behandlungen dieser Personen zielen insbesondere darauf ab, den Penis zu beseitigen und einen Innenraum zu schaffen, der

---

344 Warum Lindemann hier mit dem Begriff der Moral operiert, ist nicht nachvollziehbar. 'Normativ' wäre m.E. treffender gewesen, denn in der Moraltheorie bzw. –forschung geht es um gänzlich andere Dinge wie z.B. Kohlbergsche Dilemmata, dem Kantischen Imperativ, der Kognitionspsychologie von Piaget.

345 Vgl. Lindemann 1993b: 261ff. Der Ausdruck des Geschlechts 'unter der Haut' stammt ursprünglich von Duden (1991).

leiblich gespürt werden kann.[346] Bei diesem Prozedere geht es für die Betroffenen nicht darum, Gebärfähigkeit herzustellen, so das Ergebnis ihrer Studie.[347] Vielmehr besteht das Ziel darin, die Scham zu vermeiden, die aus dem Nichtvorhandensein einer Körperöffnung entstehen kann, wenn Personen in leiblich besonders relevanten Situationen (Sexualität z.B.) als Frauen wahrgenommen werden wollen. Eine Körperöffnung, wie die Vagina sie darstellt, hat Lindemann zufolge zwei ausdrücklich soziale Dimensionen, die ihr eine besonders vergeschlechtlichende Bedeutung verleihen und sie dementsprechend leiblich-affektiv relevant werden lassen: Zum einen scheint „das Faktum der *Offenheit* des weiblichen körperlichen Leibes" (ebd.: 249; Hervorh. d.V.) ein für die leibliche Verankerung im weiblichen Geschlecht ausschlaggebende Dimension des Körpers zu sein. Zum anderen ist die Erfahrung des *Schmerzes* eine für das Frau-Sein konstitutive leibliche Dimension.[348] Offenheit und Verletzungs- bzw. Schmerzempfänglichkeit sind demnach die normativen Gehalte des verobjektivierten Geschlechts, die leiblich als weiblich empfunden werden.

Ein Indiz für diese Annahme findet Lindemann in den leiblichen Erfahrungen von Mann-zu-Frau-Transsexuellen während der körperlichen Geschlechtsumwandlung. Das für die Schaffung eines (spezifisch 'weiblichen') Innenraums im Körper notwendige operative Vorgehen ist besonders schmerzhaft und langwierig. In den Schilderungen des 'Bugierens' (die wochen- oder monatelange Selbstbehandlung von operierten Mann-zu-Frau-Transsexuellen, die mit Hilfe eines Stabes bzw. eines 'Penis' aus Plastik die durch die Operation geschaffene Wundhöhle vor Zuwachsen schützen) wird deutlich, wie konstitutiv diese Technik für das subjektive Empfinden des (neuen) weiblichen Geschlechts ist. Lindemann kommt aufgrund der von ihr geführten Interviews zu dem Schluss, dass dieser Eingriff „selbst verweiblichend (wirke), insofern diese (Operation) mit der Erfahrung von Schmerzen verbunden ist. (...) Der Schmerz (ermöglicht) eine problemlose Gleichsetzung mit als spezifisch weiblich geltenden Leidenserfahrungen" (ebd.: 253ff.). Wenn Lindemanns Interpretation stimmt, so wird an diesem Beispiel die konstitutive Funktion deutlich, das soziales Körperwissen

---

346 Vgl. ebd.: 251.
347 Vgl. ebd.: 246. Die Herstellung einer 'dauernden Fortpflanzungsunfähigkeit' ist gleichwohl das entscheidende Kriterium bei der juristischen Bestimmung der Operation Transsexueller (vgl. TSG §8 nach ebd.: 226). Davon wird zum Abschluss dieses Kapitels noch die Rede sein, denn m.E. ist dies ein wesentlicher normativer Bestandteil der diskursiven Konstruktion der Geschlechterdifferenz.
348 Vgl. ebd.: 253.

auf leibliche Empfindungen hat: Schmerzen im Genitalbereich werden demnach zum konstitutiven Merkmal für Frau-Sein.[349]

Auch die zweite normative Dimension von Frau-Sein, die der 'verletzbaren Öffnung', geht laut Lindemann mit der Körperform der Vagina einher:

> „Es scheint ein fast ubiquitäres Phänomen zu sein, dass Frauen sexuellen Zumutungen bis hin zu Vergewaltigungen seitens des anderen Geschlechts ausgesetzt sind. Das Faktum der Offenheit des weiblichen körperlichen Leibes wird dabei zum Ausgeliefertsein gegenüber der 'Verletzungsmacht' eines anderen gesteigert." (ebd.: 249)

Auch hier wird der Zusammenhang zwischen normativen sozialen Konstruktionen der Geschlechterdifferenz ('Frauen sind aufgrund der Öffnung des Körpers potentielle Opfer sexueller Gewalt') und leiblichem Erleben ('Frauen sind sexueller Gewalt ausgeliefert') deutlich. Das soziale Körperwissen macht aus einer bestimmten Körperöffnung (die Vagina im Vergleich zu Anus, Mund, Ohren und Nase) eine potentielle geschlechtliche Verletzbarkeit. Aus diesem Zusammenhang entsteht das leibliche Gefühl der Angst vor sexueller Gewalt, die ein frauenspezifisches Phänomen ist bzw. zu sein scheint. Davon abgesehen, dass auch Männer Körperöffnungen haben, kann die vaginale Öffnung alleine kaum die Ursache dafür sein, dass Frauen zu potentiellen Vergewaltigungsopfern gemacht werden. Woher kommt aber die 'Steigerung', die aus der Körperöffnung Angst produziert?

An anderer Stelle[350] spielt Lindemann verschiedene sozialkonstruktivistische Interpretationen einer angstbesetzten Szene durch, die eine transsexuelle Frau ('Karin') ihr zu Protokoll gibt.[351] Karin beschreibt, wie sie durch einen Park geht, dabei von drei jungen, rennenden Männern überholt wird, diese dann abrupt stehen bleiben, lachen und schließlich weiterziehen. Die Interviewpartnerin erzählt dabei von ihrem affektiven Erleben dieser Situation, insbesondere von ihren Ängsten. Sie fühlt sich „hilflos", „erschrocken", „einen Moment lang ausgeliefert", „hat Schiss" (Lindemann 1994: 116f.). Die Schilderung der Situation repräsentiert sicherlich das Alltagserleben vieler Frauen im öffentlichen Raum. Lindemanns phänomenologische Interpretation dieser Schilderung, die auf die Verschränkung von Leib und Körper abhebt, arbeitet heraus, wie Bedeutungszu-

---

349 Lindemann bezieht sich an dieser Stelle ihrer Ausführungen auf das „Märtyrerinnenmodell" von Landweer (1990), das davon ausgeht, dass Leiden und (scheinbare) Selbstaufgabe konstitutive Merkmale von Weiblichkeit sind.

350 Lindemann 1994. Lindemann stellt hier die Deutungen von Garfinkel, Goffman, Butler und der an Plessner orientierten Phänomenologie nebeneinander und arbeitet damit Unterschiede, Grenzen und Vorzüge der jeweiligen Interpretationen heraus.

351 Ebd.: 116ff.

sammenhänge, die jenseits der Situation und jenseits des individuellen Erlebens existieren, zu einer leiblich gespürten Wirklichkeit werden, die vergeschlechtlichend wirkt.[352] Aus der phänomenologischen Perspektive lässt sich die Situation daraufhin analysieren, wie ein eher abstraktes Wissen, nämlich das Wissen um männliche sexuelle Gewalt in Parks und an ähnlichen Orten, zu einer leiblichen Erfahrung wird, die sich als Angst unter die Haut 'schleicht'. Karin spürt sich als Frau in einer Situation männlicher Dominanz, an einem Ort, der für Frauen als gefährlich gilt und schließlich, da sie transsexuell ist, als eine Frau mit einem 'Geheimnis', die Angst vor dem Entdeckt werden hat und weiß, dass dies für – risikoreiche – Irritationen auf der Gegenseite sorgen würde. Die kulturelle Ordnung, die als 'Ruhelage in der zweiten Naivität' (Plessner), als diskursive Ordnung (Butler) oder als 'moralisches Gerüst der Interaktionen' (Garfinkel, Goffman, Hirschauer) beschrieben wird, ist zunächst (nur) ein abstraktes Wissen um die Gefährlichkeit von Orten (Parks im Dunkeln z.B.), um sexualisierte Gewalt usw. Allerdings kann dieses Wissen aus der diskurstheoretischen oder handlungszentrierten mikrosoziologischen Perspektive nicht hinsichtlich der subjektiven Wirklichkeit verstanden werden. Erst durch die leibliche Erfahrung des Erschreckens werden die normativen Bedeutungen zu einer geschlechtlich relevanten Wirklichkeit:

„Das Machtverhältnis zwischen den Geschlechtern und die Struktur einer gewaltsamen Sexualität, die bisher als metaphorische Beschreibungen interpretiert werden konnten, können jetzt als eine leibliche Realität verstanden werden." (Lindemann 1994: 138)

Die „Dominanzverhältnisse" (ebd.: 136) zwischen den Geschlechtern und die sozial konstruierte Struktur von Plätzen und Uhrzeiten, die hier Beispiele für „kulturelle Verweisungszusammenhänge" der Geschlechterdifferenz sind (ebd.: 139), strukturieren die leibliche Erfahrung des (in diesem Falle) weiblichen Geschlechts, wodurch wiederum das Geschlecht im Erleben aktualisiert wird. Wenn sich Karin erschrickt und das Gefühl hat, ihr könne etwas passieren (sexuelle Gewalt), dann spürt sie ihr Frau-Sein im Kontext der normativen Bedeutungszusammenhänge, die ihrerseits konstitutiv für das Frau-Sein sind.

Anders ausgedrückt: Die Angst vor sexuellen Übergriffen wirkt verweiblichend. Aber: wie und warum? Ist dies zwangsläufig der Fall? Liegt dies daran, wie Lindemann suggeriert, dass Frauen per se diejenigen sind, die aufgrund eines signifikanten körperlichen Innenraums potentiell Vergewaltigungsopfer sind? Oder ist es nicht vielmehr so, dass diese Verletzungsoffenheit nicht hinrei-

---

352 Ebd.: 136f.

chend durch bestimmte Körperöffnungen erklärt werden kann, sondern auch mit einer langen und komplexen Geschichte von Patriarchalismus verknüpft ist? Diese Fragen bleiben im leibphänomenologischen Rahmen offen, denn *woher* die Deutungen kommen, die das Leiberleben strukturieren, darauf geht Lindemann nicht ein. Sie setzt die einzelnen Bestandteile des in der beschriebenen Park-Situation relevanten normativen Wissens der Geschlechterasymmetrie voraus und kann deshalb nicht überlegen, ob z.b. ein weibliches Binnenerleben jenseits von Verletzbarkeit denkbar ist/wäre. Muss in so einer Situation das Geschlecht mittels der Angst vor sexueller Gewalt aktualisiert werden? Sie verzichtet darauf, sexuelle Gewalt, Angst, sexuierte Raumstrukturen usw. als Teil der symbolischen Ordnung eines Geschlechterverhältnisses zu analysieren. In dieser symbolischen Ordnung ist die – unfragbar gegebene – Angst vieler Frauen vor männlicher Gewalt keine Naturtatsache oder unumstößliches Schicksal. Zumindest ist der Hinweis auf Körperöffnungen keine hinreichende Erklärung und die spezifische Kodierung von Körperöffnungen kann nur unter Berücksichtigung der symbolischen Ordnung des Geschlechterverhältnis angemessen erfasst werden. Dies gilt auch für die nachfolgend beschriebenen Gehalte des „Geschlechtsseins" von Männern (Lindemann 1994: 143, Fußnote 30), die Lindemann rekonstruiert.

4.3.2　Mann-Sein: Gewalt und Aggression

„Die deutliche Akzentuierung des männlichen Geschlechts, die dieses zum weiblichen in eine kontradiktorische Opposition bringt, besteht (...) in der Möglichkeit einer offensiven Selbstbehauptung, die die Definitionsmacht über das eigene Geschlecht einschließt. (...) Eine hervorragende Form der Selbstbehauptung ist die körperliche, aggressive Durchsetzung des eigenen Geschlechts. Gewaltbereitschaft bildet einen essentiellen Bestandteil der Konstruktion 'Mann'." (Lindemann 1993b: 264)

Diese Passage steht zwar im Zusammenhang mit der Analyse der interaktiven Darstellungsarbeit von Transsexuellen, die wollen, dass ihr neues Geschlecht von anderen Personen anerkannt wird.[353] Allerdings haben die in der Passage enthaltenen Aussagen über die sozialen Bestandteile des Mann-Seins eine über die Partikularität der transsexuellen Männer hinausreichende Relevanz, denn transsexuelle Menschen müssen sich, um das Geschlecht intelligibel darzustel-

---

353　Lindemann 1993b: 264.

len, allgemein anerkannter Codes bedienen. Sie müssen die Geschlechterdifferenz dergestalt zum Ausdruck bringen, dass sie das Risiko möglicher Missverständnisse minimieren, d.h. sich möglichst wie 'richtige Männer' benehmen.

> „Bezüglich der geschlechtlichen Wirkung auf andere hat die gewalttätige Behauptung des eigenen Geschlechts in Situationen, in denen dieses fraglich ist, und darüber entschieden werden muss, eine selbstidentifizierend männliche Wirkung. Es scheint unmöglich zu sein, in so einer Situation das weibliche Geschlecht *zornig* zu behaupten." (Lindemann 1993b: 267; Hervorh. d.V.)

Offensive Selbstbehauptung (die bis hin zur Gewalt reichen kann) ist also konstitutiv für das soziale Mann-Sein. Frauen können die Strategie der 'zornigen' Selbstbehauptung nicht anwenden, weil es zum umgekehrten Ergebnis führt, d.h. sie wirkt vermännlichend. Zugespitzt formuliert: 'Wenn zwei das Gleiche tun, ist es nicht dasselbe'.

Lindemanns Argumentation verläuft dabei folgendermaßen: Die Realisierung des eigenen Geschlechts im Alltagshandeln hängt von zwei Ebenen ab, die miteinander verflochten sind: „Erstens, ich bin ein Geschlecht, indem ich eines für andere bin; zweitens, andere sind ein Geschlecht für mich, indem ich eines bin." (Lindemann 1993b: 263). Die erste Ebene ist also diejenige, in der die eigene geschlechtliche Position von der gelungenen Wahrnehmung anderer abhängt, während auf der zweiten Ebene die eigene Position durch die eigene Wahrnehmung von anderen geprägt ist. Für die gelungene Realisierung beider Ebenen sind mehrere Mechanismen notwendig. Wie gezeigt, ist das Begehren ein zentraler Mechanismus, zur subjektiven Vergeschlechtlichung, indem es die Erotisierung anderer und dadurch des Selbst bewirkt (eine andere begehrt mich als Frau, einer begehrt mich als Frau usw.). Weiterhin hatte sich herausgestellt, dass es die Besonderheit des Mann-Seins ist, mit dem Penis über eine besonders relevante Körperform zu verfügen, die die männliche Begehrensposition festlegt. Durch den Penis wird anderen 'vor Augen geführt', dass der Penis-Träger *als Mann* begehrt – und zwar in homo- wie in heterosexuellen Interaktionen. Dies war in der Zwischenbemerkung kritisch hinterfragt worden, denn Frauen, die etwa Dildos verwenden, begehren nicht als Mann, sondern als penetrierende Person. Hinsichtlich des Begehrens als Vergeschlechtlichungsmechanismus sind im Rahmen der Lindemannschen Argumentation Frauen im Vergleich zu Männern 'indifferenter'. Daraus folgt für Lindemann, dass Männer stärker in ihrem Geschlecht verankert sind; ihnen sitzt das eigene Geschlecht 'tiefer unter der Haut' als Frauen. Aus diesem Tatbestand scheint Lindemann zu folgern, dass Frauen a) stärker von der Anerkennung anderer abhängen, um ihr Geschlecht zu sein und sich b) dadurch anderer affektiver Interaktions-Mechanismen bedienen müssen, um als Frauen zu existieren. Männer können auf offensive Selbstbehauptungen zurückgreifen, die bis zur Gewalt (sich prügeln usw.) reichen können. Bedienen sich Frauen solcher Strategien, wirkt dies, so Lindemann, vermännlichend.

4.3.3   Frauen werden anerkannt, Männer behaupten sich

Das leibliche geschlechtliche Erleben der Park-Situation, wie es oben beschrieben worden ist, würde bei einem Frau-zu-Mann Transsexuellen möglicherweise anders verlaufen. Es ist zu vermuten, dass bei diesem keine Angst vor sexueller Gewalt und männlicher Dominanz entstünde, die das Erleben des eigenen Geschlechts konfigurieren, sondern möglicherweise die Angst vor der Entdeckung als transsexueller Mann, Scham oder vielleicht das Gefühl der Konkurrenz und des Vergleichs mit den anderen Männern. Damit wird angedeutet, dass die Bezugspunkte für die Wahrnehmung der Realität und damit das leibliche Erleben des Geschlechts je nachdem, ob es sich um eine Frau oder einen Mann handelt, eine tendenziell andere ist.[354] Wenn Individuen ihr Geschlecht nicht als angeborene Eigenschaft besitzen, sondern dieses, wie die ethnomethodologische Mikrosoziologie herausarbeitet, als Vollzugswirklichkeit interaktiv produzieren, so orientieren sich diese Konstruktionsleistungen an 'Dichotomisierungsregeln'. Das Geschlecht hängt demnach auch ab von „situativen Dichotomisierungsregeln (...), die auf eine kohärente, wohlgestaltete Geschlechterunterscheidung abzielen" (Lindemann 1993b: 169). Dies gilt zwar im besonderen Maße für Transsexuelle, weil es ihnen an „ontologischer Solidität" des Geschlechts mangelt (ebd.: 91), gleichwohl ist dies für alle Individuen gültig, d.h. auch in „ganz gewöhnlichen Interaktionen" (ebd.: 268). Grundsätzlich umfassen diese situativen Dichotomisierungsregeln sozial konstruierte Verhaltensmaßstäbe, sog. 'Rollenvorstellungen', ästhetische Ideale usw., die das Alltagswissen für die beiden Geschlechter bereithält.[355] Diese zielen vor allem darauf, beide Geschlechter deutlich gegeneinander abzugrenzen und aufeinander zu beziehen. Die „gängigen Vorstellungen darüber, wie Männer oder Frauen zu sein oder wie sich zu verhalten haben" (ebd.), bewirken, dass sich Frauen und Männer im System der Zweigeschlechtlichkeit auf je unterschiedliche Weise aufeinander beziehen. Dies

---

354 Allerdings wäre auch hier zwischen verschiedenen Männlichkeiten zu unterscheiden. Vgl. Connell 1999, Meuser 1998.
355 Vgl. Lindemann 1993b: 179.

gilt für alle Individuen, denn unser aller 'Geschlechtsgefühl' ist durch das sozial konstituierte Körperwissen vermittelt.[356] Genau dieser Sachverhalt ist ja das Grundargument der phänomenologischen Perspektive: Das sozial konstruierte Wissen um das Geschlecht wird nur insofern subjektiv relevant und damit eine unhinterfragbare Realität, als es leiblich inkarniert bzw. empfunden wird.

Lindemann führt als Beispiele für Bestandteile der Dichotomisierung an: Kleidung, Rauchverhalten, breitere Hüften von Frauen im Vergleich zu Männern, männliche Aggressivität versus weibliche Friedfertigkeit, dass Frauen beim Sex unten und Männer oben liegen usw. (ebd.: 91;94). Diese Beispiele sind deshalb so disparat, weil Dichotomisierungsregeln die Wirklichkeit binär kodieren, und zwar jeden Bestandteil der (situativen) Wirklichkeit, wenn es sein muss.[357] Dies wird am Beispiel der Transsexualität besonders deutlich, weil es dann darauf ankommt, sich möglichst immer und mit jedem/er 'richtig' zu verhalten. Oder anders: weil deutlich wird, wie viel falsch gemacht werden kann, wenn es um die intersubjektive Realität des Geschlechts geht.[358] Allerdings fehlt bei Lindemann eine systematische Analyse des „moralischen Programms" (Lindemann 1993b: 178), mit dem solche (disparaten) Dichotomisierungsregeln zusammenhängen. Nun beansprucht die phänomenologische Mikrosoziologie auch gar nicht, diese Analyse, die einer gesellschaftstheoretischen Ausleuchtung der Geschlechterdifferenz gleichkäme, zu leisten. Dann ginge es nämlich darum, nach der Logik und dem 'warum' der Geschlechterdifferenz zu fragen, das dazu führt, dass immer wieder eine Geschlechtsrealität auf eine spezifische Art und Weise sowohl binär konstruiert wie binär erlebt wird. In diesem Sinne kann hier eine Grenze der Reichweite der phänomenologischen Geschlechtersoziologie festgestellt werden: Das, was das 'moralische Programm' der Dichotomisierungen konfiguriert, lässt sich weder mit dem Leib noch mit dem allgemeinen Hinweis auf den Zwang zur Wohlgestaltung der Differenz hinreichend fassen. Das soziale Körperwissen, das die leiblichen Erfahrungen strukturiert, ist mit der Berücksichtigung disparater Beispiele wie Rauchverhalten, Kleidung oder unterschiedlichen Körpermaßen nicht befriedigend thematisiert. Hierauf werde ich im nächsten und abschließenden Kapitel zurückkommen.

---

356 Ebd.: 288.
357 Vgl. ebd.: 97.
358 Die Omnipräsenz der geschlechtsbinären Kodierung der Realität betreffend, argumentieren ethnomethodologische und phänomenologische Mikrosoziologie analog. Vgl. Kapitel 2 und Kapitel 5.

Zusammengefasst: Wie sich Frauen und Männer jeweils aufeinander beziehen, das fasst Lindemann unter dem Begriff der 'unterschiedlich strukturierten Oppositionsbeziehungen' zusammen.[359] Diese sind insofern unterschiedlich strukturiert, als sich die Opposition von der Frauen-Seite her als *polare* Opposition, von der des Mannes hingegen als *kontradiktorische* Opposition darstellt. D.h. Frauen befinden sich in einer Position des 'mehr-oder-weniger'-Kontinuums, während sich Männer in einer 'entweder/oder'-Position befinden.[360] Das Mann-Sein ist folglich 'schärfer akzentuiert', deutlicher vom Frau-Sein unterschieden und leiblich stärker verankert. Frauen hingegen befinden sich in einer weniger stark konturierten Position, ihre geschlechtliche Existenz ist stärker 'gefährdet'. In diesen spezifischen leiblich-affektiven Wirkungen der unterschiedlich strukturierten signifikanten Körperformen liegt eine erste Asymmetrie zwischen den Geschlechtern.[361] Demnach ist „Mannsein (...) in die visuell-taktile Gestalt des Penis auf eine qualitativ andere Weise eingelassen als Frausein in die geschlechtlich weiblich signifikanten Körperformen" (ebd.: 226). Diese Asymmetrie hat vor allem mit dem Zusammenhang zwischen signifikanten Körperformen und dem Begehren zu tun, wie im vorausgegangenen Abschnitt beschrieben wurde.

Einen Anhaltspunkt für diese These sieht Lindemann in den vergleichsweise weniger eindeutigen und weniger definitorischen Körperformen, über die Frauen verfügen. Sie haben keine dem Penis vergleichbare Form des Körpers, mit der sie ihr Geschlecht jenseits aller Zweifel und Missverständnisse sichtbar machen könnten bzw. mit der sie unübersehbar von anderen als ein Geschlecht wahrgenommen würden. Frauen befinden sich in einer polaren, aber nicht kontradiktorischen Oppositionsbeziehung zu Männern, das heißt, Frauen bewegen sich auf einem Kontinuum, das „viele Abstufungen bis hin zum Mannsein zulässt" (ebd.: 262). Männer hingegen befinden sich dadurch, dass der Penis besonders signifikant ist, weil er nur 'Haben versus Nicht-Haben' zulässt, in kontradiktorischer Opposition zu Frauen. Dieser Unterschied „konvergiert" laut Lindemann mit dem sozialen Körperwissen bzw. mit den sozial kodierten Gehalten von Frau-Sein und Mann-Sein:

> „Insgesamt zeigt sich auf der Ebene der Körper als Zeichen und der der leiblichen Interaktion eine strukturelle Konvergenz, die in der Möglichkeit zur schärferen Akzentuierung auf der Seite des Männlichen liegt. (...) [Es] lässt sich auf der Ebene alltäglicher leiblicher Interaktionen,

---

359 Vgl. Lindemann 1993b: 261.
360 Ebd.: 261ff., 288.
361 Ebd.: 212.

ausgehend von der Extremform der Gewaltanwendung, eine Struktur aufzeigen, innerhalb der Mannsein sich deutlich akzentuiert vom Frausein absetzen lässt. Im Zentrum dieser Interaktionsform steht die Möglichkeit der Selbstbehauptung ohne Distanzierung vom leiblich-affektiven Ineinanderverhaktsein." (ebd.: 285f.)

Die Analyse der geschlechtsspezifischen Seins-Formen führt sie zu der These, dass sich das Mannsein eher mit dem Recht, 'Ich' zu sagen, verträgt, während das Frau-Sein von der Anerkennung anderer abhängt.

> „Um sich als Frau zu behaupten, ist es für die bezweifelte Person wichtig, es so zu tun, dass die Zweifelnden ihre Ansicht teilen oder sie zumindest davon ausgehen kann, dies sei der Fall." (ebd.: 269)

Frauen sind demnach weitaus stärker als Männer von der Anerkennung anderer abhängig, was ihr Geschlecht wie auch ihr Personensein angeht.[362] Das Recht 'Ich' zu sagen ist, weil das 'Ich' immanent vergeschlechtlicht ist, bei Frauen und Männern sozial unterschiedlich konfiguriert. In der Feststellung von der unterschiedenen Relevanz der Selbstbehauptung hinsichtlich der Geschlechter kulminiert Lindemanns Rekonstruktion der je unterschiedlichen geschlechtlichen Existenzweisen.[363] Mit diesen grundsätzlichen, „kultursoziologischen Aussagen" (Lindemann 1993b: 290) schließt Lindemann ihre Analysen zum 'paradoxen' Geschlecht (der Transsexualität) ab. Von der Analyse transsexueller 'Grenzüberschreitungen' ausgehend, extrapoliert sie die allgemeine kulturelle Wirklichkeit der Geschlechterdifferenz:

> „[Die] Strukturen der Grenzziehung zwischen den Geschlechtern, die sich bei einem Grenzübertritt abzeichnen, beschreiben (...) die kulturell maßgebliche Markierung der Grenzen der Geschlechter. Deren Asymmetrie besteht demnach nicht im Ungleichgewicht von Substanzen, sondern in einer Differenz von Oppositionsrelationen, in denen Mann- und Frausein aufeinander bezogen sind. Ein Geschlecht hat also das andere auf eine je verschiedene Weise als sein Gegenüber. Überspitzt gesagt, leben beide Geschlechter in je einem Universum mit zwei Geschlechtern, ohne das jeweils andere zu kennen. Auch mit dieser Art der Differenz sind die Be-

---

362 Vgl. ebd.: 284. Zu einem ganz analogen Schluss kommt auch Hark in ihrer Untersuchung zur historischen Konstitution weiblicher Homosexualität: „Männer schreiben sich ein, Frauen werden eingeschrieben, könnte man es formelhaft fassen." (Hark 1996: 75). Harks Fokus ist nicht die leibliche, sondern die diskursive Ebene, die sie unter Bezugnahme auf Foucault analysiert.

363 Mit dem Begriff des „Geschlechts als Existenzweise" folge ich Maihofer (1995). Er umfasst demnach den „Geschlechtskörper als gesellschaftlich-kulturelles Phänomen (...), ohne die körperliche Materialität des Geschlechts verabschieden zu müssen" (Maihofer 1995: 84). Maihofer setzt sich (u.a.) mit der Leib-Phänomenologie Lindemanns auseinander (ebd.: 93-98), kommt aber aus sich mir nicht erschließenden Gründen zu dem Schluss, dass diese die Materialität des sozialen Geschlechts übersehe (ebd.: 96).

teiligten nie allein gelassen, denn sie ist in den Körpern symbolisiert und sitzt so in der Verschränkung mit dem Leib unter der Haut." (Lindemann 1993b: 289)

4.4   Kritisches Fazit

Die Geschlechterdifferenz entfaltet ihre Realität als leibliches Empfinden. Das ist die wesentlichste Einsicht der in diesem Kapitel behandelten mikrosoziologischen Phänomenologie. Fruchtbar und weiterführend ist an dieser Einsicht, dass sie die sozialkonstruktivistische These von der sozialen Konstruiertheit des Geschlechtskörpers auf spezifische Weise reformuliert. Denn das subjektive Empfinden des Geschlechts bezieht seinen Bedeutungsgehalt aus den „kulturell gezogene[n] 'natürlichen' Grenzen" (Lindemann 1993b: 51). Konkret funktioniert dies über den Mechanismus der Verschränkung von Körper(-wissen) und Leib: Die durch soziale Prozesse konstruierten Normen des Geschlechts, die das Körperwissen bilden, bewirken durch ihre Verschränkung mit dem Leib, dass wir uns so fühlen, wie es uns unser Körper „bedeutet".[364] Insofern das Begehren ein sozial konstituiertes Körperwissen ist, macht es spezifische Regionen des Körpers zu signifikanten und andere zu insignifikanten Körper-Formen und schafft dabei geschlechtlich relevante Leibesinseln. In diesem Sinne stellt das dichotom verfasste Begehren eine wesentliche *kulturelle* Konfiguration der Errichtung 'natürlicher Grenzen' der Geschlechtskonstruktion auf der Ebene des Leibes dar. Insofern bestimmte konkrete Formen des Körpers eindeutig ein und nur ein Geschlecht bedeuten, hört die – ansonsten im Sozialkonstruktivismus gern postulierte – Kontingenz des Geschlechts beim Busen, bei der Vagina und allerspätestens beim Penis auf. Diese Körperzeichen sind sicht- und spürbare Regionen des Körpers, die insbesondere im Zusammenhang mit dem sexuellen Begehren Menschen zu Frauen und Männern machen.

Insgesamt ist der Mechanismus der Verschränkung von Körper und Leib in der Plessnerschen These von der exzentrischen Positionalität des Menschen fundiert. Demnach leben Menschen grundsätzlich in „einer vermittelten Unmittelbarkeit" (Lindemann 1994: 135): Das unmittelbare zentrische Erleben ist authentisch und ursprünglich; zugleich ist dieses Binnenerleben immer durch die exzentrische Position vermittelt. Auf den (Geschlechts-)Körper bezogen, heißt dies, dass der Leib (als unmittelbares Binnenerleben) immer schon Körper ist, dass aber beide Dimensionen nicht zusammenfallen. So sind etwa Menstruati-

---

364 Vgl. Lindemann 1993b: 39.

onsbeschwerden authentisch, 'echt', unmittelbar – sie sind aber zugleich der Effekt sozialen Wissens. Die soziologische Thematisierung des Schmerzes (wie jeglichen körperlich-leiblichen Phänomens) geht nicht in der Rekonstruktion des Körperwissens auf, darauf bezieht sich die grundsätzliche Kritik Lindemanns an sozialkonstruktivistischen Betrachtungen des Geschlechtskörpers. Vielmehr ist die „Verschränkung von Körper und Leib als Verhältnis wechselseitigen Bedeutens" zu verstehen (Lindemann 1996: 166), bei dem aber beide Qualitäten – Körper und Leib – ihre analytische Eigenständigkeit behalten.

In den vorausgegangenen Kapiteln war die Naturalisierung der Geschlechterdifferenz auf zwei Ebenen analysiert worden. Erstens, als interaktive Vollzugswirklichkeit, bei der sich Individuen gegenseitig zum Geschlecht machen, weil sie Teil einer sozialen Ordnung sind, die dies von ihnen 'verlangt' und die ihrerseits so ist, weil Individuen diese unaufhörlich konstruieren.[365] Zweitens, als diskursiv-symbolische Konstruktion der Zwangsheterosexualität und der Geschlechterdifferenz, die die Intelligibilität des Geschlechtskörpers als Teil einer ontologisierten Geschlechterdifferenz konfiguriert.[366] Mit beiden Perspektiven konnte, trotz der jeweils wichtigen Einsichten, nicht überzeugend argumentiert werden, wie die Stabilität der Konstruktionen gewährleistet wird. So lautete die Frage an die diskurstheoretische Perspektive Butlers: Was genau machen hegemoniale Diskurse mit Individuen und, genauer, wie machen sie aus Menschen Frauen und Männer? Diese Frage kann nun mit Hilfe der phänomenologischen Differenzierung genauer beantwortet werden:

Diskurse sind Teil des sozialen Körperwissens, sie sind die Normen der Dichotomie, die Butler ausführlich analysiert. Diese Normen sind aber nur insofern real und damit sozial relevant, als sie zu subjektiven, leiblichen Empfindungen werden. Bei Butler hatte sich gezeigt, dass die diskursive Konfiguration der Materie eine entscheidende Instanz bei der Konstruktion des Geschlechtskörpers darstellt. Allerdings ist das subjektive *Erleben* der Materie und damit ihre spezifische Qualität bei Butler nicht hinreichend berücksichtigt. Wenngleich es überzeugend ist, dass es keinen außerdiskursiven Raum gibt und es demnach einer ontologisierenden Setzung gleichkommt, von 'authentischen' oder gar 'natürlichen' Körperphänomenen zu sprechen, wie Butler argumentiert, so haben Diskurse sinnliche Effekte. Sie bewirken, dass der Körper als natürlich wahrgenommen wird, wobei verschiedene Diskurse wahrscheinlich unterschiedliche leibliche Effekte produzieren – nicht alle Diskurse wirken in derselben Weise

---

365 So die ethnomethodologische Mikrosoziologie nach Hirschauer wie in Kapitel 2 ausgeführt.
366 So die Diskurstheorie nach Butler wie in Kapitel 3 dargestellt.

und oft sind Diskurse ambivalent, selbst die hegemonialen. Auf jeden Fall kann die Natur*haftigkeit* nur mit der leibphänomenologischen Betrachtung angemessen eingeholt werden. In diesem Sinne brauchen sich m.E. die diskurstheoretische und die phänomenologische Perspektive wechselseitig, um die Naturhaftigkeit der Geschlechterdifferenz im Kontext symbolisch vermittelter Geschlechterverhältnisse zu analysieren.

Bezogen auf die ethnomethodologische Mikrosoziologie lautete die Frage: Wie werden aus Darstellungsleistungen subjektive Realitäten, die weit mehr sind als interaktive Episoden? Mit dem Hinweis auf die Verschränkungsmechanismen zwischen Körper und Leib erhält sie eine befriedigendere Antwort. Die Mechanismen der Geschlechtsdarstellung und -attribution, die Hirschauer ausführlich rekonstruiert, funktionieren deshalb so reibungslos und kontinuierlich, weil die ihnen zugrunde liegenden Normen[367] (mehr oder weniger stark) mit Haut und Haaren empfunden werden. Die Stabilität der Konstruktionen ist demnach nicht nur durch soziale 'Trägheitsmomente' wie behördliche Akten, Sprache usw. garantiert, sondern auch maßgeblich durch die Verankerung im Gefühl der Individuen. Hierauf hinzuweisen und hierfür einen fundierten begrifflich-theoretischen Rahmen entwickelt zu haben, darin liegt der Gewinn der phänomenologischen Betrachtungsweise.

Weiterhin kann durch die phänomenologische Differenzierung zwischen signifikanten und insignifikanten Körperformen der Begriff des Geschlechtskörpers, wie er in der ethnomethodologischen Perspektive Hirschauers formuliert wird, präzisiert werden. Hirschauer postuliert die quasi grenzenlose Sexuierung der für die Geschlechtsdarstellung verwendeten Ressourcen und damit auch der Körper. Er postuliert, dass „letztendlich alles sexuiert werden (kann)" und umgekehrt, auch „alles desexuiert werden (kann), auch 'auffällige körperliche Merkmale'„ (Hirschauer 1993a: 37). Demnach sind die Konstruktionen auch faktisch kontingent. Lindemann hingegen bestreitet diese These explizit[368] und setzt dem ihre eigene These von den „kulturell gezogenen 'natürlichen' Grenzen" (Lindemann 1993b: 51) entgegen. Dabei begründet sie die kulturelle Begrenzung der Kontingenz der Konstruktionen mit der Konfiguration besonders signifikanter Körperformen, die eine stärkere leibliche Wirkung als andere haben. 'Auffällige körperliche Merkmale' können eben nicht desexuiert werden, weil sie meistens signifikante Körperformen sind, die eine besonders starke emotional-leibliche Wirkung haben. Ein Penis oder ein Busen kann kaum oder

---

367 Vgl. Kessler/McKenna 1978 und Kapitel 2.1.2.
368 Z.B. in Lindemann 1993b: 51.

nur sehr schwer desexuiert werden. Das dies so ist, liegt Lindemann zufolge daran, dass bestimmte Körperformen kulturell so konstruiert sind, dass sie als 'natürliche' Essenzen des Geschlechtskörpers wahrgenommen werden. Allerdings bleibt ihre Analyse dieser kulturellen Konstruktion diffus und liest sich z.T. wie eine Affirmation eben dieser Konstruktionen, wie die Diskussion um die besonders starke Signifikanz der Körperform 'Penis' gezeigt hat.

Kritisch ist zu Lindemann folgendes anzumerken: Der jeweils unterschiedlichen Verschränkung von Leib und Körper bei Männern und Frauen entspricht bei Lindemann der jeweils unterschiedliche soziale bzw. qualitative (normative) Gehalt der Geschlechterdifferenz. Denn die Körperformen stehen aufgrund eines sozial verfassten Körperwissens in spezifischen Oppositionsbeziehungen zueinander. Dieses Wissen ist wiederum eingebunden in normative Verweisungszusammenhänge; die Relevanz signifikanter Körperformen ist nicht intrinsisch oder selbstevident, sondern sozial konstruiert. Warum aber sind Busen oder Penis derart wesentliche Bestandteile des sozialen Körperwissens? Lindemann selbst verweist in diesem Zusammenhang – neben der detaillierten Rekonstruktion des 'wie', nämlich der leiblichen Somatisierung signifikanter Körperformen vor allem durch das Begehren – auf die historische Bedingtheit des Körperwissens[369] und schließt zugleich die Bedeutung der Generativität, also der Fortpflanzung, für die soziale Konfiguration der Geschlechterdifferenz aus.[370]

An dieser Stelle ist der Blick auf hegemoniale Diskurse zur Geschlechterdifferenz, die auch die juristischen und medizinischen Diskurse zur Transsexualität einschließen, aufschlussreich. Wie die diskurstheoretische Perspektive herausarbeitet, hat z.B. der hegemoniale Diskurs der Heterosexualität einen entscheidenden Einfluss auf die Wahrnehmung des Geschlechtskörpers, insofern der Bezug auf die Reproduktion als naturhafte Begründung die Existenz der Geschlechterdifferenz konfiguriert. Diese Einsicht konvergiert mit der Definition der 'dauernden Fortpflanzungsunfähigkeit' als Ziel der operativen Eingriffe im Zuge der Geschlechtsumwandlung. Ohne die Schaffung dieser 'Unfähigkeit' gibt es laut Gesetz kein neues Geschlecht, wohl aber einen neuen Vornamen.[371] In der Bundesrepublik gibt es laut Transsexuellengesetz (TSG) zwei Formen des Geschlechtswechsels: Die sog. 'kleine Lösung' besteht in der Vornamensänderung, die dann genehmigt wird, wenn Gutachter/innen bestätigen, dass erstens die/der Betreffende sich als dem anderen als bei Geburt festgestellten Geschlecht zuge-

---

369 Vgl. Lindemann 1993b: 294.
370 Ebd.
371 Vgl. ebd.: 114, Fußnote 7.

hörig fühlt, dass diese/r zweitens seit „mindestens drei Jahren unter dem Zwang (...), ihren Vorstellungen entsprechend zu leben" steht und drittens, dass sich dieser Zwang mit hoher Wahrscheinlichkeit nicht mehr ändern wird. (TSG §4, nach ebd.). Die 'große Lösung', d.h. die Änderung des Personenstands, ist hingegen an die zusätzlichen Bedingungen geknüpft, dass der/die Betreffende ledig und „dauernd fortpflanzungsunfähig" ist (TSG §8, nach ebd.). Der Unterschied zwischen der Änderung des Vornamens und der Änderung des Personenstands liegt in den „heiligen Zeichen" (Lindemann 1993b: 115), die körperlich das Geschlecht bedeuten. Nun geht es hierbei nicht einfach um das Vorhandensein einer Vagina, eines Busens oder eines Penis, sondern um die Bedeutung dieser für die Reproduktion bzw. die Generativität. Die medizinischen Gutachten, die bei diesem Verfahren eine entscheidende Rolle spielen, erzielen im Zuge der Geschlechtsumwandlung einen wesentlichen „Realisierungseffekt" (ebd.: 117), d.h., eine Sache ist die geschlechtliche Selbsterkenntnis, eine andere die Anerkennung dieser Erkenntnis durch die 'institutionalisierte Wahrheit' der Medizin.[372] Nicht vergessen werden darf, dass sich diese Wahrheit letztendlich auf die Reproduktion bezieht. Die Medizin kann durch z.B. gutachterliches Wissen eine 'Ontologisierung' des Geschlechts vorlegen,[373] die maßgeblich darauf beruht, die Reproduktionsfähigkeit auszuschließen. Damit wird die Reproduktion zum Maßstab für den Grad der Naturalisierung des Geschlechts. Dieser Sachverhalt ist umso wichtiger, als er institutionell eingebettet ist in eine der mächtigsten Wahrheitsinstanzen, die die Moderne hinsichtlich der Geschlechterdifferenz zu bieten hat, nämlich die „medizinischen Verfahren, die als Inbegriff des Real-Werdens des neuen Geschlechts gelten" (Lindemann 1993b: 147).

Lindemann geht allerdings auf diese normative Dimension, die in der medizinischen Naturalisierung qua Reproduktionsfähigkeit steckt, selbst nicht weiter ein, da sie sich für die leiblich-affektiven Effekte der „institutionalisierten Selbsterkenntnis" (ebd.: 113) des Geschlechts interessiert. Eine Analyse dieses Aspektes liefert hingegen die diskurstheoretische Perspektive auf den Geschlechtskörper, die – im Anschluss an Foucault – einen genaueren Blick auf die normativen Gehalte der symbolisch-diskursiv produzierten Naturhaftigkeit der Geschlechterdifferenz wirft. Ein umfassendes Bild der sozialen Konstruiertheit des Geschlechtskörpers kann daher nur eine Verknüpfung der verschiedenen sozialkonstruktivistischen Ansätze bieten, weil sie jeweils eine spezifische Dimension abdecken. Dies gilt für die handlungstheoretische und phänomenologi-

---

372 Zur Wahrheitsinstanz Medizin bzw. Naturwissenschaften vgl. Kapitel 2.4.2.
373 Ebd.: 118.

sche Mikrosoziologie ebenso wie für die diskurstheoretische Betrachtung selbst: Sie alle verfügen über eine je spezifische Reichweite der Analyse von Naturalisierungsmodi der Geschlechterdifferenz. Im abschließenden Kapitel, d.h. am Ende unserer Reise werden die jeweiligen Einsichten, Grenzen und Anknüpfungspunkte der drei sozialkonstruktivistischen Perspektiven genauer ausgeleuchtet. Es kann hier schon vorweggenommen werden, was inzwischen überdeutlich geworden sein dürfte: dass der Geschlechtskörper eine vieldimensionale und komplexe soziale Tatsache (Durkheim) ist, die – wie Durkheim schrieb – nur durch Soziales erklärt werden kann. Anders: Der Körper ist so natürlich, wie eine sozial produzierte Kultur ihn macht (oder haben will).

Bezüglich der in diesem Kapitel behandelten mikrosoziologischen Phänomenologie bleiben folgende Fragen offen: Sind Geschlechtskörper letztendlich diskursiv-symbolische Konstruktionen, die leiblich verinnerlicht werden? In welchen strukturellen Kontexten und Bedingungen wird das „Empfindungs- und Verhaltensprogramm", das der Körper für den Leib ist, konfiguriert? Ist der soziale Geschlechtskörper eine prinzipiell kontingente, historisch variable symbolische Struktur? Inwiefern sind Verletzungsoffenheit und die existentielle Abhängigkeit von der Anerkennung anderer konstitutive Dimensionen weiblichen Geschlechtseins bzw. ist dies eine durch die relative Eigenständigkeit des Leibes gegebene Zwangsläufigkeit? Und inwiefern sind Aggression und offensive Selbstbehauptung charakteristische Qualitäten des Mann-Seins? Nicht, dass hiermit die empirische Plausibilität der Aussagen angezweifelt würde, vielmehr stimmt es skeptisch, wie kausal Lindemann diese Verknüpfungen formuliert. Schmerzen sind ‘verweiblichend’, Gewalt ist ‘vermännlichend’. Solche Aussagen sind, solange sie nicht als historische und sozial konstruierte, kulturell spezifische geschlechtliche Stereotype ausgewiesen werden, affirmativ. Sie versperren auch den Blick für subversive, weil nicht hegemoniale Aneignungen bestimmter Körperformen und den damit einhergehenden leiblichen Erlebnisse wie z.B. Penetration durch Frauen. Ist der Penis, berücksichtigt man auch andere Formen von Sexualität als die traditionelle Mann=Penetration/Frau=penetriert-werden, wirklich notwendigerweise besonders signifikant? Auch seine visuell-taktilen Eigenschaften sind kein hinreichendes Argument für seine einzigartige Signifikanz, denn a) sind Erektionen nicht notwendigerweise ein Zeichen von Begehren und b) sind auch andere Körperformen durchaus visuell-taktil eindeutig (wenn auch, das muss zugestanden werden, nicht in solch einem unübersehbaren Maße). Weiterhin bleibt unberücksichtigt, inwieweit die beschriebenen Formen des Körperwissens, die das leibliche Spüren des Geschlechts prägen, gesellschaftlich funktional, weil eingebettet in Diskursen zur Reproduktion als

naturhafte Basis der Geschlechterdifferenz, sind. Kurz: Die Grenze der phänomenologischen Perspektive besteht darin, die jeweils unterschiedlichen, asym-
metrischen Oppositionsbeziehungen in der Geschlechterdifferenz gesellschaftstheoretisch nicht verorten zu können – es fehlt ein soziologisch fundierter Begriff der Geschlechterdifferenz. Wenn das (normativ hegemoniale heterosexuelle)
Begehren nicht als Teil des symbolischen Systems bürgerlich-kapitalistischer
Geschlechterverhältnisse thematisiert wird, bleiben zentrale Fragen der sozialen
Konstruktion des Geschlechtskörpers im Kontext des Geschlechterverhältnisses
verborgen.

So sind wir am Ende der Reiseroute, zumindest soweit ich sie in diesem
Buch verfolgt habe. Im nächsten Kapitel werden wir angekommen sein, ohne ein
klares und genau definierbares Ziel erreicht zu haben. Dafür wird es aber eine
Art Reisetagebuch geben und ein Fazit, das sich auch damit beschäftigen wird,
was aus den Ideen und der Neugier, die am Beginn der Reise standen, geworden
ist.

5 Am vorläufigen Ende

Hier nun ist die Reise durch den Geschlechtskörper an ihrem vorläufigen Ende angelangt. Verschiedene Stationen liegen hinter uns; der zunächst, also am Anfang der Fahrt, womöglich sicher geglaubte Körper hat sich verwandelt, verändert, vielleicht sogar aufgelöst. Das war auch intendiert und das ist letztendlich auch ein dem Reisen selbst innewohnender Effekt: Das Reiseziel scheint bei Abfahrt klar und eindeutig bestimmbar – je näher man ihm aber kommt, je mehr man sich auf den neuen Ort einlässt, um so unklarer und komplexer wird er. So gesehen, ist jede ernsthafte soziologische Auseinandersetzung mit einem Gegenstand eine Reise, bei der sich das Ziel verändert und meistens irgendwie auflöst oder aufzulösen scheint. Während es im Alltag überwiegend unproblematisch ist über 'die Gesellschaft', 'den Arbeitsmarkt', 'die Männer' oder 'die Familie' zu sprechen, so entpuppen sich diese Phänomene bei genauerer Betrachtung als komplex, vielschichtig, widersprüchlich und in ihrer Verallgemeinerung als inexistent. Will heißen: *Den* Arbeitsmarkt oder *die* Familie gibt es bei näherer Betrachtung gar nicht. Vielmehr gibt es verschiedene Arbeitsmärkte (z.B. graue, segregierte, staatlich regulierte oder gänzlich deregulierte, nach Branchen unterschiedene, vergeschlechtlichte, historisch ganz unterschiedliche) oder – inzwischen – ganz unterschiedliche Formen von Familie (verheiratete, nicht-verheiratete, in eheähnlicher Gemeinschaft lebende heterosexuelle oder homosexuelle Paare; ‚Patchworkfamilien; Familien, die an verschiedensten Orten zugleich leben, familienartige Wohngemeinschaften usw.). Bei vielen Begriffen, die in der Soziologie relevant sind, und die eine gewisse Tradition als Forschungsgegenstand haben, ist dieser Sachverhalt sofort einsichtig. Wer auch nur ein paar Semester Soziologie studiert hat weiß, wie kompliziert die Dinge des Alltags werden (können). Seminare, Fachliteratur und Forschungsprojekte befassen sich mit den Dingen, die im Alltag so selbstverständlich sind wie z.B. Medien, Städte, Handlungen in kleinen oder großen Gruppen, mit Betrieben, moralischen Entscheidungen, Alter oder Bürokratie und Verwaltung. Inzwischen, wenn vielleicht auch spät im Vergleich zu anderen Kategorien und Objekten der Soziologie, ist auch das Geschlecht ein soziologisch relevanter und erklärungswürdiger Sachverhalt geworden. Seit Frauenbewegung und Frauenforschung vieles, was als gesellschaftlich unhinterfragbar oder unveränderbar galt, in Frage gestellt und der gesellschaftlichen Reflexion, also auch der Forschung zugänglich gemacht haben, ist es nicht mehr ohne Weiteres möglich, von *den* Frauen oder *den* Männern bzw. *dem* Geschlecht zu sprechen und dabei zu unterstellen, alle am Diskurs beteiligten wüssten genau, was damit gemeint ist. Diese Verunsicherung bzw. Öffnung betrifft sowohl die Soziologie wie das gesellschaftliche Leben im Allgemeinen. So sind das soziale Geschlecht und die sog. Geschlechterrollen einem tiefgreifenden und beständigem Wandel ausgesetzt. Sie werden z.T. so durchlässig, dass sie in den Augen mancher Autoren/innen sich gewissermaßen selbst überholt haben: Die Modernisierung der Gesellschaft, z.B. verstanden als Übergang vom Modus der stratifikatorischen zur funktionalen Differenzierung, lasse es durchaus zu, dass Personen eben nicht als, sondern jenseits und in Übersehung ihres Geschlechts in Subsysteme integriert werden.[374] Ebenso argumentiert Hirschauer in seinem Plädoyer für die Gender Studies als „Geschlechtsdifferenzierungsforschung" (Hirschauer 2003) nachdrücklich für die Offenheit des soziologischen Blicks gerade auch für Phänomene der Ent-Geschlechtlichung. Geschlechtszugehörigkeit, so seine These dabei, ist eben nicht allgegenwärtig, sondern wird – je nach Situation und ‚Rahmung' – aktualisiert oder auch nicht. Wie auch immer man zu solchen Diagnosen und Zugängen steht, eines ist sicher: Wie leben in einer gesellschaftlichen Realität, die von einer wachsenden Reflexivität und Entgrenzung tradierter Geschlechternormen geprägt ist. Vor diesem Hintergrund, der eine Lockerung der sozialen Geschlechterdifferenz suggeriert, erscheint der Körper als 'letzter Anker' des Geschlechts, als seine Essenz: 'Ich bin eine Frau, das sieht man doch'. So oder ähnlich lauten spontane Reaktionen, wenn vom Geschlechtskörper die Rede ist.

Zugleich, und dies ist relativ neu, wird der Körper zunehmend als Rohstoff behandelt, der der Selbstoptimierung dient. Er wird entsprechend verschiedener Normen traktiert und verändert – er wird vermessen, gewogen, operiert, dünn gehungert, geliftet, trainiert, gefärbt, gereinigt, behandelt. Dabei gehen wir – so meine These – derzeit immer weniger von den realen, vielfältigen, je einzigartigen Körpern aus, die wir haben. Vielmehr gehen wir immer mehr von phantasmatischen Idealisierungen aus, die wir meinen körperlich erreichen zu müssen. Es gibt dabei eine paradoxe Doppelbewegung, die zunächst besagt, dass ‚richtige' Männer und ‚richtige' Frauen einen entsprechenden Körper haben – doch nur umgekehrt wird ein Schuh draus: Nur wer den ‚richtigen' Körper hat, ist ein ‚richtiges' Geschlecht. Dass die Herstellung des ‚richtigen Körpers' nicht mehr nur Transsexuellen vorbehalten ist, sondern auch den Kandidatinnen von „The

---

Swan – endlich schön" (Pro7, 2004) oder der zunehmenden Zahl von Menschen, die sich ‚Schönheitsoperationen' unterziehen mindestens irritierend.[375] Denn angesichts der Konvergenz dieser Entwicklungen mit konstruktivistischen Zugängen zum Körper, wie sie in diesem Buch vorgestellt wurden und die z.t. einen dezidiert kritischen Standpunkt haben, muss einer jeden Körpersoziologin mit sozialer Sensibilität bange werden. Sind konstruktivistische Positionen zum Körper nicht teilverantwortlich dafür, dass sich nun immer mehr Menschen, insbesondere mal wieder Frauen, von der ‚Natur des Körpers' befreien, um sich all die Unzulänglichkeiten realer Körper beseitigen zu lassen?

Trotz dieser unbehaglichen Entwicklungen ist es weiterhin so, dass die wahrscheinlich große Mehrzahl der Menschen ihren Körper als weiblich oder männlich erfahren, und zwar im Sinne einer natürlichen Tatsache. Dies kann *soziologisch* zunächst als natur*hafte* Wahrnehmung auf individueller wie kollektiver Ebene bezeichnet werden. Einzelne Personen empfinden ihr Geschlecht als natürlich, aber auch Kollektive wie z.B. Institutionen oder Organisationen haben ein Verständnis vom Körper als natürlicherweise geschlechtsdifferent, das meistens implizit bzw. unbewusst wirkt.[376] Aber es ist eben diese Unbewusstheit, die als Indiz für die Naturhaftigkeit des Geschlechtskörpers gelesen werden kann: Das, was selbstverständlich ist, ist auch 'natürlich'. Die Unterscheidung zwischen natur*haft* und *natürlich* ist insofern zentral, als der Begriff der Naturhaftigkeit einen soziologisch distanzierten Blick auf die Selbstverständlichkeit der Alltagserfahrung ermöglicht und dabei zugleich die Relevanz der Wahrnehmung von etwas als 'natürlich' ernst nimmt.[377] In der Alltagserfahrung ist die Geschlechterdifferenz natürlich, in der soziologischen Betrachtung ist sie naturhaft. Sozialkonstruktivistische Perspektiven zur Geschlechterdifferenz nähern sich auf diese Weise den unmittelbaren Erfahrungen des Alltagserlebens; sie fragen danach, wie es dazu kommt, dass der geschlechtsdifferente Körper als natürlich

---

375 Wer sich das reichhaltige Bildmaterial sowie die Marketing-Rhetorik der Show ansehen möchte: www.prosieben.de/lifestyle_magazine/swan. Empfehlen kann ich überdies den Besuch des entsprechenden Forums – hier ließe sich wunderbare Sozialforschung zum Thema ‚Körper-Modellierung im Dienste des neoliberalen Selbst' betreiben.

376 Aus der Fülle an Literatur, die z.B. in organisationssoziologischen Debatten zum Thema Körper erscheint vgl. Halford/Savage/Witz (1997: Kapitel 7) und Müller (1993).

377 Dies entspricht dem Kern der konstruktivistischen Soziologie, wenn man diese Unterscheidung mit der von sozialen Gemachtsein und sozialem Gegebensein parallelisiert. D.h., der Konstruktivismus, gleich welcher Coloeur, geht von den sozialen Realitäten aus (den Gegebenheiten), fragt aber danach, wie diese produziert werden (dem Gemachtsein). Vgl. Knorr-Cetina 1989: 87.

erlebt wird.[378] Der Erkenntnisgewinn der Soziologie, hier vor allem sozialkon-struktivistischer Herangehensweisen, liegt demnach darin, zwar vom Alltagsver-ständnis des Sozialen auszugehen, dieses Wissen aber nicht zu reproduzieren, sondern es zu einem Gegenstand zu machen, der erklärt und analysiert werden muss. Man kann es auch so sagen: 'in der Soziologie ist nichts natürlich'.[379]

Für den Geschlechtskörper ist die soziologische Unterscheidung zwischen naturhaft und natürlich zweifach begründet: Zum einen ist sie eine konsequente Umsetzung der soziologischen Einsicht in die vergesellschaftete Natur des Men-schen, d.h. in die Tatsache, dass es keine menschliche Existenz außerhalb von Gesellschaft gibt. Die Natur des Menschen ist Kultur bzw. Sozialität. Daran anknüpfend, macht es zum zweiten epistemologisch, d.h. erkenntnistheoretisch, wenig Sinn, Natur und Kultur als Gegenpole voneinander zu trennen. Sie können zwar analytisch voneinander differenziert werden, aber diese Differenzierung ist ein kulturelles Produkt. Nicht nur, aber auch der Radikalkonstruktivismus, hat diese erkenntnistheoretische Einsicht in eine Forschungsparadigma umgesetzt, auf die sich alle sozialkonstruktivistische Ansätze zur Geschlechterdifferenz beziehen oder beziehen lassen.

Als Kompass diente bei der Reise durch den Geschlechtskörper (als natur-hafte Konstruktion) die übergeordnete soziologische Frage, nämlich nach der Vermittlung von Struktur und Subjekt. Präziser ging es um die 'zweiseitige Me-daille', auf deren einen Seite die verobjektivierten sozialen Strukturen Sub-jekthaftigkeit konfigurieren (Vergesellschaftung), während auf der Rückseite dieselben Strukturen durch das Tun der Subjekte selbst hervorgebracht werden. Damit diese zwei Seiten *eine* Medaille bilden können, müssen sie auf stabile Weise miteinander verknüpft sein. Soziologisch heißt dies, dass präreflexive Handlungsroutinen und unhinterfragbare Deutungsmuster notwendig sind, durch die die Individuen mit gesellschaftlichen Strukturen verbunden sind, und dass die intersubjektiven Interaktionen immer wieder Strukturen (re-)produzieren. Denn würden soziale Strukturen nicht über eine Eigenlogik verfügen, die die Individuen 'zwingt', ihnen gemäß zu 'sein' und zu handeln, wären sie nicht stabil. Andererseits würden aber soziale Strukturen ohne das beständige Tun der Individuen überhaupt nicht existieren. Und so stabil wie manche Strukturen scheinen, sind sie nicht. So kann der diskurstheoretische Zugang von Butler herausarbeiten, dass die (vermeintliche) Stabilität von hegemonialen Diskursen dadurch hergestellt wird, dass wir alle phantasieren, diese seien an sich stabil.

---

378   Allerdings nicht, *warum* es so ist. Vgl. Kapitel 2.
379   Ich bin Hermann Korte für beharrliches Insistieren auf diese Grundeinsicht dankbar.

Die ‚Selbst-Naturalisierung' von Diskursen und die Fähigkeit, etwa von Normen, ihre eigene Genese und Geschichtlichkeit zu verschleiern, erzeugen die sehr wirkmächtige Illusion der Stabilität.

Der Zusammenhang von Strukturen einerseits und Handlungspraxen andererseits lässt sich geschlechtersoziologisch wenden als Zusammenhang von Geschlechterverhältnis als sozialem Strukturzusammenhang einerseits und der Geschlechterdifferenz andererseits, d.h. der individuellen Wirklichkeit, einen weiblichen bzw. männlichen Körper zu haben/zu sein. Ausgehend von der Differenzierung zwischen Geschlechterverhältnis und Geschlechterdifferenz, war die Rekonstruktion verschiedener Zugänge zur Konstruktion des Geschlechtskörpers zudem eingebettet in einen gesellschaftstheoretischen Rahmen. Letzterer umfasst die historisch sedimentierten, institutionell verfestigten und durch eine symbolische Ordnung gestützten Formen, in denen Männer und Frauen zueinander positioniert sind. Aus der Perspektive des Geschlechterverhältnisses sind Frauen und Männer *strukturell* zueinander in Beziehung gesetzt, so dass das Geschlechterverhältnis eine grundlegende soziale Struktur ist (Becker-Schmidt). Das Geschlechterverhältnis ist hierarchisch sowie von Macht- und Herrschaftsbeziehungen geprägt, die eng mit der zweiten Struktur bürgerlich-kapitalistischer Gesellschaften verknüpft sind, der sozialen Ungleichheit.

Die 'strukturierte soziale Ungleichheit' (Kreckel) ist das zweite strukturelle Verhältnis bürgerlich-kapitalistischer Gesellschaften. Sie ergibt sich aus dem (Nicht-)Besitz bzw. den unterschiedlichen Zugangs- und Verfügungsmöglichkeiten über relevante soziale Ressourcen. Haben bzw. Nicht-Haben sowie die genaue Quantität und Qualität der individuell verfügbaren Ressourcen entscheiden über die Position eines Individuums in einem sozialen Gefüge. Solche Ressourcen sind strategische Güter wie materieller Reichtum (bzw. ökonomisches Kapital, in der Terminologie Bourdieus), soziales Wissen bzw. kulturelles Kapital, soziales Kapital (also die Zugehörigkeit zu strategisch wichtigen Gruppen) und Rang bzw. hierarchische Organisation. Wer viel von diesen Ressourcen hat, steht, um es schematisch auszudrücken, weiter oben, wer weniger hat, weiter unten. Allerdings ist, wie erwähnt, nicht nur die Menge an Kapital bzw. Ressourcen entscheidend für die soziale Position, sondern auch die Qualität bzw. die qualitative Zusammensetzung der Menge an Ressourcen. Jemand kann viel Geld, aber wenig Bildung oder viel soziales Kapital, aber wenig Geld haben usw. Auch die Qualität der Ressourcen entscheidet also über das 'oben/unten' und die horizontale Einordnung von Individuen im sozialen (Ungleichheits-)Gefüge. Weiterhin verknüpft sich mit dem Ressourcen-Begriff eine *dynamische* Dimension: Ressourcen werden im Laufe eines Lebens erworben, auch die mit dem

Erwerb einhergehende soziale Position hat eine dynamische Komponente. Man kann Geld gewinnen, es wieder verlieren, man kann durch Ausbildung kulturelles Kapital erwerben, das aber möglicherweise im Laufe der Jahre an Wert verliert usw. Besonders wichtig ist schließlich, dass Ressourcen vor allem insofern ungleichheitsstrukturierend wirken, als sie handlungsrelevant sind. Sie ermöglichen oder beschränken Handlungsspielräume, verleihen interpersonelle und somit interaktionsrelevante Autorität oder strategische Vorteile, Ressourcen bestimmen maßgeblich Lebensstile und subjektive Handlungsorientierungen. Gerade diese handlungstheoretische Relevanz von sozialen Ressourcen ist im Zuge der Diskussion um die Konstruktion des Geschlechtskörpers wichtig. Wenn Individuen sich z.B. interaktiv gegenseitig zum Geschlecht machen ('doing gender'), dann tun sie dies einerseits mit Hilfe von sozialen Ressourcen wie Kleidung, Nutzung von Räumen, kulturellen Objekten usw. und andererseits in Interaktionssettings, die eben durch handlungsrelevante soziale Ungleichheit konstituiert sind. Doing gender ist immer auch verknüpft mit doing inequality.

Vor diesem Hintergrund stellt sich die Geschlechterdifferenz als eine subjektive Wirklichkeit dar, die strukturell eingebunden ist im Geschlechterverhältnis. Bezogen auf die Vermittlung von Struktur und Subjekt, die im ersten Kapitel entfaltet wurde, mündete dies in der Formulierung von 'Subjektivität als positionierter Erfahrung' (Alcoff 1988). Demnach eignen sich Individuen im zweifachen Prozess der Vergesellschaftung soziale Strukturen aktiv durch Handeln an. Dieser Aneignungsprozess umfasst mehr als die Verinnerlichung von Rollen und/oder Stereotypen. Vielmehr bewirkt die 'innere Vergesellschaftung', dass 'intelligible' Subjekte (Butler) konstituiert werden. Bezogen auf die Geschlechterdifferenz hatte sich gezeigt, dass Männer und Frauen zu solchen werden, indem sie Vergesellschaftungsprozesse durchlaufen und zwar konstant durchlaufen. Subjekte sind immer 'in process', weil es Subjekthaftigkeit jenseits der sozialen Bezüge nicht gibt. Identität, die immer auch eine geschlechtliche Seite hat, vollzieht sich demnach im Rahmen von sozialen Strukturen, die ebenfalls immer eine geschlechtliche Dimension haben.

Die stabile Zirkularität von Struktur und Konstruktion wird, so eine Einsicht der hier zurückgelegten Reise, anhand des Körpers gewährleistet. Wenn das Geschlechterverhältnis als soziale Struktur betrachtet wird, die Subjekten nicht äußerlich ist, sondern im Zuge von Vergesellschaftungsprozessen Menschen zu dem macht, was sie sind, nämlich Frauen und Männer, dann verkompliziert sich die Betrachtung der Geschlechterdifferenz als natürlicher Tatbestand. Es ist dann nicht mehr möglich, körperliche und emotionale Realitäten als natürliche Tatsachen jenseits sozialer Kontexte zu betrachten. Vielmehr sind aus der Perspektive von Subjekttheorien, die das Ich sozusagen mitten in der Sozialität verorten, auch körperliche Realitäten kulturell geprägt. Demnach sind auch Sexualität, Scham, Angst, Sehgewohnheiten, Bewegungen und andere körperlich-leibliche Phänomene untrennbar mit den sozialen Kontexten verwoben, in denen sie gelebt und erfahren werden. So hat z.b. Karin Flaake in ihrer empirischen sozialwissenschaftlich-psychoanalytischen Studie zur Adoleszenz von jungen Frauen auf die zentrale Rolle hingewiesen, die „soziale Definitionen" im körperlichen Prozess der Pubertät spielen (Flaake 2001: 8): Das Erleben von Menarche (erste Menstruation), Brüste oder Sexualität wird – so Flaake – maßgeblich auch von gesellschaftlichen Definitionen und Bewertungen markiert.

Sozialkonstruktivistische Perspektiven gehen über diese Feststellung hinaus. Von diesen her betrachtet sind gesellschaftliche Kontexte geradezu die Bedingung der Möglichkeit körperlich-leiblicher Realitäten. Demnach sind alle sozial relevanten Erfahrungen, auch die 'Tatsachen des Lebens wie Atmen, Altern, Sterben usw.' (Butler) von der soziohistorisch spezifischen Wahrnehmung konfiguriert. Es gibt keinen unmittelbaren, nicht-sozialen Zugang zur Natur, weil die Natur nicht als Opposition zur Kultur existiert, sondern immer nur als kulturell wahrgenommene. Man könnte auch sagen, dass Natur eine Erfindung der Kultur ist, die als Binarität zudem eine spezifisch moderne Denkfigur ist.[380]

Die Geschlechterdifferenz kann aus diesen Gründen nicht als naturgegebene, universelle, statische Tatsache betrachtet werden, sondern, wie sozialkonstruktivistischen Perspektiven deutlich machen, als soziale Konstruktion von Naturhaftigkeit, die sich auf mehreren Ebenen vollzieht:

• qua Interaktionen
• qua epistemologischer Macht von Diskursen
• qua leiblicher Aneignung

Die Naturalisierung (Konstruktion der Natürlichkeit) der Geschlechterdifferenz umfasst also Prozesse der Darstellung (Hirschauer), der diskursiven Konfiguration (Butler) und der leiblichen Empfindung (Lindemann). Diese verschiedenen Dimensionen tragen alle dazu bei, dass die Geschlechterdifferenz alltagsweltlich als natürliche Tatsache wahrgenommen wird.

Aus diskurstheoretischer Perspektive sind es diskursive Matrizen, die das 'bestimmen', was wir denken/wahrnehmen können und somit auch das konfigurieren, was als Körper wahrgenommen, d.h. sinnlich als solcher empfunden wird.

---

380 Vgl. Haraway 1995.

Ganz grundsätzlich ist die Geschlechter*differenz* die Norm, die die Konstruktionen 'befolgen'. Zum einen ist diese Differenz eine Differenzlogik, d.h. Differenz bedeutet, dass Menschen *entweder* Frauen oder Männer sind und dass Mann-Sein bedeutet, nicht eine Frau zu sein und umgekehrt. Butler entfaltet diese Differenzlogik im Anschluss an die Dekonstruktion von Derrida, die vor allem herausstreicht, wie sehr binäre Oppositionen sich über Einschluss- und Ausschlussverfahren definieren.[381] Um 'etwas' zu sein, muss das, was ist, immer etwas 'nicht sein'. Weiß ist nicht-schwarz, homosexuell ist nicht-heterosexuell, Ausländer ist Nicht-Inländer, Frau ist Nicht-Mann. Die Pointe ist, dass auch umgekehrt gilt: Schwarz ist nicht-weiß, Heterosexuell ist nicht-homosexuell, Inländer ist Nicht-Ausländer, Mann ist Nicht-Frau. Die zirkuläre Bedeutungskonstitution von Binaritäten ist einer der zentralen Aussagen diskurstheoretischer Analysen zur Geschlechterdifferenz, wie sie paradigmatisch durch Butler vertreten wird. Sie impliziert, dass die jeweiligen Pole einer Binarität (Signifikanten) nicht substantiell (oder auch ontologisch) definiert werden können, sondern immer relativ, d.h. nur in Bezug auf ihr Gegenüber. Die Definition dessen, was eine Frau oder ein Mann ist, ist demnach konstitutiv mit dem verbunden, was es nicht ist. Ich möchte dies die *Logik* der Geschlechterdifferenz nennen. Gemäß der Diskurstheorie sind auch 'Materie' oder 'Morphe' Begriffe, die auf eine unhinterfragbare Natur verweisen; letztendlich sich sie aber *Begriffe* und nicht die Materie oder Morphe *selbst*. Als solche haben sie eine Geschichte und semiotische Verweisungszusammenhänge, die ihrerseits politisch und soziokulturell spezifisch sind. Spätestens seit der Moderne können Begriffe wie Materie oder Morphe nicht von dem Dualismus Natur/Kultur getrennt werden, der selbst eine epistemologische Konstruktion ist.

Eine besondere Rolle im Kontext der Logik der Geschlechterdifferenz spielt die hegemoniale Norm der Heterosexualität (Heteronormativität). Diese, so Butler, sorgt als Ontologie dafür, dass bestimmte Morphologien als natürliche Materialität des Geschlechtskörpers intelligibel sind. Anders ausgedrückt: der Körper wird zu einem Geschlechtskörper, indem bestimmte Normen somatisiert werden. Dabei definiert die vorherrschende heterosexuelle Norm z.B. Sexualität tendenziell als Penetration der Frau durch den Mann. Damit werden bestimmte Körperöffnungen und –durchlässigkeiten als natürlich weiblich konfiguriert und im Zuge von Vergesellschaftungsprozessen somatisiert. Und dadurch wird auch der Penis zum Symbol (oder zur Synekdoche) für Männlichkeit; er wird zum Phallus, wie Butler ausgiebig analysiert. Allerdings, dies war im entsprechenden

---

381 Vgl. Wartenpfuhl 1996: 195ff.

Kapitel ansatzweise diskutiert worden, übersieht Butler durch ihre pauschale Unterstellung der Macht und Wirkung von Heterosexualität, dass z.B. Penetration keineswegs notwendigerweise phallisch sein muss. Auch schießt m.E. ihre im Anschluss an Rich und Wittig weiterentwickelte Verquickung von sexueller Orientierung und Identität bzw. Subjekthaftigkeit über das Ziel hinaus. Denn Identität kommt, allerdings dann in sehr unterschiedlichem Maße je nach Milieu und sozialer Position, durchaus auch im Zuge ambivalenter Begehrenspositionen zustande – und zwar auch nicht erst seit der 'Erfindung' von Queer. Butler übersieht weiterhin, dass Heteronormativität kein monolithitischer, eindeutiger und für alle Mitglieder einer Gesellschaft zu allen Zeiten gleich relevanter Diskurs ist. Homosexualität, Bisexualität und viele 'bunte' sexuelle Orientierungen und Lebensweisen existierten immer schon und existieren noch – der Heteronormativität zum Trotz. Sie liegen bestimmt nicht gänzlich außerhalb traditionellen heterosexuellen Norm, wie manche meinen, aber sie sind auch keine 1:1 Produkte eines hegemonialen Diskurses. Um es etwas salopp auszudrücken: Dass das deutsche Sozialversicherungssystem lange keine Partnerschaften jenseits der heterosexuellen Ehe anerkannte (und immer noch nicht gleichwertig tut), heißt nicht, dass es realiter nicht eine große Vielfalt partnerschaftlicher Formen gab und gibt. Auch lesbische und schwule Paare in den Medien gibt es nicht erst seit heute und sie sind nicht bloße Projektionen heterosexueller Ängste bzw. Inszenierungen heterosexueller Klischees über Homosexuelle. Kurz, die sexuelle und geschlechtliche Welt ist bunter und komplizierter als der zuweilen pauschale Begriff der Zwangsheterosexualität bzw. des hegemonialen Diskurses der Heterosexualität im Sinne Butlers suggeriert.[382]

Folgt man Butler, auch mit größtem Wohlwollen und unter Anerkennung der Einsichten in die Untrennbarkeit von Sprache und Materialität (qua Konfiguration), dann drängt sich doch die Frage auf: wie wird nun konkret aus Diskurs Körper? Wo bleiben Handeln und Fühlen, die doch so sehr Teil des körperlichen Seins sind? Die entsprechenden handlungstheoretischen Fragen an den Geschlechtskörper sind: Wie werden wir von anderen zu dem gemacht, was wir 'sind' und wie machen wir andere zu dem, was sie sind? Die Betonung liegt dabei auf 'machen'. Auf der Ebene der Naturalisierung qua Interaktion (Kapitel

---

382 Damit soll, ich möchte dies ausdrücklich betonen, die Ausgrenzung, das Leid und die Ungerechtigkeit, die nach wie vor homosexuelle (oder sonstwie von 'der Norm' abweichenden) Lebensentwürfen widerfährt, nicht geschmälert werden. Es geht aber darum, gerade durch den Hinweis auf die 'bunte Vielfalt' im Herzen der Heteronormativität aufzuzeigen, dass eben diese viel ambivalentere und brüchigere Effekte bewirkt, als oft angenommen.

1) hatte sich gezeigt, dass die Naturhaftigkeit des Geschlechtskörpers aufgrund komplexer interaktiver Prozesse zustande kommt. Die interaktive Konstruktion der Geschlechtszugehörigkeit besteht demnach aus komplexen Darstellungs- und Zuweisungspraktiken. Dabei spielen sowohl die soziale Beziehung zwischen denjenigen, die ihr Geschlecht darstellen und denjenigen, die das Geschlechts der Darstellenden anerkennen, eine Rolle wie auch die Beziehung zwischen den Akteuren/innen und den Mitteln, die eingesetzt werden, um das Geschlecht darzustellen, eine Rolle. Zum einen sind, wenn man die ethnomethodologischen Analysen der Mikrosoziologie genauer betrachtet, die für die Geschlechtsdarstellungen benötigten Ressourcen durchaus ungleich verteilt. Die interaktiven Mechanismen, durch die der Körper sozial relevant gemacht und vergeschlechtlicht wird, sind keine von Mechanismen der Macht- und Herrschaftsdurchsetzung ausgenommenen Prozesse. Vielmehr finden geschlechtsrelevante Darstellungen immer in sozialen Kontexten statt, die, wie Institutionen, öffentliche Plätze (Parks, Behörden, Straßen, Universitäten usw.), familiäre Zusammenhänge etc. per se durch Macht und struktureller Ungleichheit durchzogen sind. Auf der Ebene der Konstruktion des Geschlechtskörpers verknüpfen sich Geschlechterdifferenz, Geschlechterverhältnis und soziale Ungleichheit mehrfach.

Die leiblichen Empfindungen sind der 'Ort', an dem sich die Kraft der Diskurse materialisiert: Ob ein physiologischer Erregungszustand als Angst oder Liebe empfunden wird, hängt ab vom sozialen Körper-Wissen, das diese leiblichen Empfindungen strukturiert. Hierauf weisen die phänomenologischen Analyse von Lindemann eindringlich hin (Kapitel 4). Abgesehen davon, dass Menschen immer in Raum und Zeit verortet sind, dass es also keine Existenz außerhalb konkreter raum-zeitlicher Bezüge gibt, somit jede menschliche Erfahrung immer auch sinnlich vermittelt ist, erweist sich der Körper aus soziologischer Perspektive zudem als 'fleischliches Gedächtnis' oder auch sprichwörtliche Verkörperung sozialer Normen. Sämtliche sozialkonstruktivistische Perspektiven arbeiten die Bedeutung des Körpers für die subjektive Verankerung der Individuen in ihrer jeweiligen gesellschaftlichen Realität heraus: Diskurstheoretisch stellt sich diese Verankerung als epistemologische Macht der Diskurse (bzw. von Performativen) dar, die die Wahrnehmung des Körpers *konfiguriert*. Dadurch erscheinen die diskursiven Konstruktionen (Mann/Frau; Homo-/Heterosexuell) wie natürliche, 'irrreduzible' Tatsachen. Der Körper wird zur Verkörperung sozialer Normen bzw. hegemonialer Diskurse, indem letztere die Kategorien bereitstellen, durch die der Körper zugänglich und erfahrbar wird. Damit ist nicht gemeint, dass Sterben, Sexualität oder Krankheiten rein diskursive Phänomene sind, sondern dass sie immer bereits durch Diskurse konfigurierte

Realitäten des Körpers sind. Es macht für die Lebenserfahrung von Individuen durchaus einen Unterschied, ob das Geschlecht als unterschiedene Anatomie, als unterschiedene Gehirnhälften und -gewichten, als unterschiedene Chromosomenpaare oder als unterschiedene Hormonhaushalte gedeutet wird. Ebenso macht es einen realen Unterschied, ob Müdigkeit am Morgen als Anflug einer Depression oder als Nachwirkung des Alkohols am Vorabend gedeutet wird, ob Magengeschwüre als Folge psychosomatischer Erkrankung oder als durch Bakterien verursachtes, 'rein physiologisches' Problem behandelt wird, ob Wut während der Menstruation als medizinisches Problem ('PMS') behandelt wird, ob die Vagina als Körperöffnung für die Penetration gedeutet wird usw. Die diskursiven Konstruktionen haben reale körperliche Konsequenzen, denn sie strukturieren maßgeblich die Wahrnehmung des und den Umgang mit dem Körper(s). Dies hat beispielsweise auch Nina Degele (2003) in einer empirischen Studie zum „Schönheitshandeln" plausibel gemacht, die sich damit befasst, wie sehr „natürliche Schönheit" (ebd.: 210) auf individuelle Arbeit mit dem und am eigenen Körper angewiesen ist. „Sich schön [zu] machen" – so der Titel der Arbeit – verfängt sich im Paradox von gleichzeitiger expliziter, z.T. anstrengender oder gar leidvoller Bemühungen einerseits und vielfachen Ideologien natürlicher Eigenschaften andererseits. Dass diese Ideologien durchtränkt sind von geschlechtsdifferenter und heteronormativer Stereotype, auch darauf weist Degele immer wieder hin.

Handlungstheoretisch erweisen sich die Interaktionen als Konstruktionsmodus des Sozialen, genauer der sozialen Zweigeschlechtlichkeit. Aus dieser Perspektive sind es komplexe wechselseitige, interaktive Zuweisungsprozesse, in denen sich Individuen zu dem machen, was sie sind (dass sie das *müssen* und *wollen*, ist durch die handlungstheoretische Perspektive der Ethnomethodologie allein nicht zu erklären, sondern nur durch eine Erweiterung in Richtung Analyse der symbolischen Ordnung, d.h. hier Diskurstheorie und affektives Erleben, d.h. Phänomenologie), nämlich Männern und Frauen. Die soziale Realität erweist sich dabei als das Ergebnis andauernder Konstruktionsprozesse, bei denen der Körper — zumindest in Bezug auf die Geschlechterdifferenz — eine herausragende Rolle spielt, denn der Körper ist ein wesentliches Interaktionsmedium. Durch die in den Interaktionen verwendeten Codes des Alltagswissens ('es gibt nur zwei Geschlechter', 'diese sind natürlich' usw.) wird der Körper immer wieder zu einer zweigeschlechtlichen Realität, es wird also immer wieder das gesehen und dargestellt, was man/frau schon vorher weiß. Das heißt auch, dass der Körper nicht nur ein Medium von Interaktionen ist, das wie ein fertiges Produkt bereitgestellt und verwendet wird, sondern er wird in und durch Attributions-

und Darstellungspraxen überhaupt erst 'gemacht'. Denn der Körper ist nur in und durch soziale Praxis relevant. Wenn Menschen immer nur in und durch Handeln mit anderen zu denken sind, dann ist es der menschliche Körper auch – so die handlungstheoretische bzw. ethnomethodologische Pointe.

Dass die Relevanz des Körpers für die Verankerung der Individuen im Sozialen und — umgekehrt — der Verankerung des Sozialen im Individuum aber über situative Interaktionen weit hinausreicht, darauf weist die phänomenologische Mikrosoziologie hin, die die letzte Station der Reise gewesen ist. Der Geschlechtskörper ist nicht nur in Handlungssituationen relevant, er ist es auch wenn Menschen nicht handeln. Aus der phänomenologischen Perspektive sind wir nicht nur ein Geschlecht, wenn wir es in Handlungen mit anderen sind, weil diese uns das Geschlecht zuweisen, sondern auch dann, wenn wir alleine sind. Denn das Geschlecht wird gefühlt; es wird als emotionale Realität empfunden, und zwar durchaus auch als passive, individuelle Binnenerfahrung. Durch die Differenzierung des Körpers in zwei Dimensionen wird diese Aussage präzisiert: Der Leib steht für die unmittelbaren, passiv erfahrenen, subjektiv-emotionalen Empfindungen, wohingegen der Körper für das soziale Wissen steht, das die leiblichen Erfahrungen strukturiert bzw. konfiguriert. Die Verschränkung des Körpers (als soziales 'Verhaltens- und Empfindungsprogramm') mit dem Leib bewirkt demnach die Verschränkung der Individuen mit den sozialen Strukturen. Individuen spüren ihr Geschlecht, sie spüren das Soziale als ganz unmittelbare Empfindung. Dies wird besonders deutlich, wenn Individuen sich nicht normkonform verhalten: Scham, Angst, Aggressionen, 'abschätzige Blicke' usw. sind leibliche Konsequenzen von bzw. leibliche Reaktionen auf 'Fehlverhalten'. Wer sich als Mann die Mühe macht, einen Tag lang in Rock und geschminkt durch unsere Innenstädte zu laufen oder wer sich mal als Frau auf die Männertoilette begibt, dürfte schnell spüren, wie tief die Normen der Geschlechterdifferenz unter der Haut sitzen. Nicht nur die Reaktionen anderer auf solche Normübertritte sind deutliche Indizien hierfür, auch die eigenen Gefühle (Angst, Unsicherheit, Spaß an der Verkleidung, Neuartigkeit der Bewegung usw.) zeigen, wie sehr wir mit Haut und Haaren ein Geschlecht sind.

Aus dieser ersten Zusammenfassung werden bereits die analytischen Grenzen der verschiedenen sozialkonstruktivistischen Zugänge deutlich. Um die Reichweite und Grenzen der einzelnen Perspektiven auf den Geschlechtskörper auszuloten, möchte ich das heuristische Modell von Knapp (1992) wieder aufgreifen, das im ersten Kapitel eingeführt wurde. Demnach gibt es fünf Ebenen auf die sich Theorien beziehen können, die sich mit Aspekten des Geschlechterverhältnisses und der Geschlechterdifferenz beschäftigen:

1. Herrschaftssystem
2. Symbolische Ordnung/Sprache/Diskurse
3. Institutionen
4. Interaktionen
5. Sozialpsychologie

Mit diesem idealtypischen Raster lassen sich nun die einzelnen Perspektiven bewerten: Die Ebene der 'Sozialpsychologie' umfasst nach Knapp die „Psychodynamik von Motiven/Begehren" (ebd.: 296) und damit auch das, was Lindemann als Konfiguration des Leibes durch das soziale Körper-Wissen analysiert. In diesen Analysen verweist sie auf soziale Dichotomisierungsregeln, auf geschlechtsspezifische Verhaltenscodes usw., vermag diese aber nicht systematisch zu analysieren. Denn diese liegen auf der Ebene der symbolischen Ordnung und des Herrschaftssystems, d.h. auf zwei gesellschaftstheoretischen Dimensionen des Geschlechterverhältnisses. Auch die ethnomethodologische Mikrosoziologie, wie sie Hirschauer vertritt, verzichtet auf eine systematische Auseinandersetzung mit den gesellschaftstheoretischen Dimensionen des Geschlechterverhältnisses und lädt sich so das Problem auf, die Stabilität und Kontinuität der situativen Konstruktionen nicht systematisch erklären zu können. Die ethnomethodologische Geschlechtersoziologie befasst sich vorrangig mit der Ebene der Interaktionen und bezieht die übrigen Dimensionen als 'Orte' und Bedingungen des Handeln zwar ein, macht diese aber nicht zum Thema der Analysen. Die Frage, *wieso* Individuen sich gegenseitig immer wieder zu Frauen und Männer machen, bleibt im großen und ganzen unbeantwortet. Wo sie aber doch thematisiert wird, verweist Hirschauer auf die erwähnten Rahmen, in denen die Konstruktionen stattfinden. Diese werden als soziale 'Trägheitsmomente' wie 'institutionelle Gedächtnisse' (Akten, Geburtsurkunden, usw.) oder Sprache bzw. semiotische Verweisungszusammenhänge bezeichnet, die aber vor allem in ihrer wissenschaftlichen Form, genauer als medizinische Diskurse im Sinne von 'Normalisierungsinstanzen', betrachtet werden. Auf die Rolle und Funktionsweise von Sprache bzw. Diskursen konzentriert sich hingegen die diskurstheoretische Perspektive von Butler. Diese hebt auf die 'semiotischen' Gehalte der Geschlechterdifferenz ab, sprich auf die symbolische Ordnung Allerdings betreibt Butler diese Analysen in sprachphilosophische Höhen, wo sie in weite Ferne von konkreten körperlich-leiblichen Erfahrungen rücken: Interaktionen, Institutionen oder konkrete Herrschaftszusammenhänge kommen dort nicht vor. Und: Butler kommt der Körper als sinnliche und affektive Realität abhanden, weil sie die

Dimension 'Sozialpsychologie' nicht berücksichtigt. Damit wären wir wieder bei Lindemann angekommen. Problemlos fügen sich die verschiedenen Zugänge zum Körper allerdings zu einem runden oder gar vollständigem Bild nicht. Liest man etwa Lindemanns Analysen zur Verschränkung des sozialen Körperwissens im Leib durch das Begehren bzw. der Sexualität mit den Analysen Butlers zum hegemonialen Diskurs der Heterosexualität ('Zwangsheterosexualität') gegen, dann erweisen sich Lindemanns Ergebnisse als problematisch oder doch zumindest in ihrer Reichweite beschränkt: Wie Lindemann selbst anhand des Geschlechtserlebens transsexueller Menschen rekonstruiert, werden bestimmte Körperformen zu geschlechtlich relevanten Leibesinseln – und nicht umgekehrt. Das bedeutet, dass das soziale Körperwissen um die Geschlechterdifferenz sich an bestimmten Orten des Körpers besonders deutlich unter die Haut schiebt. Brüste, Vagina oder Penis sind solche Orte des Körpers, wo das Geschlecht leiblich empfunden wird ('signifikante Körperformen'). Das dies so ist, ist eben keine Naturtatsache im Sinne von diesen Leibesinseln selbst innewohnenden Qualitäten, sondern liegt in sozialen Dichotomisierungsregeln und sozialen Vorstellungen darüber, was eine Frau und was ein Mann ist, begründet. Auch Butler sowie die sozialanthropologischen Arbeiten von Douglas oder die sozialhistorischen Arbeiten von Elias legen dar, wie sehr etwa bestimmte Körperöffnungen oder -teile normativ konfiguriert werden. Hierauf weisen die phänomenologischen Arbeiten von Lindemann auch hin. Das soziale Körperwissen schiebt sich demnach insbesondere anhand der Sexualität unter die Haut; im und durch das Begehren wird die Zweigeschlechtlichkeit als leibliche Unmittelbarkeit erfahren. Von diesen Analysen ausgehend, kommt Lindemann dann allerdings zu dem irritierenden Schluss, dass der Penis eine herausragende signifikante Körperform ist, weil er, um es salopp zu sagen, visuell-taktil herausragend *ist*. Menschen, die einen Penis haben, sind demnach besonders stark an das männliche Geschlecht gekoppelt und können gar nicht anders, als als Mann wahrgenommen zu werden und sich (dadurch) als Mann zu empfinden. Obwohl dies vor dem Hintergrund alltagsweltlicher Erfahrungen möglicherweise unmittelbar einleuchten mag, so entpuppt sich diese Argumentation als soziologisch wenig überzeugend. Denn Lindemann rekonstruiert damit nicht nur eine soziale Konstruktion, die sich aus diskurstheoretischer Perspektive als heterosexuelle Normierung von Sexualität entpuppt, bei der die einzig 'richtige' Form die Penetration ist, sondern sie reifiziert diese Norm auch noch, wenn sie keine kritische Distanz zu dieser Konstruktion einnimmt, wie Butler es tut.

Butler arbeitet im Anschluss an Richs und Wittigs Überlegungen zur Zwangsheterosexualität heraus, dass der Penis deshalb so signifikant ist, weil er im Kontext der heterosexuellen Norm zum Phallus wird. So symbolisiert der Penis das Mann-Sein, weil er eine bestimmte sexuelle Praxis, die Penetration der Frau durch den Mann, verkörpert. Diese Praxis ist allerdings keine unhinterfragbare Natürlichkeit wie das Gehen auf zwei Beinen oder Atmen, sondern eine politisch und historisch spezifische sexuelle Praxis bzw. soziales Körper-Wissen. Dieses ist eng gekoppelt an das normative Grundmuster der (heterosexuellen Norm von) Sexualität als Reproduktion. Nur durch die vaginale Penetration der Frau durch den Penis kann eine Schwangerschaft zustande kommen (wenn wir hier vorübergehend in-vitro-Fertilisationen und andere Reproduktionstechnologien außer acht lassen). Warum aber sollte dies die einzige 'wirkliche' Sexualität darstellen? Und: tut sie das faktisch? Ist es nicht eine gewisse Verengung der sozialen Wirklichkeit, das System der Heterosexualität als so mächtig und omnipotent zu stilisieren und damit die 'bunte' Vielfalt an Sexualitäten und damit einhergehenden leiblichen Empfindungen auszublenden?

Lindemann (als Vertreterin einer phänomenologischen Mikrosoziologie) lässt diese normative Dimension des sozialen Körper-Wissens selbst außer acht und reifiziert das soziale Körperwissen um den besonderen, selbstevidenten Bedeutungsgehalt des Penis/Phallus, anstatt diese Bedeutung als soziale Konstruktion auszuweisen. Diese Kritik gilt auch für die von Lindemann beschriebenen Asymmetrien der Geschlechterdifferenz. Diese umfassen ungleiche und unterschiedliche Qualitäten des sozialen Mann- und Frau-Seins: Mann-Sein ist demnach gekoppelt an offensive Selbstbehauptung und aggressiver Umgang mit der eigenen Geschlechtsidentität, Frau-Sein hingegen ist konstitutiv verknüpft mit der Abhängigkeit von der Anerkennung durch andere sowie der – körperlichen – Verletzungsoffenheit durch die Vagina bzw. dem signifikanten körperlichen Innenraum. Frauen können vergewaltigt werden und dass sich die Vagina als Körperöffnung dazu 'eignet', ist unbestritten. Ebenso unbestritten ist auch, dass sexuelle Gewalt eine Strukturmerkmal des Geschlechterverhältnisses ist. Auch das Aggressionen und Gewalt männlich assoziiert sind, während es wohl eher auf Frauen zutrifft, ein individuelle Identität durch die Anerkennung anderer zu bekommen. Aber dies sind alles soziale Konstruktionen, die, wenn sie im Zuge ihrer wissenschaftlichen Thematisierung, nicht als solche ausgewiesen werden, schlicht reproduziert werden. Dies ist genau das, was auf alltagsweltlicher Ebene passiert, wenn Konstruktionen essentialisiert werden. Nach dem Motto: 'Frauen sind die, die fürsorglich sind. Männer sind diejenigen, die triebhaft gesteuert, Frauen vergewaltigen. Frauen sind die besseren Führungskräfte,

weil per se kooperativer. Männer sind ehrgeiziger und deshalb erfolgreicher.
Frauen sind körperlich schwächer und deshalb bedürfen sie des Schutzes usw.'
Diese 'Sind'-Konstruktionen sind auf alltagsweltlicher Ebene schon problematisch genug, als soziologische Aussagen sind sie falsch. Lindemann unterläuft
m.E. dieser Fehler, weil sie die sozialen Qualitäten der Geschlechterdifferenz
('wie haben sich Frauen und Männer zu verhalten und zu sein?') nicht oder nicht
deutlich genug als solche ausweist.

Etwas anders gelagert sieht die Kritik an der ethnomethodologischen und
der diskurstheoretischen Herangehensweise in Bezug auf die sozialen Asymmetrien und Ungleichheiten in der Konstruktion der körperlichen Geschlechterdifferenz aus. In Bezug auf die ethnomethodologische Analysen lässt sich zusammenfassend festhalten, dass die Prozesse des 'doing gender' vom kompetenten Einsatz kultureller Ressourcen abhängen: Gegenstände, Räume, Kleidung, Sprache,
alle interaktionsrelevanten Objekte können im Zuge der Geschlechtsattribution
und -darstellung sexuiert werden. Darüber hinaus finden diese Prozesse in gesellschaftlichen Kontexten statt, die ihrerseits von sozialer Ungleichheit strukturiert sind, wie die Ungleichheitssoziologie ausgiebig analysiert. Beide Interakti-
onskomponenten — kulturelle Ressourcen und hierarchische Organisationen
bzw. Institutionen — sind, so Kreckel und Bourdieu, ungleichheitskonstituierende Bedingungen des Handelns. Demnach verfügen nicht alle Individuen gleichermaßen über soziales Wissen, kulturelle Güter und soziales Kapital. Es lässt
sich folglich annehmen, dass auch die in den Geschlechtsdarstellungen eingesetzten Ressourcen, sozial ungleich verteilt sind. Oder anders ausgedrückt: Die
Geschlechtsdarstellungen i.S. des 'doing gender' sind auch immer Darstellungen
sozialer Ungleichheit bzw. immer auch 'doing inequality'. Dies empirisch zu
untersuchen ist ein Unterfangen, das sicherlich lohnt.[383]

In Bezug auf die diskurstheoretische Perspektive Butlers lässt sich analog
formulieren, dass die Dimension von Diskursen als Medium der Kommunikation
und damit als ungleich verteilte Interaktionsressource nicht berücksichtigt wird.
Was Butler analysiert, ist die epistemologische Macht der Sprache, nicht die
soziale Macht des Sprechens oder der Sprecher/innen. Letzteres ist hingegen das
Thema der sprachsoziologischen Arbeiten Bourdieus (1990), die sich mit dem

---

[383] Richtungweisend sind dabei m.E. die Arbeiten der feministischen bzw. geschlechtssensiblen
Arbeitsmarkt-, Organisations- und Professionalisierungsforschung. Vgl. u.a. Gottschall 2000;
Hochschild 1990, Wetterer 1995 und Wilz 2002. Diese umfassen aber nicht systematisch die
spezifisch körperliche Dimension von Vergeschlechtlichungs- und Hierarchisierungsprozes-
sen. Bourdieu greift in seiner Arbeit zur 'männlichen Herrschaft' (1997a bzw. 2005) diese
hingegen auf und leuchtet sie für die kabylische Gesellschaft aus. Vgl. Kapitel 1.3.4.

Zusammenhang zwischen außersprachlichen Bedingungen der Rede und der Rede selbst auseinandersetzen. Dort wird herausgearbeitet, wie abhängig performative Sprechakte von der Situation und den Sprecher/innen sind, wenn es um die 'Realitätseffekte' geht, die Performative erzielen. Nicht jede sprachlich sinnhafte ('intelligible') Äußerung ist demnach auch soziologisch, nämlich bezüglich der handelnden Individuen und den Kontexten dieses Handelns, sinnvoll. Vor dem Hintergrund des Knappschen Modells kann diese Kritik folgendermaßen formuliert werden: Die Analyse der Symbolischen Ordnung der Zweigeschlechtlichkeit bedarf der Einbettung in einer Analyse des Herrschaftssystems und der ungleichheitsrelevanten Interaktionen.

Insgesamt zeigt sich, dass nur eine Zusammenführung der verschiedenen Perspektiven auf den Geschlechtskörper ein der Realität angemessenes Bild zeichnet. Jeder der hier diskutierten Ansätze hat insofern 'recht', als jeweils ein wesentlicher Aspekt der körperlichen Realität, ein Geschlecht zu sein, soziologisch analysiert wird. Es zeigt sich auch, was am Anfang der Reise zum und durch den Geschlechtskörper angekündigt worden ist: am Ende befindet sich kein sicherer Hafen. Der Geschlechtskörper ist, wie jeder Gegenstand soziologischer Reflexion, keine fixierbare Sache oder abschließend definierbarer Tatsache. Vielmehr ist er ein unmittelbar erlebter Anker in selbst geschaffenen Strukturen. In Strukturen, die sich durch das Tun der Individuen kontinuierlich wandeln und in denen sich Individuen ebenfalls kontinuierlich verändern. Dass dieser zweiseitige, zirkuläre Zusammenhang durch die 'sinnliche' Dimension menschlicher Existenz zusammengehalten wird, ist eine wesentliche Einsicht aus der soziologischen Beschäftigung mit dem Körper. Wie jede soziologische Basiskategorie wird auch der Körper ein Anstoß soziologischer und öffentlicher Debatten bleiben. Angesichts der aktuellen politischen und kulturellen Auseinandersetzungen ist dies nicht nur außerordentlich spannend, sondern auch dringend geboten.

6 Der Tanz der Konstruktionen: Tango und Geschlecht[384]

Tango-Kurs: für zwei Stunden die Woche den Kopf, das Denken und den Stress des Alltags hinter sich lassen. „Diesen Tanz der Leidenschaften, der *latinos* und der *machos* zu tanzen im ‚kühlen' Norden der Welt" (Nau-Klapwijk 1999: 133; Hervorh. i.O.) und sich dabei als Frau ganz hingeben. So ganz anders als im Alltag. Sich führen lassen, sich auffordern lassen, Stöckelschuhe und das enge Kleid anziehen. Sich selbst anders erleben, vielleicht sogar anders sein: „Und so erlebte ich nicht nur den Tango, sondern auch meine Rolle als Frau vollkommen neu. Entdeckte das Selbstverständliche der Weiblichkeit, das einer Argentinierin ganz instinktiv gegeben ist." (ebd.: 156). Er, der Mann führt, wird Richtung und Takt im wortwörtlichen Sinne angeben und der Partnerin eine Stütze sein: „Dein Zuhause ist hier an meiner Brust." gibt er ihr körperlich zu verstehen (Ricardo nach ebd.: 242). Wie kaum ein anderer Paartanz scheint der Tango geeignet, Phantasien und Sehnsüchte von emotionaler Intensität, authentischer Kommunikation, Leidenschaft und Exotik zu verwirklichen. Tango ist vor allem *anders*; anders als unser ‚verkopfter' Alltag, anders als die Rationalität, die das Leben in Nordwesteuropa prägt, anders als die nüchternen Routinen, anders als die bekannten Rituale des Miteinanders. Besonders aufregend am Tango ist, dass die Phantasien nicht ‚reine' Phantasien bleiben wie z.B. in der Literatur, den Soaps im Fernsehen oder den Filmen im Kino, sondern dass sich Sehnsüchte und Gefühle materialisieren. Sie werden nicht passiv konsumiert, sondern erlebt, gefühlt, getanzt, verkörpert, dargestellt und kommuniziert. Der Tango ist also authentisch – so heißt es jedenfalls.

---

384 Die nachfolgenden Ausführungen erheben keinen Anspruch darauf, eine methodisch fundierte empirische Untersuchung darzustellen. Vielmehr greife ich auf eigenes Erfahrungswissen sowie auf den Forschungs- und Literaturstand zum argentinischen Tango zurück. D.h., als Tangotänzerin, Tango-Lehrerin und soziologisch geschultes Mitglied der Tango-Szene möchte ich die damit verbundenen Erfahrungen für die Analyse der Körperdimensionen fruchtbar machen. Für viele Diskussionen, Anregungen und Tänzen danke ich André Amberge, Ulla Beeker, Miro Cehajic, Amira Cámpora, Michael Cysouw, Ina de Jong, Felix Feyerabend, Marga Nagel, Magalí Saikin, Natalia Schcolnik, Karl Slipek, Luis Rodríguez, Jan Dirk van Abshoven, Ute Walter, Klaus Wendel und vielen, vielen begeisterten Tänzer/innen rund um den Globus.

Was hat der Tango, dass er das 'Selbstverständlich-Weibliche' in einer Frau hervorbringt, wie es die Tänzerin oben formuliert? Und was hat das mit dem 'Instinkt' der Argentinierinnen zu tun? Um mich dem Tango zu nähern, werde ich im Nachfolgenden zunächst kurz zusammenfassen, wie die ästhetischen und normativen Konstruktionen historisch entstanden sind, die den Tango heute noch prägen. Dabei wird es vorrangig darum gehen, welche Phantasien den Tango beflügeln und vom Tango beflügelt werden. Im Anschluss wird knapp beschreiben, wie der Tanz technisch funktioniert und wo getanzt wird. Daran anschließend werden aus verschiedenen körpersoziologischen Perspektiven die vielfältigen körperlich-leiblichen Dimensionen des Tangos ausgeleuchtet. Den Schwerpunkt der Ausführungen bildet dabei die Frage, wie die Geschlechterdifferenz im und durch den tanzenden Körper konstruiert und erlebt wird. Der Tango und die Tango-Szene (als bewegungsbezogene Subkultur) eignen sich in besonderer Weise dafür, den Ertrag zu ernten, den ein vieldimensionaler körpersoziologischer Zugang einbringt. Im Tango werden Geschlechter inszeniert, diese werden tänzerisch und interaktiv nicht nur 'wohlgestaltet' (Lindemann), sondern auch und gerade emotional erlebt. Was da wie gestaltet und erlebt wird, das hat z.B. mit Diskursen von Heterosexualität und Geschlechterdifferenz und mit Konstruktionen von 'Andersartigkeit' zu tun. Ohne ein Verständnis dieser, lässt sich das, was auf der Tanzfläche passiert, nicht verstehen, denn das tänzerische Erleben wie die Interaktionen in der 'Szene' folgen bestimmten normativen Mustern. Andererseits lässt sich aber nicht nachvollziehen, was an den Konstruktionen und Diskursen, die den Tango prägen, so faszinierend ist, wenn man sich nicht auf die Umarmung des Paares, das Herzklopfen der Tänzer und Tänzerinnen oder auf das Gefühl einlässt, auf Schuhen mit acht Zentimeter hohen Absätzen tanzen, aber kaum stehen zu können. Und schließlich sind diese Emotionen ohne ihre Einbettung in sichtbare Interaktionen nur die halbe Wahrheit, d.h. die Aufforderungsrituale, die Kleidung oder das schummerige Licht der Salóns sind ebenso wie das Gefühl des Tanzes und die Diskurse um die Geschlechterdifferenz ein wichtiger Teil dessen, was Tango tanzen ausmacht.

6.1   Tango Sociologica – Konsum, Alltag und Mimesis

Der Tango ist (auch) ein Kulturmarkt. Viele Menschen geben in Nordwesteuropa Geld für Kurse, Kleidung, Saalmieten, Eintrittskarten usw. aus; nicht wenige Menschen leben davon, dass sie Tango unterrichten, vortanzen, in Shows mitmachen oder CDs verkaufen bzw. Musik spielen. Zugleich ist der argentinische

Tango für diejenigen, die ihn tanzen und sich mit ihm beschäftigen, eine Subkultur (so wie Sportvereine, Kleingärtnerei, die Techno/Rave-Kultur oder andere).[385] Unter Subkultur verstehe ich dabei eine nicht formal organisierte Gemeinschaft, die aufgrund gemeinsamer Interessen (die allerdings meistens diffus und nicht reglementiert sind, wie es etwa bei einer Organisation mit Satzung der Fall ist) existiert. Eine Subkultur definiert sich und kommuniziert qua eigener semantischer Codes, ist informell vernetzt und besetzt eigene Räume (materieller wie nicht materieller Art). Subkulturen sind, auch das gilt für den Tango, beständig in Fluss und definieren sich oft gegen eine bestehende Form der sog. 'Hochkultur', was z.B. im Fall der Punks oder der Hippies offensichtlich war/ist. In Subkulturen gibt es ein beständiges Ringen darum, was die Essenz des Themas ist, über die sich die Subkultur jeweils definiert. Dies liegt daran, dass die 'Sache' eben nicht reglementiert ist, d.h. niemand hat je verbindlich definiert, was z.B. Punk, Gothic oder eben Tango ist. Dies würde auch gar nicht funktionieren bzw. wenn solche Versuche unternommen werden, stoßen sie entweder auf breite Ablehnung oder aber das Spezifische der Subkultur verliert sich und entsteht möglicherweise woanders wieder neu. Um so wichtiger sind also in einer Subkultur wie der des Argentinischen Tangos in Nordwesteuropa informelle, z.T. implizite symbolisch-diskursive Verhandlungen darüber, was der Tango wirklich ist und wer ihn authentischerweise verkörpert. Solche Debatten beleben die Szene, etwa beim Zigarettenpäuschen, den ‚Frühstücken' in den frühen Nachmittagsstunden nach einer durchtanzten Nacht oder einer längeren Autofahrt quer durch Europa von einem Salón zum anderen. Dann wird gelästert, getratscht, Erfahrungen und Kenntnisse werden weitergegeben – es wird, soziologisch formuliert, Definitionsmacht über den wahren oder falschen Tango ausgeübt. Die andauernde und intensive Thematisierung ist kein Nebeneffekt der Informalität der Tango-Szene, sondern ihr charakteristisches Merkmal. Sie ist eine „posttraditionale Gemeinschaft" (Hitzler 1989). D.h., eine ‚community', die nicht auf durch Tradition oder Geburt gegebenen Zugehörigkeiten basiert, sondern auf die freiwillige und reflexive Zugehörigkeit. Hitzig und engagiert verhandelt wird diese und ihre Basis auch in den weniger flüchtigen Kommunikationsnetzen der Subkultur wie Zeitschriften und Veranstaltungskalender[386] und den internationa-

---

385 Zum Begriff der Subkultur gibt es eine breite Diskussion in den Sozialwissenschaften, auf die ich hier nicht eingehen werde. Interessant ist, dass sich im Zuge der Institutionalisierung der Körpersoziologie spannende Dialoge mit Sport-, Theater- und Tanzforschung ergeben, die z.T. um den Begriff der ‚Bewegungskulturen' kreisen. Vgl. Gebauer/Alkemeyer/Boschert/Flick/Schmidt 2004 und die Beiträge in Klein 2004.

386 So etwa 'La Cadena' in den Niederlanden und 'Tango Danza' in Deutschland.

len sowie lokalen Internet-Diskussionsforen.[387] Schließlich tragen Bücher, Fern-
seh- und Rundfunkreportagen, Bildbände, Zeitungen, Filme und die kommerzielle Nutzung des Tangos (z.B. bei Messen, Kongressen, Kulturfestivals) ihren
Beitrag zu Prozessen symbolischer Auseinandersetzungen um den Tango innerhalb der Subkultur bei.[388] Indem also Menschen über ihr körperliches Tun sprechen erzeugen sie den Tango als Szene, als komplexes Phänomen, als Diskurs
und als sinnenhafte Erfahrung.

Subkulturen existieren nicht losgelöst von anderen gesellschaftlichen Sphären, d.h. sie sind eingebunden in komplexe soziale Verhältnisse. Sie existieren
inmitten ökonomischer, politischer und sozialer Verhältnisse – und als Inseln im
Alltagsleben der Menschen. Insofern kann der Tango auch als „Spiel" (Gebau-
er/Wulf 1998) verstanden werden, der eigenen Regeln gehorcht, diese aber in
reflexiver Auseinandersetzung mit den Regeln des Alltags entwickelt.[389] So wie
Kinderspiele die Erwachsenenwelt kreativ reinszenieren, der Karneval alltagsweltliche Elemente verkehrt oder parodiert, so bezieht auch der Tango als
‚Spiel' seine Semantik aus der komplexen Sozialwelt der Akteure/innen und
baut sie als „transweltliche Elemente" (Gebauer/Wulf 1989: 208) in sehr eigener
Weise ein. Der Körper spielt in dieser Bezugnahme auf die vorgängige Alltagswelt eine herausgehobene Rolle – er ist der Träger und Produzent von Bedeutung insofern diese Bezugnahme mimetischer Natur ist. Mimesis bezeichnet
zunächst allgemein „ein breites Spektrum möglicher Bezüge einer vom Menschen gemachten Welt zu einer vorhergehenden Welt, die entweder als wirklich
angenommen wird oder die postuliert, hypostatiert oder fiktional ist" (Gebau-

---

387 Nachzulesen unter tango-de@yahoogroups.de für Deutschland, die internationale Tango-L
unter listserv@mitvma.mit.edu und tango-nl-owner@egroups.com für NL. Weitere Informationen zum Tango im Internet gibt es u.a. bei www.cyber-tango.com. Die relativ frühe und inzwischen massive Nutzung des Internets durch und für die Subkultur Tango ist ein weiterer
Hinweis für das weiter unten skizzierte bildungsnahe und intellektuelle Milieu der Szene.

388 Um aus der Fülle nur einige – inzwischen ältere – Beispiele zu nennen: Die Lufthansa hat in
einem ihrer Hefte 1998 eine ganze Reportage über Buenos Aires und den Tango gebracht, die
Führungsakademie der DG-Bank in Frankfurt a.M. ließ sich 1999 von Tango-Vorführungen zu
Innovation belehren, das WDR Fernsehen hat 1996 einen vielfach wiederholten Beitrag ('Tango-Fieber' von Birgit-Theresa Koch) zur besten Sendezeit gebracht, Tango tauchte in den letzten Jahren immer mal in den Vorabendsoaps auf (z.B. 'Marienhof'), in dem Film 'Der Duft
der Frauen' mit Al Pacino spielt der Tango als Verführungstanz eine nicht unwichtige Rolle,
die Modezeitschrift Madame Figaro brachte 1993 eine Modekollektion, die den Tango als ästhetisches Transportvehikel nutzte (vgl. Collier/Cooper/Azzi/Martin 1995:185). Wer in welcher Weise wo abgebildet ist, sich äußert und/oder tanzt, wird innerhalb der Subkultur genau
registriert und debattiert.

389 Ausführlicher geht Villa 2003a auf Tango als ‚Spiel' ein.

er/Wulf 1998: 16). Mimetische Bezüge sind nicht irgendwelche Bezugnahmen einer 'als-ob'-Welt auf eine vorgängige, reale Welt, sondern *körperliche* Bezüge, d.h. „Bewegungen, die auf andere Bewegungen Bezug nehmen" (ebd.: 11). Mimetische Akte vollziehen – als Gesten, Posen, Bewegungen – eine andere Bewegung inklusive ihrer symbolischen Kodierung 'noch einmal' nach, variieren dabei aber die ursprüngliche Bewegung mehr oder minder kreativ bzw. mehr oder minder bewusst. Ein mimetischer Akt kopiert also nie 1:1 die kopierte Bewegung oder Geste, sondern variiert diese zwangsläufig aufgrund des neuen Kontextes, in den diese gezielt gestellt wird.[390]

Die soziale ‚Umwelt' des Tangos, das sind auch umkämpfte Märkte, Erlebniswelten, Räume der Kreativität, Arenen des Symbolischen und Diskursiven. Der argentinische Tango ist, so gesehen, ein Bestandteil der symbolischen Ordnung unserer Gesellschaft. Er ist zugleich ein kulturelles Produkt, d.h. schlicht und einfach eine Ware, die produziert und konsumiert wird. Dies ist insofern wichtig, als der Tango behaftet ist mit Vorstellungen von Echtheit, Authentizität, Ursprünglichkeit und emotionaler Intensität. Und wer ihn tanzt, wird all dieses auch erleben. Das Herzklopfen beim Auffordern ist echt, die Bewegungen sind unhintergehbar real, dass die Füße nach einer langen Tango-Nacht schmerzen ist 'unüberfühlbar' und die Musik erzeugt wahrhaftige Gefühle. Diese Authentizität ist allerdings gebettet in einer gesellschaftlichen Ordnung, zu der kapitalistisches Wirtschaften ebenso gehört wie die diskursive Produktion von Ästhetik, Sinn und Bedeutung. Beides, gesellschaftliche Struktur und körperliche Echtheit, stehen sich nicht diametral gegenüber, sie sind vielmehr miteinander verquickt.[391] Der Tango bringt die Strukturen zum Tanzen und ebenso produziert der Tanz auch Strukturen.

6.2   Tango: eine transnationale Erfolgsgeschichte?

Der Argentinische Tango ist um die Jahrhundertwende in den Städten Buenos Aires und Montevideo entstanden, und hat in den 1920'er Jahren seinen ersten

---

390 Hier zeigt sich eine bemerkenswerte Parallele zu Judith Butlers Konzeptualisierung von (diskursiver) Performativität, bei der die Wiederholung bzw. das Zitieren von Sprechakten in einem je anderen Kontext die Grundlage von Handlungsfähigkeit und Subjekthaftigkeit darstellt. Auch bei Butler liegen Kreativität und (un-)gewolltes Veränderungspotenzial in der Unmöglichkeit identischer Wiederholungen. Vgl. Kap. 3.

391 Ausführlich hierzu Kapitel 1 dieses Buches.

internationalen Triumph in den Salóns der feinen Gesellschaft von Paris und
Berlin erlebt. Ohne auf die Details der frühen Entstehungsgeschichte des Tangos
eingehen zu können,[392] lässt sich festhalten, dass der Tango in mehrfacher Hin-
sicht immer schon eine hybride Mischung war.[393] Die Vorstellung eines authentischen Tangos i.S. von rein oder homogen ist, wie wahrscheinlich bei jedem
'Volkstanz', abwegig. Zunächst, weil er mitten in einer kulturell-ethnischen
Mischung der Bevölkerung entstand: Der Tango begann in den ethnisch bunt
zusammen gewürfelten urbanen Armutsvierteln der großen Städte am Rio de la
Plata, deren Bevölkerung überwiegend männlich, arm und wenig gebildet war.
Die Menschen der urbanen Siedlungen am Rio de la Plata um die Jahrhundertwende stellten selbst eine Mischung von armen, zunächst überwiegend männlichen europäischen Einwanderern dar: Werftarbeiter, Kleinhändler und Restau-
rantbetreiber, Schuhputzer, Goldschmiede, Zuhälter, Musiker usw. aus Spanien,
Italien, Deutschland, Polen, Frankreich, Russland etc. Frauen waren überpropor-
tional selten, was damit zusammenhängt, dass die großen Migrationbewegungen
zu jener Zeit Arbeitsmigrationen waren, so dass überwiegend junge Männer die
risikoreiche Fahrt nach Amerika unternahmen, oft ohne zu wissen, wo sie genau
landen würden, ob in den USA, Argentinien oder Brasilien. Wie viele Frauen in
diesen Kontexten tatsächlich präsent waren, was ihre Rollen dort waren und wie
sie dies erlebt haben, das kann hier nicht geklärt werden. Doch scheinen tatsächlich Bordelle eine nicht unwichtige Rolle gespielt zu haben – allerdings wohl
mehr als Teil der milieuspezifischen Lebenswelt, denn als Orte der Prostitution.
Bordelle waren Tanzsalons und Kneipen, Prostituierte waren auch Tanzpart-
ner/innen und -lehrerinnen. Von der nach und nach entstehenden Oberschicht in
Buenos Aires und Montevideo wurde der in diesen Settings entstehende Tango
marginalisiert und kriminalisiert, gleichzeitig aber als faszinierende Gegenwelt
zur eigenen, völlig auf Westeuropa (insbes. Frankreich) fixierten Kultur, konstruiert. Tango galt als wild, unzivilisiert, sexuell und dunkel. In seinen Anfängen galt der Tango als Ausdruck einer kriminellen und halbseidenen Lebensform; er wurde assoziiert mit Bordellen, Ganoventum und unzivilisierter Sexualität (siehe Abb. 16). Ob dies auch tatsächlich so war, ist eine andauernde Diskussion in der entsprechenden Literatur und kann hier nicht ergründet werden.
Allerdings lässt sich feststellen, dass diese Zuschreibungen bis heute sowohl in
den argentinischen wie in den westeuropäischen Köpfen und Körpern der Tänzer

---

392 Vgl. aus der Fülle an Literatur Salas 2002: 23-92; Savigliano 1995: 30-72.
393 Zum hybriden Charakter des Tangos vgl. Sábato 2002: 11f.

Abb. 16.

und Tänzerinnen fortleben und einen wichtigen Teil der Faszination des Tangos ausmachen. Dazu später mehr.

Diese faszinierende Konstruktion wurde in den Salóns der wohlhabenden Schichten von Paris und Berlin der 1910'er und 1920'er Jahren durchaus geteilt, nun aber konsumiert und gezähmt, anstatt ausgegrenzt zu werden. Er galt für die Oberschicht Europas als schick, als Inkarnation exotischer Leidenschaft oder schlicht als Sexualität auf dem Tanzparkett. „Half of Paris rubs against the other half" schreibt ein Pariser Karikaturist um 1912.[394] Einige Jahre später (ab ca. 1930), in einer Zeit, in der Stars wie Rodolfo Valentino die Leinwand beherrschen sollten, wurde auch der latin lover auf der Tanzfläche beliebt.[395] Aus dieser Zeit stammt auch der Standard- bzw. Ballroom-Tango, weil die Professionalisierung und Standardisierung des Tanzes nicht lange auf sich warten ließ.

---

394 Zitiert nach Collier/Cooper/Azzi/Martin 1995: 74. Nicht ganz zufällig ist in diesem Zusammenhang, dass der Papst den Tango, da ‚barbarisch' und ‚unsittlich', 1914 verbat.
395 Vgl. hierzu ebd.: 67-114.

Dennoch (oder gerade deshalb?) war ganz Europa, von Paris über Berlin bis Moskau, bis in die 1930'er Jahre im Tango-Fieber. Entscheidend ist jedoch, dass der Tango *nach* seinem Triumph in der 'alten Welt' (den Oberschichten der alten Welt wohlgemerkt) auch in Buenos Aires salonfähig wurde. Die wohlhabenden Schichten in Buenos Aires re-importieren den Tango und exotisieren sich dabei paradoxerweise selbst. Sie werden sozusagen südländischer, wilder, leidenschaftlicher und sexueller als sie es dem eigenen Bilde nach je sein sollten, denn die traditionelle Oberschicht von Buenos Aires ist und war ihrem Selbstverständnis nach mitteleuropäisch. Nun aber macht der Tango aus Bankiers, Gutsbesitzern und Geschäftsmännern europäischer Abstammung, wilde, dunkle, sexuell ungezähmte und halbseidene Lebemänner, Gigolos und Ganoven. Aus feinen Damen werden im Tango stolze, wollüstige Frauen, oft am Rande der Prostitution tanzend.

Ganz treffend bezeichnet Savigliano diesen Prozess der Verinnerlichung des kolonialen Blickes auf den 'Anderen' (den/der Argentinier/in) als „Auto-Kolonialisierung" ('self-colonization'; Savigliano 1995: 21-30 und 73-82), weil die Kolonisierten, also die Argentinier/innen das Bild der Kolonialherren verinnerlichen und als eigene Identität leben. Daran hat sich bis heute wenig geändert. Sämtliche internationalen Tango-Shows, die kommerziell überaus erfolgreich sind und sämtliche Filme, die zum Ruhm des Tangos beitragen, bedienen das Bild der Exotik, der unzähmbaren Sexualität und des macho-haften Latin Lovers; die weiblichen Pendants sind die Prostituierte (dominante, und sehr gute Tänzerinnen, die den Mann ausnutzen und beherrschen wollen), die hysterische (die das „komm her und lass mich" verkörpert) oder die unerfahrene, auf den Mann wartende Frau. Was ich hier beschreibe, sind nicht einzelne Personen im Konkreten, sondern Inszenierungen von Subjektpositionen (im Butlerschen Sinne), die als tango-spezifisch gelten. Oder anders: Der Argentinier, der in den *Köpfen* vieler Europäer/innen – und vieler Argentinier/innen – Tango tanzt, ist wild, leidenschaftlich und ein Macho. Die ,Argentinierin' ist von Natur aus heißblütig, stolz, ein leidenschaftliches Weib. Allerdings bleiben diese Kopfgeburten nicht dort, wo sie geboren werden, sondern werden zu Tanzschritten, Blicken, Gesten, Gefühlen. Die kulturelle Konstruktion der 'Argentinier' ist eine, die sich auch heute noch (oder gerade heute wieder) in der westeuropäischen Subkultur des Tangos materialisiert. Dies zeigt sich an der Kleidung, der Beleuchtung der Räume, den Texten, mit denen Unterricht und Shows angepriesen werden usw. Auch hierauf werde ich weiter unten eingehen.

Die 1940'er Jahre sind die sog. 'goldene Ära' des argentinischen Tangos in Buenos Aires. Wenn man den historischen Quellen folgt, so tanzt ganz Buenos

Aires in dieser Zeit Tango und er steigt seit dieser Zeit zu *dem* identifikatorischen Symbol der nationalen Kultur auf. Es gibt, so das Credo, nichts argentinischeres als den Tango.

Heute: der Tango boomt seit den späten 1980'ern überall auf der Welt, ob Japan, USA oder Europa. Und auch in Buenos Aires erlebt er, nach Jahrzehnten kultureller Finsternis ob einer Reihe brutalster Diktaturen mit 'christlicher' Rhetorik (die Assoziationen von Sexualität und halbseidenen Milieu gehören, wie ausgeführt, zum Tango und passen nicht in das Bild selbsternannter moralischer Erneuerer, die gleichwohl Tausende foltern und umbringen lassen),[396] eine Renaissance. Inzwischen aber ist der Tango in Buenos Aires einerseits Nostalgie nach der goldenen (und ökonomisch reichen) Vergangenheit und andererseits aussichtsreiche Berufsperspektive, insbes. für jüngere Tänzer/innen mit z.T. professionellem Tanzhintergrund.[397]

Nach dieser historischen Skizze, die vor allem den symbolischen und ästhetischen Gehalt des Tangos fokussiert hat, möchte ich den Tanz und die hiesige Subkultur kurz vorstellen, um im Anschluss den Schritt aufs Parkett zu tun:

Argentinischen Tango tanzt man nicht in Vereinen oder Clubs. Die Szene ist gänzlich unorganisiert und informell, dafür besonders vernetzt und mobil. Jeder und jede kann unterrichten, sofern er/sie Schüler/innen anwerben kann, jeder und jede kann auftreten oder einen Salón betreiben. Salóns sind die eigentlichen Tanzgelegenheiten. Diese sind mehr oder minder große Bälle oder Tanzabende, die in Kulturzentren, Kneipen oder Tanzstudios stattfinden. Manche Salóns finden regelmäßig (ein Mal pro Monat, ein Mal pro Woche, nur am vierten Sonntag im Monat usw.), andere finden nur ein Mal im Jahr statt – die Bandbreite ist groß und hängt vom Engagement der Veranstalter/innen, von der Größe der lokalen Szene und der Infrastruktur bzw. den zur Verfügung stehenden Ressourcen ab. Insgesamt aber kann in Städten bzw. Regionen wie Berlin, Amsterdam oder dem Ruhrgebiet inzwischen jeden Abend irgendwo Tango getanzt

---

396 Hiermit ist keineswegs eine einfache Kausalität intendiert. Meines Wissen hat kein Diktator Argentiniens jemals die Tango-Kultur als Ganzes explizit verboten. Allerdings wurden einige Texte bzw. Lieder auf den Index gesetzt, weil sie angeblich verschlüsselte politische Kritik oder aber anstößige Inhalte sexueller Art beinhalteten. Sicherlich haben lange Jahre nächtlicher Ausgangssperren, Versammlungsverbote und abstrusester Beschuldigungen unschuldiger Menschen durch Spitzel der Geheimpolizei dazu beigetragen, die Tango-Kultur stark einzudämmen.

397 Argentinien hat mit seinen reichen Weizen- und Fleischbeständen am II. Weltkrieg verdient, zumal es seine Neutralität erst am Ende des Krieges zugunsten der Alliierten aufgegeben hat. Perón, einer der populärsten Präsidenten (und hierzulande als Ehemann von Evita aus den entsprechenden Musicals und Filmen bekannt) war bekennender Bewunderer von Mussolini.

werden. Dies wird auch tatsächlich genutzt. Passionierte Tango-Liebhaber und Liebhaberinnen reisen relativ viel und relativ weit, selbst an Wochentagen. So ist es durchaus üblich, wenn man z.b. im Ruhrgebiet lebt, an einem Montag Abend in Wuppertal zu tanzen, am Mittwoch in Dortmund, am Donnerstag zum Kurs nach Essen zu fahren und am Freitag und Samstag in Brüssel und Nimwegen (NL) tanzend die Nächte durchzumachen. Hierzu braucht es sicherlich Zeit und Geld; Ressourcen, mit denen die Tango-Szene in Westeuropa auch relativ gut ausgestattet ist.[398]

Tango tanzen wird in wöchentlichen Kursen und/oder Wochenend-Workshops erlernt. Obwohl der Tango auf technisch sehr hohem, geradezu akrobatischem Niveau getanzt werden kann (wie in den vielen Tango-Shows, die erfolgreich um die Welt touren), so ist er als Paartanz für den Hobby-Gebrauch relativ leicht und schnell zu lernen. Mit einem ca. zweistündigem, wöchentlichen Kurs von ca. acht Wochen Dauer lässt sich passabel auf jeder Tanzfläche mit mehr oder weniger Genuss zurechtkommen. Dies hat damit zu tun, dass Tango im Kern wortwörtlich *gelaufen* wird. Der Grundschritt besteht darin, als Paar gemeinsam zu gehen, ob vorwärts, rückwärts oder zur Seite. Daraus lassen sich

---

398 Die Tango-Szene setzt sich m.E. hauptsächlich aus dem 'alternativen' und dem 'aufstiegsorientierten' bzw. bürgerlich-humanistischen Milieu zusammen. Vgl. SINUS-Studie, Becker/Nowak 1982; Hradil 1992: 34ff. und Vester 1995. Meiner Kenntnis nach gibt es auffällig viele Lehrer/innen, höhere Angestellte, selbständige Handwerker (meist mit alternativ-kreativem Selbstverständnis wie Tischler), Menschen aus der IT-Branche, Ärzte/innen, Sozialarbeiter/innen, Erzieher/innen, mittleres Management (Personalstellenleiter z.B.), Physiotherapeut/innen, Psychologen/innen und Akademiker/innen in der Tango-Szene der BRD. Überaus selten sind hingegen z.B. Arbeiter/innen oder technische Angestellte. Des weiteren lag, soweit ich das überblicken kann, bis vor einigen Jahren das durchschnittliche Alter der Menschen in der Subkultur des Tangos bei ca. 35-40 Jahren. Doch hat sich die Szene auffällig verjüngt. Inzwischen tanzen viele Studenten/innen und Auszubildende Tango – bis vor einigen Jahren eine echte Ausnahme. Die Popularisierung und ‚Versportlichung' des Tangos sind hierfür m.E. wichtige Ursachen. Nicht ganz unwichtig für die Bestimmung des soziokulturellen Milieus ist auch die kosmopolitische Einstellung und Selbsteinschätzung vieler Tango-Tänzer/innen. Die Sprache der Szene ist oft Englisch oder Französisch, obwohl das bei den wenigsten die Muttersprache ist. Internationaler Tango-Tourismus erfreut sich hoher Beliebtheit in Nordwesteuropa, so dass große Salóns etwa in Zürich, Brüssel, Dortmund, Gent, Berlin, Paris, Bologna usw. von einem internationalen Publikum besucht werden. Das Erlernen von Spanisch wird, da es ja in Argentinien bzw. Buenos Aires gesprochen wird und folglich auch die Sprache der Tango-Lyrik ist, überaus hoch bewertet. Wer also etwas auf sich hält, lernt zumindest ein wenig Spanisch, fliegt zum Tango-Urlaub nach Buenos Aires (was den Status innerhalb der Subkultur wesentlich erhöht, aber nur wenn auch andere Aspekte hinzukommen wie technisches Können, gute Kontakte zu zentralen Akteure/innen wie Veranstalter/innen, Profis usw.) und verwendet in der Kommunikation die ein oder andere spanischsprachige Redeweise.

dann vielerlei Kombinationen machen, was aber nicht sein *muss*, um Tango tanzen zu können. Was den meisten Menschen große Schwierigkeiten bereitet, sind zwei miteinander verknüpfte Dimensionen des Tanzes: zum einen wird Tango rein mit dem Körper geführt, d.h. weder Hände, Arme noch gar verabredete Gesten bestimmen die Führung, sondern nur die Bewegung der Achse und die Verlagerung des Gewichts. Tango wird idealerweise, meines Wissens im Unterschied zu Standard-Tänzen, nicht auswendig getanzt. Es gibt keine Schrittbzw. Figurenfolgen, die notwendigerweise aufeinander folgen. Vielmehr ist die Essenz des Tangos, wenn es denn eine gibt, die Körperführung. Jeder Schritt und jede Bewegung muss mit dem Körper geführt werden, d.h. ohne Absprachen verbaler oder körperlicher Art. Allein die Veränderung des Gewichts und der Achse eines Partners markiert den nächsten Schritt. Anders ausgedrückt: Jeder Schritt ist eine neue Entscheidung. Und zwar eine Entscheidung einer Person innerhalb des Paares: Derjenige der führt, bestimmt Schrittrichtung, Geschwindigkeit und Dynamik des Paares. Damit geht auch die zweite, für viele gleichermaßen faszinierende wie schwierige Dimension des Tanzes einher, nämlich die Rollentrennung im Tanzpaar und die damit einhergehende, von den meisten getanzte Exklusivität der Rollen. Fast allen Frauen fällt es zunächst schwer, sich ausschließlich führen zu lassen, den meisten Männern fällt das klare und permanente Führen ebenso schwer. Gleichzeitig sind es aber genau diese Schwierigkeiten, die die meisten Paare am Tango faszinieren und ihnen z.T. gänzlich neue Erlebens-Welten eröffnen. Denn im Tango erleben die Partner einer nicht-verbale und nicht-konventionelle körperliche Kommunikation, die sich in der Tat mit kaum einer anderen Aktivität vergleichen lässt. Oft zum ersten Mal (zumindest seit langer Zeit) kommen etwa langjährige Liebes- oder Ehepaare in den Tango-Stunden dazu, ihren Partner jenseits eingespielter Routinen körperlich zu spüren und sich körperlich mitzuteilen. Die Spannung und Faszination, die von der 'rein' körperlichen Kommunikation ausgeht, wird noch durch die Tatsache gesteigert, dass es im Tango üblich und erstrebenswert ist, mit möglichst vielen verschiedenen Partnern/innen zu tanzen. Feste Tanzpaare gibt es, außer bei den meisten Profis und bei einigen Paaren, die das explizit so wollen, kaum. Vielmehr finden sich Paare zu Kursen zusammen (in denen aber viel und rege Partner/innen getauscht werden), auch Liebespaare tanzen sicherlich mehr miteinander als mit anderen, doch besteht die Lust und der Ehrgeiz der Tänzer/innen auf den Salóns darin, mit möglichst vielen und interessanten Partner/innen zu tanzen. Insofern ist die erwähnte Kommunikation zwischen den jeweiligen Partnern immer wieder neu und anders, mit jedem/jeder Partner/in muss und wird körperlich anders kommuniziert (oder auf schlicht tango-Deutsch: Jeder und jede fühlt sich anders an). Diese permanente intensive körperliche Kommunikation macht sicherlich den größten Reiz des argentinischen Tangos aus.[399]

Und er verursacht eines der bemerkenswertesten Rituale der Tango-Szene bezüglich der Interaktionen: das Auffordern. Im Laufe eines Salóns tanzt ein Paar im Durchschnitt zwischen drei und sechs Tangos miteinander – wobei ein Tango-Stück im Schnitt zweieinhalb bis drei Minuten dauert –, in Ausnahmefällen mehr, aber ganz selten weniger, denn das gilt als unhöflich bzw. Beleidigung. Demnach bilden sich, wenn ein Salón zwischen drei und acht Stunden dauert, konstant neue Tanzpaare. *Wie* diese sich finden und wie sehr diese Interaktionen auf den Körper als Darstellungs- und Sexuierungsressource (Hirschauer) angewiesen sind, darauf werde ich unter 3) eingehen.

Bleibt noch, um diese Skizze abzurunden, anzumerken, dass die Tango-Szene eine strikt themenbezogene Subkultur darstellt. Sie ist auf spezifische Weise unpersönlich, denn Kontakte dienen vorrangig dem Tanzen und dem Reden über Tango und über andere Tänzer/Tänzerinnen, nicht aber, um sich gegenseitig als Personen kennen zu lernen. Die z.B. in Kneipen, Uni-Cafeten oder Diskotheken üblichen Kommunikationsrituale, die darauf abzielen, sich einen Eindruck von der Person als Ganzes zu verschaffen (wie 'Was machst Du so beruflich?' oder 'Wo kommst Du her?'), finden kaum statt. Wenn überhaupt, sind Fragen wie: 'Wie lange tanzt Du schon?' oder 'Bei wem hast Du gelernt?' die Regel. Ansonsten kennen sich Tänzer/innen oft viele Jahre, ohne Alter, Familienstand oder beruflichen Qualifikationen der Tänzer/innen zu kennen. Dafür aber wissen sie ziemlich genau, wie sich der Mensch anfühlt, wie er/sie sich bewegt, wie er/sie duftet oder ob er/sie feuchte Hände beim Tanzen kriegt. Gerade darin liegt eine große Faszination des Tangos für viele Menschen, denn diese unpersönliche bzw. rein themenbezogene Kommunikation entspricht ganz der Logik des Tangos, der zufolge es darum geht, dem Alltag und dem 'normalen' Leben zu entkommen – im Gegenzug aber eine sehr intensive körperliche Kommunikation zu erleben. Der Tango ist ein spielerischer Ausflug weg von den Routinen des Alltags.

---

399 Allerdings ist der Tango keine südamerikanische Form der freien 'Contact-Improvisation', bei der alle Bewegungen erlaubt und erwünscht sind und nur die Kommunikation zwischen den Personen zählt. Der Argentinische Tango hat spezifische Strukturen und Grenzen der Bewegung (z.B. muss das Paar immer vertikal zusammen stehen), die im dritten Abschnitt ausführlicher dargestellt werden.

6.3 Hingabe und anderes mehr: Der Tanz

Millimeter werden zu aufregenden Entscheidungen: gehe ich vorwärts, lasse ich
mich nach hinten bewegen, verlagere ich mein Gewicht vom linken auf das rechte Bein, wie eng schmiege ich mich an den Oberkörper meines Partners bzw.
meiner Partnerin, wie viel Kraft lege ich in meine rechte Hand, lasse ich mir eine
Sekunde mehr Zeit, um den linken Fuß wieder auf den Boden zu stellen und
damit zu signalisieren, dass ich nun bereit bin für den nächsten Schritt? Hat mein
Partner mich so geführt, dass ich einen ganzen Schritt nach rechts machen soll
oder sollte nur der Fuß, aber ohne Gewichtsverlagerung nach rechts gestellt
werden? Hat er meine Unsicherheit gespürt? Habe ich entscheidende Zehntelse-
kunden zu lange gezögert und denkt er deshalb, ich sei noch unerfahren? Wie
wird er reagieren? Teile ich ihm die Unsicherheit mit, indem ich schlicht nichts
tue oder ganz im Gegenteil, indem ich eigenständig, aktiv und deutlich den
Schritt setze? Der Leib spürt, was der Körper weiß.[400] Nämlich, dass es im Tango auf die wechselseitige Kommunikation ankommt; dass Millimeter zum
Schlachtfeld um das eigene Ich werden können. Und, dass all diese Fragen nicht
gedacht werden dürfen, sondern intuitiv innerhalb von Nanosekunden richtig
entschieden werden müssen. Wer einen auch nur winzigen Moment zu viel
nachdenkt, der oder die kann nicht tanzen.[401]

Wie oben erwähnt, kennt der traditionelle Tango eine sehr klare Rollentrennung, die sich mit der Geschlechterdifferenz deckt. „Vielleicht ist es für den
Mann ein *natürlicher* Impuls, führen zu wollen" suggeriert Nau-Klapwijk, eine
der bekanntesten Profi-Tänzerinnen (1999: 238; Hervorh. d.V.). Eine Frage, die
viele Mitglieder der Tango-Szene, wenn auch nicht ganz so krude, tendenziell
bejahen würden. Nur, so suggeriert dieselbe Autorin m.E. ganz paradigmatisch
für die Subkultur insgesamt, haben wir in Nordwesteuropa durch Technisierung

---

400 Die Unterscheidung zwischen Körper und Leib stammt aus der Phänomenologie (insbes.
     Plessner, Merleau-Ponty, Schmitz). Mit dem Leib ist die Ebene des inneren Erlebens gemeint;
     d.h. die unmittelbaren Empfindungen und Affekte. Der Körper hingegen bezeichnet die sozia-
     le, d.h. sozial konstruierte Dimension wie z.B. die Begriffe und Raster, die zur Bezeichnung
     von Gefühlen verwendet werden und durch die hindurch der Leib empfunden wird. Die phä-
     nomenologische Körpersoziologie fokussiert vor allem die Verschränkung beider Ebenen (Leib
     und Körper). Zur ausführlichen Darstellung vgl. Kapitel 4.

401 Dies ist selbstverständlich nicht nur beim Tango so. Jede Alltagsbegegnung ist voller Momen-
     te, die auf den intuitiv richtigen Körpergebrauch angewiesen sind. Wer zu lange darüber nach-
     denkt, ob er die Hand schütteln, die Stimme senken, den Abstand wahren, den Blick abwen-
     den oder den Mund zu machen soll, der kann unter Umständen als blöd, unsicher, inkompe-
     tent, gar verrückt gelten.

und anderen unnatürlichen sozialen Phänomenen den Bezug zur Natur der Geschlechterdifferenz verloren. Der Argentinische Tango verheißt Rettung:

> „Die inzwischen an High Tech erkrankte Welt hat Sehnsucht nach dem klassischen Bild von Mann und Frau, will zurück zu Gefühl und Leidenschaft. Besonders Länder mit stark feministischer Entwicklung zeigen wachsendes Interesse am Tango und den mit den Tango verbundenen alten und traditionellen Rollenspiel von Mann und Frau." (Nau-Klapwijk 1999: 101)[402]

Das Versprechen des Tangos liegt, so möchte ich bündig formulieren darin, dass die Rollentrennung inzwischen derart naturalisiert ist, dass der Tanz als natürlicher Ausdruck einer ewigen, unveränderlichen und (vor allem) unverfälschten Geschlechterordnung zu sein scheint. Doch zunächst zurück zur Tanzfläche:

Die Tanzfläche ist voll. Alle Paare bewegen sich in eine Richtung – sie tanzen allesamt, bis auf einige, die kurze Zeit auf der Stelle komplizierte Figuren drehen, entgegen dem Uhrzeigersinn. Eine Masse der Zweisamkeit fließt im Kreis. Alle Paare bestehen aus Mann und Frau, die sich in verschiedenen Weisen umarmen bzw. festhalten. Ab und an sieht man zwei Frauen miteinander tanzen, wesentlich seltener auch zwei Männer. Die Tanzhaltung ist, ungeachtet des jeweiligen Abstands innerhalb des Paares, immer so, dass die Frau ihre rechte Hand in die linke Hand des Mannes legt und zwar so, dass die Tänzer und die Tänzerin jeweils ihren eigenen Handrücken sehen können. Rechter Arm der Frau und linker Arm des Mannes sind leicht in den Raum hineingestreckt, die Höhe variiert dabei von Paar zu Paar. Zur Tanzhaltung, die alle einnehmen, gehört auch, dass die Frau ihren linken Arm auf den rechten Arm des Mannes legt oder seine rechte Schulterpartie 'beschlagnahmt'. Manche Frauen halten den Oberarm des Mannes fest, manche legen ihre Hand auf seine Schulter oder auf das Schulterblatt, andere legen den ganzen Arm um seine Schultern, d.h. umarmen den Mann auf ihrer linken, seiner rechten Seite. Der Mann umgreift mit seinem rechten Arm den Rücken der Frau, so dass seine rechte Handfläche irgendwo zwischen den Schulterblättern seiner Tanzpartnerin liegt (oder manchmal unter ihre rechte Schulter) und während des ganzen Tanzes quasi unbeweglich dort bleibt; wie überhaupt die Tanzhaltung der Paare wenig variiert – bei den meisten Paa-

---

402 Davon abgesehen, dass auch Argentinien mindestens zwei Frauenbewegungen in diesem Jahrhundert hatte, ist es zumindest unterkomplex und den Realitäten nicht gerecht, Buenos Aires bzw. Argentinien als vom Feminismus, Emanzipation und Geschlechterkonflikten freies Land und den Westen als „Länder mit fortgeschrittener Frauenemanzipation" (Nau-Klapwijk 1999: 133) zu stilisieren. Nau-Klapwijk reproduziert hier eine, wenngleich modernisierte, Version der Exotisierung Südamerikas. Interessant ist daran, dass sie m.E. ziemlich genau auf den Punkt bringt, was viele Tänzer/innen hierzulande phantasieren und im bestimmten Sinne erleben.

Abb. 17.

ren bewegt sich der Oberkörper gar nicht aus seiner Achse, d.h. es gibt keinerlei rechts- oder links-Neigungen, auch keine Bewegungen vornüber oder nach hinten, die nur von der Hüfte aufwärts getanzt würden. Anders ausgedrückt: Die Körper sind überwiegend gerade aufgerichtet und brechen nicht in der Achse wie z.B. im Salsa oder Disko-Tanz. Insgesamt ist der Torso beim Tango in oben und unten durch das Becken zweigeteilt. Die Oberkörper sind aufgerichtet und bewegen sich jeweils als Ganzes. Vom Becken abwärts findet hingegen die Dynamik statt: Beine laufen, Füße werden übereinander gekreuzt und zeichnen bisweilen komplizierte Muster auf dem Boden. Meistens halten die Frauen ihren Kopf links vom Kopf des Mannes. Je nach Größenrelation des Paares 'kleben' dabei der Oberkopf der Frau und sein Kinn oder seine Wange aneinander, manchmal das rechte Ohr der Frau und das linke des Mannes, oder aber beide Köpfe sind imaginär voreinander, d.h. die Frau schaut geradeaus auf den Brustkorb des Mannes, dabei leicht links von seinem Kopf.

Wer entscheidet über die jeweilige Tanzhaltung? Wenn wir davon ausgehen, dass es auf Salóns u.a. drauf ankommt, mit vielen Partner/Partnerinnen zu tanzen, entstehen dauernd neue Paare. Das heißt auch, dass sich jedes Paar 'neu' finden muss; dies betrifft auch die Tanzhaltung. Es gibt keinen verbindlich vorgegebenen Abstand zwischen Mann und Frau. Haben sich also zwei gefunden, die miteinander tanzen wollen, stellen sie sich voreinander auf die Tanzfläche (und zwar an den äußeren Rand, nie in der Mitte). Der Mann steht mit seiner Vorderseite in Tanzrichtung, die Frau mit dem Rücken dazu. Nun bewegt sich der Mann zuerst, indem er gleichzeitig seinen rechten Arm um den Rücken der Partnerin legt und seinen linken Arm anbietet (d.h. den Arm hebt und dabei die Hand zu ihr dreht). Erst dann bewegt sich die Frau; sie bestimmt den Abstand, der zwischen ihr und dem Mann herrscht, indem sie ihren linken Arm in eine bestimmte Position bringt. Sie kann, wie erwähnt, ihren Arm über/um seine Schultern legen, so dass eine sehr enge Haltung entsteht (die Umarmung bzw. el abrazo) oder aber ihre linke Hand nah an seinen Ellenbogen, d.h. auf seinem Oberarm platzieren, wodurch die Haltung weit wird. Auch mit ihrem rechten Arm bestimmt sie den Abstand und die konkrete Haltung des Paares, indem sie mehr oder weniger Druck ausübt und den Mann damit mehr oder weniger auf Abstand hält.

In dieser Haltung, die nicht verändert wird (die Paare lösen ihre Hände und Arme nie voneinander) und in der strikt einzuhaltenden Tanzrichtung (entgegen des Uhrzeigersinns) tanzen die Paare nun so, dass die Frauen überwiegend rückwärts und die Männer überwiegend vorwärts laufen. Diejenigen, die geführt werden, die Frauen also, tanzen meistens in einen Raum hinein, den sie nicht sehen können. Hingegen tanzen die führenden Männer in einen Raum, den sie sehen. Deutlich sichtbar wird dies auch daran, dass viele Frauen beim Tanzen ihre Augen geschlossen halten. Damit passt die Führen/Folgen-Struktur zur äußerlich sichtbaren Tanzhaltung – wer folgt, sieht auch meistens nicht, wohin sich das Paar bewegt; wer führt, hat den visuellen Überblick über den Raum, in dem sich das Paar und die anderen Paare bewegen. Diejenigen, die folgen, schauen, wenn sie denn die Augen geöffnet haben, aufgrund des meistens gegebenen Größenverhältnisses (sie sind kleiner als der Mann) direkt auf den Körper desjenigen, der führt. Sofern sie größer sind, schauen sie auf den Raum hinter dem Paar und können die Tanzfläche sehen. Dies ist allerdings nur dann von Bedeutung für den Tanz des Paares, wenn der Mann bzw. das Paar nach hinten läuft (die Frau also nach vorne). Dann nämlich kann oder könnte die Frau, wenn sie etwa sieht, dass dort kein Platz ist, den Mann bremsen, um zu vermeiden, dass das Paar mit einem anderen Paar kollidiert.

Man kann es auch anders und soziologisch zugespitzter formulieren: Die Männer sind für die Bewegung im Raum zuständig, die Frauen für die Bewegung innerhalb des Paares, denn sie sollen ihm folgen. Hier erklärt sich auch der eingangs zitierte Ausspruch des Tänzers: Das Zuhause der Frau ist eben daheim, bei ihm, im Privaten. Soziologisch interpretiert heißt dies, dass die Männer für die Öffentlichkeit, die Frauen für das Private zuständig sind. Es sind die Männer (als Führende), die das Paar in dem öffentlichen Raum der Tanzfläche bewegen, in diesem navigieren und ihn, wie eben beschrieben, visuell überblicken. Die Frauen (als Folgende) sehen diesen Raum meist nicht bzw. nicht so, dass dieses Sehen einen wirklichen Unterschied für den Tanz des Paares ausmacht. Ihr Part ist es, sich auf den Partner und seine Bewegungen zu konzentrieren. Kein Zufall ist es daher, wenn viele Männer davon schwärmen, dass die Frauen die Augen schließen, wenn sie mit ihm tanzen – es gilt als großes Kompliment, wenn sie sich ihm ganz hingibt, indem sie ihre Eigenständigkeit aufgibt, zu der Sehen und die Interaktion mit der 'Außenwelt' gehört. Eine Tanzpartnerin, die die Augen schließt, ist voll und ganz auf ihren Partner angewiesen. Umgekehrt schwärmen viele Frauen davon, wenn der Mann sich selbstbewusst und zuverlässig um das Geschehen in der 'Öffentlichkeit' kümmert und es von ihr und dem Paar fernhält. Der (ideale und traditionelle) Deal eines Tango-Paares ist demnach folgendermaßen: Er kümmert sich um die Bewegung im Raum und sorgt dafür, dass die Außenwelt das Paar nicht stört – sie sorgt dafür, dass es innerhalb des Paares harmonisch zugeht. Zu letzterem gehört auch, dass sie ihm bei den Bewegungen nicht in die Quere kommt. So ist es für viele ein Eingriff in die Sphäre des Mannes, wenn die Frau von sich aus eine Bewegung macht, die das Paar als Ganzes

beeinflusst (weil sie es will oder weil sie vielleicht gesehen hat, dass ansonsten
ein anderes Paar angerempelt würde).

Wie wird das getanzt? Der Gegensatz zwischen aktiv und reaktiv ist wohl
der entscheidendste. Darauf baut das zentrale Muster des Tango-Tanzes auf, das
des Führens/Folgens. Zum Verständnis dessen ist es wichtig noch einmal an das
eingangs erwähnte Prinzip zu erinnern: Im Tango wird idealerweise nicht auswendig getanzt. Es gibt keine Schritt- oder Figurenfolgen, die notwendigerweise
aufeinander folgen. Deshalb ist die Führung so wichtig. Weiterhin ist entscheidend, dass Tango ein Paartanz ist, bei dem das Paar immer zusammen bleibt.
Das Paar bewegt sich immer zusammen, es sollte nie 'auseinanderreißen'. Außer
im Show-Tanz (auf den ich hier nicht systematisch eingehen kann), passiert dies
auch wirklich nicht. In den Drehungen (den sog. 'giros') ist dies besonders
sichtbar: Wenn sich das Paar um die eigene Achse dreht, dreht sich genau genommen nur der Führende um sich selbst, die Folgende hingegen läuft um den
Führenden herum. Ähnlich wie bei einem Zirkel, bildet eine Person die Achse
des Kreises, die andere die Peripherie. Beide bleiben dadurch zusammen, dass
diejenige Person, die außen läuft, ihren Oberkörper immer zur Achse des Kreises (also zum Führenden) hin ausrichtet. Das Bestreben, die Haltung als Umarmung zu bewahren, verkörpert so etwas wie 'immer-zueinander-wollen' und
mag wohl einer der Gründe sein, weshalb Tango so sehr mit Leidenschaft und
Erotik assoziiert wird. Und vice versa: weil der Tango als leidenschaftlich und
intensiv gilt, ist es das Bestreben der Tänzer/innen an ihrem Kontaktpunkt (den
Oberkörpern) zusammen zu bleiben.

Dass der Mann in seiner Rolle als Führender den Überblick über den Raum
hat, dass er das Paar zu seiner offenen Seite hin bewegt (links, in Tanzrichtung)
und dass er den Rhythmus und die Dynamik des ganzen Paares bestimmt findet
seine Entsprechung darin, dass die Frau als Folgende komplementär tanzt. Sie
lässt sich, ohne den Raum sehen zu können (weil sie meistens rückwärts tanzt)
führen, sie schließt die Augen und ist damit auf ihn angewiesen, sie steht meistens auf hohen Absätzen, die das 'mit beiden Beinen fest auf den Boden stehen'
erschweren, sie folgt seinem Musikgefühl und darf verzieren, verschönern, ausführen. „Eine Frau begleitet den Mann auf seinem Weg und folgt ihm wie ein
Spiegelbild." (ebd.: 213). Die Rollentrennung, die sich in Schritten, Haltungen
und Bewegungen materialisiert ist komplementär – und sie ist *hierarchisch*.
Obwohl die Vorstellung einer stumpfen, simplen Unterordnung der Frau unter
die machohafte Führung des Mannes sicherlich unangemessen ist, und auch

wenn das traditionelle Folgen im Tanz keineswegs passive Selbstaufgabe bedeutet,[403] so lässt sich doch eine unterschiedliche Wertigkeit der Rollen ausmachen. Die Komplementarität der Rollen im Tango ist nicht nur ungleich, sie ist zudem ungleichwertig. Wenn Subjekthaftigkeit volle Handlungs- und Entscheidungsfähigkeit beinhaltet, dann ist die Frau im Tango kein volles Subjekt. Sie wird bewegt, sie hat die Entscheidungsfreiheit über Verzierung oder Verschönerung, soll dabei aber die Bewegung des Paares kaum bis gar nicht beeinflussen (weder rhythmisch noch als Bewegung im Raum), sie kann ihre Bewegungsoptionen nicht nutzen, wenn sie nicht sieht, wohin es geht, weil sie meistens rückwärts läuft – und sie hat nicht die Möglichkeit über die Art des Tanzes zu verhandeln. Selbstverständlich kann sie die 'Seite' wechseln, d.h. als Frau führen. Gerade in Westeuropa wird der Rollenwechsel in den letzten Jahren populär, was meiner Erfahrung nach auch mit der Unzufriedenheit über die strikte Rollentrennung und der damit einhergehenden Begrenzung der Rolle der Folgerin zu tun hat.

6.4   Diskurs der Geschlechterdifferenz

Wie gezeigt, markiert das Tanzen und die darin vollzogenen Bewegungen mit ihren spezifischen Rollen die Geschlechterdifferenz in einer spezifische Art und Weise:

Führen:	Folgen:
• Überblick des Raumes in Bewegungsrichtung	• keinen Überblick des Raumes in Bewegungsrichtung
• Bewegungen im Raum	• Bewegungen reaktiv zum Partner
• Bewegungen nach vorne	• Bewegungen nach hinten
• initiativ aktiv	• reaktiv aktiv
• anbietend	• annehmend
• stützend	• sich stützend auf
• die Achse des Paares	• Peripherie des Paares
• bewegend	• das, was bewegt wird
Männlich/Mann	Weiblich/Frau

---

403 Vielmehr ist die „eigenständige weibliche Frauenrolle" die aktive Gestaltung der vom Mann bestimmten Bewegung mit dem Ziel, „Geschmeidigkeit und Harmonie" in den Tanz zu bringen (Nau-Klapwijk 1999: 182f.). Ich gehe auf diesen Aspekt später wieder ein.

Meines Erachtens gibt es einen entscheidenden Modus der Umsetzung dieser Gehalte in einen Tanz, in das tänzerische Gefühl, kurz: in eine authentisch erlebte Körperlichkeit bzw. Leiblichkeit beim Tango tanzen. Dieser Modus heißt 'Natürlichkeit' (besser Naturhaftigkeit oder Naturalisierung) und ist eine äußerst wirksame Formel, um aus symbolischen Gehalten, aus Begriffen, aus Phantasien und/oder Vorstellungen über die tänzerische Rollentrennung eine in die Beine und in das Herz gehende Wirklichkeit zu machen. Hierzu noch einige Überlegungen und Erfahrungen:

Wie mehrfach erwähnt, liegt eine der Hauptattraktionen des argentinischen Tangos darin, dass er verspricht, echt, authentisch, ursprünglich, natürlich und originär zu sein. Wer also Tango tanzt, wird etwas 'eigentliches' spüren, etwas 'echtes' erleben und wird zumindest versuchen, einem 'Original' nahe zu kommen – so die Erwartung, die von vielen Beteiligten mehr oder minder gezielt geglaubt, geschürt und inszeniert wird. Sehr viele aus Buenos Aires stammende Tänzer/innen z.B., so zumindest meine Erfahrung in Buenos Aires wie hierzulande, reproduzieren diese Authentizitätsphantasie durch Verweise auf das Blut, die Seele, das argentinische Wesen.[404] Ohne, so die Unterstellung, könne man wohl kaum *richtig* Tango tanzen. In vielen meiner Kursen antworten die Schüler/innen, gefragt nach ihren Motiven und Erwartungen, dass sie von der (unterstellten) Ursprünglichkeit der Argentinier/innen und des argentinischen Wesens fasziniert sind, dass sie Ausgleich suchen zum rationalisierten und routinisierten Alltag und ihn in diesem Tanz finden wollen, der so ganz anders, nämlich so 'wirklich' leidenschaftlich und wirklich 'aus dem Bauch heraus' ist. Hier vermischen sich Gefühl mit Echtheit einerseits und Rationalität mit kulturellen Phantasmen andererseits, werden gar deckungsgleich. Argentinien, Buenos Aires, Tango gleich Authentizität des Gefühls, der Sinnlichkeit und der Körperlichkeit. Und hingegen 'wir' hier, Deutschland, Alltag gleich Kontrolle, Distanz, Zurückhaltung, Kopf. Mittels dieser diskursiven Figuren (die keineswegs strategisch von Einzelnen erdacht sind, sondern sich in den oben erwähnten komplexen symbolischen Auseinandersetzungen eigenmächtig entwickeln) wird auch die tänzerische Rollentrennung *naturalisiert*.[405] In der Tango-Subkultur ist eine der Standard-Begründungen für die Wahl von Lehrer/innen, von Tanzstilen und – partner/innen, von Salóns und von Musik die der 'Authentizität'. Man will so

---

404 „Um den Tango zu tanzen, musst Du hier geboren sein. Wir haben ihm im Blut." sagt z.B. ein aus Buenos Aires stammender Tänzer zu Nau-Klapwijk (ebd.: 134).

405 Zum Begriff der Naturalisierung als zentraler Modus der sozialen Konstruktion des Geschlechtskörpers vgl. das vorausgehende Kapitel dieses Buches.

tanzen wie 'die drüben' (oder 'die unten', was der eurozentrischen Weltkarte auch näher kommt), will so sein wie die in Buenos Aires. So ist auch der eingangs zitierte Ausspruch zu verstehen, der Tango habe der betreffenden Tänzerin das Gefühl gegeben, ihre Weiblichkeit wiederzuerlangen; eine Weiblichkeit, die die argentinische Frau (angeblich) von Natur aus habe.

Um es zusammenzufassen: Die vergeschlechtlichte Rollentrennung im Sinne einer hierarchischen Komplementarität wird im argentinischen Tango durch den Modus der *Naturalisierung* als Tanz *materialisiert*. Der – angeblich – wahre, echte und authentische Tango wird demnach in Buenos Aires getanzt und zwar auf *eine* bestimmte Art und Weise: Hingebungsvolle, folgende, auf das Paar und den Mann fixierte Frauen und starke, stützende, führende, auf die Öffentlichkeit gerichtete, verantwortungsvolle Männer. Frauen und Männer können diese Rollen inzwischen in Ansätzen tauschen, die Struktur wird allerdings beibehalten. Die Geschlechterdifferenz und viele ihrer traditionellen Zuschreibungen (Emotionalität. Schutzbedürftigkeit, Schönheit bei Frauen; Kraft, Bestimmtheit, Klarheit, Orientierung bei Männern) materialisiert sich in der Paarhaltung, der Tanzrichtung und dem Tanz selbst.[406]

Zusätzlich untermauern möchte ich diese Analyse mit meinen eigenen Erfahrungen. Das risikoreiche, weil (noch) ungewöhnliche, Spiel mit den Geschlechtergrenzen im Tanz mündet in den besten Fällen in ein wunderbares Miteinander, normalerweise in ein quasi karnevalistisches Spiel, in den schlimmsten Fällen in Missachtung durch Tanzverweigerung. Wenn ich aus der Tanzhaltung der Folgenden heraus führe (was rein technisch problemlos geht), reagieren die meisten Partner (und ab und an Partnerinnen) mit Erstaunen, Belustigung oder mit Unverständnis. Manche Partner denken, ich sei unerfahren und noch nicht in die höheren Weihen der subtilen Folgen-Technik vorgedrungen, die darin besteht, dem Partner so zu folgen, dass sich die Bewegung des Paares insgesamt harmonisch, elegant und reibungslos vollzieht. Dann verstär-

---

406 Trefflich, allerdings in der Übertreibung wohl nicht wirklich für die Tango-Szene repräsentativ, Nau-Klapwijk 1999: 182ff. Dort finden sich Beschreibungen wie „Männlichkeit steht für Aktivität, Größe, Stärke und Kraft. Das männliche Potential ist das Kulturelle. (...) Die Frau empfängt und gebärt Kinder. Im Tango empfängt die Frau die Führung des Mannes." Ich zitiere dies und mehr aus ihrem Buch deshalb, weil Nau-Klapwijk als Nicole eine der bekanntesten und erfolgreichsten Tango Tänzerinnen und Lehrerinnen weltweit ist. Vieles in ihrem Buch stellt sicherlich eine Verdichtung der diffusen Symbolik des Tangos in der hiesigen Subkultur dar, mit der sich die allermeisten identifizieren können. Ihre Ausführungen werden in der Szene, soweit ich es beurteilen kann, mit einer Mischung aus Identifikation und belustigter Abwehr rezipiert. Vieles wird als übertrieben oder klischeehaft empfunden – doch oft wird genau darin auch das ‚Körnchen Wahrheit' anerkannt.

ken die meisten ihre Führung, ziehen sozusagen 'die Zügel an'. Andere, die mich entweder besser kennen oder aber verstehen, dass ich nicht Fehler mache, sondern aktiv den Tanz mitgestalte, lassen sich – mehr oder minder gerne – drauf ein, allerdings als lustiges Spiel. Hier greift das von Kessler/McKenna (1978)[407] beschriebene Muster der 'karnevalistischen' Ausnahme vom common sense des (heterosexuellen) Geschlechterdualismus. Demnach sind Geschlechterverwirrung bzw. das Infragestellen der exklusiven und natürlichen Zweigeschlechtlichkeit nur in karnevalistischen Settings möglich, sogar erwünscht. Beim Tango tanzen ist es dann so, dass der Tanz ironisch übertrieben wird, das Ganze kriegt eine theatralische bzw. slapstickartige Note. In ganz seltenen Fällen gelingt hingegen ein Tango, der wesentlich stärker gleichberechtigt und gleichwertiger ist. Dann geht die Führung zwischen beiden hin und her und die sonst so strikte Rollen- und Geschlechterdifferenz ist zumindest verwischt. Dies führt aber dazu, dass die meisten finden, dies sei 'kein richtiger Tango'. Nach wie vor ist also die Essenz des Tangos eine spezifische Art der getanzten Geschlechterdifferenz.

Wie sieht es nun aus, wenn zwei Frauen oder zwei Männer miteinander tanzen? Wird dann eine Kopie der oben beschriebenen komplementären Geschlechter- und Rollendifferenz aufs Parkett gebracht oder kommt Bewegung in die Rollengrenzen, weil keine komplementär unterschiedenen Geschlechter da sind bzw. zu sein scheinen? Meiner Erfahrung nach gibt es gerade in geschlechtlich homogenen, insbesondere in lesbischen Tango-Kreisen eine außerordentlich starke Trennung der Rollen und, spannend, der 'diskursiven Geschlechter'. In Kursen oder Gesprächen sagen die Frauen dann 'Wenn ich den Männerpart tanze' oder 'Wenn ich als Frau tanze'. Dabei ist klar, dass es um den Part des Mannes oder der Frau geht, nicht darum, Frau oder Mann in einem irgendwie gearteten natürlichen Sinne zu sein. Hier, bei geschlechtshomogenen Paaren, greift zumindest die Naturalisierung der Tanzrollen á la 'die Natur des Mannes ist das Führen' nicht, weil auch die Männer folgen (wenn zwei Männer miteinander tanzen) oder die Frauen führen. Andererseits ist, so meine Erfahrung, die Exklusivität der Rollen noch strenger als in der gemischtgeschlechtlichen Tango-Szene.[408] Frauen-Paare, die miteinander Tango lernen, bestehen z.B. meistens

---

407 Vgl. Kap. 2.1.2 dieses Buches.

408 Gemischte und lesbisch/schwule Szenen mischen sich im Tango so gut wie gar nicht, was auch dem hierzulande üblichen Trennstrich zwischen vor allem Lesben- und gemischter Freizeitszene im allgemeinen entspricht. Im Tango hat dies m. E. zudem mit der oben beschriebenen Naturalisierung der Rollen und der Deckungsgleichheit von Rolle und Geschlecht zu tun. Die gemischte Szene in Nordwesteuropa toleriert geschlechtshomogene Paare durchaus, die Frage, ob das denn richtiger Tango ist, steht dabei aber immer im Raum. In den USA werden

[Fortsetzung nächste Seite]

darauf, eine und nur eine Rolle zu tanzen. Die Argumentation hierfür bezieht
sich oft darauf, dass man/frau im Leben ja ohnehin wisse, dass man/frau alles
könne oder dass man/frau im Leben schon eigenständig, aktiv, selbständig und
z.T. dominant genug sei – deshalb sei es mal schön, sich nur und ausschließlich
auf die 'andere' Rolle einzulassen. Die Hingabe der Folgenden wird zum spannenden Spiel mit der eigenen Identität. Vor allem verweisen viele Frauen darauf,
dass es etwas ganz anderes sei, sich einer Frau oder der eigenen Partnerin hinzu-
geben, weil das heterosexuelle (oder patriarchale) Muster dabei keine Rolle
spiele. Die Asymmetrie des Tanzes und die mangelnde Gleichwertigkeit werden
dabei als persönliches Spiel und als persönliches Miteinander erlebt, nicht als
Effekt einer heterosexuell geprägten Geschlechterdifferenz. Eine genauere Analyse dieser Aspekte wäre m.E. ein lohnendes Feld, weil es die grundsätzliche
Spannung von Homosexualität im Kontext hegemonialer Heterosexualität bei-
spielhaft verdichtet.[409]

6.5   Doing Tango

Wie kleiden sich Menschen beim Tango und welche vergeschlechtlichenden
Effekte produziert dies? Wie nutzen die Tänzer/innen den materiellen Raum der
Tanzfläche und der Salóns? Welche Sexuierungsmittel werden als Handlungs-
ressourcen eingesetzt? D.h., wie stellen die Menschen in der Tango-Szene ihr
Geschlecht dar, welche Rolle spielt das für die Interaktionen und welche Mittel
verwenden sie dazu? Mit den Einsichten und analytischen Instrumente der hand-

---

geschlechtshomogene Paare z.T. nicht toleriert, es kommt insbesondere bei Männerpaaren
teilweise zu direkten Aufforderungen, die Tanzfläche zu verlassen. Meines Wissens gibt es
auch keine einzige kommerzielle Show, in der Frauen miteinander tanzen (zumindest nicht als
'richtige' Frauen, sondern in einer Show als Männer verkleidete Frauen). Bei den Männern ist
die Sachlage etwas anders, denn in den Anfängen des Tangos haben die Männer durchaus miteinander getanzt um sich Schritte beizubringen oder um in einer Art Wettkampf ihr Können
unter Beweis zu stellen und damit um Partnerinnen zu buhlen. Auf der Bühne wird dies gerne
als Inszenierung von 'Machismo' gezeigt. Zum Männertanz in den Anfängen des Tangos vgl.
Salas 2002: 23-39.
Es gibt in Hamburg das weltweit einzige Internationale Queer Tango Festival, das seit nun-
mehr fünf Jahren im Oktober statt findet und das meines Wissens der einzige Versuch innerhalb der Tango-Szene ist, die geschlechtlichen Aspekte des Tangos ebenso zu reflektieren wie
zu ertanzen. Vgl. www.queer-tango.de.
409 Vgl. zu dieser Frage im allgemeinen Kapitel 3 und 4 dieses Buches, insbes. die Abschnitte zu
sexuellen Praktiken.

lungstheoretischen Geschlechtersoziologie[410] lässt sich analysieren, inwiefern und mit welchen darstellerischen Mitteln das Geschlecht im Tango konstruiert und ver-handelt wird. Allerdings kann ich im Rahmen dieses Textes nur einige Beispiele auswählen.

Die *Kleidung* ist ein wesentlicher Bestandteil der Inszenierungen im Tango-Milieu. Bei den Frauen herrschen kurze, eng anliegende Kleider und Röcke vor, die Schuhe der Frauen sind meistens eng, mit hohen Absätzen (bis zu 10, im Durchschnitt ca. 5 Zentimetern) und wenngleich sie Tanz- bzw. Sportschuhe sind, so wird dies durch die Form und die Farben so gut wie möglich kaschiert. Die Farben der Kleidung und der Schuhe ist überwiegend schwarz/rot, auch alles, was glänzt und glitzert ist beliebt. Männer kleiden sich im 'klassischen' Herrenstil, d.h. Anzüge, dunklen Farben, feine Hemden. Im Gegensatz zur Mode des Alltags, verwenden relativ viele Männer in der Tango-Szene Hosenträger und Hüte. Solche Accessoires sind 'altmodische' Bestandteile männlicher Mode, sie waren mal Indizien für Etikette. Es ist kein Zufall, dass gerade Hüte und Hosenträger im Rahmen der Tango-Szene eine Renaissance erleben, denn die Inszenierung von Männlichkeit orientiert sich dabei an traditionelle Codes. Zudem wird durch die Kleidung – bei Frauen und Männern – eine Art Authentizität inszeniert, die an die (wirkliche oder phantasierte) Herkunft des Tangos erinnern soll, wie sie oben beschrieben wurde.

Für viele Tänzer und Tänzerinnen ist es eine der Hauptattraktionen des Tangos, sich mal wieder so richtig 'zurechtmachen' zu können. Dabei geht es um die festliche bzw. elegante Dimension des kulturellen Tuns. Viele Männer kaufen sich im Zuge des Tangos zum ersten Mal einen Anzug, viele Frauen tragen nur zum Tango entsprechende Kleidung – in beiden Fällen geschieht dies bewusst und meistens mit dem Verweis auf die nicht-alltägliche Realität des Tangos. In diesem Sinne ließe sich die Tango-Subkultur als eine Art 'Karneval' beschreiben; eine gezielt inszenierte und gesellschaftlich ritualisierte Form des Spiels mit alltagsweltlich relevanten Normen. Denn die Kleidung drückt tradierte Weiblichkeits- und Männlichkeitsnormen aus, steigert sie aber über das im Alltag übliche Maß hinaus. Eng anliegende Röcke oder Kleider mit Beinschlitzen, die bis kurz unter das Gesäß reichen, verweisen auf klassische Damenmode wie Röcke oder körperbetonte Kleidung, steigern diese aber über das 'normale' Maß dergestalt hinaus, dass klar wird, es handelt sich um eine 'Verkleidung' für den spezifischen Anlass. Ebenso bei den Männern, obwohl weniger betont: Nadel-

---

410 Zur allgemeinen Darstellung der ethnomethodologischen bzw. handlungstheoretischen Geschlechtersoziologie vgl. Kapitel 2.

streifenanzüge oder Hüte gehören weder im beruflichen oder privaten Alltag der Tänzer zum üblichen Look, doch in der Tango-Szene trägt kaum ein Mann Jeans oder Krawatte. Frauen und Männer inszenieren sich als solche in der Tangowelt durch eine Art der Kleidung, die auf tradierte Geschlechterstereotype verweist, diese aber gleichzeitig als kontextgerechte Verkleidung potentiell sprengt. Beispielsweise tanzt die Direktorin einer Schule oder die Graphikdesignerin Tango mit transparenter Bluse und kurzem Minirock, dazu auf recht hohen Schuhen und alle wissen, dass dies ihre Tango-Inszenierung ist. Niemand wird von ihrer Kleidung im Tango auf ihre Alltagspersönlichkeit schließen. Damit dies tatsächlich funktioniert, ist eine gewisse reflexive Distanz zur eigenen (geschlechtlichen) Identität gefordert.

Hiermit ist eine Dimension angesprochen, die bei der Analyse der geschlechtsrelevanten Interaktionen eine wichtige Rolle spielt und die darauf verweist, dass die geschlechtlichen Inszenierungen nicht ohne Bezug zu sozialer Ungleichheit angemessen analysiert werden können. Wenn, wie oben ausgeführt, die Tango Subkultur im bildungsnahen, humanistisch-liberalen Milieu anzusiedeln ist, dann leite ich in diesem Zusammenhang die Überlegung ab, dass in den beruflichen/alltagsweltlichen Kontexten der Mitglieder der Tango-Szene ein eher reflektiertes Verhältnis zum Geschlecht besteht und dass es gerade diese Milieus sind, die in eingegrenzten Nischen (wie z.B. dem Tango) betont traditionelle Inszenierungen des Geschlechts vollziehen. Da die Frauen meistens berufstätig sind, nicht selten in relativ hohen Positionen wirken, dementsprechend einen relativ hohen Bildungsstand aufweisen und im allgemeinen ein Selbstverständnis haben, welches Selbständigkeit und Autonomie einschließt, können sie es sich leisten, eine gewisse reflexive Distanz zu hegemonialen ästhetischen Normen des Geschlechts zu haben. Mit Bourdieu gesprochen.[411] wer viel kulturelles Kapital besitzt, kann souverän mit ästhetischen Codes umgehen, ist weniger von der 'Notwendigkeit', diese auch richtig und angemessen einzuhalten beherrscht, sondern folgt mehr der „Verschwendung, Ungezwungenheit und Stilisierung des Lebens" (Bourdieu 1982: 102f.). Auch dieser Aspekt wäre es wert, weitergehend untersucht zu werden.

Was die Kleidung betrifft, lässt sich weiterhin feststellen, dass insbesondere die engen Schuhe und die hohen Absätze derselben bei den Frauen bewirken, dass sie weniger eigenen Stand haben. Das ist durchaus wörtlich gemeint. Auf engen Schuhen und sechs, sieben oder acht Zentimeter hohen Absätzen lässt es sich weitaus schwieriger 'fest auf dem Boden' stehen – damit sind auch die

---

411 Vgl. Bourdieu 1982 und Kapitel 1.3.3, 2.5, 3.6 und 5 dieses Buches.

meisten Tänzerinnen auf den Halt durch den Mann angewiesen. Und damit lässt sich die (meistens auch bewusst gewünschte, siehe oben) Hingabe verkörpern. Dazu kommt eine relativ eingeschränkte Bewegungsfreiheit durch die Kleidung bei den Frauen, was ihrer spezifischen Raumnutzung auch entspricht. Zu kurzen, engen Röcken oder Kleidern passt das Sitzen mit übereinander geschlagenen Beinen besser als das raumeinnehmende Sitzen mit gespreizten Beinen. Anders gesagt: Die Kleidung trägt dazu bei, zumindest durch die normierten Assoziationen von Weiblichkeit und Männlichkeit unserer Gesellschaft, dass Frauen weniger Raum einnehmen und sich in ihm eher unsicher bewegen als die Männer.

Die *Raumnutzung* ist ein wichtiger Teil der geschlechtlich relevanten Handlungen im Tango-Milieu. Dazu muss man sich die Salóns so vorstellen: Es gibt eine Tanzfläche, die von Tischen und Stühlen umgeben ist bzw. an einen anderen Raum angrenzt, in dem die Tänzer und Tänzerinnen sitzen. Getanzt wird so gut wie ausschließlich auf der dafür vorgesehenen Tanzfläche, aufgefordert wird an den Tischen bzw. Sitz- und Stehgelegenheiten. Meistens finden die Salóns in Kneipen, Cafés oder Kulturzentren statt, die ein eigenständiges Programm haben und nur wöchentlich oder monatlich Gelegenheit zum Tango tanzen anbieten, oder aber die Salóns finden in Tango-Räumlichkeiten statt, die engagierte Mitglieder der Szene betreiben. Je nach Setting, sind die Räume mehr oder minder passend geschmückt bzw. ausgestattet. Wenn die Räumlichkeiten extra für Tango-Salóns hergerichtet werden, dann ist es ziemlich wahrscheinlich, dass dunkle Farben vorherrschen, dass das Licht gedämmt ist und dass Rot die vorherrschende Farbe ist (rote Rosen und rote Tischdecken, rote Samtvorhänge, rotes Licht). So gut wie immer gibt es eine Theke, die für die Interaktion überaus wichtig ist, worauf ich gleich eingehen werde. Zudem gibt es einen Platz für den DJ bzw. die Musikanlage und es gibt eine Garderobe, oft ganze Umkleideräume. Wichtig ist nun, dass der räumliche 'Mikrokosmos' durch das Tanzen und die dazu nötigen Interaktionen strukturiert ist. Auf der Tanzfläche bewegen sich die Paare; um die Tanzfläche herum ist der Ort der Beobachtung und der Aufforderung. Auch die 'Geschäfte' finden jenseits der Tanzfläche statt – und zwar so, dass je weiter weg man sitzt und z.B. über Kurse oder Auftritte 'verhandelt', um so mehr Insider ist man. Wer es nicht (mehr) nötig hat, nach Tanzpartner/innen Ausschau zu halten, wer sich nicht so sehr um das Tanzen selbst kümmert, dokumentiert damit seine/ihre (dann meist professionelle) Distanz zum Geschehen.[412]

---

412 Das ist durchaus mit wissenschaftlichen Tagungen oder politischer Gremienarbeit vergleichbar: je prominenter die Person, um so weniger wahrscheinlich, dass diese an der ganzen Ta-

[Fortsetzung nächste Seite]

Im allgemeinen gehorcht die Raumnutzung in den beschriebenen Salóns einer spezifischen Struktur, die eng mit dem Geschlecht gekoppelt ist. Üblicherweise sitzen die Frauen mehr, sie sind 'statischer'. Dabei beobachten sie das Geschehen und verhalten sich manipulativ passiv, d.h. lassen sich etwa zum Tanz auffordern, steuern z.B. mit Blicken das aktive Handeln der Männer. Traditionsgemäß sind es die Männer, die die Frauen zum Tanz auffordern, was sich allerdings vor allem in Nordwesteuropa derzeit auffällig ändert.[413] Dabei gelten durchaus bestimmte Regeln: ist eine Person in ein Gespräch vertieft, trinkt ein warmes Getränk oder raucht eine Zigarette, wird sie dabei nicht aufgefordert. Anders gesagt: Eine Person, die aufgefordert werden will, sollte entsprechende Verfügbarkeit signalisieren. Wenn z.B. eine Frau einen Mann nicht anschaut, obwohl sie genau merkt, dass er sich ihr nähert, dann ist deutlich, dass sie nicht aufgefordert werden will. Sie kann sich auch, sofern sie nicht aufgefordert werden will, eine Zigarette anzünden oder sich in ein Gespräch mit einer Person

---

gung oder Sitzung teilnimmt und sich auf stundenlanges Zuhören oder gar auf vereinbarte Redner/innen-Listen einlässt.

413 In den traditionellen Salóns von Buenos Aires, d.h. dort, wo seit Dekaden getanzt wird, und wo vor allem ältere Menschen tanzen, herrschen weitaus 'strengere' Aufforderungsrituale. Dort fordern ausschließlich Männer Frauen zum Tanz und zwar nur durch entsprechenden Blickkontakt. Das läuft so, dass Männer und Frauen sich beobachten, wobei die Männer im Saal umherlaufen und die Frauen an den Tischen sitzen. Bruchteile von Sekunden im Blickkontakt entscheiden dann über die Aufforderung. Wenn eine Frau von einem Mann angeschaut wird, schaut sie ihm in die Augen und nur wenn sie seinen Blick wirklich erwidert (d.h. nicht wieder wegschaut), macht er eine Aufforderung qua Mimik (Augenbrauen zu einem fragenden Blick hochziehen, dabei evtl. den Kopf Richtung Tanzfläche bewegend, in seltenen Fällen wird die Aufforderung durch eine Lippenbewegung, die das Wort 'bailamos?' simuliert ergänzt). Ist es soweit gekommen, kann die Frau diese Aufforderung nicht ohne ein peinliches Nachspiel verweigern, d.h. das Standhalten des Blickes ist eine Einwilligung, die nicht entzogen werden darf (es sei denn, sie ist bereit, die Konsequenzen wie Tratsch, nicht mehr aufgefordert zu werden usw. zu tragen. Das ist allerdings kontraproduktiv, denn so etwas spricht sich sehr schnell herum und eine Frau hat eben nicht die Möglichkeit, sich ihre Tanzpartner aktiv und offensiv auszusuchen. D.h. andere Männer werden sie nach einem solchen 'Eklat' kaum noch auffordern.). Die genaue Steuerung der Blicke ist also eine fundamentale soziale Kompetenz, zu der das Wissen über die geschlechtliche Asymmetrie gehört. Dieses Wissen schließt mit ein, dass es, sofern frau mit möglichst vielen Partnern tanzen will, ratsam ist, alleine bzw. in Begleitung von Frauen zu den Salóns zu gehen, denn ist man als (heterosexuelles) Paar unterwegs, wird die Frau kaum von anderen Männern aufgefordert werden. Und wenn doch, dann nicht ohne die ausdrückliche vorherige Verhandlung der Männer untereinander. Der 'fremde' Mann fragt dabei den Partner der Frau, ob er mit 'seiner' Frau tanzen darf. Ein deutlicherer Beleg für die Bourdieusche These der Frauen als 'symbolische Tauschware' der Männer lässt sich für zeitgenössische Gesellschaften kaum finden. Vgl. Bourdieu 1997a: 189; 206; 210.

vertiefen. Die Interaktion mit anderen oder die Beschäftigung mit Dingen, die 'an sich' nicht Tango sind, zeigt eine zeitlich begrenzte Nicht-Verfügbarkeit an. Soweit die skizzenhafte Analyse einiger Dimensionen der Konstruktion der Geschlechterdifferenz im Tango. Es gäbe einige weitere spannende Aspekte zu analysieren. So bietet der in Westeuropa derzeit wachsende Spielraum für Variationen in der Kleidung, den 'Ritualen' wie z.b. Aufforderungsmustern oder der Konstruktion der Räume, in denen getanzt wird, Einsichten in kreative Umgangsweisen mit traditionellen Normen: Frauen fordern Männer aktiv auf, gleichgeschlechtliche Paare sind immer häufiger zu sehen, manche erscheinen in Turnschuhen und Sporthosen zu Salóns, einige Folgende gestalten den Tanz wesentlich aktiver mit als allgemein üblich, manchmal wird in Fußgängerzonen oder in öffentlichen Parks getanzt, so dass die strikte Trennung zwischen Räumen des Alltags und denjenigen der Subkultur aufgehoben scheint, usw. Wer wie und wo mit den verschiedenen, den Tango konstituierenden Dimensionen 'spielt' und sie dabei verändert, das ist eine Frage, die sich m.E. nur unter Berücksichtigung der internen Hierarchien der Szene bearbeiten lässt. Diese hängt wiederum ab von vielen Faktoren wie Tanzerfahrung, technisches Können, sozialem Kapital[414] (z.B. persönliche Bekanntschaft mit prominenten Tänzer/innen aus Buenos Aires), kulturellem Kapital (z.B. Musikkenntnis, Wissen über die Geschichte des Tangos, Wissen über Buenos Aires) und damit auch über Ressourcen materieller Art. Einfach ausgedrückt: Wer viel Zeit und Geld in den Tango investiert, hat eher Chancen, in der internen Hierarchie 'aufzusteigen' und damit auch den Tango selbst zu definieren. Genau dies lässt sich derzeit beobachten, wenn etwa zunehmend junge Tänzer/innen aus Buenos Aires, die eine professionelle Tanzausbildung haben (z.B. im Ballet oder im Steptanz), den Tango professionell betreiben und ihn auch neu kodieren. In vielen Interviews betonen sie weniger die Tradition des Tangos im Sinne einer nationalen Identifikationskultur, sondern heben auf die Innovationspotenziale jeder Generation ab.

6.6   Von den Kopfgeburten zum Herzklopfen

Tango tanzen ist in der Tat ein einzigartiges Gefühl und die Subkultur des Tangos ist eine einzigartige Welt. Im Tango lernt der Leib fühlen, was der Körper phantasiert, weiß oder sich wünscht. Aus Phantasien und Sehnsüchte, aus diffusen Vorstellungen von anderen Völkern und anderen Mentalitäten, aus ästheti-

---

414 Zu den Begriffen soziales und kulturelles Kapital vgl. Kapitel 1.2 und Bourdieu 1992c: 49-80.

schen Konstruktionen und tradierten Diskursen werden echte, unmittelbare Gefühle wie Hingabe, Kraft, Klarheit, im Fluss sein, Schwindel usw. Genau in dieser Materialisierung liegt der tänzerische Reiz und die soziologische Spannung des argentinischen Tangos. Er verschränkt, um es sozialtheoretisch auszudrücken, Strukturen und Subjekte. Was körpersoziologisch wiederum heißt: Der Körper ist im Tango Dreh- und Angelpunkt für die Verknüpfung von Diskurs und Materie, von kognitivem Wissen und leiblichen Gefühlen. Wie eingangs gesagt, verdeutlicht ein erster Blick auf den Tango, wie ich ihn hier geworfen habe, dass sich diese Verknüpfungen und Verschränkungen nicht auf einen einfachen Nenner bringen lassen. Dies war auch zu erwarten, denn der Körper ist nicht einfach eine Tatsache, die zwei Dinge miteinander verknüpft; der Körper ist vielmehr ein komplexes Gefüge, das sich aus verschiedenen Dimensionen zusammensetzt. Mindestens drei Ebenen sind dabei von besonderer Bedeutung: das leibliche Erleben, die Handlungen bzw. Interaktionen und die Diskurse, die das Wissen vom und um den Körper maßgeblich prägen.[415] Handlung, Sprache und Gefühl hängen dabei gleichursprünglich zusammen, auch wenn sie analytisch, wie hier geschehen, getrennt werden können. Gerade die gegenseitige Bedingtheit und Verschränkung dieser Dimensionen macht den Körper ja zu einem zentralen Knotenpunkt von Struktur und Subjekt. Entscheidend für die Relevanz des Körpers ist der *Modus*, durch den Handlung, Sprache und Gefühl 'in die Subjekte kommen', nämlich qua Naturalisierung. Für den Tango heißt das: der Schritt muss ganz 'natürlich' richtig gemacht werden, 'intuitiv' müssen sich Körper und Leiber verständigen und zwar ohne Worte, die Musik muss die Tänzer/innen 'zwingen', sich zu ihr zu bewegen. Das ist die Magie und die hohe Kunst des Tangos und das ist gleichzeitig die diskursive Illusion, die den Tango seit jeher begleitet.

Um es zusammenzufassen: Der konkrete Tanz (Paarhaltung, Rollentrennung etc.) stellt eine Struktur gewordene Materialisierung ästhetischer Codes dar, die ihrerseits aus historisch-politischen Diskursen stammen. In den materiellen Settings und in den mehr oder minder ritualisierten Handlungen der Tänzer/innen werden diese Diskurse (Exotik, Entgegensetzung zum Alltag, Natur der Gefühle, Leidenschaft, komplementäre Geschlechterdifferenz etc.) inszeniert, dabei reproduziert *und* variiert. Das leibliche Erleben ist eine zentrale Dimension des Tangos – und eine zentrale Dimension körpersoziologischer Perspektiven. Auch wenn diese Dimension des affektiven Erlebens und Spürens im Tango offen-

---

415 Diese drei Ebenen sind ihrerseits von sozialer Ungleichheit durchzogen, worauf ich hier nur oberflächlich eingehen konnte.

sichtlich ist, so ist sie eigentlich immer relevant. Ob wir in der Uni sitzen und uns der Rücken dabei weh tut, ob wir einen Ort betreten, der besonders gut duftet und uns an eine vergangene Liebe erinnert oder ob wir vor lauter Scham über eine 'falsche' Frage in der Schule rot werden und stammeln – immer ist das leibliche Spüren ein Anker der Individuen in der sozialen Realität.[416] Im Tango lernt der Leib natürlich zu tanzen, im Alltag lernt der Leib natürlich zu sein. Bailamos?

---

416 Vgl. Kapitel 4 und Lindemann 1993a.

Literaturverzeichnis

Abraham, Anke (2002): Der Körper im biographischen Kontext. Ein wissenssoziologischer Beitrag. Wiesbaden: Westdeutscher Verlag

Alexander, Jeffrey C./Giesen, Bernhard (1987): From Reduction to Linkage: The Long View of the Micro-Macro Link. In: Alexander, Jeffrey C./Giesen, Bernhard/Münch, Richard/Smelser, Neil J. (Hrsg.) (1987): 1-44

Alexander, Jeffrey C./Giesen, Bernhard/Münch, Richard/Smelser, Neil J. (Hrsg.) (1987): The Micro-Macro-Link. Berkeley/Los Angeles/London

Alheit, Peter/Dausein, Bettina/Fischer-Rosenthal, Wolfram/Hanses, Andreas/ Keil, Annelie (Hg.) (1999): Biographie und Leib. Gießen: Psychosozial Verlag

Alkemeyer, Thomas/Schmidt, Robert (2003): Habitus und Selbst. Zur Irritation der körperlichen Hexis in der populären Kultur. In: Alkemeyer et. al. (Hrsg.) (2003): 77-102

Alkemeyer, Thomas/Boschert, Bernd/Schmidt, Robert/Gebauer, Gunter (Hrsg.) (2003): Aufs Spiel gesetzte Körper. Aufführungen des Sozialen in Sport und populärer Kultur. Konstanz: UVK

Althusser, Louis (1977): Ideologie und ideologische Staatsapparate. Aufsätze zur marxistischen Theorie. Hamburg/Berlin: VSA

Alcoff, Linda (1988): Cultural Feminism versus Post-Structuralism: The Identity Crisis in Feminist Theory. In: SIGNS Vol. 13. No. 13. 405-436

Andersen, Margaret/Collins, Patricia Hill (1995) (Hrsg.): Race, Class and Gender: An Anthology. Wadsworth

Angerer, Marie-Luise (Hrsg.) (1995): The Body of Gender. Körper. Geschlechter. Identitäten. Wien: Passagen

Annuß, Evelyn (1996): Umbruch und Krise der Geschlechterforschung: Judith Butler als Symptom. In: Das Argument 216. 505-524

Anzaldúa, Gloria/Moraga, Cherrie (Hrsg.) (1993): This Bridge called my Back: Writings by Radical Women of Color. San Francisco: Kitchen Table

Austin, John L. (1985): Zur Theorie der Sprechakte. Stuttgart: Reclam

Aulenbacher, Brigitte/Goldmann, Monika (Hrsg.) (1993): Transformation im Geschlechterverhältnis. Beiträge zur industriellen und gesellschaftlichen Entwicklung. Frankfurt a.M./New York: Campus

Baldauf, Annette/Weingartner, Katharina (Hrsg.) (1998): Lips, Tits, Hits, Power? Popkultur und Feminismus. Wien/Bozen: Folio-Verlag

Barkhaus, Annette/Mayer, Matthias/Roughley, Neil/Thürnau, Donatus (Hrsg.) (1996): Identität, Leiblichkeit, Normativität. Neue Horizonte anthropologischen Denkens. Frankfurt a.m.: Suhrkamp

Barkhaus, Annette/Fleig, Anne (Hrsg.) (2002): Grenzverläufe. Der Körper als Schnitt-Stelle. München: Fink

Becker, Ruth (2004): Raum: Feministische Kritik an Stadt und Raum. In: Becker/Kortendiek (Hrsg.) (2004): 652-664

Becker, Ruth/Kortendiek, Beate (Hrsg.) (2004): Handbuch der Frauen- und Geschlechterforschung. Theorie, Methoden, Empirie. Opladen: VS Verlag für Sozialwissenschaften

Becker, Barbara/Schneider, Irmela (Hrsg.) (2000): Was vom Körper übrig bleibt. Körperlichkeit – Identität – Medien. Frankfurt a.M./New York: Campus

Becker, Ulrich/Nowak, Horst (SINUS) (1982): Lebensweltanalyse als neue Perspektive der Meinungs- und Marketingforschung. In: ESOMAR Kongress, Bd. 2: 247-267

Becker-Schmidt, Regina (1987): Die doppelte Vergesellschaftung – die doppelte Unterdrückung. Besonderheiten der Frauenforschung in den Sozialwissenschaften. In: Unterkircher/Wagner (Hrsg.) (1987): 10-25

Becker-Schmidt, Regina (1988): Perspektiven einer feministischen Theorie gesellschaftlicher Reproduktion. In: Sektion Frauenforschung (Hrsg.) (1988): 42-52

Becker-Schmidt, Regina (1993): Geschlechterdifferenz — Geschlechterverhältnis: soziale Dimensionen des Begriffs „Geschlecht". In: Zeitschrift für Frauenforschung 11. Jg. Heft 1+2. 37-46

Becker-Schmidt, Regina/Knapp, Gudrun-Axeli (1995): Einleitung. In: Becker-Schmidt/Knapp (Hrsg.) (1995): 7-18

Becker-Schmidt, Regina/Knapp, Gudrun-Axeli (Hrsg.) (1995): Das Geschlechterverhältnis als Gegenstand der Sozialwissenschaften. Frankfurt a.M./New York: Campus

Becker-Schmidt, Regina (2004): Doppelte Vergesellschaftung von Frauen: Divergenzen und Brückenschläge zwischen Privat- und Erwerbsleben. In: Becker/ Kortendiek (Hrsg.) (2004): 62-71

Becker-Schmidt, Regina/Knapp, Gudrun-Axeli (2000): Feministische Theorien zur Einführung. Hamburg: Junius

Beer, Ursula (1990): Geschlecht, Struktur, Geschichte: Soziale Konstitution des Geschlechterverhältnisses. Frankfurt a.M./New York: Campus

Beer, Ursula (2004): Sekundärpatriarchalismus: Patriarchat in Industriegesellschaften. In: Becker/Kortendiek (Hrsg.) (2004): 56-61

beiträge zur feministischen theorie und praxis (1991): Geteilter Feminismus. Bd.27

Bell, David/Valentine, Gill (Hrsg.) (1995): Mapping Desire. Geographies of Sexualities. London/New York

Benhabib, Seyla (1992): Situating the Self. Gender, Community and Postmodernism in Contemporary Ethics. New York: Routledge

Benhabib, Seyla (1993): Subjektivität, Geschichtsschreibung und Politik. Eine Replik. In: Benhabib/Butler/Cornell/Fraser (1993): 105-121

Benhabib, Seyla/Butler, Judith/Cornell, Drucilla/Fraser, Nancy (1993): Der Streit um Differenz. Frankfurt a. M.: Fischer-Taschenbuch-Verlag

Berger, Peter L./Luckmann, Thomas (1989): Die gesellschaftliche Konstruktion der Wirklichkeit. Eine Theorie der Wissenssoziologie. Frankfurt a.M.: Fischer-Taschenbuch-Verlag

Bette, Karl-Heinrich (2005): Körperspuren. Zur Semantik und Paradoxie moderner Körperlichkeit. Bielefeld: Transcript

Bigwood, Carol (1991): Renaturalizing the Body (With a Little Help from Merleau-Ponty). In: Hypatia Vol.6. No. 3. 1991. 54-73

Bilden, Helga (1991): Geschlechtsspezifische Sozialisation. In: Hurrelmann/Ulich (Hrsg.) (1991): 279-301

Bilden, Helga/Dausien, Bettina (Hrsg.) (i. E. 2005): Sozialisation und Geschlecht. Opladen: Barbara Budrich Verlag

Bock, Gisela/Duden, Barbara (1977): Arbeit aus Liebe – Liebe als Arbeit. Zur Entstehung der Hausarbeit im Kapitalismus. In: Frauen und Wissenschaft. Beiträge zur Berliner Sommeruniversität 1976. Berlin: Krin Verlag: 118-199

Bordo, Susan (1992): Review Essay: Postmodern Subjects, Postmodern Bodies. In: Feminist Studies 18. 1992. 159-175

Bourdieu, Pierre (1974): Zur Soziologie symbolischer Formen. Frankfurt a.M.: Suhrkamp

Bourdieu, Pierre (1979): Entwurf einer Theorie der Praxis. Frankfurt a.M.: Suhrkamp

Bourdieu, Pierre (1982): Die feinen Unterschiede. Kritik der gesellschaftlichen Urteilskraft. Frankfurt a.M.: Suhrkamp

Bourdieu, Pierre (1985): Sozialer Raum und Klassen. Leçon sur la leçon. Zwei Vorlesungen. Frankfurt a.M.: Suhrkamp

Bourdieu, Pierre (1987a): Sozialer Sinn. Kritik der theoretischen Vernunft. Frankfurt a.M.: Suhrkamp

Bourdieu, Pierre (1987b): Die Objektivität des Subjektiven. Zur Logik symbolischer Formen. In: Merkur 41. 367-375

Bourdieu, Pierre (1989a): Satz und Gegensatz. Über die Verantwortung des Intellektuellen. Berlin: VSA

Bourdieu, Pierre (1989b): Antworten auf einige Einwände. In: Eder (Hrsg.) (1989): 395-410

Bourdieu, Pierre (1990): Was heißt sprechen? Zur Ökonomie des sprachlichen Tausches. Wien: Braumüller

Bourdieu, Pierre (1992a): Rede und Antwort. Frankfurt a.M.: Suhrkamp

Bourdieu, Pierre (1992b): Homo academicus. Frankfurt a.M.: Suhrkamp

Bourdieu, Pierre (1992c): Die verborgenen Mechanismen der Macht. Hamburg: VSA

Bourdieu, Pierre (1993): Soziologische Fragen. Frankfurt a.M.: Suhrkamp

Bourdieu, Pierre (1997a): Die männliche Herrschaft. In: Krais/Dölling (Hrsg.) (1997): 153-217

Bourdieu, Pierre (1997b): Eine sanfte Gewalt. Pierre Bourdieu im Gespräch mit Irene Dölling und Margareta Steinrücke. In: Krais/Dölling (Hrsg.) (1997): 218-230

Bourdieu, Pierre (2005):Die männliche Herrschaft. Frankfurt a.M.: Suhrkamp

Braidotti, Rosi (1994): Nomadic Subjects. Embodiment and Sexual Difference in Contemporary Feminism. New York: Columbia University Press

Braidotti, Rosi (1996): Nomadic Subjectivity: A Feminist Perspective. In: Honegger/Gabriel/Hirsig/Pfaff-Czarnecka/Poglia (Hrsg.): 63-74

Bublitz, Hannelore (1998): Das Geschlecht der Moderne – Zur Genealogie und Archäologie der Geschlechterdifferenz. In: Bublitz (Hrsg.) (1998): 26-48

Bublitz, Hannelore (Hrsg.) (1998): Das Geschlecht der Moderne. Genealogie und Archäologie der Geschlechterdifferenz. Frankfurt a.M./New York: Campus

Bührmann, Andrea (1995): Das authentische Geschlecht. Die Sexualitätsdebatte der Neuen Frauenbewegung und die Foucaultsche Machtanalyse. Münster: Verlag Westfälisches Dampfboot

Bührmann, Andrea/ Diezinger, Angelika/ Metz-Göckel, Sigrid (2000): Arbeit, Sozialisation, Sexualität. Zentrale Felder der Frauen- und Geschlechterforschung. Opladen: Leske+ Budrich

Butler, Judith (1990): Das Unbehagen der Geschlechter. Frankfurt a.M.: Suhrkamp

Butler, Judith (1993a): Kontingente Grundlagen. Der Feminismus und die Frage der 'Postmoderne'. In: Benhabib/Butler/Cornell/Fraser (1993): 31-58

Butler, Judith (1993b): Für ein sorgfältiges Lesen. In: Benhabib/Butler/Cornell/Fraser (1993): 122-132

Butler, Judith (1993c): Ort der politischen Neuverhandlung. Der Feminismus braucht 'die Frauen', aber er muss nicht wissen, 'wer' sie sind. In: Frankfurter Rundschau vom 27.07.1993

Butler, Judith (1995): Körper von Gewicht. Die diskursiven Grenzen des Geschlechts. Berlin: Berlin Verlag

Butler, Judith (1996): Imitation und Aufsässigkeit der Geschlechtsidentität. In: Hark (Hrsg.) (1996): 15-37

Butler, Judith (2001): Psyche der Macht. Das Subjekt der Unterwerfung. Frankfurt a.m.: Suhrkamp

Butler, Judith (2004): Gender – Regulierungen. In: Helduser et. al. (Hrsg.) (2004): 44-56

Califia, Pat (1998): Wie Frauen es tun. Das Buch der lesbischen Sexualität. Berlin: Orlanda Frauenverlag

Cavarero, Adriana (1990): Die Perspektive der Geschlechterdifferenz. In: Gerhard, Ute et. al. (Hrsg.) (1990): 95-111

Collier, Simon/ Cooper, Artemis/ Azzi, María Susana/ Martin, Richard (1995): Tango! The Dance, the Song, the Story. London: Thames and Hudson

Connell, Robert W. (1999): Der gemachte Mann. Konstruktion und Krise von Männlichkeit, Opladen: Leske + Budrich

Dackweiler, Regina-Maria (2004): Wohlfahrtsstaat: Institutionelle Regulierung und Transformation der Geschlechterverhältnisse. In: Becker/ Kortendiek (Hrsg.) (2004): 450-460

Daly, Mary (1982): Gyn/Ökologie. München: Frauenoffensive

Das Argument (1992): 'Begriffskarrieren: Subjekt und Geschlecht' 34. Jg. Heft 6. Hamburg: Argument Verlag

de Beauvoir, Simone (1992): Das andere Geschlecht. Sitte und Sexus der Frau. Reinbek bei Hamburg: Rohwolt-Taschenbuch-Verlag

Degele, Nina (2004): Sich schön machen. Zur Soziologie von Geschlecht und Schönheitshandeln. Opladen: VS Verlag für Sozialwissenschaften

Douglas, Mary (1981): Ritual, Tabu und Körpersymbolik. Sozialanthropologische Studien in Industriegesellschaft und Stammeskultur. Frankfurt a.M.: Suhrkamp

Dreyfus, Hubert L./Rabinow, Paul (1994): Michel Foucault. Jenseits von Strukturalismus und Hermeneutik. München: Beltz

Duden, Barbara (1991): Geschichte unter der Haut. Ein Eisenacher Arzt und seine Patientinnen um 1730. Stuttgart: Klett-Cotta

Duden, Barbara (1993): Die Frau ohne Unterleib. Zu Judith Butlers Entkörperung. In: Feministische Studien 11. Heft 2. 1993. 24-33

Duden, Barbara (1997): Der 'Wellcome-Körper'. In: Das Argument 221. 485-494

Duden, Barbara (2004): Frauen-„Körper": Erfahrungen und Diskurs (1970-2004). In: Becker/Kortendiek (Hrsg.) (2004): 504-518

Dworkin, Andrea (1981): Pornography: Men Possessing Women. London

Eco, Umberto (1988): Postmodernismus, Ironie und Vergnügen. In: Welsch (Hrsg.) (1988): 75-78

Eder, Klaus (Hrsg.) (1989): Klassenlage, Lebensstil und kulturelle Praxis. Theoretische und empirische Beiträge zur Auseinandersetzung mit Pierre Bourdieus Klassentheorie. Frankfurt a.M.: Suhrkamp

Elias, Norbert (1976): Über den Prozess der Zivilisation, 2 Bde. Frankfurt a.M.: Suhrkamp

Engel, Antke (2002): Wider die Eindeutigkeit. Sexualität und Geschlecht im Fokus queerer Politik der Repräsentation. Frankfurt a.M./ New York: Campus

Falk, Gunter/Steinert, Heinz (1973): Über den Soziologen als Konstrukteur von Wirklichkeit, das Wesen der sozialen Realität, die Definition sozialer Situationen und die Strategien ihrer Bewältigung. In: Steinert (Hrsg.) (1973): 13-45

Fausto-Sterling, Anne (1992): Myths of Gender. Biological Theories about Women and Men. New York: Basic Books/Harper Collins

Featherstone, Mike (Hrsg.) (2000): Body Modification. London et. al.: Sage

Feministische Studien (1993): Kritik der Kategorie 'Geschlecht' 11. Jg. Heft 2. Weinheim: Dt.-Studien-Verlag

Ferguson, Kathy E. (1992): Politischer Feminismus und Dekonstruktionstheorien. In: Das Argument 43. 873-885

Feinberg, Leslie (1996): Träume in den erwachenden Morgen. Berlin

Feyerabend, Paul (1986): Wider dem Methodenzwang. Frankfurt a.M.: Suhrkamp

Findlay, Heather (1992): Freud's 'Fetishism' and the Lesbian Dildo Debates. In: Feminist Studies 18. 563-579

Fischer, Ute L./Kampshoff, Marita/Keil, Susanne/Schmitt, Mathilde (Hrsg.) (1996): Kategorie: Geschlecht? Empirische Analysen und feministische Theorien. Opladen: Leske + Budrich

Flaake, Karin (2001): Körper, Sexualität und Geschlecht. Studien zur Adoleszenz junger Frauen. Gießen: Psychosozial Verlag

Flax, Jane (1992). Postmoderne und Geschlechter-Beziehungen in der feministischen Theorie. In: Psychologie und Gesellschaftskritik 63/64 (1992): 69-102

Foucault, Michel (1976): Überwachen und Strafen. Die Geburt des Gefängnisses. Frankfurt a.M.: Suhrkamp

Foucault, Michel (1977): Sexualität und Wahrheit. Bd.1: Der Wille zum Wissen. Frankfurt a.M.: Suhrkamp

Foucault, Michel (1986): Sexualität und Wahrheit. Bd. 2: Der Gebrauch der Lüste. Frankfurt a.M.: Suhrkamp

Fox-Keller, Evelyn (1989): Feminismus und Wissenschaft. In: List/Studer (Hrsg.) (1989): 281-300

Fox-Keller, Evelyn/ Longino, Helen (Hrsg.) (1996): Feminism and Science. Oxford/New York: Oxford University Press

Fraser, Nancy (1993): Pragmatismus, Feminismus und die linguistische Wende. In: Benhabib/Butler/Cornell/Fraser (1993): 145-160

Frerichs, Petra/Steinrücke, Margareta (1993): Frauen im sozialen Raum. Offene Forschungsprobleme bei der Bestimmung ihrer Klassenposition. In: Steinrücke (Hrsg.) (1993): 191-205

Funder, Maria/Dörhöfer, Steffen/Rauch, Christian (Hrsg.) (2005): Jenseits der Geschlechterdifferenz? Geschlechterverhältnisse in der Informations- und Wissensgesellschaft. Mering: Reiner Hampp

Fuss, Diana (1989): Essentially Speaking. Feminism, Nature and Difference. New York/London: Routledge

Garfinkel, Harold (1967): Studies in Ethnomethodology. Englewood Cliffs, N.J.: Prentice-Hall

Garfinkel, Harold (1973): Studien über die Routinegrundlagen von Alltagshandeln. In: Steinert, Heinz (Hrsg.) (1973): 280-293

Gebauer, Gunter (1982): Ausdruck und Einbildung. Zur symbolischen Funktion des Körpers. In: Kamper/Wulf (Hrsg.) (1982): 313-329

Gebauer, Gunter/Wulf, Christoph (Hrsg.) (1993): Praxis und Ästhetik. Neue Perspektiven im Denken Pierre Bourdieus. Frankfurt a.M.: Suhrkamp

Gebauer, Gunter/Wulf, Christoph (1998): Spiel – Ritual – Geste. Mimetisches Handeln in der sozialen Welt. Reinbek b. Hamburg: rororo

Gebauer, Gunter/Alkemeyer, Thomas/Boschert, Bernd/Flick, Uwe/Schmidt, Robert (2004): Treue zum Stil. Die aufgeführte Gesellschaft. Bielefeld: Transcript

Gerhard, Ute (1978): Verhältnisse und Verhinderungen. Frauenarbeit, Familie und Rechte der Frauen im 19. Jahrhundert. Frankfurt a.M.: Suhrkamp

Gerhard, Ute et. al. (Hrsg.) (1990): Differenz und Gleichheit. Menschenrechte haben (k)ein Geschlecht. Frankfurt a.M.: Helmer

Gildemeister, Regine/Wetterer, Angelika (1992): Wie Geschlechter gemacht werden. Die soziale Konstruktion der Zweigeschlechtlichkeit und ihre Reifizierung in der Frauenforschung. In: Knapp/Wetterer (Hrsg.) (1992): 201-254

Gildemeister, Regine (2004): Doing Gender: Soziale Praktiken der Geschlechterunterscheidung. In: Becker/ Kortendiek (Hrsg.) (2004): 132-140

Gilligan, Carol (1984): Die andere Stimme. Lebenskonflikte und Moral der Frau. München: Piper

Goffman, Erving (1977): Rahmen-Analyse. Ein Versuch über die Organisation von Alltagserfahrungen. Frankfurt a.M.: Suhrkamp

Gottschall, Karin (1995): Geschlechterverhältnis und Arbeitsmarktsegregation. In: Becker-Schmidt/Knapp (Hrsg.) (2004): 125-162

Gottschall, Karin (2000): Soziale Ungleichheit und Geschlecht. Kontinuitäten und Brüche, Sackgassen und Erkenntnispotenziale im deutschen soziologischen Diskurs. Opladen: Leske + Budrich

Grewal, Inderpal/Kaplan, Caren (Hrsg.) (1994): Scattered Hegemonies. Minneapolis/London: Universitiy of Minnesota Press

Grosz, Elizabeth (1991): Introduction. In: Hypatia Vol.6. No.3. 1-3

Gugutzer, Robert (2004): Soziologie des Körpers. Bielefeld: Transcript

Gutiérrez Rodríguez, Encarnación (2004): Postkolonialismus: Subjektivität, Rassismus und Geschlecht. In: Becker/Kortendiek (Hrsg.) (2004): 239-247

Habermas, Jürgen (1971): Vorbereitende Bemerkungen zu einer Theorie der kommunikativen Kompetenz. In: Habermas/Luhmann (1971): 101-141

Habermas, Jürgen/Luhmann, Niklas (1971): Theorie der Gesellschaft oder Sozialtechnologie – Was leistet die Systemforschung? Frankfurt a.M.: Suhrkamp

Habermas, Jürgen (1981): Zur Theorie des kommunikativen Handelns. 2 Bde. Frankfurt a.M.: Suhrkamp

Hagemann-White, Carol (1988): Wir werden nicht zweigeschlechtlich geboren. In: Hagemann-White/Rerrich (Hrsg.) (1988): 224-235

Hagemann-White, Carol/Rerrich, Maria S. (Hrsg.) (1988): FrauenMännerBilder. Bielefeld: AJZ-Verlag

Hagemann-White, Carol (1993): Die Konstrukteure des Geschlechts auf frischer Tat ertappen? Methodische Konsequenzen einer theoretischen Einsicht. In: Feministische Studien 11. Heft 2. 1993. 68-78

Hahn, Kornelia/Meuser, Michael (Hrsg.) (2002): Körperrepräsentationen. Die Ordnung des Sozialen und der Körper. Konstanz: UVK

Halford, Susan/Savage, Mike/Witz, Anne (1997): Gender, Careers, and Organisations. Current developments in banking, nursing, and local government. Houndsmills, Bathingstoke: Palgrave Macmillan

Haraway, Donna (1987): Geschlecht, Gender, Genre. Sexualpolitik eines Wortes. In: Hauser (Hrsg.) (1987): 22-41

Haraway, Donna (1995): Die Neuerfindung der Natur. Primaten, Cyborgs und Frauen. Frankfurt a.M./New York: Campus

Harding, Sandra (1991): Feministische Wissenschaftstheorie. Zum Verhältnis von Wissenschaft und sozialem Geschlecht. Hamburg: Argument Verlag

Hark, Sabine (1996): deviante subjekte. Die paradoxe Politik der Identität. Opladen: Leske + Budrich

Hark, Sabine (Hrsg.) (1996): Grenzen lesbischer Identität. Aufsätze. Berlin: Quer Verlag

Hark, Sabine (2004): Lesbenforschung und Queer Theory: Theoretische Konzepte, Entwicklungen und Korrespondenzen. In: Becker/Kortendiek (Hrsg.) (2004): 104-111

Hardtwig, Wolfgang/Wehler, Hans-Ulrich (Hrsg.) (1996): Kulturgeschichte Heute. Göttingen: V&R

Haug, Frigga/Hauser, Kornelia (1992): Marxistische Theorien und Feministischer Standpunkt. In: Knapp/Wetterer (Hrsg.) (1992): 115-150

Hausen, Karin (1978): Technischer Fortschritt und Frauenarbeit im 19. Jahrhundert. Zur Sozialgeschichte der Nähmaschine. In: Geschichte und Gesellschaft 4/2. 1978. 148-169

Heintz, Bettina (Hrsg.) (2001): Geschlechtersoziologie. Sonderheft der Kölner Zeitschrift für Soziologie und Sozialpsychologie 41

Heintz, Bettina (2004): Emergenz und Reduktion. Neue Perspektiven auf das Mikro/Makro-Problem. In: Kölner Zeitschrift für Soziologie und Sozialpsychologie Jg. 56. Heft 1. 1-31

Hejl, Peter M. (1987): Konstruktion der sozialen Konstruktion: Grundlinien einer konstruktivistischen Sozialtheorie. In: Schmidt (Hrsg.) (1987): 303-339

Helduser, Ute/Marx, Daniela/Paulitz, Tatjana/Pühl, Katharina (Hrsg.) (2004): under construction? Konstruktivistische Perspektiven in feministischer Theorie und Forschungspraxis. Frankfurt a. M./ New York: Campus

Hill Collins, Patricia (1992): Black Feminist Thought. Knowledge, Consciousness, and the Politics of Empowerment. London/ New York: Routledge

Hirschauer, Stefan (1989): Die interaktive Konstruktion von Geschlechtszugehörigkeit. In: Zeitschrift für Soziologie Jg. 18. Heft 2. 1989. 100-118

Hirschauer, Stefan (1993a): Die soziale Konstruktion der Transsexualität. Frankfurt a.M.: Suhrkamp

Hirschauer, Stefan (1993b): Dekonstruktion und Rekonstruktion. Plädoyer für die Erforschung des Bekannten. In: Feministische Studien 11. Heft 2. 1993. 55-67

Hirschauer, Stefan (1994): Die soziale Fortpflanzung der Zweigeschlechtlichkeit. In: Kölner Zeitschrift für Soziologie und Sozialpsychologie 4. 1994. 668-692

Hirschauer, Stefan (2001): Das Vergessen des Geschlechts. Zur Praxeologie einer Kategorie sozialer Ordnung. In: Heintz (Hrsg.) (2001): 208-235

Hirschauer, Stefan (2003): Wozu Gender Studies? Geschlechtsdifferenzierungsforschung zwischen politischem Populismus und naturwissenschaftlicher Konkurrenz. Soziale Welt 54. 2003. 461-482

Hitzler, Ronald (1989): Posttraditionale Vergemeinschaftung. Über neue Formen der Sozialbindung. In: Berliner Debatte Initial 1. 1989. 81-89

Hochschild, Arlie (1990): Das gekaufte Herz. Zur Kommerzialisierung der Gefühle. Frankfurt a.M./New York: Campus

Holland-Cunz, Barbara (2004): Demokratiekritik: Zu Staatsbildern, Politikbegriffen und Demokratieformen. In: Becker/Kortendiek (Hrsg.) (2004): 467-475

Hondrich, Karl Otto/Matthes, Joachim (Hrsg.) (1978): Theorienvergleich in den Sozialwissenschaften. Darmstadt/Neuwied: Luchterhand

Honegger, Claudia (1992): Die Ordnung der Geschlechter: die Wissenschaft vom Menschen und das Weib; 1750-1850. Frankfurt a.M./New York: Campus

Honegger, Claudia/Gabriel, Jürg M./Hirsig, René/Pfaff-Czarnecka, Joanna/Poglia, Edo (Hrsg.) (1996): Gesellschaften im Umbau. Identitäten, Konflikte, Differenzen. Hauptreferate des Kongresses der schweizerischen Sozialwissenschaften (Bern 1995). Zürich: Seismo Verlag

hooks, bell (1992): Is Paris Burning? In: dies. (1992): 145-156

Hradil, Stefan (1992): Alte Begriffe und neue Strukturen. Die Milieu-, Subkultur- und Lebensstilforschung der 80er Jahre. In: Hradil (Hrsg.) (1992): 15-56

Hradil, Stefan (Hrsg.) (1992): Zwischen Bewusstsein und Sein. Die Vermittlung 'objektiver' Lebensbedingungen und 'subjektiver' Lebensweisen. Opladen: Leske + Budrich

Hradil, Stefan (Hrsg.) (1997): Differenz und Integration: Die Zukunft moderner Gesellschaften. Verhandlungen des 28. Kongresses der DGS, Dresden 1996. Frankfurt a.m./New York: Campus

Hubbard, Ruth (1989): Hat die Evolution die Frauen übersehen? In: List/Studer (Hrsg.) (1989): 301-333

Hurrelmann, Klaus/ Ulich, Dieter (Hrsg.) (1991): Handbuch der Sozialisationsforschung (4te völlig überarbeitete Auflage). Weinheim/Basel: Beltz

Hypatia. A Journal of Feminist Philosophy (1991): Special Issue: Feminism and the Body. Vol.6. No.3. Bloomington: Indiana Univ. Press

Jagger, Alison M./McBride, William L. (1989): Reproduktion als männliche Ideologie. In: List/Studer (Hg.) (1989): 133-163

Jäger, Ulle (2004): Der Körper, der Leib und die Soziologie. Entwurf einer Theorie der Inkorporierung. Königstein/Ts.: Ulrike Helmer

Jackson, Stevi (1996): Heterosexuality, Power and Pleasure. In: Jackson/Scott (Hrsg.) (1996): 175-181

Jackson, Stevi/Scott, Sue (Hrsg.) (1996): Feminism and Sexuality. A Reader. New York: Columbia University Press

Jagose, Annemarie (2001): Queer Theory. Eine Einführung. Berlin: Quer Verlag

Kaplan, Anne (1992): Book Review. In: SIGNS 18. No.3. 843-848

Kalpaka, Annita/Räthzel, Nora (1985): Paternalismus in der Frauenbewegung? In: Informationsdienst für Ausländerarbeit 3, o.S. Frankfurt a. M.: Inst.

Keil, Susanne (1996): 'Affidamento' im öffentlich-rechtlichen Rundfunk. Chancen eines Bezugs von Frauen auf Frauen in den Medien. In: Fischer et. al. (Hrsg.) (1996): 57-80

Kessler, Suzanne J./McKenna, Wendy (1978): Gender. An ethnomethodological approach. New York: Wiley

Kamper, Dietmar/Wulf, Christoph (Hrsg.) (1982): Die Wiederkehr des Körpers. Frankfurt a.M.: Suhrkamp

Klein, Gabriele (Hrsg.) (2004): Bewegung. Sozial- und Kulturwissenschaftliche Konzepte. Bielefeld: Transcript

Knapp, Gudrun-Axeli (1992): Macht und Geschlecht. Neuere Entwicklungen in der feministischen Macht- und Herrschaftsdiskussion. In: Knapp/Wetterer (Hrsg.) (1992): 287-325

Knapp, Gudrun-Axeli/Wetterer, Angelika (Hrsg.) (1992): TraditionenBrüche. Entwicklungen feministischer Theorie. Freiburg i.Br.: Kore

Knapp, Gudrun-Axeli (1995): Unterschiede machen: Zur Sozialpsychologie der Hierarchisierung im Geschlechterverhältnis. In: Becker-Schmidt/Knapp (Hrsg.) (1995): 163-194

Knorr-Cetina, Karin/Cicourel, Aaron (Hrsg.) (1981): Advances in Social Theory and Methodology. Toward an Integration of Micro- and Macro-Sociologies. London: Routledge & Kegan Paul

Knorr-Cetina, Karin (1989): Spielarten des Konstruktivismus. Einige Notizen und Anmerkungen. In: Soziale Welt Heft 1/2. 1989. 86-96

Krais, Beate (1993): Geschlechterverhältnis und symbolische Gewalt. In: Gebauer/Wulf (Hrsg.) (1993): 208-250

Krais, Beate/Dölling, Irene (Hrsg.) (1997): Ein alltägliches Spiel. Geschlechterkonstruktion in der sozialen Praxis. Frankfurt a.M.: Suhrkamp

Kreckel, Reinhard (1997): Politische Soziologie der sozialen Ungleichheit. Frankfurt a.M./New York: Campus

Kuhlmann, Ellen (2004): Die Entdeckung der Körper – eine Herausforderung für die Soziologie. In: Soziologische Revue 27: 69-79

Kuhn, Thomas (1978): Die Struktur wissenschaftlicher Revolutionen. Frankfurt a.M.: Suhrkamp

Lakoff, Georges/Johnson, Mark (1998): Leben in Metaphern. Konstruktion und Gebrauch von Sprachbildern. Heidelberg: Carl-Auer-Systeme Verlag

Landweer, Hilge (1990): Das Märtyrerinnenmodell. Zur diskursiven Erzeugung weiblicher Identität. Pfaffenweiler: Centaurus-Verl.-Ges.

Landweer, Hilge (1994): Generativität und Geschlecht. Ein blinder Fleck der sex/gender Debatte. In: Wobbe/Lindemann (Hrsg.) (1994): 147-176

Laqueur, Thomas (1992): Auf den Leib geschrieben. Die Inszenierung der Geschlechter von der Antike bis Freud. Frankfurt a.M./New York: Campus

Leiwering, Brigitte (1994): Sex und Gender in Biologie und Soziologie. Unveröff. Diplomarbeit an der Ruhr-Universität Bochum

Lenz, Ilse (1995): Geschlecht, Herrschaft und internationale Ungleichheit. In: Becker-Schmidt/Knapp (Hrsg.) (1995): 19-46

Lewontin, Richard C./Rose, Steven/Kamin, Leon J. (1988): Die Gene sind es nicht.... Biologie, Ideologie und menschliche Natur. München/Weinheim

Libreria delle donne de Milano (1991): Wie weibliche Freiheit entsteht. Eine neue politische Praxis. Berlin

Lindemann, Gesa (1993a): Wider die Verdrängung des Leibes aus der Geschlechtskonstruktion. In: Feministische Studien 11. Heft 2. 1993. 44-54

Lindemann, Gesa (1993b): Das Paradoxe Geschlecht. Transsexualität im Spannungsfeld von Körper, Leib und Gefühl. Frankfurt a.M.: Fischer-Taschenbuch-Verl.

Lindemann, Gesa (1994): Die Konstruktion der Wirklichkeit und die Wirklichkeit der Konstruktion. In: Wobbe/Lindemann (Hrsg.) (1994): 115-146

Lindemann, Gesa (1996): Zeichentheoretische Überlegungen zum Verhältnis von Körper und Leib. In: Barkhaus et. al. (Hrsg.) (1996): 146-175

List, Elisabeth/Studer, Herlinde (Hrsg.) (1989): Denkverhältnisse. Feminismus und Kritik. Frankfurt a.M.: Suhrkamp

Lorenz, Maren (2000): Leibhaftige Vergangenheit. Einführung in die Körpergeschichte. Tübingen: edition diskord

Lorey, Isabell (1993): Der Körper als Text und das aktuelle Selbst: Butler und Foucault. In: Feministische Studien 11. Heft 2. 1993. 10-23

Lorey, Isabell (1996): Immer Ärger mit dem Subjekt. Theoretische und politische Konsequenzen eines juridischen Machtmodells: Judith Butler. Tübingen: edition diskord

Luhmann, Niklas (1988): Soziale Systeme. Grundriss einer allgemeinen Theorie. Frankfurt a.M.: Suhrkamp

Maihofer, Andrea (1995): Geschlecht als Existenzweise. Frankfurt a.M.: Ulrike Helmer

Mauss, Marcel (1975): Die Techniken des Körpers. In: ders., Soziologie und Anthropologie, Bd. 2. München: Hanser. 199-220

Mentges, Gabriele (2004): Mode: Modellierung und Medialisierung der Geschlechtskörper in der Kleidung. In: Becker/Kortendiek (Hrsg.) (2004): 570-576

Merleau-Ponty, Maurice (1966): Phänomenologie der Wahrnehmung. Berlin: Walter de Gruyter

Meuser, Michael (1998): Geschlecht und Männlichkeit. Soziologische Theorie und kulturelle Deutungsmuster, Opladen: Leske + Budrich

McKinnon, Catherine (1989): Feminismus, Marxismus, Methode und der Staat: Ein Theorieprogramm. In: List/Studer (Hrsg.) (1989): 86-132

Miller, Max (1989): Systematisch verzerrte Legitimationsdiskurse. Einige kritische Überlegungen zu Bourdieus Habitustheorie. In: Eder (Hrsg.) (1989). 191-220

Millet, Kate (1974): Sexus und Herrschaft. Die Tyrannei des Mannes in unserer Gesellschaft. München: Deutscher Taschenbuch Verlag

Mühlen-Achs, Gitta (1998): Geschlecht bewusst gemacht. Körpersprachliche Inszenierungen – ein Bilder- und Arbeitsbuch. München: Verl. Frauneoffensive

Müller, Ursula (1993): Sexualität, Organisation und Kontrolle. In: Aulenbacher/Goldmann (Hrsg.) (1993): 97-114

Nau-Klapwijk, Nicole (1999): Tango Dimensionen. München: Kastell

Neckel, Sighard (1993): Soziale Scham: Unterlegenheitsgefühle in der Konkurrenz von Lebensstilen. In: Gebauer/Wulf (Hrsg.) (1993): 270-291

Newman, Felice (Hrsg.) (1999): The Whole Lesbian Sex Book: A Passionate Guide for All of Us. San Francisco: Cleis Press

Nicholson, Linda (1994): Interpreting Gender. In: SIGNS 20. 1994. 79-105

Oudshoorn, Nelly (1994): Beyond the Natural Body. An Archeology of Sexhormones. London/New York: Routlegde

Peterson, Walter L. (1991): Heliobacter Pylori and Peptic Ulcer Disease. In: The New England Journal of Medicine Vol. 324. No.15. 1043-1048

Piercy, Marge (1976): Woman on the Edge of Time. Fawcett Crest/New York: Random House Inc.

Pollack Petschesky, Rosalind (1989): Reproduktive Freiheit: Jenseits 'des Rechts der Frau auf Selbstbestimmung'. In: List /Studer (Hrsg.) (1989): 164-201

Rehberg, Karl-Siegbert (Hrsg.) (1996): Differenz und Integration. Die Zukunft moderner Gesellschaften. Band des 28. Kongress der Deutschen Gesellschaft für Soziologie. Frankfurt a.M./ New York: Campus

Reimers, Thekla (1994): Die Natur des Geschlechterverhältnisses. Biologische Grundlagen und soziale Folgen sexueller Unterschiede. Frankfurt a.M./New York: Campus

Reiter, Rayna R. (Hrsg.) (1975): Toward an Anthropology of Women. New York: Monthly Review Press

Rich, Adrienne (1989): Zwangsheterosexualität und lesbische Existenz. In: List/Studer (Hrsg.) (1989): 244-280

Richardson, Diane (1996): Constructing Lesbian Sexualities. In: Scott/ Jackson (Hrsg.) (1996): 276-287

Rippl, Gabriele (Hrsg.) (1993): Unbeschreiblich weiblich. Texte zur feministischen Anthropologie. Frankfurt a.M.: Fischer-Taschenbuch-Verlag

Rubin, Gayle (1975): The Traffic in Women: Notes on the 'Political Economy' of Sex. In: Reiter (Hrsg.) (1975): 157-210

Sábato, Ernesto (2002): Einleitung. In: Salas (2002): 11-20

Salas, Horacio (2002): Der Tango. Stuttgart: Abrazos Books

Sarasin, Phillip (1996): Subjekte, Diskurse, Körper. Überlegungen zu einer diskursanalytischen Kulturgeschichte. In: Hardtwig/Wehler (Hrsg.) (1996): 131-164

Savigliano, Marta E. (1995): Tango and the Political Economy of Passion. Boulder/San Francisco/Oxford: Westview

Scarry, Elaine (1992): Der Körper im Schmerz. Die Chiffren der Verletzlichkeit und die Erfindung der Kultur. Frankfurt a.M.: Fischer-Taschenbuch-Verl.

Schaeffer-Hegel, Barbara/Wartmann, Brigitte (Hrsg.) (1984): Mythos Frau. Projektionen und Inszenierungen im Patriarchat. Berlin: Publica-Verl.-Ges.

Scheich, Elvira (Hrsg.) (1996): Vermittelte Weiblichkeit. Feministische Wissenschafts- und Gesellschaftstheorie. Hamburg: Hamburger Edition

Schiebinger, Londa (1995): Am Busen der Natur. Erkenntnis und Geschlecht in den Anfängen der Wissenschaft. Stuttgart: Klett Cotta

Schmidt, Siegfried J. (Hrsg.) (1987): Der Diskurs des Radikalen Konstruktivismus. Frankfurt a.M.: Suhrkamp

Schroer, Markus (Hrsg.) (2005): Soziologie des Körpers. Frankfurt a.M.: Suhrkamp

Schwarzer, Alice (1976): Der 'kleine Unterschied' und seine großen Folgen. Frauen über sich. Beginn einer Befreiung. Frankfurt a.M.: Fischer-Taschenbuch-Verlag

Schwengel, Hermann (1993): Jenseits der Feinen Unterschiede. In: Gebauer/Wulf (Hrsg.) (1993): 135-147

Schwingel, Markus (1993): Analytik der Kämpfe. Macht und Herrschaft in der Soziologie Bourdieus. Hamburg: VSA

Seifert, Ruth (1992): Entwicklungslinien und Probleme der feministischen Theoriebildung. Warum an der Rationalität kein Weg vorbeiführt. In: Knapp/Wetterer (Hrsg.) (1992): 255-285

Sektion Frauenforschung (Hrsg.) (1988): Frauenforschung - Frauenpolitik. Dokumentation des Workshops der Sektion Frauenforschung in der DGS, Hannover.

Shilling, Chris (1993): The Body and Social Theory. London/Newbury Park/New Dehli: Sage

Singer, Mona (2004): Feministische Wissenschaftskritik und Epistemologie: Voraussetzungen, Positionen, Perspektiven. In: Becker/Kortendiek (Hrsg.) (2004): 257-266

Spain, Daphne (1997): Räumliche Geschlechtersegregation und Status der Frau. In: Völger (Hrsg.) (1997): 31-40

Steffen, Alfred (1996): Portrait of a Generation – The Love Parade Family Book. Köln: Taschen

Steinert, Heinz (Hrsg.) (1973): Symbolische Interaktion. Arbeiten zu einer reflexiven Soziologie. Stuttgart: Klett

Steinrücke, Margareta (1988): Notizen zum Begriff des Habitus. In: Das Argument. Heft 6. 1988. 92-95

Steinrücke, Margareta (Hrsg.) (1993): Soziale Ungleichheit und Geschlechterverhältnis. Opladen: Leske + Budrich

Steinrücke, Margareta/Frerichs, Petra (1997): Kochen – ein männliches Spiel? Die Küche als geschlechts- und klassenstrukturierter Raum. In: Krais/Dölling (Hrsg.) (1997): 231-258

Stoller, Robert (1968): Sex and Gender, Bd. 1. New York: Science House

Treibel, Annette (1996): Einführung in soziologische Theorien der Gegenwart. Opladen: UTB

Turner, Bryan S. (1996): The Body and Society. Explorations in Social Theory. London/Thousands Oaks/New Dehli: Sage

Unterkircher, Lilo/Wagner, Ina (Hrsg.) (1987): Die andere Hälfte der Gesellschaft. Österreichischer Soziologentag 1985. Wien: Verlag d. Österr. Gewerkschaftsbundes

Vester, Michael (1995): Deutschlands feine Unterschiede. Mentalitäten und Modernisierung in Ost- und Westdeutschland. In: Aus Politik und Zeitgeschichte 20. 1995. 16-30

Villa, Paula-Irene (1996): Spürbare Zugehörigkeiten. Klasse und Geschlecht als zweifache Positionierung des Leibes. In: Fischer et. al. (Hrsg.) (1996): 140-162

Villa, Paula-Irene (2003a): Mit dem Ernst des Körpers spielen: Körper, Diskurse und Emotionen im Argentinischen Tango. In: Alkemeyer et. al. (Hrsg.): 131-156

Villa, Paula-Irene (2003b): Judith Butler. Frankfurt a.M./ New York: Campus

Villa, Paula-Irene (2004): Post-Strukturalismus und Post-Moderne. In: Becker/Kortendiek (Hrsg.) (2004): 234-238

Villa, Paula-Irene (2005): Wer weiß was? Geschlechtersoziologische Überlegungen zum produktiven Scheitern konkreter Menschen bei ihrer Subjektwerdung. In: Funder et. al. (Hrsg.) (2005): 39-58

Vinken, Barbara (1993): Mode nach der Mode. Kleid und Geist am Ende des 20. Jahrhunderts. Frankfurt a.M.: Fischer-Taschenbuch-Verl.

von Foerster, Heinz (1990): Das Konstruieren einer Wirklichkeit. In: Watzlawick (Hrsg.) (1990): 39-60

von Glasersfeld, Ernst (1990): Einführung in den radikalen Konstruktivismus. In: Watzlawick (Hrsg.) (1990): 16-38

von Glasersfeld, Ernst (1997): Radikaler Konstruktivismus. Ideen, Ergebnisse, Probleme. Frankfurt a.M.: Suhrkamp

von Wilpert, Gero (1989): Sachwörterbuch der Literatur. 7. verb. und erw. Auflage. Stuttgart: Kröner

Völger, Gisela (1997): Sie und Er. Frauenmacht und Männerherrschaft im Kulturvergleich. Materialienband 2. Köln: 31-40

Waldby, Catherine (1996): AIDS and the Body Politic. Biomedicine and Sexual Difference. London/New York: Routledge

Walters, Suzanna Danuta (1996): From here to queer: radical feminism, postmodernity and the lesbian menace (or: why can't a woman be more like a fag?). In: SIGNS 21, o.S.

Wartenpfuhl, Birgit (1996): Destruktion-Konstruktion-Dekonstruktion. Perspektiven für die feministische Theorieentwicklung. In: Fischer et. al. (Hrsg.) (1996): 191-210

Wartenpfuhl, Birgit (2000): Dekonstruktion von Geschlechterdifferenz, Transversale Differenzen. Opladen: Leske + Budrich

Watzlawick, Paul (Hrsg.) (1990): Die erfundene Wirklichkeit. Wie wissen wir, was wir zu wissen glauben? Beiträge zum Konstruktivismus. München: Piper

Weber, Max (1985): Wirtschaft und Gesellschaft. Grundriß der verstehenden Soziologie. Köln/Berlin

Weedon, Chris (1990): Wissen und Erfahrung. Feministische Praxis und poststrukturalistische Theorie. Zürich: efef

Wedgwood, Nikki/Connell, Robert W. (2004): Männlichkeitsforschung: Männer und Männlichkeiten im internationalen Forschungskontext. In: Becker/Kortendiek (Hrsg.) (2004): 112-121

Weinbach, Christine/ Stichweh, Rudolf (2001): Die Geschlechterdifferenz in der funktional differenzierten Gesellschaft. In: Heintz (Hrsg.) (2001): 30-52

Welsch, Wolfgang (Hrsg.) (1988): Wege aus der Moderne. Schlüsseltexte der Postmoderne-Diskussion. Weinheim/Basel: VCH

West, Candace/ Fenstermaker, Sarah (1995): Doing Difference. In: Gender and Society. Vol. 9.1995. 8-37

Wetterer, Angelika (Hrsg.) (1995): Die soziale Konstruktion von Geschlecht in Professionalisierungsprozessen. Frankfurt a.M./New York: Campus

Wetterer, Angelika (2004): Konstruktion von Geschlecht: Reproduktionsweisen der Zweigeschlechtlichkeit. In: Becker/Kortendiek (Hrsg.) (2004): 122-131

Wilz, Sylvia M. (2002): Organisation und Geschlecht. Strukturelle Bindungen und kontingente Kopplungen. Opladen: Leske + Budrich

Wink, Cathy/ Semans, Anne (1997): The New Good Vibrations Guide to Sex. San Francisco

Wittig, Monique (1996): The Straight Mind. In: Jackson/Scott (Hrsg.) (1996): 144-149

Wobbe, Theresa/Lindemann, Gesa (Hrsg.) (1994): Denkachsen. Zur theoretischen und institutionellen Rede vom Geschlecht. Frankfurt a.M.: Suhrkamp

Wolde, Anja (1995): Geschlechterverhältnis und gesellschaftliche Transformationsprozesse. In: Becker-Schmidt/Knapp (Hrsg.) (1995): 279-308

Zapf, Wolfgang (Hrsg.) (1991): Die Modernisierung moderner Gesellschaften. Verhandlungen des 25. Deutschen Soziologentags, Bd.1. Frankfurt a.M./New York: Campus

Abbildungsverzeichnis